李廉方 著
郭戈 編校

李廉方集
（三）

荊楚文庫編纂出版委員會
華中師範大學出版社

整理河南教育
計劃書

原载《中华教育界》第 10 卷第 11、12 期，1921 年 5、6 月；另载《教育公报》第 8 卷第 6、7、8 期，1921 年 6、7、8 期。

一、屬經費之計劃

（一）擬訂各校支配經費標准

案查豫省教育經費，較蘇、直等省為少。若就一學校言之，其經常費並不絀於他省之同等學校。律其結果，畢業生程度殊有遜色。推求其故，以經費之支配，不增進教員薪俸與學校設備，而多虛糜於無用。故整理學校經費，先宜示以支配之標准。

舊有諸弊端：

1. 教員薪俸太薄。查各中等學校教員薪俸，大概不出四五十元，少者二三十元，至多無與校長等者；似其學識能力，均無出校長之右也。此種辦法，殊失學校聘用人才之義。以最低廉之薪水，期得優良之教師，其勢實有所不能。宜改革者此其一。

2. 分配教員之失當。學校教員，以專任為合法；分配學科及鐘點亦必酌量適中，斯事易而功倍。查各校教員人數，失之過多，多係兼任或徇情所致。以教育之事業，為酬情之具，則腐敗失職之處，不言可知。宜改革者此其二。

3. 冗員太多。查各校每兩班學生，大概置一學監。甚有學生三班，即置兩學監者。此外有會計或庶務兼文案名稱，以及收租員、管圖書員、管儀器員、管講義員。書記三四人或五六人不等。考其所掌之事，三人之職，一人辦之而有餘。宜改革者此其三。

4. 夫役太多。查各學校夫役人數，每班平均約占六人，間有超越者。此不獨虛擲金錢，且養成學生驕惰之風。宜改革者此其四。

5. 設備簡陋。查各學校最大之缺點。開支報銷，概多不急之務。關於圖書室、儀器室、理化博物試驗室、學校園遊藝室、體育器械等，必需設備者，絕不注意。即有報書籍費者，多係學生所用之教科書。如此不獨學生學業無由進步，管教各員新智識亦無由輸入。宜改革者此其五。

6. 冗費宜裁減。查各學校報銷，如茶水支洋若干元，是茶爐當爲包辦；又開支炭費數十元，時非冬令，似不應有此開支。又某某等校班次無多，茶葉月報十餘元。此外如油燭、紙張、印刷品以及零星各物，在寒暑假期內，均照常開支，其情弊可一望而知。宜改革者此其六。

擬定支配標準，宗旨在綜核各校用款，據實開支，並裁撤冗員雜役及一切可以節存之費，移用於教員薪俸及實際教育有益之事。除由廳假定各款配置標準數目，審核各校預算計算，定職教員俸級規程外，並擬訂支配方法，如下所列：

一、學監　四班置一人，滿六班以上得置二人。每人月薪五十元至六十元不等，若兼教員得酌量加增。

二、庶務、會計各員　四班或五班者得各置一人，每員月薪自三十至三十五元不等。學生增至八班者，得設事務員一人，幫同庶務、會計辦公，月薪至多不得過三十元。書記三班用一人，五班可用二人，月薪自十二元至十六元不等。圖書、儀器應由職教員、學生公同管理，不必另設專員。學生不足四班者，庶務、會計須減少一人，共用兩人任之。

三、夫役每班平均以二人爲限，傳達在內，但學生不寄宿及小學，尤宜裁減，管教員僕役概歸自雇。

四、師範生火食每月每名三元，按學期開始之日起，散學之日止。逾三元者其數仍舊，但應設法酌減，以其餘存作學校基金。

五、師範校長有考查地方教育之責，實行時須預期呈報考查地點及應需時日及款項。事後按旅費計算書，逐日填報，將考查教育狀況，一並呈廳核準，由特別費項下開支。

六、修學旅行原爲課外教育。各校每藉此美名虛耗金錢，嗣後關於此舉須預期呈報修學旅行支付預算書。事後將所得成績及旅費計算書一並呈廳核準，由特別費項下開支。

七、關於懇親會、展覽會及特別請名人講演、特派教職員赴各處參觀等事，均應預期呈核，由特別費項下開支。

八、購置約分圖書、儀器、標本器具三種。每年於預算時，就本年應購者，分類計數，詳細規畫，說明事由。圖書須計種類部數，學生課本不可列入。儀器標本須按各級學生之進度，教材所必需者，應購何品，手工體育之設備亦在內。器具須分別桌椅床架等類，各項購置物品均於寒暑兩假期內，就預算所列購置費，並學期內他項節存之費，經教務會議提議，交經費審查會議決挪用者，據情詳開，呈廳核準；俟購置後，將實購物品數目及貨單呈報核銷。

九、此後新招學生，如算草筆記、練習簿、制服、教科書及其他用品，概歸自備。如教科書無適當之本，須印講義者，應令學生酌納講義費。

十、茶水有茶爐包辦，不另開支煤費。教室、自習室等用煤僅限於冬季三個月內，工場用煤應列入消耗費下，公用茶葉僅限於接待賓客之用。

十一、文具約分筆墨、紙張、表簿等目。每月筆墨各需若干，每件各價若干。紙張須分類詳列用途。表簿須分某種爲一學期之用，某種爲一月之用，某種爲一日之用，各種約計若干，價值幾何。於學校例用之外尚有備參觀人索取者，亦須酌量準備。預算時應詳細規定，按月呈報時，據實開列。

十二、消耗列茶水、煤炭、油燭、試驗消耗等目。茶水包用茶爐，每月平均煤水及人工價值各幾何。教室、自習室等冬季所用煤炭，各室每日平均若干斤，每斤價值幾何，共需若干。油燭註明各種燈數，每晚用油若干，油價若干。如用電燈，須報明燈數、燈光大小、月需費若干，有電表者須註明表量。以上均於預算聲明，計算按月照實呈報。試驗消耗，按各級教授進度，某級某科教何項教材，各有若干人數，應行何種試驗，消耗何種物品，量數及其價格若干，須於預算規定。至每次消耗值實數，應由試驗之教員及級長，開具品物分量存查。學校按月呈報，即據實數開列。

十三、有實習費之學校，應按各級教授進度，各有若干人數，實習何項工具，預計耗費若干，成品可以抵價若干，開列預算。寒暑兩假期內，應將售品若干，存品若干，分別報廳存查。

十四、各校增班所領之費，如因事未招生者，原領款項不得移作別用，應呈廳備查。各師校附設小學有並在本校呈報者，仍應劃出呈報，以便考核。

十五、特別費（此在辦預算時向例多列入雜費內，工程列入臨時預算內）除例定各款外，餘如旅行、參觀、懇親、展覽、特別講演、建造工程，及其他特殊之用，盡列於此。各校除薪俸有定額外，其他各項愈減少，則特別費愈加多，留充緊要費用，關係學校改良甚大，最宜注意。惟動用此項之款，須經經費審查會議決，呈廳核準。

十六、所有各項減節各費及寒暑假期內餘存之款，應由各該校專款存儲。遇必須動用時，由教務會議提交經費審查會決議，詳列事由，呈廳核準，方能開支。

十七、各校經費，除設經費審查委員會外，當由廳於派員視察時，就學校呈報用款，詳加清查。至修理或建造工程，在省內者由廳派員勘驗，在省外者由廳委地方官或省視學就便勘驗，並檢核損毀及購置物件，分別報告。

（二）設學校經費審查委員會

案豫省學界攻訐校長，率以經費為最大起因，其營謀職務亦然。是否校長本身確有此種事實，抑會計、庶務，或有弊竇，未可一概而論。欲明真相，必使經費各項用途，事前得正確之判定，事後有詳細之表示，並須稽查方法，另有相當之組織；庶擔任斯職之人，賢者得以自白，不肖者無從染指。茲擬設學校經費審查委員會，即爲解決此項問題之計劃。不獨用款支付，得人稽核，可袪不實不盡之弊；並使人人知學校經費配置，非屬於校長一人之事，各教職員同負其責任，並不能以私意上下其手。無可懷疑，亦可忻羨，庶攻訐之風，可以稍戢矣。章程列下：

一、爲學校經費公開收支覈實起見，各校得組織經費審查委員會。

二、委員會以各校教職員組織之。

三、各校職教員不滿十人者，得推選委會三人，過十人者，得推選委員五人，以校長爲會長。

四、會長如遇他事不能出席時，得由會員公推一人爲臨時主席。

五、會員用投票法選舉之。

六、各校委員會成立後，須呈報教育廳備案。

七、每月終開常會一次，會計、庶務須將本月開支賬目並各種單據送委員會檢查。如多數認可，得依式填寫計算書，並討論下月支付預算書。

八、購置品物，每學期末，應繕具清冊，送委員會審查。關於消耗損毀之件，應將確實證據送委員會檢查。每學年末，並應將上年存留品物及本年添置品物、實存品物，列表備查，仍送委員會查核。

九、每開會須有記事錄，以備查考。

十、計算書製就後，由委員會審查蓋章，方準呈報。

十一、各委員會對於開支款項之人，如發現失實之處，有人數三分之一認可，得開臨時會議處理之。

十二、學校特別費，非經委員會議決，呈請教育廳核準，不得動用。

十三、本章程有不適用時，各校得具說明書，陳述意見，以備採錄修正。

二、屬考核之計劃

（一）嚴定任用程序

各校教員，仍由校長聘用。但聘用時，專門學校須呈由廳長呈部核準。省立中等各學校，須呈廳核準。縣立各學校，須呈由縣知事呈廳核準。其辭退之手續，亦同。

案部章規定教員，由校長聘用，所以矯前清由學署委任之弊。利之所在，弊亦隨之。在豫省學系紛歧之中，藉此任用私人，壟斷學校，其弊尤甚。然遽欲改行往制，不獨抵觸部章，特恐教育廳對於全省從事教育者，未能周知情實，配置難期適當。欲平黨爭，而黨爭滋甚，徒壟斷用人之權，使教育界人咸奔競於教育廳之門，學潮益以滋多，然對於校長聘用人員之時，竟無相當監督之方。弊之所極，往往一新校長任事，原任者要挾其續訂合同，謀事者強迫其辭退舊人。甚至有朋比以營一校長，為彈冠相慶之組合。或歷經撤委之人，學校仍私自任用。如此事實，皆豫省所迭見。茲特變通辦法，以聘用之權屬諸校長，準駁之權屬之官廳，庶徇私之事，不能自專，而隱匿與要挾之風，可以稍戢矣。

各員任用，須經核準後，始能供職。如有特別情事，準其先行代理，但須聲明事由，呈廳核奪。

（二）定省立各校職教員俸級規程

案豫省職教員之生活，影響於教育之前途，原因有三：（1）俸級微薄，不克贍其身家。（2）俸額固定，勿論任事久暫，學識優劣，支給一律同等。（3）省垣以外各校俸額，比省垣各校，多寡懸殊。以此之故，教員惟以營充管理員爲得計，在省外者惟以調委省內爲進途。舍舊謀新，敷衍故常。因無奮發蹈厲之精神，遂失極深研幾之興味。視學校如傳舍，棄教職如敝屣，實整理教育一大障礙。查東西各國職教員均有年功加俸制度，茲仿其意，定俸級規程十五條，表二，藉以維持生計，獎勵優良，去不均之弊，安久任者之心，莫此爲急。所有擬訂規程列下：

省立各校職教員俸級規程（附俸級表）

第一條　本規程所稱職教員，係指以省經費設立之師範學校、中學校、甲種實業學校、高等小學校、國民學校之職教員等而言。

第二條　師範學校、中學校、甲種實業學校之專任教員，高等學校、國民學校之正教員，每星期擔任功課須在十四小時以上，二十小時以下，但國民學校得至二十四小時。

第三條　師範、中學、甲種實業各校之職員，其月俸按第一表支給之。

高等小學、國民學校之職員，其月俸按第二表支給之，以上月俸均按十二個月計算。

中等學校學生不滿四班，校長薪俸不得進至五級以上。高等小學校學生不滿三班、國民學校不滿四班，校長薪俸不得進之四級以上。

第四條　凡初任職教員，非有特別情形，應各自最低等之俸支起。前項所謂特別情形，以左列各款爲限。

（一）畢業於外國或本國成績最著名之學校，足證明其學力優良者。

（二）所任學科爲現時缺乏此項人材者。

（三）由外省特聘，非有相當薪俸不可者。

第五條　兼任教員之俸額應以其事務繁簡、擔任鐘點多寡，按照該校專任教員或正教員之薪俸比較支給。

第六條　助教員薪俸自低級之俸支起，進等級不得至二等以上。

第七條　級任教員薪俸，按表支給，但擔任功課，每週得比較他教員減少六小時。

第八條　職教員對於所任職務勤慎有方，滿六個月者，得進級，滿二年者得進等，但在原等中未支至最高級者，不得進等。

第九條　校長進級，由教育廳考察成績核定。教員及其他職員進級，由校長考察成績，呈請教育廳長核定。職教員進等，由檢定會考察成績，彙送教育廳核定。

第十條　本規則施行之始，各校職教員仍支原俸。經第一屆檢定完畢，凡薪俸在第三級以下者，即就現支俸額分別進等進級。

第十一條　職教員支第一級俸至三年以上，勞績特著者，得加給本俸四分之一以下。

第十二條　進職後在二年以外，再行任職者，非有特別情形，其薪俸應從最低等支起。在二年以內，再行任職者，其俸額在前支之俸額以下，但前支最低級俸者，仍從最低級支起。

第十三條　轉職者支俸，當與前職俸額相當。若無相當俸額時，即按與原俸最近等級之俸額支給，并仍留原有支俸等級資格備查。

第十四條　各校經費歲入薪俸項，應依照本規程第一級列入預算。其支出時，如有盈餘，悉數提作學校基金。

第十五條　本章程有不適用時，得隨時修改，但須呈部核準，始得施行。

附條　學監漸擬裁去，未裁以前，俸額至多不得超過七級以上。其兼任功課照第五條辦理，但每週至多以六時爲限。

表　一

名稱＼等級	一等			二等			三等		
	一級	二級	三級	四級	五級	六級	七級	八級	九級
校長	一二〇	一一五	一一〇	九〇	八五	八〇	六〇	五五	五〇
專任教員	一二〇	一一五	一一〇	九〇	八五	八〇	六〇	五五	五〇

表　二

名稱＼等級	一等			二等			三等		
	一級	二級	三級	四級	五級	六級	七級	八級	九級
校長	六〇	五五	五〇	四〇	三五	三〇	二五	二〇	
专任教員	六〇	五五	五〇	四〇	三五	三〇	二五	三〇	

（三）定考核職教員程序

案向例考核教員，依據視學報告，視學赴各校視察，除委查案件，依事逐一調查外，其考核職教員，從不循科學之軌範，繩以相當之標准，惟憑極短時間之所見，以抽象之事實，而下具體之批評；其例定之視察表，中列各項，十之八九，可以令行各校填寫，初無待於視學之繕呈。視察循例而作報告，行政機關循例據報告而發令，其中失實與武斷之處時有所聞；因之奉令者循例而敷衍故事，甚至令成虛文，而辦理如故；亦有上下相蒙，但期無事。以若所爲，求考核之實施，促學校之進步，其成效殊不易睹也。茲爲矯正前弊起見，特定辦法如下：

一、每年寒暑兩假期內，各縣視學應將視察職教員狀況，省立、縣立各校校長應將考核該校教員情形，呈廳備查。

二、由廳派員視察，應依據上項呈報抽查，據實報告。

三、省縣視學及校長考核職教員，應循科學規範，預訂測定能率標准，於考核時爲各方面之觀察，呈報時據標准所考核者，叙明事由，括以適當之批評，一洗從前視察表報告之陋習（測定能率標准，俟各校答問彙齊後，當擇要選刊，另附意見，以資參考）。

（四）擬檢定中等各學校教職員

案培養學風，整頓教科，皆惟教職員是賴。河南學校教職員，雖不乏合格之人，而弊在學力與教法多流於疏陋與淺薄；使努力研究，未始不可愉快勝任；然敷衍塞責，相習成風，授課之餘，鮮有問學；以故教授實際，精神靡靡。其程度淺薄者，授課無力，惟以營充校長、學監為趨避。近者學生閧退教職員之事，層見迭出；咎由自取，未便强制。惟此風一張，師道遂替；寖致優良教員，被斯影響，亦以迎合取容。學潮日多，所由來久矣。欲圖根本救濟，仍從教職員本身解決之。解決之方，宜從檢定入手。濫竽既去，然後職務不勤、品行不飭者，得分別處理；而優良者亦得以自奮。惟部章規定教職員，祇計資格。新畢業與久任職者，能率有等差者，並無分別之待遇。勸懲無方，故教育界不呈活氣。舉行檢定，若依小學辦法，僅就無相當資格之人，加以試驗，徒增許多可充教員之人，並不能考核一般充教員者之學力與教法是否確能勝任，則檢定徒為多事。然資格合於部章之人，即不勝任，亦不能取消其資格。使對有資格者毫無甄別，亦不足以昭慎重。惟有規定待遇之法，藉檢定以判別等差，庶於各員能率有相當之甄別，與部章亦不相抵觸。又僅以試驗為檢定之準的，不含促進學術之意味，恐難誘起研究之精神。茲陳辦法，權衡斯旨。又特留較長之預備期限，藉檢定之督促，使教職員不得不補習所學，研究所教，咸競爭於學問，以求免試；即不合格者，無事者，亦將勉學以蘄於合格，則學術即可期進步於無形矣。

第一屆檢定經費，祇需財政廳補發教育廳積欠，即可於節存項下開支，無待另籌。

檢定中等各學校教員章程

第一條　檢定會為預備施行教職員待遇法而設，依檢定之結果，定教職員待遇之等差。其檢定之方，以學力與教法為主。

第二條　檢定次序，分調查會與檢定會二種組織。

甲．調查會由本廳派員辦理，其應辦事項如左：

（一）由廳令知中等各校，將現在教職員履歷、擔任科目，及在校接續年限，呈廳交會審核。

（二）通告有中等教職員資格或曾充中等教職員者，依式填造，以憑審核。

（三）檢查歷來部視學、省視學調查報告，及其他文件，與現充或曾充中等教員有關係者，輯成一種成績調查錄。

（四）由廳指令通閱分閱各書，限期呈繳筆記備核。

（五）徵集各教職員講義、譯本、撰述各種備核。

（六）由廳令知各校報告現充各教員所用教科書，開列備查。

乙．檢定會請部分科派員組織之。檢定章程，由部派專員會同廳長規定。其應辦事項如左：

對現充教職員檢定辦法

（一）審核資格　據前條之（一）（二）項

（二）檢閱成績　據前條之（三）（四）（五）項

（三）分科視察

經以上三種手續，由檢定會會議，判定免試姓名榜示，其不在免試列者，另規定辦法。

對第二條之二項人員檢定辦法，依上之（一）（二）項檢定後，分別規定辦法。

第三條　如職員未擔任學科教授者，除依前條之（三）（四）（五）項檢閱其成績外，仍應行相當之考核。

第四條　凡非所學之專科，或現擔任之學科，志願兼授某學科者，參照第二條之二項人員辦理。

第五條　現任教職員，應由檢定專員就其學力及教法，判定支給薪俸等差；并擇最優者特別獎勵。非現任教職員，經檢定許可後，判定等差，行知各校，依次优先任用。

第六條　此次檢定未許可之教職員，經補習後，得呈請補行檢定，但須彙案辦理。

第七條　嗣後舉行檢定，由本廳臨時酌量情形辦理。

第八條　本章程如有未盡事宜，得臨時修改，呈部核準施行。

（五）高等小學以上各校暫由廳派員考試畢業，省立中等以上各校入學考試並由廳派員監試。

案河南各學校生徒入學及畢業，向例呈繳試卷，由教育廳核奪，分別準駁，似乎慎重將事。惟考試是否認真，試卷有無虛假以及畢業生之有實習者，僅憑呈報，皆不足以查勘實際。嘗調查畢業生升學及服務之成績，極不完善。此固非整頓平時教授，難期進步，然招生太濫，與畢業者僅論期限而不衡學力，亦爲致此之最大原因。欲救斯弊，宜行監督之策。凡高小以上各校舉行畢業，由本廳派員考試。如確能畢業，其畢業分數，仍以學校成績爲主。本廳惟對委員考試分數與學校成績總分數出入懸隔者，另予審核。如是則成績之優劣，不憑一日之短長；而學校藉此，一方足資督促，一方可以核實。至中等以上學生之入學考試，亦由本廳派員監試者，其本旨所在：①使確有升學之學力，所以去不嚴之弊也。②使某種學校，確收學習適應之學生，所以去不當之弊也。③使職教員不偏私於一地方，或某地方來學者少，收生較寬，所以去不公不均之弊也。或疑此種辦法，頗蹈不信任學校之嫌。不知行政方針，貴因時制宜，徒爲高論，無裨實際。如以督促之方法，導教育趨向於真實，是採用相當之考核，正非得已也。章程列後：

第一條　各校畢業前一學期，將各學科採用教科書，係何處出版，何人編纂，呈廳備查。如係教員自編者，須呈繳一份，以便依書出題。至關於實習事項，亦須先期呈明，俾委員依據呈明情形，切實考核。

第二條　教育廳主管科，依據教科書，逐課擬題，備廳長查核。屆試期前，廳長按學科選定試題，分別密封，加蓋廳印，交委員赴校考試，視考何種學科，臨時啓封，揭示試題。

第三條　在考畢業之學校，惟舉職教員二人，會同委員啓封。

第四條　委員如先期洩露試題，一經查實，即停止職務；如情實較重者，並予以相當懲治。

第五條　各校勿庸另行畢業考試，委員考試所定之分數，不加入成績總分數內。惟俟該校畢業成績表册送到後，對照參核，如出入太甚者，得酌量增減其分數，過劣者不準畢業。

第六條　關於主要學科及實習成績，經委員考核，認為不及格者應留級補習。

第七條　畢業文憑向由本廳發給，各校呈送畢業試卷時，須附送畢業各生像片。但像片須用薄紙，以便黏貼蓋印，藉杜升學時冒名頂替之弊。

第八條　各校值畢業考試時，如課程未經授畢，或雖授畢，而學生仍學力甚劣，應分別各種學科情形，令其展限補習，並加該校教職員相當處分。

第九條　入學考試，由廳命題，派委員監試。試畢，經該校教員核閱，評定甲乙，送廳核準，再行榜示。

第十條　應入學考試之學生，須填明年齡、籍貫、資格、父兄職業等。試畢，依上填各項，將應試及擬取各生分項約計總數，呈廳備核。

第十一條　學生入學考試時，除考驗身體、考詢志願外，並須詳察性質，是否確宜入此種學校。

第十二條　畢業及入學試卷，不拘定式，但交卷時須由委員及校長當時加蓋印章，以免調換之弊。

第十三條　委員火食由該校供給，赴外縣者該校並支給川資。規程另定之。

第十四條　凡預科補習科等之升級，不在此限，但師範講習科，仍須遵照以上各條辦理。

第十五條　本章程係暫行規則，俟教育進步後得斟酌變更廢止。

三、屬教授之計劃

（一）改良照本宣科之教授

案河南學校教授，雖間有可觀，然大體不脫文字教授之窠臼。此所謂文字教授者，非教材問題，乃教法問題。不獨授理論學科尋章摘句，甚至教理化、博物亦依文敷衍。弊較他省特甚。微論有用科學變成紙上空談，而字句解釋與事理說明混合而授，最易使學生之聽官淆亂，莫知注意。嘗考詢原因，據擔任實科之教員言，則諉諸缺乏器械標本；據擔任理論學科之教員言，則諉諸學生國文程度低淺。以此之故，初步教授極爲遲緩，對於規定之課程，大抵不能如期授畢；新替之教員，必謹守課本，逐句詳解，取學生之悅服；以致教師與學生所謂勤勉有功者，其工夫大抵消耗於教科書文字之上。如此教授，求其學能致用，烏乎其可？欲革此弊，必窮其本。上之所述，未始非其原因。然此外尚有根本致誤之二大原因：一因通行教科書體例不善，文與事理雜陳，在言文一致之國，如此編纂尚無大礙，吾國言與文懸隔太遠，非並授文字，學生確難盡喻；二因教師習於數千年遺傳之文字教法，不研究教育原理，不知向實用方面選教材，用敏妙傳達之術，提示義理，惟安守故常，期於講解明晰即爲盡職，此所以照本宣科之教授，人人習用而不覺其誤謬之甚也。茲欲改良教授，必當注重科學研究，略去文字意義，始爲根本之革新。然教科書未便廢止，一時又無適用之教科書，斟酌現情，惟有暫令教師依據採用之教科書，預定綱領，值臨時講述，依教材性質，用口與手爲適宜之教授，學生於練習之外，注重筆記，庶一洗舊時照本宣科之弊，而學浸能致諸實用矣。注意事項如下：

（1）除國文及外國語二學科外，不得爲文字之教授。

（2）現查通用教科書，尚無祇列綱要體例，凡用教科書教授者，應由教師就原書內容提綱挈目，教授時依據綱目，分項講述，學生聽講時，得參觀原書。

（3）教師提綱挈目及講述，得就原書酌量增損，但不宜增損太過，致學生不便自習。

（4）凡實科之教材及習題，得體察實用方面，酌予變更。

（5）勿論何種學科，教授均須與練習相間而行。

（6）關於實科之科目，注重試驗與觀察；關於理論學科之科目，注重應用之練習與研究。

（7）教授時學生應擇要筆記。

（8）教科書由教師自編者，祇列綱要，如該書爲各校所採用，須另編參攷書。

（9）未盡事宜，由各教師斟酌實施，並得陳述意見於廳，備採擇施行。

（10）每學期始，教師應就該學科教授時數，配置教材要目，每值月終，應審核預定教材分量是否無甚出入，以期隨時伸縮，無礙大體。

（二）納考試於教授之中

案考試問題，今成最大爭點。主張考試與廢止考試，其理由均不必論，惟目前實際情形，行考試之學校，預定試題範圍，已成通弊，不過藉此品定分數，予教員以便利，並不能得優劣之真相。至廢止考試，學生大抵歡迎，雖起於新思潮之動機，然行之不善，徒便於不勤學者與功課劣者，其弊尤甚。今之教授上之大弊，在每次教授除英語、數學有循例之讀講與演題外，餘皆無相當之練習，而歷史、地理及理論學科等，幾並練習而無之。通常所稱爲優良教師者，惟講解明晰而已，至學生之能否逐項了解，教員從不深考。其資學期學年考試以評定之成績，亦不足證明學生每時間之心得。考試且如此，廢考試更勿論已。欲學生學有心得，成績核實，又免從前考試之弊害，從根本上救治，不當先討論考試廢止與否問題，宜就每次教授檢驗學生領受與深究之真相。此其目的，在使教員所授之事項，學生能資以發表，措諸應用，而領受與深究之能率，得因之而檢驗。斯學生之平時成績考查，可以依此爲根據，不必特定時間、特立方式而行之。蓋從考查成績之法，勿論如何，皆蹈考試窠臼。從檢驗教授有效與否施教育，則謀學生之心得，即爲成績考查之標准。依此而行，臨時考試，學生不感若何困難，廢之亦罔敢怠逸，所謂納考試於教授之中者，其效果如是，不獨解決考試問題，實爲改良教授張本。惟以今日教師之固陋，學生之疲玩，皆缺乏研究之精神，率行此法，必以爲苦。然循是不改，教育將日即於衰敝，是在河南教育界之覺悟何如耳。注意事項如下所列：

（1）在教授一小時內，必須有少許之時間，使學生自動，或由師生相互動作，務期於得適度之練習。

（2）一課目或一事項終了，必須提要使學生行適度之練習。

（3）各別動作，不限於每次遍及，然須注意輪次施行。

（4）檢驗之方式不一，或行實驗，或用問答，或命題討論，或回講，或立圖表，因教材性質，相機制宜練習之。

（5）檢驗時教員應就特別優劣情實，分別記簿，尤宜注重個性考察，其分別符號，各從其便。

（6）用筆答述者，於課後檢驗之。

（7）教材分量務求精審應用，使教授與練習相應，不宜貪多。但各科應授事項及程度須於預定時斟酌適當，不宜在教授中隨意省略。

（8）每學期畢，綜平時歷次所檢驗者，彙爲成績考查。

（9）未盡事宜，得由各教員斟酌實施，並陳述意見於廳，以備採擇。

（三）設教材研究會

案同一科目之教材，因學校性質不同，地方情形各別，皆不能不有多少之變更。坊間所出教科書，教材蕪雜，配列失當，體例又近於講義，殊不適用。加以種類既少，宜於甲種學校者，未必宜於乙種學校；宜於甲地者，未必宜於乙地；非各省自相研究，衡量教材，無論教授如何改良，不能得適當之效果。況教育思潮，日趨重於實用，如任流行之教科書雜陳煩瑣空泛之知識，爲實施教授之標准，則學校教育尚堪問耶！茲爲革新起見，擬定教材研究會，辦法如下：

（1）先就普通學科，擇同類學校之教員學識經驗均優者，由廳依各種學科，分別派定專員，並派富於教育研究者教員，公同組織教材研究會。

（2）由廳所派之員無定額，其期限至製定教授細目之日爲止。

（3）依學校種類，討論科目，時間，分量，程度等，及教材選擇配置之方針。

（4）依上項討論之決定，由分科擔任之專員，編制教授細目，並分科介紹應用及參考書籍，但教材內容及分配次序，須打破科學系統之見解。

（5）各專員編制教授細目，得各就所擔任之科目，隨時提出問題，徵求授同類學校同一學科者之意見。

（6）教授細目編制既竣，由廳分科派員審查，再行公布。

（7）公布後，教授、新生均須遵照實施，其舊有各班，亦須量予變通，漸期適合於公布之教授細目。

（8）各校教員對於公布之教授細目，認爲有變通之必要者，得陳述意見。

（9）考試升學學生之學力，以公布之教授細目爲標准。

（10）教材研究會之經費，由各校均攤。

（11）各專員皆爲名譽職，但於編制告竣，由廳呈請特予獎勵。

（12）已公布之教授細目，經實驗後，認爲有修改之必要時，由廳斟酌辦理。

（13）關於專科教材之研究，悉依以上各項辦理。

（四）設假期講習會

案教育學術，日新月異，前之視爲新法者，迄今或成陳跡；今之稱有能力者，閲數年或不如人。小學教員，薪薄事繁，研究之力較薄，又偏處方隅，殊鮮觀摩，欲增進其學識，專賴自力之研究，不如辦理地方教育之上級機關，多方提倡，效普而力大。且使學力較優者講習，可以其研究所得，傳達於他人。茲擬設假期講習會，即此意也。至中等教職員及行政人員，能力較小學教員稍優，或請名人講演，啓發疑難；或由同事介紹心得，交換知識，於改進學術甚有裨益。

關於中等學校及行政人員講習會經費，已列預算。關於小學講習會經費，附屬於省立學校辦理，每年擬定津貼四百元，計五處，需歲費二千元，擬於十年度教育經費項下列入預算。

假期講習會章程

一、屬中等學校教職員及行政人員之講習，由本廳辦理，屬小學校教職員之講習，附設於省立各師範學校。

二、中等學校教職員及行政人員之講習應分別學術性質，招集相當之教職員講習，由本廳分期斟酌施行。

三、小學教職員之講習，專就小學教職員學力較優者增進其能率，其聽講人員，應由各縣視學挑選，每縣得派十人以内，五人以外。

四、各師範學校所設教習會，以收容該校所屬之地方小學人員爲主，人數依據第三項之規定，先期酌定。

五、講習課程，除關於教育一般學術外，得專就一種或二種學科特別講習。

六、講習課程須與該地方教育情形相應，由該校校長於講習期前，妥爲調查配置，呈廳核奪。

七、講習會每年舉行一次或二次，得臨時斟酌辦理。

（五）設師範附屬小學教授評議會

案謀小學教育之改良，在使曾任或現任教員者，知所以改良之方，且使現在所養成之教員能充實改良之學與術。前者貴有模範之取法，後者貴有模範之練習，師範附屬小學，實兼負二種責任。河南省立男女各師範學校除第一師範學校班次較爲完備，其餘並此未逮，設備與教授，尤形簡陋。除已令行擴充班次，認真整理外，茲擬設教授評議會，即改良教授入手之方。蓋改良教授之方，最貴有互相研究、互相匡助之精神。不互相研究，則安於固陋，不互相匡助，則易自蔽，固陋與自蔽，均足阻礙教育之進步。欲破此阻礙，宜自勵行評議會始。此種辦法，在能率較優者，得觀摩之益，愈進於完善；稍次者亦得藉助他山，寖自琢磨。微聞對此生異議者有二說：（1）學人積習，頗不喜人之評己。夫事之可恥，在不知而不求知，有過而不改，且拒人之觀摩。若不知而求知，有過而能改，固不足爲恥也。（2）慮因評議之暴露弱點，涉及位置問題。夫既有弱點，得人之評議，資以改良，正可以保持位置，若故步自封，恐欲保位置而不得矣。故此會之設，不僅爲小學教授改良計，亦醫教師固陋與自蔽之良藥也。

師範附屬小學教授評議會章程

一、評議會設立之旨，爲輔助小學教員改良教授，使實習生練習，及地方小學教員參觀，得完善之模範。

二、評議會會員，以本校擔任教育功課教員，並附小主任及教員充之，但在省垣由男女兩師校合組，並得由廳加派會員，省立各小學校教職員均爲會員。開封縣設在省垣之小學校，亦得爲會員。

三、每週高小及國民班各種學科，各就一學科目之單元，施行預備評議之教授，輪次而及。其參與評議之會員，高小、國民兩組宜分別參觀。

四、預備評議之教員，於未教授之前，須編制教案，印發擔任評議該學之會員，並通知教授時日。

五、評議會每週於星期六午后三時行之。

六、評議會爲促進教授改良起見，優點固宜介紹，求疵亦不妨細密。在言者得據實評判，勿存戒心，在受者惟有平心領受，勿存芥蒂。如有意見，亦可據理直陳，互相討論。

七、評議案得印刷傳播，但須經評議會之認可。

新小學教科書國語
文學讀本說明書

《新小學教科書國語文學讀本說明書》，中華書局 1925 年 7 月初版。

目 录

第一章　本編創作之緣起 …………………………………… 949
第二章　國語讀本與兒童文學 ……………………………… 950
第三章　國語讀本應具之性質爲何 ………………………… 953
第四章　兒童語之研究 ……………………………………… 957
第五章　選字之研究 ………………………………………… 959
第六章　國語讀本所需助於教授書者爲何 ………………… 961
第七章　目標及達目標之進程 ……………………………… 963
第八章　選材 ………………………………………………… 967
第九章　結構 ………………………………………………… 970
第十章　分量 ………………………………………………… 973
第十一章　教授書 …………………………………………… 980

第一章　本編創作之緣起

現今最陋之見，莫陋於以文言與語體判爲新舊文學之鴻溝。初級小學之適用語體文，雖宿儒亦韙其説，故於所謂文與語者不復論。惟嗜舊文學者，但以學古求工，對世界文學若罔聞覺；嗜新文學者，蔑視本國文學之來源，率以襲西文式例自意。凡此於文學本原，見殊未真。其或深明原理，而致力於中國文學，未有深造，理能言而文不足以自振。進至於文能工矣，然思想囿於成人，見解根乎主觀，讀安徒生、王爾德之作，鮮有能領會其旨趣者矣。此兒童文學之所以難能也。

就教學研究言，凡學理之主張，大抵充教授及著書立説者，多述師説，或襲陳言，因以推闡，非本經驗而道。而一般小學教師，學力較弱，當學理實施以前，未能以豐富經驗，判厥從違；學理實施以後，亦不能本實驗所得，一一證明其究竟。是以學理與實驗，各不相謀。一新法出，雖仿效者接踵，率多志在趨時，行惟苟且，歧誤百出；較善者亦不過粗具形式而已。蓋二十年來，先後歷七八省，所參觀之千餘校與所晤接之人，求其本真正經驗，説明普通教學原理，或應用普通教學原理，而實施一一無誤者，已爲罕見，他何論焉。

國語讀本，由兒童文學組織而成者也。教授書，所以輔助讀本進行者也。非國文素具根柢之人，精研兒童文學，兼於教學原理實驗有得者，以澈底之研究，編輯讀本，不足觀也。夫讀本之要，人所共知。而成書之難，世或未喻。學者淺嘗，僅窺一斑於全豹。作家率爾，時誤千里於毫釐。余自民初以來，屢與斯役。矢數發而無的可中，肱三折而不病自呻。今不自揣量，發憤而作。有篳路啓山之志，無洪爐煉丹之工。屬稿之始，先標義例。語惟適可，或言他人所欲言。意不苟同，亦發時流所未發也。

第二章　國語讀本與兒童文學

一、當知文學爲何

　　自有人類以來，皆先有語言，後有文字。在未有文字前，文學之作，即已產生。何也？發表意思，而以咏歎出之，或修辭近於藝術，皆含有文學意味，與尋常語言不同者也。故中國文字，創製於伏羲；而葛天氏之歌"八闋"，早已流傳，《呂氏春秋》猶存其目；章實齋所以謂文章起源於詩也。然自文字顯其功用，作家者流，曲盡其沈思翰藻之致，取以悅人，遂與語言相離日遠；末流所極，徒具形式，舉原來抒寫情思之功用，一變而爲文人塗飾之具；文學之眞義以晦。而理學家因挽浮詞與詭辯之靡風，倡爲文以載道之莊論，矯枉過正，又溢文學於史學、哲學範圍之中；文學之眞義，益以支離。是以文學之關係人生，不在文字本身之功用，而在文章構成之妙用。就文字功用論：一發抒情感，一傳達意思；而文學則在此發抒與傳達中，引人入勝，《傳》所謂"言之無文，行之不遠"者是也。研究文學，必先知文學之所以產生，而後識其妙用，而後知其對於人生價值。蓋人不能無情，情而不能自已，而後發之爲文。鳥唱蟲吟，各有動機；其能動聽者，必有抑揚宛轉之致。夫文之表出，不外寫情、記事、說理三種。記事、說理之文，雖體裁各別，要皆後起之文，應文字功用而作，非文學所自出。是以春秋嫻辭令之士，必多讀《詩》；太史公修史，遠宗屈原作《騷》之旨。至於文學作品，貴乎眞情流溢，自然成文；非徒精究文字，便臻妙境；婦豎偶成之山歌、兒歌，所以能普及於民間者，非無故矣。若夫《三字經》《千字文》諸作，取便口讀，語皆有韻；徒以拉雜湊成，無義可取，即舊時文學家且不屑稱之。

可以知作品之品性，苟文字所表出者，無悠遠思想，無真摯情感，無豐富想像，又不能以藝術組織，表現人生意味，則美之成分不具，未可以言文學價值矣。

二、當知兒童文學爲何

兒童文學一語，吾國近數年來，始稍爲教育界所注意。如歌謠、故事、童話、寓言、謎語、諧語、小説、劇本等，漸已多方搜輯，資兒童閱覽。其中出品較多，論辨較詳者，以關於童話爲最。然遍閲諸書，勿論爲譯爲作，皆非兒童語體文。至教科書或讀本初年級之課文，率以思想近於兒童，爲兒童可説之話，便炫爲童話矣。夫兒童文學之要素有三：一、合於兒童思想，二、合於兒童語言，三、具有文學品性。三者缺一，即不成爲兒童文學。前二者意甚明了，後者必須如上論文學價值，以藝術組織，表現人生意味，而具有悠遠思想，真摯情感，豐富想像者。且其培養之思想情感想像，尤必導致於光明中正之領域，俾文學所吸引之美感，皆適應於教育目的。不明此義，侈言迎合兒童心理，則好奇教材，徒失之荒誕，遊戲教材，必失之譃。是以近出教科書或讀本，文鮮潤色，言多無物。一方漸近於兒童心理，一方去教育目的日遠。正不獨寡聞新進，聞神話之説而懷疑；篤古老生，閲諧談之文而興歎已也。

三、當知已往的國語讀本之缺點爲何

各國國語讀本，皆經過偏重形式與實質兩方面，而後漸傾向於文學方面。吾國往時讀本，亦不外出此二途：偏重文字形式者，如字課圖説、作文入門是；偏重文章形式者，文取其淺，章取其短，如初出之小學國文教科書是。此類已成陳迹，可勿論。偏重實質及調和形式與實質者，在小學國文教科書時代，大率如是。自改國語後，已往之弊，頗爲世人所注意。現近通行體式，約可分爲二種：其一，襲舊式教科書之窠臼，而形式與實質，稍傾向於兒童文學，此爲改良式，一般小學所通用者也；其一，改換舊式教科書之面目，文字尚重複，內容重興味，此爲文學式，新式小學大抵用之。茲二種不可不謂進步。顧舊式相習日久，其軌範尚橫梗於編者與教者之心目中。吾人首當知國語或國文所培養之知識，係以語言文字爲目的。所謂歷史、地理、理科等教材，因文字必附麗於其中，苟不多方採用，興趣或流於單調；初非限於國語國文中，給以科學常識，亦不限於某類教材，應采若干成分，始爲適當。次當知學習難易，不限於生字多少與課文長短；而語言練習，不限於以課文爲準則，更無取於會話形式。由前之弊，易使文章平實，浪費時間於文字以外之講解。由後之弊，易使內容貧乏，意義索然，無玩味思索之餘地。文學式讀本，固已脫離舊式窠臼矣。惟其缺點有三：一、文爲白話，不盡適合兒童語體。二、對於興味之真正價值，容有未喻。蓋文學之興味，重在美感，非徒取娛樂已也。普通所謂真善美者，雖各具特性，要其領域非截然分界，至美者必有善與真存於其中，文學亦猶是也。三、對於文學成分，僅窺其片面。文學之所以爲美，合實質與形式二者而成。實質包含不美，不能產生文學之文章。形式表出不美，則文章失其文學之趣味。如《新豐折臂翁》《景陽岡打虎》之文，事情動人，實質包含之美也。自來文人描寫哀感與勇士之文，獨推此作，則形式表出之美也。兒童文學，歐美作家已屬晚出，我國於古無徵。研究兒童文學，不必屬於中文有根柢之人，以言創作，戛戛其難，宜乎國語讀本之未滿人意夫。

綜三者之研究，得讀本應以兒童文學組織之原則二：

（一）取兒童教材，適合於學習心理。

（二）取文學陶冶，達到教育目的。

第三章　國語讀本應具之性質爲何

　　欲明此義，當先知前二種讀本試行之結果。改良式讀本，兒童仍不甚喜讀。文學式讀本，不能達屢讀不厭之境。此就大體言，非謂現行讀本課課如是。此其原因，大抵前者文章平實，語氣緊張，內容太乾燥寡味。後者文字重複而式近一律。初年級之文，多未表現具體事實；後年級之文，惟衍長篇幅，內容意味，並未與年俱進。至於語句不合口味，修辭結構，未登大雅之門，尤爲通病。夫童話、故事、寓言、諧談等，讀本固不能不需之爲教材。惟講童話，述故事，說諧談與寓言，之數者所畀予兒童之興味，各具有本身目的。藉數者之興味，俾兒童容易學習語言文字，固非不可。使兒童學習所感之興味，純在數者本身所具之目的，而不在所必知之語言文字；或語言文字之求知，必同時求助於數者目的之興味，而非因讀文而發生興味；則匪惟教文字語言之目的，本末倒置，抑且文學本身上無絲毫感人之價值矣。今之研究中國舊文學者，不識兒童文學爲何物。所謂新文學家者，下焉者能以白話爲文，上焉者能究語法而止；其於某種文學之特性，如何而構成，茫然不知其所以。國語讀本應具性質之不明，夫何怪其然耶？由是而余之主張，可得而言。

一、國語讀本不是聽的兒童文學

　　講童話，述故事，此類兒童文學在幼兒時代已適用之。故事範圍之廣勿論已。即如童話，自創作日多，程度已不一致；今之作品，且有與短篇小說同其結構，爲青年可讀之書矣。聽的兒童文學，通用於兒童不能看書時。其主要目的在發達想像，而不在練習語言文字。此類創作以適於兒童能聽喜聽爲主，他非所顧。且因講述之説話，得藉助於姿態動作之表示，雖煩瑣不病。小學所用國語讀本，採聽的兒童文學之文，則兒童不能讀。若節取一二語句，先講童話，述故事，如文學式某讀本所取之例。此在設計教學中，因講童話，述故事，兒童對其中之語言文字勃然發生興味，便令學習，其收效或可與文字自然教學法等，究非根本法也。若夫標名文學讀本，其學習語言文字乃藉助於其他目的，而拋棄學習之原來目的，損失文學固有之價值，其歧已甚。觀於採用讀本仍多舍文學式而取改良式，其故可思矣。夫語言文字，爲人生活動之重要基礎，非特別學習不爲功。如牙牙學語，因需要而自然仿效；聞歌相和，不以往復回誦爲苦；準斯以求，可見兒童非無可讀之文也。

二、國語讀本不是看的兒童文學

兒童六七八歲，無看書能力。九歲十歲，能看書而力有限。十歲以上，能力可以看書，而思想變遷，與年俱進。就看的兒童文學言，在十歲以前，當有兩種體式：一、段落各別，意義變化，而語句時有重複。二、分段畫圖，每段記簡要之語，文與圖相輔，不以文字重複爲主，但與近出之兒童畫專備幼兒看者亦稍不同。至十歲以後，普通童話亦不適用。如《小朋友》《兒童世界》等體式，論文字多非初小兒童所能閱，論思想則多與幼年不應，余嘗探詢之多數兒童而得此結論者也。惟看的兒童文學之文字與內容，惟求兒童之能辨識，不必語句之琅琅上口。讀本則異是，既期其熟，又期其反復玩味。非言有盡而意無窮，便於朗誦，或讀之樂不可支，固未易臻斯境也。

三、國語讀本不是唱的兒童文學

山歌船歌，鄉人互相仿唱，藉以取樂，兒童之於兒歌亦然。大抵樂以和聲，詩以言志，造物甄陶人類之微妙，契合於節奏疾徐抑揚之中，使之足蹈手舞於不覺；而凡民與稚子，感此微妙，尤樂不可支。所以有韻之文，於諧和心情、激揚志氣，實具有無上價值。此類文學，約分二種：一腔調諧和，取其上口成誦，如詩、如歌、如鼓詞是也。一節奏叶譜，非工音律者不能爲之，如曲、如唱詞、如樂歌是也。要皆別具一格，與普通語言文章不同，間採數章，自饒興味。若偏重韻文，與自然之語言必難適應。匪惟無以達學習語言文字之目的，且慮敷陳事物，似《千字文》《三字經》之類，徒增厭倦。即如鼓書所爲，唱者與聽者只爲腔調之欣賞，初無與於心情之感動。樂歌詞之佳者，亦足以激動心情；然審音協律，其作大難，日用讀品，正無需此。況文章優美者，節奏自然諧和，固無韻文與散文之分乎？是唱的兒童文學，非讀本之性質矣。

四、國語讀本應爲教科書體裁

教科書體裁重在內容構成與文章表出，使教者有指導之餘地。惟兒童時期，重在引起創作想像；文學作用，重在激發情感。使僅能爲文字教授，此字課之書，不可以爲讀本。現行改良式讀本，不免此病。使引起想像，激發情感，基於內容敘述，而不在文字表出；或文字所表出者，只屬於滑稽興味，而不足以引起創作想像，激動人生意味之情感；亦非讀本之佳者也。現行文學式讀本，不免此病。故國語讀本，所以須教者指導，必使從文字所表出，兒童所反應者，紬繹而出。至其不名教科書而名讀本，其義有二：其一，取傾向於兒童之自發活動，以別於舊時用書之以教師爲中心。其一，取由誦習而領會內容，以別於他種教科書之偏於紬繹內容。義例既明，斯體裁可以釐定矣。

由以上之分析，可見國語讀本，必集合各類兒童文學，以自然語言，通常文字，教科書體裁，重加組織，便於誦習，而成爲教學之工具，可斷言已。抑又有言，吾國舊時學文，所以能臻豁然貫通之境，大都收效於吟誦玩味之中。然非構成之文，足使兒童能讀喜讀屢讀不厭，則雖吟誦而不感興趣，雖玩味而毫無所得。年來小學國文成績之不良，任用何種方法，而收效皆微。思之思之，一方當應兒童文學之新潮，一方當反求舊時吟誦玩味之功用；庶於學習吾國之語言文字，得以通其竅窔。故改良讀本，殊爲急務。不此之求，徒言深究，競談綴法，仍無益也。

第四章　兒童語之研究

　　向來編初小讀本、初年級課文，以語句短爲唯一原則，此固當然之理。執此爲專例，則成人之普通說話，長語正復無多。謂短語句便於兒童誦讀可也，謂短語句即兒童語不可也。夫兒童文學，內容方面，宜合兒童思想；形式方面，宜合兒童語言。思想合而語言不合，可以作聽與看的文學，不可以作讀的文學。如有韻之文，山歌、船歌、兒歌等，爲兒童所喜，而詩詞非其所喜，其明證也。遍查各書，短語句亦只限於初學年第一學期之課文而已。以余之實驗，從前讀本不便於二三年級兒童誦讀者約有三點。

　　（一）長語句，尤以數語連續讀之，氣不能接爲甚。

　　（二）不合口味之語句，雖短亦然。所謂不合口味者，大抵語氣緊張而不紆，於數語相續時，易犯此病；因其注重各語能自獨立，相續之間，每欠自然。

　　（三）記敘文之每一段落，連續之句太多，兒童精神不能貫注，讀之遂減興味。

　　兒童學、心理學諸書，研究語言發達程序，只限於最小幼兒。五六歲時，能說之語言，已極複雜。若以此搜成詞彙，則兒童所說之詞，因環境而不同，可以計數量，不可以定性格。小學教師之調查，多屬於土語矯正，與語法錯誤，此亦隨地不同。至於如何而爲兒童語，論者甚鮮。余前歲生一小女，從一歲起，凡其所說之語，逐日記錄，擬記至五六歲止。因時期未滿，不能發表具體意見。其於兒童語之研究，致力尚淺。惟所循途徑，較之以短語句爲唯一原則，與根據幼兒語言程序者，正自有別。余家有小學學生二人，常聽其談話，又用種種方法與之談話，又時聽他兒童談話。積其所得，得四個原則。

（一）兒童所發表之語言，完全從自身活動與對於事物之感覺而出。

（二）兒童之叙述，分項說明，不求銜接，與向來書本上之叙述式，連續成文，必用文法上銜接之詞者不同。

（三）兒童所說之長句，必由數個短語所構成，語氣不斷而可以停頓。其短語之數，除記數事物外，多在三個語以內。每一短語字數，多在五個字以內。即稍長短語，至多不逾三個名詞。

（四）狀事物之語言，取譬於說明，不在修飾其辭。用轉折連詞極少。

以此原則，爲構成課文形式之根據。又於課文成後，令兒輩讀之，詢其何字何語，不合口味，再加修正，然後試教於學校，故課文中且有兒輩改訂之處。夫兒童與成人，非有兩種語言也，不過兒童之語，成人可以如此説；而成人之語，兒童有不如此説耳。此中相去毫釐，非體貼入微，雖極佳之語體文，兒童上口，亦難成誦。此安徒生童話之特點，純以小兒語體爲文，所以獨稱於兒童文學界也。

第五章　選字之研究

各國編制小學課程，於識字問題，研究頗詳。吾國國語讀本或教科書，大都由編者以意成文，所用之字，是否普通必用，毫無標准可言。曾有人以某小學書第七冊生冷字十個，試驗大學學力之人，無人能全識者，且有數字爲多數人所不識。即國語課程綱要草案，定應識字初級小學二千二百個左右，高級小學三千五百個左右，論者亦議其語近籠統。此問題不先解決，則兒童應習文字，難期於讀本中達到目的。今於說明標准前，略討論選字問題，大要有三：

1. 普通必用之字，應於國語讀本中學習之；此必用之字，選擇應有標准。
2. 各冊分列之字，應先其應用尤切要者；其次第應有標准。
3. 凡普通易誤之字，應有適當注意。

除第三者屬於練習範圍外，一與二皆讀本中主要問題也。

論第一問題，吾國國語文字之書，出版無多。私人函件，一時難以搜集。即用外人選字法，因所依據者難取適當之語體文字，則根本已生問題，此目前未能圓滿解決者也。

論第二問題，舊說有三：其一，筆畫先簡後繁。其二，先單體字，後複體字。其三，先見本義字，後見旁義。第一說舊式教科書皆如此，今初學年讀寫既不並進，則字之筆畫繁簡，與學習讀本，關係殊不密切。二說效用之微，與一說等。至第三說，小學既不深究字源，字體又因楷書多有變遷，且有本義而今不通用，亦無可取。近有主張調查各學年兒童之語言，取各學年所有之詞，爲排列次第。余於兒童語研究中所言者，係據以考察兒童構成語言之程序，非以之定詞之性質與數目也。如所主張，則各學年兒童所說之詞，受現在教育上知識之影響甚大。持教育不適當之影響，定爲標准，未見其適當也。況分年之詞，兒童所說者，由於知與不知，非能說與不能說，固無進程之可言耶。亦有以幼兒語言發達程序，先歎字與名字，次動字，次狀字，以至其他詞性各字，頗可據爲標準。勿論六七歲兒童之語言，業已發達，不能以幼兒相例。而讀文宜讀語句，循此例也，語句將如何構成耶？此類調查，惟便參究；據爲定律，殊未可也。蓋詞之切要與否，屬於教材之實質，不屬於文字之本身。苟教材性質之標準，與年俱進，文字固不成主要問題矣。抑吾人所當知者，虛字之數甚少，頗易一一釐定。實字的名字，因地方與職業之別，通用之字，各自特殊，其需要亦易發見。如浙杭二字，未見於讀本，在浙江省分自能應需要而教之；他省不感此需要，即令不識，於作文無妨。其他準此爲例。如歷史上、地理上、職業上、姓字上之專名，由教者用自然教學法，隨機示教；此外通用之名，不難審核。惟動字狀字，爲構成語句之關鍵，所有必須之義，缺一不可，與虛字同一作用。勿論何地方，何職業，其通用之處，悉無區別。而同義之字，在應用上亦可不識。若以讀他書爲辭，則年級較進，能查字典，尚無不便。依上所論，余於編讀本時，暫用簡要方法，定選字標準。雖例屬主觀，較之客觀標準，不能取適當材料者，實際或能適用。第一步就《康熙字典》，據自己認識之字，選取六千餘字。第二步就六千餘字，分四大類：一、實字的名字，二、實字的動字，三、實字的狀字，四、虛字。（爲分類方便起見）此分類之字，每歸一類，皆先審字成詞語之用處，故字不普通而可成普通詞語者，不致落選。第三步依詞性之屬於何事物與其性質狀態，就四大類各析爲若干小類，凡字之同一作用者，皆得列於一小類中；然後去同字異寫之字，剔異字同義之字，其日常之事物與動作不常用之字亦去之。別爲三種：第一種語體字，初級小學必用之字。第二種文體字，語體字極少，可以酌用。第三種小學可不用之字。計得必用字虛字六十四個，動字五百一十五個，狀字六百八十三個，名字一千七十五個，共二千三百三十七字。與草案所定數目，大致相符。至於排列次第，虛字依兒童語研究之層次。實字依教材標準之層次。雖所選之字，未必毫無疏漏，然大體尚無甚謬誤也。

第六章　國語讀本所需助於教授書者爲何

教授書式例當另論。茲所論者，爲讀本中不易解決之二大問題，當於教授書中解決之。

一、識字問題

今之研究小學識字者，一爲應識字數，二爲每字復見次數。此在讀本中，固有相當注意；不過求此項問題之圓滿解決，課文處處受其拘束，則文學趣味，因之減損。就應識字數言：城市與農村，以及各地習慣不同，在甲地認爲必識者，乙地或可以不識。又如同義之字，如看與瞧、丟與摔等，異名之詞，如父親與爺爺或爸爸、稻子與穀子等之類，在文中可任取其一，語言則須隨地而呼。上舉二例，前者課文悉列，則書成雜字本，酌列則因地而嫌遺漏。若教授書中遇課文可授農具或商品之字，以及可授地方事物之名，舉例説明，教者斟酌授之，斯讀本免其兩弊，而識字者各識其應識之字矣。後者課文悉列則用詞混淆，酌列則慮遺某處通用之字。若教授書於讀本所用之詞，有同義或異名者，舉例説明，使教者因地方慣例，並舉以示，則識字者無慮其不敷用矣。就每字復見次數言：依學習心理原則，每授一新詞，其復見次數之距離，應隔三四課一次，隔六七課一次，隔月餘一次，隔二三月一次。使課文依復見之原則，則組織成爲機械，即舊式無甚意味之課文，已不可能。惟先將各課所有單字，依序列表，逐課注明發見次數。查其復見次數較少，或距離不勻者，一一在教授書中，臚列補充教材。此補充教材，皆於學習課文中，聯絡復習，不別爲一課。可準學習心理原則而練習，又可因練習而示文字應用之變化，斯可謂兩全其美矣。

二、應用文問題

今之談教學法者，皆知學習應用文，當適應兒童當時需要，乃其討論讀本，又力主課文中多加應用文。爲讀文而授文，其不能引起需要動機，固已甚明。無需要動機，而强其學習機械法式，難有心得，亦可知已。然讀本絕不示例，一任教者之因應教授，教師學力弱者，或失機會而不教，或遇機會而不知所以教，亦憾事也。惟有視課文可有之動機，當發生何種應用文之需要；又衡量兒童學力，與應用文體式，分別次第舉例，列入教授書中，備教者參考，選爲補充教材；則上述種種困難，舉無慮矣。

於此當附論及者，時人之一種普通見解，有見於地方特殊情事，主張各省宜自編讀本者。又有見於職業上特殊情事，宜各編讀本者。夫以中國之大，果其學術日進，讀本之體式與種類，自宜多多益善。惟以適應特殊情事，爲編讀本之目的，是猶舊時偏重實質之見解也。蓋自然社會各科，離國語而獨立設科。國語文字，通全國而無一致，文字與實質，各有其本身價值，混而一之，徒相妨害。即有特例，不外上述之二問題，自當以上述之方法解決之也。

第七章　目標及達目標之進程

部定要旨：在使兒童學習普通語言文字，養成發表思想之能力，兼以啓發其智德。

省教育聯合會國語課程綱要草案主旨：練習運用通常的語言文字，並涵養感情德性，啓發想像思想，引起讀書趣味，建立進修高深文字的良好基礎，養成能達己意的發表能力。

綱要主旨，似較部定要旨詳審。鄙意部章缺點，在未定明確之標准。修改要旨，殊非必要。

綱要之最當人意者，在定限度。雖根據未明，然慰情聊勝無也。分年之標准，部表太籠統。綱要程序，亦嫌武斷。茲不爲駁正之論，但就國民小學教授國語，述余之意見。

一、目標

（一）能應用通俗用字及普通語體文、應用文之用字。

（二）能自由書寫所讀之字，整齊而敏速。

（三）有充分之默讀的速度與協和之朗讀的音節。

（四）能了解語句構成之法則，而自由應用語言文字，述說所聞所見之事物，發表自己之思想與感情。

（五）能欣賞所讀文章之內容。

（六）通曉講演規則並能聽普通講演。

（七）能閱各種語體文。

（八）能利用文學作休閒時間之修養。

二、達目標之進程

1. 達一之目標

屬於讀本

（一）實字中之通用的名字。

（二）語體實字之必用的動字狀字。

（三）構成語句的語體文必用之虛字。

上三項之字，皆應逐年排列於課文中，使兒童認識之。其選字字數及方法，理由詳選字問題。

屬於教授書

（一）因地方或職業之需要，加入特殊的通用字。

此項就課文可有之動機，酌量列入，以備選授。但教者須就適當情形而增損之，且當於課文外用自然教學法酌授文字。

（二）應用文之各種體式。

此項方法同前。

（三）練習純熟　此與復見之次數，至有關係。凡讀本新見之字，以後課文，不能依練習原則，屢次復見，或雖屢見而間隔不甚勻稱者，應於教授書各課聯絡練習中，示以適當之補充教材。

2. 達二之目標

此與讀本無關。除特定時間外，當自第一學年第二學期起，依年級及課文，於教授書中，示以聯絡讀寫之法。

3. 達三之目標

屬於讀本

（一）句讀標識　此項第一學年第一學期，句讀間以空格。從第二學期起用標點符號，但疑問、感歎等號從刪。

（二）段落劃斷　此項純取小段落之劃分。但每一段落，皆有一個整體狀態之表現。

（三）語句成分及節奏　此項以適於兒童誦讀爲主。

（四）內容及文章之意味　此項以能引起想像，激發思想爲主。

屬於教授書

（一）讀文方式之配置。

（二）讀文進程之分剖。

上二項皆應課文而酌定。

4．達四之目標

屬於讀本

（一）詞之排列　此項專注重無形狀動作可擬之虛字。大抵連詞於二年級後用之。副詞屬於性態之詞，助詞含有活動語氣，與歎詞非驚訝者，亦稍後見。

（二）句之排列　此項先單句而後複句。且皆先單純而漸進於複雜。

（三）課文須隱含具體問題，在教學中有引出尋繹之機會。

（四）表演文宜有適當之排列。

屬於教授書

（一）詞與句之練習　讀本詞與句排列之序，在適用於兒童之能否了解，並不限於某詞與某句出現，即應練習某詞與某句。教授書爲聯絡讀法與作文起見，自當應年級時期，就課文選取適當之詞與句，逐年依序提出，俾資練習。

（二）問題之提出　此準前之第三項提出，或由教者提出，或引起兒童發問，宜斟酌課文與學習情形。

（三）練習文之舉例或引出題目　此在注重動機。屬應用文宜使感覺需要。屬普通作文宜引起發表之情緒。

5．達五之目標

屬於讀本

（一）內容之目的　以能引起單一情緒爲主。

（二）文章表出之意味　形式美而意味悠遠，且變化而不可測。

屬於教授書

須應課文而示以激起欣賞之方法。

6. 達六之目標

除參閱第十章語言練習外，教授書宜指示之點，大旨在低年級注意問答規則、讀聽態度及表演方法。高年級注重講演規則及態度。

7. 達七之目標

屬於讀本

（一）須備具兒童文學之各種文體。

（二）教材實質宜普通。

（三）段落宜短而篇幅宜長。在最後學年，須使授課時間在一次以內，能讀五六百字之文。

屬於教授書

以注重兒童自動的誦習爲主。默讀及概讀依課文爲適當之處理。

8. 達八之目標

屬於讀本者

（一）注重唱讀之文。

（二）注重表演之文。

屬於教授書

應上列之課文而示以方法。

以上皆屬正目標，尚有副目標如下：

（一）能用字典詞彙　此當於第三學年上學期起，與注音字母，同時爲特殊之指導。

（二）能作單據、報告及書信　此須應動機而學習，參閱目標一屬教授書之二，又目標四屬教授書之三。

（三）能用標點符號　參閱目標三屬讀本之一。

（四）能用注音字母讀國音。

第八章　選材

　　選材爲構成課文之源。兒童當讀如何之文，必先定主義，而後有趨向可尋。約而言之，其主義可分爲三：
　　（一）教訓觀
　　大意謂蒙以養正，兒童讀物當讀有益於身心之文，甚者主張讀經，謂兒童讀物不必於有益身心中求之，固爲不可。然謂有益身心，必須求諸抽象的語言文字之中，而耳之所聞，目之所見，皆取直接教訓之義，抑又非是。蓋人格修養，貴涵濡於無形，論理式之教訓，非兒童所能體會。純持教訓觀者，仍無與於身心也。
　　（二）實用觀
　　大意謂兒童所以需教育者，在授以實用之知識技能。語言文字之內容，皆附麗於歷史、地理、理科等實質之中。學習語言文字，當應職業而兼得此類之常識，庶學習者始能應用。惟各學科皆自有其本身特質。吾國文字學習，既已倍難，藉取得常識而使習語言文字，與習語言文字而兼解釋實質，皆足以妨礙主要目的。今自然、社會等科，已另設爲小學必修科，而語言文字，以傳達思想感情爲主，與常識科所謂實用者有別。純持實用觀者，亦無當於學習國語之本旨也。
　　（三）興味觀
　　大意謂興味爲學習之源，學習語言文字，易流於機械式練習，當取有興味之文學材料，引起其識字讀書之趣味。其理由似較前二說爲適當。惟興味屬於方法，不能視爲目的。苟於興味之旨，文學之內容，見之未真。徒蔑視上二說可有之價值，破壞習得工具應有之程序，甚可慮也。
　　茲不以一偏之見，定選材之趨向。所謂不偏者，非折衷之見，而在以前論兒童文學要素，融貫三者於一個目的之下。一方面見爲興味，易一方面則見爲實用，又易一方面則見爲教訓。故其興味非由外爍，實用不囿於機械程序，教訓在涵濡於無形。

主義既定，再分實質與形式二種論之。

一、實質

普通所謂選材者，一當取兒童所能領會者。二當取其有興趣者。三當取人生有裨益者。四當普遍。此固於選材有關，然根據何在，程序若何，殊未有確切定義。茲之選材，先定軌範。

其一根據於小學兒童之心理作用。（一）兒童活動，由感覺而模仿，以進於意志。（二）兒童之知覺，由事物片段而機能，以進於關係。（三）兒童之對象認識，由幻想而現實，以進於理想。（四）兒童之意識表現，由意象控制感應，漸至繁復反應，以進於知用某種方法而達某種目的。

其二根據於小學兒童之人事經歷。由家庭而社會而國家。

以上各項程序，皆與年俱進，由此而得下之標准：

（一）寫人生意味，由個人漸進於社會國家問題。

（二）寫對象，由幻想而現實，漸進於理想。

（三）成文之主體：

(1) 由動的表出，漸進於靜的表出。

(2) 由單獨動作，漸進於錯綜動作。

(3) 各個動作之狀態，由單純漸進於繁複。

上所列程序，以二學年下學期爲轉變一大關鍵。下學期前，以前者爲主；下學期後，以後者爲主。

二、形式

兒童文學，大抵有兒歌、童話、民話、謎語、諧談、寓言、故事、傳記、劇本等類。除傳記、劇本，以從三學年起爲宜；其餘分見於讀本中，當注意於下列條件：

（一）依據上列之標準。

（二）內容深淺問題。

（三）篇章及語句繁簡問題。

本書第一冊，採謎語較多；第二冊，採兒歌較多；第三冊，採童話的故事較多。以純就文字多寡、語句便讀兩方面，選適當之文，非謂某期適於某類兒童文學也。

近人於形式中，往往區分敘述文、說明文、議論文等類，並因文體而定排列次第，分別教授。夫文體之辨，自摯虞以來，迄無定論。曾滌笙分爲十一類，爲世所稱，而體裁猶未之及。即以文體論，人因心之所蘊，事之所接，發爲文章，自然合拍，初不限於格式而後爲某體之文，亦不限於某文而必拘某體。此在文學專家，或不妨研究，若小學兒童，殊無示以某課爲某文體之必要。至於規定某年級授某體之文，則說明之語句，初年級兒童多有用之；靜體之敘述，高年級猶嫌繁碎。可見文體之分，絕無當於小學矣。

本書選材，就某篇所定目的，視其時期中之兒童心理，與文章分量，預擬傅以何類實質教材，能動讀者激賞。然後搜尋何類實質，採其與目的有關者，作爲成文資料。或先選定某作適於讀本之用，然後準讀本體裁，增損爲文。故前者選材，與各科彙集教材，取捨之旨，屬於實質本身者不同。後者選材，必重加組織，雖述亦作。今之論國語教科書或讀本者，往往以採取上列諸類之文，便稱爲文學化。實則上列諸類，只爲兒童文學之分類。其是否有文學化之價值，一方視文之本身如何，一方視編讀本者之組織如何，不可不辨也。至於選擇實質，雖重普遍，然規定成分，於義無取，不苟同也。

第九章　結構

從前讀本（或教科書）之弊，改良式祇知選擇實質，而不明組織方法，故其文平實寡味。文學式只知重興趣，誤以方法爲目的，故內容多流於虛幻。欲矯其弊，於構成文章之主旨，最重者有二：

其一，重神秘意味。童話所以適於兒童者，勿論爲物語、爲神話、爲故事，其組織必含有神秘意味。夫宇宙本一至不可思議之物，兒童初入生活範圍，非若成人相習已久，對於普通事物，均淡漠視之，而此事物所包之義蘊，雖智者亦窮於探討。苟能引起想像，則朽腐皆化爲神奇矣。浪漫派之表現真理，不根據於純粹現狀，而以實際構成理想，亦含有幾分之神秘意味者也。

其二，重寫實。平鋪直敘，固爲文之大忌。然使事必驚人，語惟解頤，一一建設於虛幻基礎之上，又非讀本所取。茲之重寫實者，矯誤解興味之弊，表以寫實，而運以神秘。一方取寫實派之以歸納方法，引導讀者自觀察想像事物，而體會真理。一方仍本實際構成理想，而不以描寫現狀爲能者也。

雖然，讀本之文，尤重激動情感，啓發思想，從欣賞之中，而了解人生意味。故其構成文章之旨趣，必更明下之所論。

其一，當如詩之意境悠遠。所謂詩者，文指存乎詠歎，取義近乎比興。言情達志，敷陳諷諭，言有盡而意無窮。至於音節諧和，在調之抑揚與辭之委婉，而非以諧韻叶聲爲工。後世惟拘聲韻，早失本旨。茲之所取，悉本實齋之言。庶讀本之文，有軌可循。

其二，當如短篇小說之能產生單一感想。單一感想之產生，在以確定目的，提煉複雜事物。凡與目的無直接或間接關係之材料，悉予擯斥。每一段落，皆能表明其動機。各句各語，皆互爲發明，同以一中樞思想爲歸宿。即其文筆，亦當與思想融洽。至文之長短，惟稱目的之表明與否。短篇小說之以想像而連貫之事實，闡明人生真理，能使閱者神與俱往者，其關鍵在是。今取斯旨，以範讀本每課之文。

教授讀本，有所謂文法、語法者。舊者於章法有起、承、轉、合之分，於句法有鎖、撇、提、頓之分。新者則於詞有品性之分，於語有主、賓、補足、修飾之分，於句有單、複之分。前者各小學校多如是教，後者亦間有行之。某校依學者之主張，準語法程序，編爲讀本。夫文既根乎語言，則詞與句之連續，文之起訖，皆循語言自然之序，去其鄙俚，汰其枝節。其有待於矯正者，大抵各地方特殊錯誤之慣例，而非可執一以繩，若限於某課用某種謀篇之法與某種之語句，則課文成爲機械，將無文學興趣之可言。至慮式例不備，則一學期所讀者，文有數十課，語有數百句。一學期不能盡者，更續之以二學期、三學期，自可備舉而無遺。即如單句複句之種種式例，虛字之種種用法，亦惟教者總合全書，剌取課文，依序排別，隨時示以變化，使資練習，而非爲讀者規定格式也。蓋小學兒童學文，不耐邏輯之尋繹，專爲文法而授文法，終格格不相入也。進而論之，文成法立，本無定格。多讀多作，自知其意。襲其形貌，神勿肖也。歸震川評點古文，標以五色，各爲義例，通人譏之。至於讀本段落，爲教授便利與引起讀者興會，組織往往特殊。選字造句，因求音節諧和，常有同義之字，在彼處所用之字，在此處則改用他字；以及省略句中某詞，衍一語爲數語；凡此皆作家深造，爲讀本所必有。初非爲初學信筆所之，示以義例也。若夫釋詞辨性，在專家研究文法，誠非無益。然以此而求文之通，求文之佳，吾未之見也。

讀本課文之構成，以內容變換，而字句反復爲唯一原則。今之改良式、文學式二種讀本，皆向於此。文學式式例，最爲明顯。如報紙所載零篇，或摘取讀本一二課讀之，自覺其趣。若通觀全冊，便增厭倦。何也？式例既千篇一律，內容亦一覽無餘。譬之空谷聞音，易起應求之情。若人衆雜沓，自非清歌妙舞，不足以動聽也。嘗推究文學式反復之例，或換質，或換形，或換主詞，或換系屬詞，變換之例雖不一，而形式皆爲平列，此實自童話連續體而出。童話篇幅較長，取材豐富，而連續體又只爲文中之一種式例，讀王爾德童話，可以知其故矣。吾國古詩，詞多反復，如《詩經》所載，每篇數章，或各章之句同體，而只換主要之詞；或反復主要之句，而只換喻物之詞。其換者在達意，其不換者在咏歎，與童話連續體旨趣不同。又如舊時歌謠，有重言及回旋二式。重言式：文中主要之句，或接連而下，或起訖相應，或文中申言，此本咏歎之旨，詩亦有之。回旋式：前段末句或主要之詞，即爲次段起點，亦有周而復始者。凡此諸式，易近平列。推而廣之，當求錯綜。如短篇小說可採之法式有三：一用競爭的組織。以二數以上之事實，向同一方向進行。於其相互關係之中，反復字句，則形式自不陷於一律矣。二以反復申言表示重心法。此於表示重心，本非唯一之法，但小學讀本頗爲適當。三前後呼應法。此其命意原主喚起情感，並非以重言爲主。然於反復字句，甚有關係也。

　　本書結構大體之轉變，一如選材，以二學年爲關鍵。二學年前，以字句反復爲經，以事爲緯。二學年後，以事爲經，以字句反復爲緯。形式與內容，同趨於多方變化。千篇一律之誚，庶幾免爾。

　　本書結構最要之點，在一篇之主旨，純用間接法暗示法，不惟不表見於文字，即教者指導學習，亦不直接説明。使兒童誦習本文，用自己之想像，激發適當之心情。其有問答，但使兒童所表示者，非違反目的或陷於謬誤，教者絶不加以駁難。如是而同讀一文，各得以其所感應者，各欣賞其所得，而一協於自然。嘗見舊時修身授課，述物之親愛，必推論及人；述一看護之事，必推論一切救助之事。斤斤講教段者，美其名曰推理、曰應用，實則此種教法，教者如是問，聽者如是答，只屬於文字之演繹，言語之聯想，初無與於心情之感動。所謂理者，推之何益；所謂用者，於何應之，無如世人之習焉不察也。

第十章　分量

在論分量以前，有先宜解決之二問題。

一、國語占小學課程之時數與每次受課時數

部定初小課程時數，第一學年每周二十二小時，國語十小時。第二學年二十六小時，國語十二小時。三四學年二十八小時，國語十四小時。新學制國語課程草案，不計時而計分，平均每三十分一次。一二學年每周三十六次，國語十一次。三四學年四十二次，國語十三次。第四學年之十三次中，又分爲讀文五次，語言二次，作文二次，寫字二次。

上二者全課程總時數，後者指最小限度而言，比前者稍減，可弗論。惟所定時數之限度，係指實際授課而言。蓋謂兒童每日可能學習之新知，不宜逾此限度；非謂在此限度內之新知，竟不能於所定時數外學習之也。今之小學教師，多於規定時數外，置學生於不顧，非編制課程者規定時數之本意也。

國語時數，部表占總時數百分之四十五或五十，草案僅占百分之三十。其大減之原因，草案別常識課程於國語以外，時數雖減，而學習語言文字之分量，尚屬相當。茲估計學習國語全部分量，自當以草案爲據。其每次應需時數若干，據實施新學制各校，大概國語授課，以三十分爲一次。鄙意年級較進，課文較長，時數太短，頗感不便。而讀本文章興趣既富，則時數較長，亦不爲苦。約計每學期十八周，茲擬一二學年採三十分一次，每周十一次，應得一百九十八次。三四學年四十五分一次，原爲十三次，變爲九次，應得一百六十二次。但語言、作文、寫字分占時間者，不以此爲限。

二、讀文與語言、作文、寫字應如何分配

部定教則，僅於要旨下，略示方法。草案則前三年皆合併教學，四學年始分占時間。茲所欲問者，獨立教學是否當從第四學年始，抑合併教學與獨立教學，可以並行不悖。欲解決此問題，當先討論三者之教學內容。

甲　語言

述主張之前，有幾個要點，當預行聲明者。

第一，在言文一致之國，口述爲口語話，筆述者爲國語文。吾國筆述者則有國語文與國文之別，不能引外人論教學語言原則，據爲分教語言之規範。

第二，各省學人，不能說國語話，而可以作國語文。蓋文字與語法，本自統一也。

第三，根據文字爲讀，根據口語爲述。讀須學習，而述無待於學。不能以重視讀文，加以有念書見解之嫌疑。

第四，由讀文字所記載者練習口耳，視本口述者練習口耳，較有把握。

第五，注重由說話而了解文字，係國文教授時必用講解之過程。既改語體文，不當再有此混淆觀念。

自國語統一之說盛行，所謂國音教學、話法教學、國語話教學，皆成小學重要問題。惟欲謀國語統一，當以訓練師範生爲主。但使教者授課皆用國語話，自可引致兒童能說國語話。次之教讀本悉準國音，亦可使兒童能聽國語話。不此之求，惟於小學課程中提倡說話教法，以張統一國語之名。其結果小學所說所習者，並非國語，於統一無涉，徒妨害國語文教學之程序，增加兒童學習之擔負，減少義務教育期內運用文字之功能而已。夫吾國國語之不易統一者，根本不在語言而在音。兒童之需要國語課程者，又根本不在語言而在文字。現在提倡說話教法之學者，

多屬於深究語學之士。其所貢獻,大抵根據於彼學習外國語之經驗,如所標示之演進語、命令語、恭敬語、會話等目,皆爲學習説話之要領。抑知吾人之學外國語,爲其不通語言,故對於此類教法,因應需要而稍感興趣。若初入學之兒童,並無不能説之語言。其不能者,語言之成文,文字之認識與書寫耳。不於所不能者而教之能,乃欲於能説之話而教之説,煩而且碎,徒取厭倦而已。若謂由此而識字,而書寫,而成文,即以語言練習爲合併教學之基礎。如此排列體例,只可作識字教科書,或語法教科書,而讀文一項,便應刪去矣。又如普通教學法,關於語言練習,有所謂讀文前教法,讀文中教法,讀文後教法。充其所極,舊時預備問答、練習應用問答、復述種種之弊,將以益烈。余非謂學者貢獻絶無裨於國語教學,特以此爲教學程式,小學教師研究鮮暇,震於學者之名,奉爲科律,滋可痛耳。如國語課程草案,即受其影響者也。至於語言練習,抑又何從?

（一）小學教學中公同問題。即於教學時之觀察中、討論中、研究中,注意引起兒童發問與陳述之動機。並對於聲音之輕重疾徐,語句之鄙俚錯誤,姿態之輕率矜持,以及過與不及者,均爲適當處理。又時於説話之中,訓練一般兒童之聽覺。

（二）合併於讀文教學問題。一、視課文之有圖或實物可示者,應指導觀察之目的,使兒童揣測所表示者,與課文相關之點,而陳述意見。二、視課文之屬於童話、故事、寓言、史談等,其事實及關係,有待説明者,應使兒童就提示之點,而復述大意。三、視課文之可表演者,應使加以組織,而爲表演之分配。在初學年始期,或僅取對話形式,漸進而爲文藝表演。至於普通問答,所以輔助讀法進行,且於語法文法有關,則普通教學法,已論及矣。

（三）分占時間問題。另定談話時間,一二學年宜隔日一次。三四學年在授課時間内,僅爲預備整理,每周一次。實際談話,可於課外時間行之。談話事項:一、故事、童話、諧談等之講述。余在八九年前,曾主張初學年讀本,多採故事爲文,逐段用圖表現故事程序,於講述中兼令識字。近來之文學式讀本，頗有與余之主張同者。然以余三年前試驗結果，此類識字教法，與文字自然教學法當同一例，究不能替代讀本，其理由前已言之。初學年始期，由教者講述，令兒童復述，間使之述其所聞。俟一般兒童講述能力稍進，然後自由講述，更進則採用閱書材料。二、參觀後陳述。三、普通講演。不限用一之材料，如常識談話，如問題討論，皆聽自便。或由教者提出目標，令兒童搜尋講演材料。四、創作表演。此與合併讀文不同者，彼僅取讀文事實而敷衍之，此則就所採材料，有相當取舍。或有一定目的，由教者提供材料，使自行組織，教者但於表演前參加討論而已。後三者皆用於年級較進以後。

由上所論，語言分占時數，一二學年每學期五十四次，三十分一次。三四學年每學期十八次，四十五分一次。但三四學年之時數，得斟酌之。

乙　作文

國語課程草案，規定一二三學年爲通常簡單的語言記錄抄寫。四學年爲應用文、說明文的研究和作法，並各種練習設計。說明書對記敘文、說明文、議論文等，更舉例言之。

論前一項規定，進一層言之，作文是否只此記錄抄寫。退一層言之，以吾國文字之煩難，初學年是否有運用能力。此二種疑問，可以決同此感想者之必多也。

論後一項規定，如記敘文、說明文等分類，原本於日本之國語讀本，毫無可取。深言之，則吾國自來文學家所弗道。淺言之，兒童又不足語此。其理由已見前。至應用文如請帖、發單、收據等，式甚簡略，不必至三學年而始可學習也。

茲規定學習程序，當通各方面而先求標准，然後所規定者，無支離破碎之失。

（一）就發表形式方面言，當分爲口述與筆述二種。低年級尤適用口述，以立作文之基礎。

（二）就發表主體方面言，當分爲記述教者語言與發表自己思想感情二種。低年級當以前者爲主。至年級較進，記述較複雜者，亦甚切要。

（三）就發表趨向方面言，當分爲示範練習與自由發表二種。但前者當以筆述爲主。

（四）就發表目的言，當分爲命題與不命題二種。前者自第三學年起適用之。

又標點符號之辨識，於了解文法頗有間接補助，當自第一學年第二學期始。指導檢查字典於讀書作文均有關係，當自第三學年始，與注音字母同時授之。指導課外閱書，亦在是時。

記述教者語言與示範練習，完全隨讀文進行者也。口述與筆述，隨讀文而進行者，必其文較簡單者也。發表自己之思想感情，爲自由或非絕對自由，其隨讀文進行者，必根據於問答者也。命題，不隨讀文進行者也。

由上所論，一二學年大抵爲合併教學；三四學年作文分占時數，約須每周二次，此亦可隨時伸縮。計每學期三十六次，四十五分一次，與草案三次之時數等。

丙　寫字

部表各學年皆列書法，未定程序。國語課程草案規定第四學年正書和簡便行書的練習，分占時數。以吾國字體之難，舊時入學之始，即讀寫並進，固嫌機械學習過重，足以減損理解之功用。然範書太遲，則無由工整；未能工整，則無由敏速。且慮隨意抄寫，相習已久，矯正爲難。鄙意第一學年第一學期前半，每課酌提數字，示以筆畫順序。後半酌提數字，示以書空練習。第二學期酌令抄寫課文中新詞與簡單語句。自第二學年之始，合併學習與分占時數二者並進。合並學習爲抄寫記錄，繁簡之序，與年俱進。分占時數爲範書。至第四學年始兼習行書。各學年分占時數約須每周二次，計每學期三十六次。寫字每次時數，不宜過長，在三四學年，仍以三十分一次爲宜。

綜前三者分占時數，語言一二學年三十分一次，每學期五十四次。三四學年四十五分一次，每學期十八次。作文自第三學年起，每學期三十六次，四十五分一次。寫字自第二學年起，每學期三十六次，皆三十分一次。是讀文應占之時數,第一學年每學期一百四十四次,第二學年每學期一百二十六次,皆以三十分爲一次;三四學年每學期八十四次,以四十五分爲一次。

二問題既已解決,進而論初小讀文之限度。國語課程草案,有兩個最明確標准:

（一）識最通用文字二千二百個左右。余選定數目,與此相合。

（二）讀語體文學書八册,每册平均四五千字。黎君君荃自稱實驗結果,讀本應增加分量。其主張之總數,亦大致相同。

準上二千二百個字之約數,平均八册生字,每册應有二百七十餘字。初學年課文較短,生字當較少於平均之數。向來教科書或讀本,第一册生字,多在二百個字左右,以後逐册漸增。又據俞君子夷民國十一年調查,某教科書第一册課文總字數六百六十五字,生字二百零一字,平均每字反復次數爲三又十分之三。其自編小册,反復次數,在四與五之間。本書假定標准,第一册生字二百個,平均反復次數六倍,課文總字數一千二百字。第二册生字增爲二百二十五個,平均反復次數增爲九倍,課文總字數二千五百四十一字。三四册生字共五百個,平均反復次數十二倍,課文總字數七千五百八十七字。三四學年課文則補足四萬字之約數,生字則補足二千二百字之約數。茲列本書前四册字數,與假定標准比較如左。

册次		課文總字數	生字數	反復次數
一	假定	一二〇〇	二〇〇	六
	本書	一二七一	二一〇	六・一
二	假定	二五四一	二二五	九
	本書	二二一七	二三七	八
三―四	假定	七五八七	五〇〇	一二
	本書	七六一三	五一九	一一・五

本書各課篇幅之長，與現行文學式讀本相當，而生字則較勻稱。其段落與語句之組織，悉準兒童語研究原則，務期無一段一句一字，使兒童發生語句累贅之感痛。第一册生字平均每課七字，至多無逾十字者。單就一課論，似較現行改良式讀本或教科書爲多。然課文字數之多倍之，而生字之多不過半數。就全册論，生字相等而讀文加多，則所增分量，惟增內容之意味，而不增學習之擔負。就學習方面論：一、經濟，以本書一課有彼兩課之分量，彼須四次學習者，本書僅以三次學習之。二、記憶確實，彼四次所學者爲兩課文字，每課練習時間只兩次，此則一課可得三次練習。分布之次數愈多，則印象與聯念自益固結。即以生字之數而論，每課學習至少當爲兩次。舊時入學讀《三字經》，愚者亦能讀三字。（閱者勿謂所據太舊，須知一、數百年歷試不爽。二、單語認識，較新法生字測驗爲可憑信。）假以一次認識三個字，改授九個字，分布於三次練習，當較前者爲不易忘也。以此例證，可見支配生字之分量，非貿然從事也。

　　又爲培養兒童讀書力起見，在一二三册中往往有較長課文。然課文愈長者，其新詞與單字之總和，爲數極少。蓋以極多重之語句，搆成多變化而富興趣之文，使讀者不感困難。當此類課文編成時，歷試諸學程相當之兒童，皆與預期之結果相應。又於長文數課中，間以短文之課，調劑學習。故排列之序，大體重內容而不拘形式長短。又酌採類輯方法，以類相屬，俾所得興味，得以相互連屬而持久。此其大要也。

第十一章　教授書

屬於教授書之兩個大問題，以及語言、作文、寫字之分合問題，已如前論。茲所論者，爲教授讀本之兩個主要問題。

一、過程

從前由階段產生之弊，余在清季已陳其疑難之點，民初更反復痛切言之，其論文早散見於印刷物中。民五以前，江蘇小學商榷會及京師學務局所發表之讀法教授順序，即打破舊式爲之。各書坊編教授書，因之變更體例。近四五年來，設計法流行，又採取設計過程，應用於讀法教學，不可不謂稍有進步。然實際上之根本革新如何，苟以教學確有精深研究之人，試深究教授書，詳考各校教法，必知今之所改者，大率襲時髦之名，而以皮相之見行之，於根本無與也。夫革新之事，在澈底而不在淺嘗。果有澈底真知，即形式不改，猶可期相當功效；若止於淺嘗，即形式變易，而舊弊依然存在。今襲貌遺神之新式教法，其弊尚不只如淺嘗已也。請試論之。

五段教授法之弊，弊不生於法之本身問題，而生於定教案者拘泥形式，以分配教授時間。今之採用設計式過程者，分爲欣賞、練習、思考、創造四式。爲研究教法方便起見，不得不分項推究，並論及各項應有程序，使運用者知所注意。若每項規定一式，爲實際應用標准，則每課教材，斷無適用一種教式之事。一課所用教式，既不限於一種，則何處適用某式，何時適用某式，皆須因應教材部分與學習情形，爲相當之處置，亦不限於適用某式之固定程序。非然者，拘泥形式，則發生之弊，與舊時階段式將無別。至於沿襲階段式步驟，參以設計式教法，分爲理解、練習、發展三步，亦惟論方法者以之分剖程序，言之成理，而不當懸爲定式也。

然則教學程序，竟當廢置乎？非也。方法之標准，原理必有一定，而實際則重活用。蓋吾人所需於學者之論列種種方式，在備教者參究，本教材而運用方法，非執方法以馭教材也。今之講教學法，編教授書者，動曰某年級適用某式，某教材適用某式。失之毫釐，謬以千里。非好學深思，逐項實際研究，鮮不爲籠統之式所誤也。茲之主張，就課文本身，先決定入手之方法，分爲二種：

（一）以文章體裁分者：一、先摘示新詞，再誦習課文（摘示新詞必從觀察與問答中示之，與舊時先授單字不同。）或新詞於誦習課文中摘示之。二、先口授課文，再使認識文字。

（二）以課文分量或結構分者：1. 先概習全文，再分段練習研究。2. 由分段概讀以總習全文，再由全文分段練習研究。

入手之方既決，然後應教材學習之進行，視教材當特別注重之點，參照教學過程，斟酌用之，以制馭學習進行之趨向，而達教學預期之目的。至於學者論列之教式，皆可用而皆不可用。所謂皆可用者，循學習教材自然之趨向，學習過程，必有與某項教式相應者。所謂皆不可用者，任何課文，不能持一定之教式以馭之也。

二、讀法研究

讀文之目的，一方在使兒童習得工具，一方尤須取得思想。從前大抵偏於一方，成績遂判。本書融貫兩方面進程，期於合一。讀本則一方對於語言文字之支配，注重形式程序；一方對於文章結構與內容組織，必與思想歷程相應。教授書一方對於認識、理解、練習三項，依學習心理原則，尤以趣味引致之；一方對於欣賞、思考、創作三項之過程，極爲注重。

讀文既爲習得工具與取得思想之樞紐，然則如何而讀，又如何與語言、作文、寫字三者聯絡？後者上已言及，茲惟就前者論之。

甲　默讀與朗讀

二者各有短長，不具論，惟就如何朗讀與如何默讀論之。

屬於默讀者：

（一）適於默讀之文：一、重思考者。二、事實及意義，在文字表現中，多含有補充之説明者。三、篇幅較長，須分段研究者。

（二）令默讀時，須指示讀文之目的或範圍，以使其注意集中。

（三）令默讀時，須告以將爲若何預備，使其努力從事。（如告以我將要看誰能讀全文或誰會讀某段或誰能説明意義等）

（四）宜訓練默讀注重句讀之習慣。

屬於朗讀者：

（一）適於朗讀之文：1. 富於情感者。2. 有韻之文。3. 文章表出之意味深長者。

（二）朗讀之語調，須應文章體裁。如詩歌，如問答文，均與讀普通文不同。

（三）朗讀當在了解内容以後。於句讀之分別，段落之起訖，聲音之抑揚頓挫，宜特別注意。

（四）朗讀聲音不可太高。除詩歌外，不可與語言自然之調相離太遠。又次數不可過多。

（五）朗讀時宜兼注意聽者閉書靜聽之態度。

（六）爲不浪費時間兼能普遍起見，可於適當朗讀後，用伴讀式令全體朗讀一次。

（七）宜擇相當之課，作爲範讀。

乙　概讀與詳讀

此與前異者，不以出聲與否爲別。概讀或觀大意，或依教者所示目標，而於課文中搜索應答材料。重在速讀，大抵讀不出聲。然默讀則不限用於概讀也。詳讀時思想與文字互相聯屬，或細聲誦習，或靜默玩味。於讀訖一語句，讀訖一段落，必有相當停頓。重在緩讀，不限用於每課讀文之中。大抵在課文最有關係，或較繁難部分，或全文關鍵，或主結，用之。

丙　分段讀與讀全文

此於應用原理，須有澈底了解，而後對於全與分之進程，不致誤入歧趨。讀文之支配慣例有二：一爲直剖法，以分段爲進程。一爲橫剖法，進程不分段，而析全文之生字新語句爲第一步，實質爲第二步，文法爲第三步。直剖法大體分而一部分構成之內容全。橫剖法大體全而內容之構成分。由直剖法所得觀念，不相連屬，無從集中注意。由橫剖法所得觀念，支離瑣碎，形式與實質不能融合。自最近學習心理之研究，明示全部學習法始效雖緩，結果較之分段學習法，能省時間，所得又完整而明確，於是教學進程，發生一大變動。俞子夷君論教法新舊衝突，曾依此原則，示讀文最好之一例。惟俞君舉例，係可歌唱兼可表演之課文。文體種種不同，非盡能適用其方式者。又課文篇幅長者，開始誦習全文時，多感困難。於是有謂篇幅長者，可以分段研究，而各校仍多以慣例爲方便。所以採全部學習法之真義，與如何運用之法，不能不明切言之也。

於此當剖析明白者，舊說之指示目的，新說之給予普通概念，皆開始學習之要件。言者只知其理，用者多誤其方。指示目的之慣例，不外二種：一、開端即告以現在所講爲何。二、先問許多枝節語，而引致於目的之說明，大都爲抽象詞，義取渾括。普通概念之給予，道爾頓制視爲最要。其表現概念之法，在定作業概要。本學期應作之業，概要表定總目，周定細目。吾國一般施行道爾頓制者，所定總目與細目，不過採用教科書某冊之題目而已。目的之指示，與普通概念之給予，是否同一原理可弗論。惟所謂指示，所謂給予者，是否盡於一言之表示（論道爾頓制者有以概要小段之題目與指示目的同一旨趣），未可忽視也。就指示目的論，依學習心理原則，欲使兒童學習某事，當先使知爲何學習。惟爲何學習某事之目的，與某事如何解決之目的不同，亦與構成某事有何目的不同。某事如何解決，與某事構成有何目的，在文之主結繫成時，僅有推測之因；文之主結分解時，始有表現之果。明此目的，必使兒童於了解某事全部後而自領會之，斯與教學預期之目的相應。若所謂爲何學習者，不過學習某事之一種普通概念。或表示於命題之中，或表示於學習動機之中。而命題大旨以表現關鍵爲主，亦有表現主體者。正不在歸納課文全部，提出主要目的，依此演繹，而定學習之趨向也。就給予普通概念論，道爾頓制純以文字傳達之。就作業概要所規定，可取得本期作業全部之普通概念。由作業概要，分析爲作業月表。就月表所規定，則取得本月作業全部之普通概念，較前進於詳密。由月表所規定，分析爲周之作業細目。雖由細目之命題，可取得更進一步之普通概念。然其主要目的，在依命題而求解決，不在取得普通概念也。二者剖晰既明，則全與分之進程可得言矣。

依上所論，吾人當知全部學習法之進程，在補救直剖橫剖之缺陷。故開始之全部學習，在取得全部普通概念。更進一步，即在使所得概念，由分析而進於明確。若課文篇幅過長，或有其他原因，則開始用概讀之法，分段取得各個之普通概念，次概讀全文進而取得混合之普通概念，然後再分析而進於明確。故全與分可以交互行之。每歷程進一步，而內容所得，亦進一步。其歷程以深淺分，以詳略分；不以部分分，不以內容性質分。斯隨分隨合，隨合隨分，無施不宜。其學習也，如用圓筒鏡窺油畫，始見其表，繼見其裏，最後則無微不見，興味亦隨了解之度，逐漸增加，非由外爍，無散漫與中斷之虞。

丁　單讀與齊讀

此可分爲三種：

（一）單讀。試讀、朗讀時適用之。

（二）齊讀。此又有全級與分組之別。適用於全級者：一、隨範讀而讀；二、單獨動作時間過久，以此調節之；三、每次教學結束之時。適用分組者：一、分組練習；二、分組考驗。

（三）二種合併而行。伴讀用之。

戊　試讀與範讀、伴讀

試讀有二種：一、用於初讀，惟以單讀行之。二、用於考驗，兼以分組讀行之。

　範讀在第一學年第一學期用之較多。其後惟於兒童讀不合拍時可用之，不限於範讀全文。

　伴讀因單讀分組讀時多有參差，今優生唱讀，爲其餘練習之引導。

　抑讀法教學，非孤立之事，必與語言、作文、寫字三者聯絡並進。此並進之作用有二：

　一、屬於進程者：每經一次之讀，於了解方面，必有相當進程。而挾此進程以進，讀法與三者皆互相連屬。初讀以前，大抵藉助於語言而使之能讀。初讀以後，則三者進行，一以考驗讀文所得，或固結前次讀文所受之印象與聯念；一以啓發下次應玩索之處或證實本課應達到之目的。今之印板教學順序，不結合四項於一定目的之下，不依教材本身自然發展之序，貿貿然而讀文，而寫字，而作文，而語言練習。極其所至，不過於取得工具，能有相當之練習而已，烏有文學功用之可睹耶？

　二、屬於活動調節者：教學之法，在變化而多方。官能之用，以並用而益明。讀偏於受，必藉助於語言作文，而後可以表現所受之進程若何。讀偏於練習口耳，必以抄寫記錄，練習手之活動，斯一齊動作者，得同時各自表現其進程。是以相間而進行，動作不流於單調；分途而表現，全部皆呈其功用。此機械練習，所以貴用之各得其宜也。

　以上各章，於讀本與教授書之旨趣與式例，悉本經驗而道，其體要已畢具矣。惟隨機示教，所以補讀本之不逮者，如文字自然教學法，入學之始，頗爲切要。茲撮舉大凡，藉便參考，不能詳也。

　（一）校具標識，

　（二）姓名書寫，

　（三）簡單命令以文字書示，

　（四）成績標識，

　（五）故事與圖畫之標題，

　（六）他科課程中要目之書示。

小學低年級綜合課程論

據中華書局 1934 年 9 月初版整理。

目　　錄

第一章　序言 …………………………………………… 991
第二章　基本設計 ……………………………………… 993
　第一節　基本設計之意義 …………………………… 993
　第二節　以物質為建築設計基礎 …………………… 994
　第三節　以具體單元為組織設計基礎 ……………… 1004
第三章　基本教材 ……………………………………… 1013
　第一節　基本教材之旨趣 …………………………… 1013
　第二節　科目問題 …………………………………… 1014
　第三節　標准問題 …………………………………… 1018
　第四節　組織問題 …………………………………… 1036
第四章　基本態度 ……………………………………… 1055
　第一節　何謂態度 …………………………………… 1055
　第二節　態度之三方面 ……………………………… 1055
　第三節　品性之形成 ………………………………… 1058
　第四節　人性之研究 ………………………………… 1061
　第五節　訓育問題 …………………………………… 1069
　第六節　目標與態度 ………………………………… 1072
　第七節　態度與作業 ………………………………… 1074
　第八節　習慣養成與態度 …………………………… 1077
　第九節　態度與智慧 ………………………………… 1080

第一章　序言

　　研究現代小學課程，必脫離分科組織之成式與訓教分立之慣例，而適應現實生活，在生長歷程之中，取得一種新標准，斯課程功用，足以應付時代要求。本書立論，即循斯旨。

（一）根據現行之幼稚教育

　　杜威早年在芝加哥大學辦一所實驗學校，收納四歲至十三歲兒童，全部學程，皆以實現福錄培爾所發見之幼稚園原則爲主。推孟著《兒童智慧》一文，依其測驗結果，斷言幼稚園優生，可稍習閱讀，而小學一年生不能閱讀者，可多給以身體活動之機會。派克著《溝通教學法》，於其教學設備與課程編制，論述尤詳。以余所見，幼稚教育之可爲低年級根據者，關於教材：一、接觸自然物與自然現象所得到的自然研究；二、接觸人事界所得來的家庭與社會生活；三、由人類智慧所產生的文學、音樂、藝術等。關於活動，以談話、手工、圖畫、唱歌、表演、遊戲等爲表現途徑。此種根據，施之幼稚園已顛撲不破。低年級兒童生活，視幼稚時期無甚差異。雖教育上所要求於小學者，漸成有組織有系統之學習傾向；然學習根據，必與幼稚教育相若，而後發展經驗，不致形格勢禁。推演此旨，建專論二章。定課程組織之方向，論基本設計第一；定課程取材之方向，論基本教材第二。

（二）學習態度之培養

　　態度爲範圍人生生活之基礎，一切作業，皆爲形成態度之泉源。從來教學，視訓育爲課程以外之事，即列爲一種科目，如修身、公民、歷史等，亦以獨立貫注知識爲能事。其各項作業，如何組織知識，應用知識，以及取得知識技能之結果，在行爲上發生若何影響，教者往往不經意而忽視之。古代教育，雖不明了此中關係，然以教訓意義含於整個課程之字裏行間。又當時社會規律，一以古訓爲依歸。故學者不斷誦習，往往於取得工具中，兼收教訓之效。自實科日增，此路已不可通。然所更張者僅及於外形，途轍仍襲傳統典型。訓與教不能合一，教育遂以不振。在講教育學者未始不重視人類之全生活，然所敷陳者祇于原理。其教學研究，則以析論學程，每遺忘其整個原理，而偏尚形式，此於各種教學法可以見之。惟克伯屈所發現之副學習，確有途轍可循，然亦僅有理論，求其運用于實際，尚有待於推演也。夫習慣之改正，比培養更難。履端於始，低年級實爲初基。定課程學習之軌範，論基本態度第三。

(三) 讀寫算工具之運用

古代課程，幾完全建築於此種工具之上。今人動譏古代課程爲空疏、爲無用，然家庭所憑藉以責難，官廳所憑藉以考成，尚無視與工具有同等價值者。尤在低年級課程中，一切學習，非藉助於工具之解釋，自動竟不可能。故余所主張之新課程，並不欲減輕工具之從來學習時數與企求標准。惟學習內容及如何學習，對於世俗之見，以及沿襲之式，未能苟同。定工具之程式與其運用，論基本工具第四。

關於基本工具，另爲專篇論之。本篇專論基本設計、基本教材、基本態度，茲分述如下。

第二章　基本設計

第一節　基本設計之意義

　　設計法之最大價值，不在教法而在課程編制。從前用課本教學，編制課程，不惟學者未曾參加，即教者亦鮮過問。所謂教材之選擇與組織，完全以教材本身定價值。即使確能為兒童所了解所使用，而當時學習，有無興趣，殊無把握；更不能期其由所了解所使用者，達於生長歷程。因之教學以自動相標榜，結果終趨於形式的，支離的，末由尋得有系統之根本原則。何也？使用材料，非循自然發見之歷程。指導疑難，非產生於逐步實現之問題。自設計法出，於是教育與生活溝通，在整個單元上，得到一種根本辦法。

　　雖然，設計性質係一種方法。方法因年齡與材料，自不無差異。論設計者欲貫通全部教育，依所主張，立一概括的定義。有謂循自然進行之程而具有問題的活動，有謂係一種具體事項的成功，有謂係一個中心教學的單元，有謂係一種志願的活動，各有獨到之見。其實所謂定義，係方式的原則。此種原則，本非可以單一規定。不審及此，由其單一規定之中，遂現罅裂，為批評者所詰難。吾人惟當審學習情境，而適用原則，不當以此搖動設計本身也。

　　低年級開始學習，欲使其課程功用，一掃從前虛浮的書本誦習，滅裂的形式訓練，由具體而有意義之作業，與生活相溝通，得到有效的思想訓練，養成正確的態度，必須以知識為工具，而不為目的，由實行決定研究的對象，並應用所得的知識。此種設計，雖似偏於直接應用，未顧及論理的組織或社會的明辨，不能盡教育全部之功用。然由此起點，於直觀功能，轉移作用，均已得其體要，此即余所主張之基本設計也。

第二節　以物質爲建築設計基礎

第一目　事物教學

推本立論，試溯及實物教授之緣起。當裴斯塔洛齊反對初級專教文字，主張自然發展。其始尚注重各物在社會之功用，由親自經驗而得。其後惟注重各個物體，使由此知其在空間及數目之各種關係，並說明事物性質所需用之文字，其法遂不免流於機械。然其開闢初級教學之新方向，使世人對於感官教材、鄉土教材、工藝教材，以及如何運用，漸有深切的體驗，裴氏啓發之力甚多。蓋自然發展，非在社會中間發展不可。事物對於人的教育之作用，完全視對於人所處之社會，有無親切關係。關係愈親切，斯教育價值亦愈大。因此家庭生活，可作各種教學組織的基礎，各種物體如棹椅，以及樹木磚瓦，供人類日常之公共使用，常影響於人類之公共動作，亦莫不含有社會意義也。

教育以事物對於社會功用爲標準，於養成道德，增長知識，實有密切關係。並且智慧之形成，必須由具體事物或其情境，影映于兒童中心，融化而爲觀念，然後對於將來之一切情境，可以適當應付，並類化之而增長經驗。所以人類之真智慧，一爲從環境中所得來的親切知識，一爲訓練中得來處理環境的能力。

第二目　製作之教學價值

作成一物，在低年級中，尤爲基本之基本。蓋教育功用，在培養其社會興趣。然而希冀有圓滿功用，非有强盛爲己的動機，包含在內不爲功。如爲滿足自己的需要，或求愉快，或利用環境發生滿足的關係，惟有作成一物，斯其結果爲所達到之目的，最爲明顯。進而觀兒童參與社會，見有農場工廠之操作，苟得一試所爲，無不沾沾自喜。由此擴充手工範圍，爲種種勞動事業之設計，雖不似作成一物之能自滿足；然如栽培、飼畜、佈置、檢查，以及負事物一部分之責任，固極所願爲也。

做成作品，固以工藝爲主。自其結果而推論，以預期滿足之心理，使作業不斷的努力，支持其隨時注意。通常所謂練習設計，以得達一種知識或技能的習慣爲目的。例如，寫成達到某標準限度的字，作成某形式的文，學會某類詞或字的用法，習熟某項計算法等，與以知識爲工具之設計，有類似情形，得於低年級行之。惟須注意者，一是此類作業，必須在一個單元中，甚感如此需要，或運用工具發生困難，以及此外有同樣動機時，始可以實施。二是此類作業內容不可過廣，時間不可過久，必須在限定時間中，以有興趣的方法，習得相當的成功，斯不至變爲苦工。自其動作而推論，以筋肉活動，調協身心，期兒童知能之發展，兼養成能從事勞動之習慣。試擴充其旨趣於控制自然以及一切日常生活，則工作效率愈大，運用亦愈方便。

第三目　事物之分析

物質設計不限於可以捉摸之物，凡有客觀存在的意義，如古代遺留傳說、社會表現情況，或引起筋肉活動，如動作模仿等，皆具有選作教材的價值，因此物質可析爲物與事兩種。自單純之質觀之，物屬於自然，事屬於社會，自成爲問題觀之，意義純由物之本身構成者爲物，內容含有人工動作者爲事。更自教育觀點論之，教材必須具有社會意義、社會構成，非由物之關係，即由事之關係，而事之產生，又往往與物爲緣。人類愈進步，由事物所起之變化愈大，所應了解之事物亦愈複雜。低年級自不能盡所有事物而悉能了解，亦非處處直接於事物，始有價值可言。然其作業出發點，不與事物相接觸，則自發活動，成爲無本之源矣。

第四目　對環境的事物之活動

人類生活，所以應付環境者，完全繫於事物之關係。使對於事物之學習，出發於物質的環境，最足以顯示人類生活的自然方法；且與兒童原有的能力與經驗，融洽至若何情境，亦易發見。何也？兒童所不能領會，或不感興趣，雖有事物當前，將漠然無所動於中也。

兒童筋肉發達，必由於對環境的事物之活動，使用材料，取得經驗，始足以促進精神生長。惟所謂精神生長者，係以筋肉發達為達到工具。使僅以筋肉發達為已足，其弊將過分趨重物質。對於生活為一個生長歷程，因之而受限制，則美滿之精神生活，無從發展。極言之，作業進程，祇能由所感受之事物方面，求新經驗，不能由新經驗產生新目的。所以物質設計，一方面在從使用材料，取得具體的成功，一方面在根據筋肉發達的工具，達到精神所企求之目的。由前之說，某類設計開始時，教者不在策勵其作成品物之優美，而在應兒童需要，給以相當的暗示與材料；使動作於有價值的目的之下，了解自己能力，充分觀察，或思索所應努力完成之設計。經過如此訓練，以後參與別種作業，自能以高度的熱心，與集中的注意，直接從事，而取得必要之知識與技能。由後之說，兒童反應於環境中材料，或材料適應其自由動作時，至少須經相當的嘗試。因此對於材料之意義與其關係，有深刻了解，可使經驗豐富擴大，漸臻於成熟地步。此後離開物質材料，亦得由物質觀念，形成理智之動作。故雖在低年級，假使一個理智設計，由一個物質設計所引起，不為害也。

第五目　事物形成之設計

物質既形成事物兩種，由此規定設計，其一為做某物做某事之設計，其二為對某物對某事之設計。

做某物或做某事之設計，其作業活動內容，皆為物或事一定之分量，進程則為物或事自然之步驟，教者與學者均不能有所增減。惟學習結果，則因各人才能與努力，不能有一致之領會與表現，而且不必強期其一致。

何謂做某物之設計？

（一）意義在目的物以外。如做一件贈品，或一件展覽品，在決定此目的後，可以各做一件，或多人合做一件。品物雖不限於同一，工作時限必預先確定。惟此類作業，如其動機出發於極誠摯之意，例如做一物送其愛親或所喜悦之人，雖作品不美，但能努力工作，以視僅作成品物，不附若何意義者，殊有教育價值。又兒童必須曾經訓練，有直接作成品物之能力，始得爲之。

（二）以當時自製之物爲活動工具。例如，踢毽子放風箏之設計，本藉遊戲之活動，兼訓練其體力與智力。然活動之所以靈便，不僅繫乎使用玩具之技巧，亦有關於玩具構造。且使用玩具而不了解其構造，活動之真義已減。故此類設計，以製成一物，爲中間主要歷程。

（三）係屬於某項作業或環境接觸，引起某物之製作需要。例如，造兔籠、作教室裝飾之設計，可以獨立設計，亦可結合于某項作業中，同於（二）之歷程組織，或各作一物，或分組工作。如其工作不敷全級分配，當以分工完成之，但不可占單元中間一個整段之歷程也。

由以上三類之設計，實施者當知有異於世俗手工課程者：其一此工作即形成爲獨立單元，其起因必完成具體作業之活動目的，其結果必供給繼續作業之活動工具，而非以孤立訓練技能爲唯一功用。其二必爲兒童對作業或環境發生問題，或感覺需要，即使由教者指揮，已形成爲有目的之活動。其三使用材料，往往對於一切關係，結合各科目而取得知識，非徒從事於機械練習。不然，必其工作爲特殊目的而活動也。

何謂做某事之設計？

（一）活動全程係對於目標發生如何任務。例如，養蠶與種麥之設計，蜂①與麥，目標也，養與種，對目標發生之任務也。目標必爲環境所引出，不然，亦必有憶起或想像之至強動機發生。例如植樹，施肥料，在未有作業準備以前，不必有材料呈現於目中。因時機一至，自然而引起同一傾向。此類設計，目標所具有之習性，爲活動時注意之基本。其歷程則視所傾向之任務而定。

（二）活動全程，在從概括之目標中，產生具體活動。例如，開闢園

---

① 蜂，據文意當爲"蠶"。

圃與遊藝會之設計，其中包括事項，應實際情境而產生。雖活動內容與分量，不如以上所舉者之固定。然必各別達到相當限度，而後整體單元，始能完成其功用。

（三）活動全程，在以戲劇化的動作，實現其企求目的。從藝術方面觀，例如一個有興趣的故事，或一個諧節奏的詩歌，由兒童於自由作業中發見，或連帶於某項作業而提及，兒童極為動聽，即可由語言文字之學習，進而為動作之表演。從生活方面觀，例如小商店設計、郵差設計，將讀寫算工具結合於職務與日常生活中，為現實之演習。此類設計，重在由模仿作用，取得社交經驗。並由此發見需要之工具，因以兒童可能學習與必要學習者，預定為需要中所含之分量。余見實施者往往忽視主要目的，不由實際情境之觀察與研究，進行具體事項之動作。即工具學習，除有動機可取外，仍為單調練習，不足以形成整個經驗也。

勤務本日常例行之事，其目的在與遊戲並立，同屬於身體運動，藉以矯正往日不勞力之積習。開封各小試行以來，多謂事太單調，又多數兒童無事可做，頗以為難。此類作業，學校必不可缺。惟須引起興趣，使兒童視為本分所應為。第一，學校須有最低限度之設備，如園藝、飼畜、圖書及遊戲與練習用具等，設備愈周，斯勤務愈感興趣。此而不具，則無法可以鼓勵。第二，工作區劃，分為檢查、佈置、栽培、飼養各組。依設置及時令，視事務繁簡，分配每組勤務人數，有時亦可併合兩組為一組。每組輪值一周，各立值勤記載簿，於勞作外並須記載狀況。洒掃之務，每日由每組分別地點，抽出人數擔任。其一須與教室之整理或裝飾，結合為一個設計；其二畫定周間，分組輪值擔任。如果勤務各事項，以有目的之計劃，配置為長期短時的日課，則勤務未始不可悉變為設計也。

由以上之設計，如（一）雖似前舉作業，以一物為主體，然以物之生活成長為對象，或如何使用之，無涉於工藝技能之訓練。如（二）雖時有工藝性質的作業，或含有物品製造，然目的不在作成某物，而在完成一種事業之責任。

對某物或對某事之設計此與做某物做某事不同者，在由研究與欣賞，形成作業之活動。上舉各類，雖非完全廢棄研究，然研究不繫於單元本身問題。雖有時可以欣賞，而在一種具體事項的成功以後。故以上各類，由作業活動發生問題，此則由問題發生作業活動。由作業活動發生問題，大抵在控制材料與使用工具，其問題皆起於客觀。由問題發生作業活動，其起點當力避抽象形式，始合於低年級之用。

何謂對某物之設計？

（一）以觀察進行工作。例如，參觀菊花會、日晷實測等，或重欣賞，或重研究，皆以觀察為基本工作。此類作業，由事物之反應，形成目的。非其目的所向，雖當前有重要價值之材料，不為其組織知識之用。惟目的是否在普遍之中，尚有特殊的，則因所對之事而異趣。如日晷實測，只有一個普遍的。參觀菊花會，則有各別之特殊的是也。又觀察為單元之主要工作，不得以此為整個歷程也。

（二）以試驗進行工作。例如日光與種子發芽等，必須適應當時情境，各自實驗，觀察種種現象，了解各方面之關係。此類作業，如果純由教者提示，集合事實，則易失之雜亂；分析事實，則易失之零碎。問題單純，深淺尤難適度。此在世俗理科教學，常有如此現象。如非極切要問題，或特殊情形，宜在一個具體的事項之設計中由某歷程所引出問題，各自從事實驗，庶免上述之弊。

何謂對某事之設計？

（一）以調查為主要工作。例如我的鄰里與學校的四周等，必須就目的所向，調查情狀，而後有研究材料。此類作業，在立兒童了解社會並從事社會事業之基礎，其性質與手續，具有轉移作用。低年級宜取其調查結果，能與兒童發生若何關係者為之，庶足以增進興趣。

（二）以搜集為主要工作。例如初民生活，以搜集記載圖畫為主。來年的花種，以搜集自然物為主。過冬的衣服，以搜集人造物為主。此類作業，可以獨立設計，亦可結合於他項設計中行之，其搜集必有目的，以所得材料，支持作業之進行。因而於搜集工作中，得到一種應用知識，絕非僅以認識品物爲已足。

上所分類，各有特點。實施時單元內容，不盡單純。因之材料組織、類別時有出入，即事物亦不無混同之處。徒拘形式，必致扞格。苟會斯旨，有判別之力，於指導運用材料之方，思過半矣。

第六目　佈置環境

由以物質爲建築設計基礎之觀點，所以形成兒童有價値的真興趣的之活動，莫要於佈置環境。於此對於習用的標語，或沿襲的成式，如自發活動引起動機、指示目的等，必首先辨明。

(一) 引起動機

向來實際教學，對於引起動機之方式，大抵於上課之始，提出主要教材屬於實物者，使之觀察。或就舊經驗與新教材有關聯者，逐一發問。夫以教材與時間，均爲固定。預備之實物，是否能引起活動；即能引起活動，是否與固定教材全部分之旨趣相應，不能無疑。至於就有關聯者發問，勿論零碎散亂，不易形成整個概念。且使所問者未能全知，問亦無益。所問者確已熟知，自能用以領會新教材，不必多此一問。余二十餘年來參觀小學，所見預備教段，兒童表現茫若無覩與聽爾藐藐之情形，輒爲啞然。然而講教學法者，編教授書者，以及熟練教師，莫不以如此方式，爲引起動機之唯一法門。甚至不徹底的設計教學，仍此錯誤，竟冒昧謂設計亦難得到自發活動，斯歧之又岐矣。

教學所以注重引起動機者，因其由此得到持久的努力，滿足活動之結果。至於動機之源，如能力適應，心意向外伸展，皆爲動機原素之因子。然使不附麗於眞實情境，均無從而表現。尤其開始活動，非從眞實情境，有眞切的認識，産生活動之目的，不能繼續努力，自動的完成其結果。此在由固定教材組織課程之下，活動無時無處不受限制，根本無兒童的眞實情境之可言。所謂引起動機，直虛語耳。

(二) 指示目的

此與引起動機，本爲連屬問題。舊時教學錯誤，全繫於引起動機，不足以形成普通概念。茲所欲論者，活動之目的，在歷程上有何價值。就心理學所證明者而言，思想之進行，先有普通概念，然後就此概念，析爲獨立原素，構成普通眞理。即如道爾頓制教學，以導言開始，以功課概要發凡，亦爲形成普通概念之表現。彼由規定歷程，提出問題，而進行活動，運用思想。非由思想發展歷程，建造活動。故雖重普通概念，並無需乎必形成目的。在以靜的課程爲教學工具，如此開始活動，固不必評判其當否也。

啓發式所以重指示目的者，由於謹守歸納法式，必以此爲動機之歸宿，而其動機又多由問答而形成，不爲目的指示，則普通概念之形式不具。如此教法，純由論理方式而組成，多非接觸於眞實情境。故其目的爲許多抽象觀念所組合，並不能爲進程中活動之導引。徒斤斤於形式歷程之步驟，由教者指示之。夫兒童接觸眞實情境，形成目的而進行活動，固有待於教者之激引，且使激引結果與所預期者適合爲最善。惟激引爲自然的，不能決其必形成目的。即形成目的，亦不能一定與預期者適合。若指示則爲強迫的，不問兒童有無活動興趣，亦必多方解釋，使其了解語言文字之意義。此在用固定教材施教，故無法可以避免者也。

（三）自發活動

此本非本章唯一研究之問題。然以其與物質設計有關，且一個單元歷程，是否隨處能容許兒童之自發活動，於其目的決定即可覘之。吾人當知由分科組織課程，分離整體事物而形成經驗。由固定教材組織課程，強迫兒童而學習。由形式歷程組織課程，一切活動受成人意識之支配。凡此種種，皆阻礙兒童自發活動之興趣。余見實施者不深究此旨，名爲設計，而根本上未脫離傳統的習弊，至有專從活動教材本身上求興趣，如玩具展覽會之類，近於一種糖果式的學習。卒之在某段歷程中，秩序不易維持。其結果之滿意與其成功，並不相應。因此而疑及自發活動，不知操何方術。任其自然，無法可以控制。不任自然，自然無有。於此當辨明者，自發活動之功用，僅爲推測如何可以努力之途徑。若不使之進於正當的努力，則活動雖易開始，結果將無可期。譬如好遊戲，喜作事,兒童之自發活動也。如何使作有益之遊戲,作有價值之事,並由此而取得具體的經驗,增進智慧,是使之進於正當的努力也,亦即設計之目的與歷程也。

綜上所論,則佈置環境,對於設計有何功用,以及應如何佈置,可得言焉。

教材既非固定,每個單元,如何開始活動,此為設計須先決之問題。由教者提出問題,如何能形成兒童的目的。由兒童提出問題,如何能形成共同的目的。若僅取形式表決,此在進程中某部分方案,兒童已有共同活動之傾向,自得以各自見解,參加討論。其無意見者,依共同之決議而行,或分配於組織中而工作,誠無不合,惟開始活動,勿論為一個事物,或一個問題,由教者或兒童提出,必須對於新工作有具體之真切的認識,而後活動傾向,形成為共同的,或個別的,皆在一個目的中心之下,得到適宜活動。欲期形成如此狀況,完全視教者之佈置如何,亦即動機引起,目的決定,由自發活動,而進於正當的努力也。蓋設計課程雖由兒童自決,其深造可任其所止,然所以能使兒童向正當之途努力,為有目的的活動者,在教者預先有一種深切的寬廣的規畫,利用或造成適宜教學之環境;臨時又用一種善誘之方術,鼓舞兒童興趣,趨就範圍而不自覺。如使兒童對之,漠然無所動於中,或反應而與預期者有出入,即應改變方針,改組預計之部分工作,或另商其他工作。於此又不可不顧慮者,兒童對於環境感應,即有共同傾向,往往無真切的認識,貿然活動。使教者不細加體驗,則由動機形成之目的,是否有結果可期,且引致工作於持久努力,不能由目的而決定之。然使利用或造成之環境,有一種特殊而且鮮明的表現,自易顯其功用也。

此所謂環境佈置,非普通所謂學校行政之設備,或特殊教學之一般設備。雖此類設備,在實施設計教學之學校,宜特別注重,並有充分設施,而後臨時教學,使用便利,然非各個單元之適當佈置也。茲所論者,對於環境分利用與造成兩種:

利用分兩類:

(一)為環境形成的事物分兩項:其一,範圍寬廣者,例如學校的四周，我的鄰里，以及參觀旅行等；其二，性質單純者，例如黨國旗，學校的飲料等。此類設計，不必特別佈置，但引致兒童集中於注意的事物，決定目的，進行活動。對於事物之本身及其關係，均須認識其價值。

（二）由時機引出的工作分四項：其一屬於自然物及自然現象，單純者例如麥棉及燕來與孵雞，或風沙雨雪等，複合者例如春天的田野，如何過冬等；其二屬於人事，例如紀念節日，遊戲會等；其三屬於人造物，例如風箏、賀年片、鷄兔的柵籠等；其四偶發事項，例如國家或地方或學校臨時發生之事項是。此類設計之動機，有須引致之與事物相接觸者，有僅用言語引起而已足者。其主要條件，在以進行如何工作，為引起動機之範圍。

造成也分兩類：

（一）就環境的事物構成新情境，例如開闢園圃、裝飾教室、小商店設計、雪中遊戲等。雖使用材料，不離乎環境的事物。然形成為物，必變更原來之狀態。形成為事，非從客觀的組織而定目的。此類設計，由於反應事物之感想而起變化作用，在設計中最有價值。假使非出於兒童提議，教者必使為有意的觀察，構成新的情境。

（二）不限於環境的事物。例如表演一個故事，欣賞一張圖畫等，在由揣摩而形成動作，由想像而發展思想。此類設計，大抵從新置的圖書，引起動機。

此外，尚有應注意者，即目的之決定。此目的為具體的，不含有抽象的意味。直言之，即進行如何工作是也。在做某物做某事之單元，目的幾與動機混而為一。對某物對某事之單元，則須動機引起後，而後產生目的。因概念術語之抽象解釋，與啟發式指示目的之武斷。實施者往往於預計單元時，空作文字上裝飾語，或實施時多費言語，灌注抽象之意義。因之目的成為模糊不明之觀念，不能指引其工作進行。甚至教者欲以自己對於單元之目的，影映於兒童心中，於是有所謂正目的與副目的之別。其實此係教者因單元內含之性質與作用，所期於兒童達到之結果，而於工作進程中，隨時以此為留心條件，資以節制兒童，指導兒童。即使工作不如教者所期，或已達到所期之結果，兒童工作時，初不自覺，更無須開始活動之了解此義也。

第三節　以具體單元爲組織設計基礎

第一目　單元問題

在固定課程之下，教學單元，惟就書坊教科書本文，支配學習時間。雖亦嘗注意引起動機，指示目的，而動機與目的，完全受教者意識支配；兒童僅形成模糊觀念，決不因動機與目的之形式接受，便能繼續持久其努力與思想。尤其單元問題，不注意由目的產生活動，而斤斤於以課文規定歷程。如教學階段，吾國小學界，迄今雖形式上不無少許變更，但大體仍沿襲誤用之結果①。即如提倡設計教學法者，介紹建設、欣賞、研究、練習四個方式，以爲新法教學之唯一途徑。某書坊小學教授書依此標準，號稱設計歷程。其實如此運用，設計式不過階段式之變相，凡從前誤用結果，一切存在。何也？設計單元，集中於中心目的，教材絕非如學科之孤立性質；其歷程中連類引出之問題，尤須附帶解決。必謂某單元必採某種方式，勢易扞格。並且全計畫中，常含有分計畫。因之實施與討論批評欣賞等，亦須適合計畫次第，分成若干步驟，相間而行，決不限於某形式歷程，在某一次或某一個時間內行之。蓋語言活動與身體動作，如果不相調協，各自形成於一個階段之下，則動作雖甚努力，而缺乏思想，與世俗手工之機械練習無異。每次語言活動占時間過久，多數無事可作，蹈啓發式之弊，自不易維持全體秩序。吾國低年級實驗歷程，多中此弊。在如此教學情況之下，祇有形式之教學歷程，引起單元問題，至單元本質爲何，非其所知也。

就設計法言，一個設計即爲一個單元，由設計定義，即可想見單元之應具如何內容。此定義各持一說，有謂注重有具體成就的活動；有謂

---

①　參照民十一拙著《教學歷程如何組織》，載《初等教育》2卷2期。——原注

不限於具體成就，惟須對於問題能由產出有價值的物或知識，而得到解決；有謂以實演的作業為本位。此僅表明活動之方針，至內容與歷程為何，仍難捉摸。其稍為具體說明者，從實質而分析，如遊戲、建造、社交、自然、文學等設計；或依環境而分為家庭、學校、社會等設計，或依職業而分為農工商等設計；或依活動而分為語言、公民、職業、健康、休閒等設計。大都由上述之四個方式，構成歷程，或總括為幾種要素。即（1）動機；（2）問題發見；（3）解決問題的目的；（4）解決的計畫；（5）計畫的評論；（6）計畫的實施；（7）結果的整理及應用是也。

　　從原則而分析，論者尤多，舉其較詳盡者，如（1）有一個基本觀念為集合事實的中心；（2）在主要動作進行中，形成一個發展思想的歷程，以遂其生長；（3）問題為具體的，其觀念則表現於活動歷程中；（4）組織與應用知識時，以一定的目的為根據；（5）實際結果，包含在真生活的具體情狀或事物中；（6）含有轉移性，即一個設計成功，為同類許多事業之關鍵與解釋；（7）由小的局部的具體的基礎，可以漸漸擴張到大的整體的解釋。由前所述，固可分別種類，具體示例。然單元內容，由活動情境，形成具體之事物，其性質不能以通常所分者為界限。而且類似之教材，其歷程常變動不居。即選用已行之設計教案，因環境與動機，亦不能決定有同樣活動。由後所述，各項原則，是否必具備於每單元中；抑因單元性質，選用何項原則，未能示以範圍，所以持論雖極精審，而如何措諸實際，殊成問題。蓋一種事業之活動，勿論如何簡易，總含有複雜情境。上述原則，雖各有根據；然不能如幾何公式，逐項演示適如分量之單純例題，無怪乎實施與理論之難相應也。

　　欲使實施者由理論之根據，形成具體方案。其一，不當由形式規定單元方式，此在舊時階段式與學科制之教學，演成種種錯誤，所以詔示吾人者至明。其二，說明單元如何構成，當應活動性質不同之關鍵，示以明確軌道，而且比較為一般所通用。本此原則，試申其說。

　　（一）由目的的事物規定動作，即做某物做某事之活動單元也。組織此種活動單元，其材料與歷程，全係於做事物之目的，形成活動。對於材料與歷程，固有需乎教師預備。然所預備者，祇在於教學進程中必要時，作爲暗示指導補充訂正之用。於此當以余所習見吾國實小教學之三種錯誤情形，作爲改正根據。

其一，以教者預計教學歷程，範圍兒童活動。兒童所活動者，祇在規定歷程中，作零碎討論，與機械工作，兼及於應用機會習讀寫算工具；而不能自運思想發見活動全程。雖有時作業，必用思想，以其非產生於所發現的活動全程之中，故動作進行，不足爲發展思想歷程之憑藉。蓋歷程雖基於初步計畫，但係假定的、粗略的。其真實歷程，必須逐漸發現。即歷程中前一段之實際作業，爲後一段作業計畫之準備。由此逐漸發見而抵於工作完成，是爲活動全程。此全程必由兒童應活動之需要，自用思想而發見，常形成發展思想的歷程。世俗之設計教學，雖材料非固定，於發展思無與也。

其二，以論理推測之工作規定實際的作業活動。夫目的的事物，固自有自然歷程。然進程中間事項，未始不可有先後變更之處。如因兒童活動的欲望與能力，減少或增益某部分，即構成之事物，或嫌美中不足，但使有益於兒童作業，而又不影響於工作完成，便爲正當作業。蓋作業非如作文然，現在刊物介紹之設計教案愈完整，愈近似論理式之文章。其實實際作業，並不論某部分有何小缺點；而在真正活動，確能達到如何地步，有適當的成功。實施者與研究者不察，往往忽視應注意之點，而將實際教學方案，作衡文之論理觀，何其不思之甚也！

其三，以形式的歷程分爲某時間的固定活動。階段式沿襲之弊，原因不在分段，而在以階段爲整個單元的教學時間之支配。故事物學習之自然歷程，必須因工作性質，可析爲若干部分者，將計畫批評討論實施等，除初步計畫外，分別綜合於某部分，聯爲一貫之動作。每項或每次之活動，應需若何時間，教者須依兒童活動情境，隨時伸縮，而不當以各項形式歷程，分占一定時間。世俗之設計教學，至有每周作一單元活動，每日作一段歷程活動。以固定教材固定時間之教學習慣，加於設計之上。其結果如何，教者在短時間內或不自覺，余敢斷言其更劣也。

（二）由接觸的事物產生問題，即對某物對某事之單元活動也。此種單元組織，關於取用材料與應付方法，必循歸納方式之歷程而進於演繹。惟演繹達於若何地位，視問題性質與活動情境，期其取得相當之擴大概念，不必具備演繹之形式歷程也。此當注意者亦有三：

其一，兒童由接觸之事物發生問題，如其問題引起多數兒童注意，此問題即變成目的。由此問題探求實際，逐步演進，即使少數兒童當初不甚感興趣，而以工作能產生新的現象或新的事實，又有同伴互相推動，自能一致貫徹其目的。世俗設計教學，因開始活動不徹底，影響於工作進行者，不外以下之原因。（1）由同一動機，發生不同之活動傾向時，教者為減輕應付責任，強致兒童於同一傾向，因之影響於工作。須知發生不同傾向，必須經適當討論，使趨一致。如其各有相當人數，不可抑止，即當應工作實際，審其是否可以同時進行，或先後進行，由適當討論決定之。（2）兒童習慣於被動式的教學方法之下，一切工作，皆受先生之指使，可否率不經心。對於提問之事項，答以如何或願意與不願意，從來不發生滿意與不滿意之結果。一旦改用設計，彼此習慣已成，所謂問題決定與目的產生，仍形成於率不經意之態度，或過重抽象的言語之激引，無當於實際。故始用設計，一方宜注重教學環境；一方注重訓練作業態度。

其二，矯正啟發式之流弊。在以做為主要工作者，陷於問答形式之弊較少，此則隨時可以發生。吾國教學，多未了解啟發之意義，徒襲形式。如預備練習應用各段中所用問答，支離破碎，多成廢話，與所詆斥之機械記憶並無二致。此種傳襲形式，盤踞于一般教員之腦中牢不可破。尤其號稱設計教學者，專以此規定兒童活動，刺激兒童活動，擴大兒童活動，兒童如何而有自動，如何而發展思想？所謂啟發者，必為疑與難之發生。不惟重在兒童質問，即教者有言，亦必適應此種情境。設計式所以異於啟發式者，其疑難發生於兒童之實在活動中，而不繫於教材之本身。不明此義，不必誚古代記誦法之陋也。

其三，關於材料與方法之供給。以余所見，一為教者毫無準備，僅於上課時隨意問答，進行工作，絕不計及本單元應完成如何目的，取得如何經驗。一爲教者供給過分。試舉兩例，如試驗工作，用普通理化示教方式，教者一面試驗，一面說明，較用書本解釋意義，固有進步，且有某部分或某情境，必須如此教學者。惟此係循科學研究結果之歷程，觀察現象，而非從現象變化，發見歷程。且在低年級科學研究的基本態度，方事訓練；所試驗者亦爲環境引出問題，又爲能力所能了解者。若非由親自發見歷程，取得經驗；即使問題得到解決，仍無解決問題之真實能力。雖兒童之所以發見問題，與願做此種工作，固有待於教者之設法誘致，或進加以相當指導。然工作如何進行，總須由兒童建設也。如方法發見，以取他人經驗爲張本者，必須兒童各自採訪，而後興趣濃厚，且可分教者預備之勞。嘗見努力之小學教師，對於預計單元，應有盡有而預備，極形忙碌。卒之所預備者臨時多不適用，空耗精力，或者欲表現其預備之充實，不惜多費口舌，強行注入，致兒童形成被動的。教學兩方，均受極大損失。再舉一實例，如某項設計，忽引起醃菜問題。自應使兒童先向家庭詢問，限時報告，教者並以自己所調查或熟知者表示意見，由是公同討論一種醃法或數種醃法。然而實施者對於類此之問題，往往立時討論，立時表決，致多數兒童無所表示，且無自信力以參加表決。論者或疑如此教學，不免有濡滯或停頓之嫌。如果因緊要手續而暫時擱置，決不阻礙其作業興趣，濡滯則更不成問題。吾人祇當問單元內含，有無教育價值，兒童學習有無效率以及是否持久努力，不必計較時間多少也。蓋所謂學習不經濟者，言其虛耗時間也。如果祇計單元分量，而不計其成功如何，此惟以機械記憶爲唯一心得者，始得有如是之衡量也。

上論單元組織，分別提出論點，本有偏重，實則有互相參照之點，不可不知也。

總而言之，一個教學單元，須從目的或問題，產生兒童們的活動；不可專從預計教材，規定學習歷程。其大體之最低限度，可以如左之決定：

1. 進行一個學習，必有一個共同活動的目的。此目的非爲給以抽象意義，而在形成具體活動的目標。

2. 依據上述之目的，因應本級兒童的活動情境，必有適當歷程。此歷程非一種形式的程式，而在由逐步所產生的新活動，各自形成活動部分的具體工作。

3. 在每個歷程中，勿論從主體方面，或附從方面，兒童應得到何項學習，最後應有何項成功。其結果非突如其來，其活動表現，亦非賴機械作業爲成績。尤須審量勞力與時間，有無空耗或浪費之處。

第二目　小單元與大單元

論及設計，即聯想到內合作用，有大單元之意味。實則設計作用，並不繫於單元大小。其異於舊式課程者，緣於設計單元，非學科之分類組織，而建設於整體事物之上。固有綜合各科之可能，並不限於必綜合各科而始爲設計。其綜合各科之範圍，亦非限於單元愈大，包含科目始愈多。如牽強聯絡，或反失整體事物之真面目。惟以設計爲組織知識材料的中心者，純取大單元設計。似此以知識爲目的，在高年級未始不可構成設計，然已軼出設計原意之外矣。余以爲設計所以成大單元者當有二義：其一，產生工作之事實，本身容積廣大，或頭緒繁重，由客觀之具體事實，形成較大之自然歷程，非由主觀之有意的集合也。其二，兒童之已有經驗與思想發展，已培養至相當程度。對於一個設計之事物體驗與其關係發見，自益深廣而且完密，則活動範圍自然伸展。嘗有各年級同一設計，作業範圍不無出入者，以此之故。彼專主張大單元者，標榜種種功用，其實皆設計之標准意義也。至於主張每期課程作一個設計，結合各種作業於其下，如大花園設計之類。此則係全學期的課程之總設計，其實如此進程，必形成若干部分，包括許多小單元以進行。雖歸宿於同一目的，逐漸伸展，然連續作業，轉移甚大，決不能循一具體單元之自然歷程也。以此而爲大單元，未免誤認設計與大單元爲一體，將使全期課程不成爲總設計，徒以若干分立之大單元代之，其弊必至於成功微而罣漏多也。

余所主張之小單元，在用總設計，各單元可集中於同一目的以推進。若各自獨立亦必爲整體之支配，分成具體設計也。若就形式分爲二種：

（一）爲小規模設計

所謂小規模者，非如舊式課程單元，或摘取事實之要點，支離破碎，不成具體。或標舉綱要，提示空泛之意義。似此約繁爲簡，不足以稱設計也。此則就低年級兒童所能做之工作，形成一種自然歷程。如此自然歷程，當然不需過長時間。惟既爲設計，除由一個單元所引起之練習設計外，決非數十分鐘所能完成。如僅以時間多少，定單元大小之別，殊無明確界限可言。吾人當知兒童之小宇宙觀，雖非宇宙全體，確由所聞見所想像者，構成具體觀念。又其心情易變換，注意力亦難持久，爲對兒童最難應付之事實。由此最明顯的情形，確定小規模設計的條件。

其一，減輕複合狀況之動作。例如做毽子，因本身單簡，不妨力求形式美好。若做風箏，則但求試演工具之完成，不必求具有如何生動而且美觀之一個形體。蓋兒童經歷未富，比較複雜之工作，非其力所能勝也。

其二，設計不建築以組織知識爲目的之基礎上。此非謂以知識爲目的，竟無成立設計的價值，如議者識其祇是組織而無組織的原則之論調。惟低年級作業，必須以組織知識爲達到目的之工具，而後選用材料，有一定標準可循，並且能適應兒童之需要而定標準。例如因竹工工作而及於原料，因飼畜工作而及於養料，惟就有直接需要者，如品質購置供給等，加以研究。至於來源產額運輸等，併合爲原料或食料之整個問題；必須於適宜動境中，構成一個獨立單元；而不當整個集中於活動中心之下，連屬而及。蓋教材之有無價值，完全由其需要而決定，惟設計教學始顯其功用。

其三，一個單元的歷程，不必同時由歸納而進行演繹之全程。就實際教學而言，歸納與演繹之作用，常互相表裏。舊式演繹法教學，學習所得，完全爲前人或環境之奴隸。歸納法的啟發教學，純重形式，又藉語言活動，其弊與演繹無殊，設計歷程結合歸納演繹而用，固重視大單元者所標榜。然使過重歷程之形式，習弊依然存在。就余所習見，詳審考慮，以爲結合兩個歷程，惟以知識爲目的之大單元，或含有代表性質之設計，始適用全程，此亦宜於高年級用之。至低年級仍多須各自成爲歷程，且因基礎工作，稍重轉移作用，尤以用歸納歷程爲宜。即基於決定之目的，由種種動作，發見種種意義，以達到最後之具體的成功是也。若論歸納與演繹之結合，則在由實際學習之結果，發見原理；因取以應用於同性質同手續之事物，俾原理更有深切證明，經驗更能豐富；亦即類化之作用也。夫類化固爲學習原則，然不過前者發見，爲後者應用。低年級作業之一個單元的功用，但期於結果，能有成功，足供給後來之用，不僅屬於當時滿意。至應用已成功之功用，爲作業目的，儘可另立單元。如此分爲歷程，雖歸納與演繹，似各異傾向，固已互相爲用，非如舊時偏重某式之孤立也。若泥守形式結合的歷程，吾慮階段式之習弊，應用而無實際證明，如試驗麥之生長，徒以稻豆之生長，空言比較。推理而不發生行爲的影響，如講述愛兄課文後，作對弟妹應如何之問答。此皆無當於經驗增長與意義擴充。所謂教育即生活，爲一個生長歷程者，必非如是教學，所能期其有效也。

（2）爲分體設計

前者係就所有事物，或形成事物，適於小規模之組織者，用爲設計。此則以對於事物之活動部分，形成學習單元，如何不損害事物的本身，而有小規模之便利者，用爲設計，試分別論之。

其一，選工的作業。例如教室裝飾，或花園設計，在討論計畫，不妨周詳；但措諸實施者，祇應兒童適宜能力，或進行便利；就計畫之事項，擇取一項或數項，爲本單元工作。就事實方面觀，或有不完備之嫌。就學習方面觀，卻能有適當之具體成功。蓋學校作業，對於每單元之包含事項，非期應有盡有，惟取其作所能作耳。其與前類二項不同者，彼以工作直接需要爲主，決定內容。此則以活動可能範圍爲主，決定內容。亦有選工設計基於需要者，但其出發點仍不同。前之需要，產生於工作，此則因需要而產生工作。試以教室裝飾爲例，必教室有某項裝飾之必要，即工作可由兒童自擇，然無取乎應有盡有之裝飾。因各種裝飾，必非兒童盡能自製也。余嘗聞實施者謂此種工作，業經舉行者，再作即不感興趣。此由設計專取形式歷程，斯兒童有如此現象，教者有如此顧慮。如其同爲裝飾，各有特殊目標，能取得一定之具體成功；雖每期作之，或一期而作數次，莫不各顯其特殊功用。又嘗見實施者討論計畫時，並無明顯目的，以致所決議者悉爲學校購置之物，兒童不產生目的的動作，即無具體成功之可言。

其二，部分的作業。例如如何過冬，有分爲衣食住三項而研究者，可以作三個獨立設計。又如開闢園圃，關於測量平土佈置栽培等，本爲連屬歷程，如其工程較大，不妨各別自爲歷程；或需時較短者附屬於某部分爲一設計。如前一項，各有獨立性質，即合爲一個設計，亦當各別自爲歷程。此異於大單元者，(1) 彼分別歷程，必限於一定時間而連續學習。此則某個歷程完成後，不限於即時進行另一個歷程。(2) 應行研究之各事件，如有某事件因材料搜集困難，或有其他特殊情境，不妨暫從省略，留待來年研究。如後一項，歷程爲連續性，非可顛倒次序，內含亦不可任意去取。不過爲進行便利，就全程之一段或數段，雖不能完全獨立，而亦可以表現其具體成功者，作爲小單元。由此數個小單元結合，即完成一個大單元之整體工作。此當辨明者，即爲連續歷程之大單元，必其歷程每段，皆有具體工作，形成結果，而後有析爲小單元之可能，否則不能成立。例如遊藝會設計，雖因當時目的，或年級能力，各得有不同之表現。但其進程決不能每段形成具體工作。僅可視工作內容而有大小單元之別，不能由歷程分部而化大爲小也。

其三，長期中短時間的日課。此種工作，近似勤務。惟有一定期限，以完成其設計。每日之散工作，可於一個段落間，或最後結束間，綜合整理，發見必然之結果。例如個人或分組之農作，或日晷觀察等是。余以爲如此日課，訓練低年級恒有縝密忍耐之德性與科學態度，最爲適宜。較之作普通日記，有意義而且興味濃厚。

第三章　基本教材

第一節　基本教材之旨趣

教學之實施，建築於教材之上。綜小學各學年全部教材，爲一切教育基礎。自學業基本言之，則曰初等教育。自人生基本言之，則曰普通教育。自社會基本言之，則曰國民教育。小學教材，大體已孕育於此三種涵義之中。低年級尤爲小學基礎，其所以滋養正當學習的萌芽，引致於開始新生活的途徑者，自有適當材料。茲編所論，固側重此點，然實貫徹小學全體而開端，與基本設計之專以低年級爲立場者微有不同。

開章明義，首論體要。

一、課程內含宜廣。小學教材，隨社會之進步而日益增多。近謀教學聯絡，科目極力合併，內容仍趨於擴張者，非此不足以適應生活之需要也。而教材內含之意義，較此尤深切者：其一，凡足以增進人生生活者，如技術習慣道德及理想目的，得與知識並視爲教材的屬性，在實施時界限盡泯。其二，關於實用方面，如手工園藝等材料，其學習主要目的，不在職業之直接功用，而在普通陶冶之教育價值。又二者含義基於每單元教材形成具體經驗，非由教法達到開展領域也。

二、教材宜適於中心綜合。中心教材之說，由來已久。不過當時偏重文化，取歷史爲中心。我國二十年前之國文讀本，包羅萬象，即含有此種意味。自發見手工教學價值，以此爲初小中心教材，幾爲世人所公認。惟以學科爲中心立場，就片面言之，不論何科，皆可據爲廣智識之中心，而引致於求智識之廣大領域。就整體言之，專以一種學科爲單位，任如何求各個教材之多方面關係，決不能使各種學科成系統之教材，包含在內。或者爲科目領域所限制，對於某事某物形成之具體經驗，至有不適當之取捨。若打破科目之設計單元，每個教材，應包括若干科目之功用，依單元所引致之學習情境而定。全部教材，應如何使各科目內容，認爲有學習必要者，皆得適應機會而學習，在教師之通盤籌畫。

三、學習應立於勞動之基礎上。由社會主義出發之生活教育作業教育，均主張於學習進程中，貫徹勞動之旨趣。蓋深感於近代教育，形成於閒暇階級與資產社會之結合。凡貧而丐與富而惰者，皆由教育不良之影響所致。因欲從基本教育，涵養職業興趣，各實現其固有能力，俾平民政治之精神，日益發揚。正不獨矯正從來教育積習，調協文化與實用之異趣，而趨於一致也。

四、以環境材料爲出發點。直觀教授與感覺訓練，誠能體驗兒童心理，開低年級有效學習之路。顧其猶有未盡者，則以拘牽於孤立之事物分析，不能引致於生長歷程，實現社會功用。惟教材之選擇與組織，必其足以增進生活，形成具體經驗。斯所構成之目前活動，雖由直觀，雖用感覺，要皆有轉移作用或擴充意義之可能。

由以上論點，定基本教材之方針，以下各節，就教材運用分析論之。

第二節　科目問題

第一目　部定課程之旨要

部定課程標准，分爲國語，社會——歷史、地理和衛生一部分，自然——包括個人衛生在內，算術，工作——擴大工藝範圍包括校事、家事、農商等項，美術——擴大形象藝術內容，體育，音樂。

作業要項，分繫於各科目下，分年排列。並於課程標准總說明下，規定各科目每周時數。

各科目教學，社會"應從工作教學出發和黨義、自然、美術、算術等聯絡設計打成一片"，見社會教學方法要點一。自然"應該充分和社會、工作、美術等各科教材打成一片，作大單元的設計教學"，見自然教學方法要點九。算術"第一二學年或和別的設計聯絡教學"，見算術教學方法要點一。工作"應充分和社會、自然聯合教學，商情類估價一項尤應和算術聯絡教學"，見工作教學方法要點一及五。美術"要和工作、自然、社會等各種設計打成一片教學"，見美術教學方法要點二。音樂"要和國語、社會、工作、體育等各科設計聯絡教學"，見音樂教學方法要點五。

第二目　分科課程與設計教學

合上所舉者觀之，是部所主張之設計教學，完全在分科範圍以內而活動。又以分科之孤立教材，時有妨於設計進行，於是以聯絡教學，打通此科目與他科目之關係。如此則一單元教材，如何支配於各科目之下，吾人不能不發生疑問也。將以命題爲主，因其關係於各科目者，分別由各科規定時間而學習乎？如其關係不能劃成部分，而爲錯綜事實——例如小商店設計，關於佈置商店與陳列貨品，則美術與工作混合；關於購置與交易，則自然、社會、算術、國語混合，皆不易析爲各科之獨立歷程。即令教材關係於各科目者，可以獨立自爲歷程。而程式與時間，不能守分科之固定課表，授課實感困難。況所謂某項歷程，即單元中之某項作業或某部分問題，確有具體之鮮明標題，必分屬於某科目，殊覺毫無取義。將以科目爲主，不忽視教材之各方面關係，而併合於一種科目內學習乎？則學習內容非一科目所能包含，功用亦不屬於一科目價值，又何取於科目之獨立耶？尤其各科目每周時數分別規定，而學習單元則爲聯合教學。以命題爲主，如何與科目規定之質量相應？以科目爲主，此有關係之學習，其時數如何計算？吾人當知一單元教材，含有數科目成分者，其關係不在某事項與某科目之間，而在兒童所感覺需要與科目之間。蓋與兒童活動聯絡者，並非科目，實爲其所需要之材料也。論設計者有謂最初入手，以分科較爲易行，由此進於分系設計，最後則達於完全設計。須知完全與不完全之別，係整體與部分之別，並非組織之殊。苟未十分了解設計，即不必見諸實施。如其了解，即不當以分科分系爲進行步驟。何也？分科與聯絡教學，實際上並不相容；聯絡教學即不能成爲設計，實施者如爲愼重起見，只有先定大體準備，由幾個大單元設計的預定，與各科教材混合的預定，逐漸進於完全精密之地位①。此而不辨，不如不談設計之爲愈也。

部頒小學課程總說明："多數專家主張小學科目，不宜繁多，可合併的儘量合併，不易合併的指示聯絡教學方法。"夫科目固不宜繁多，但應時代產生之新事物，亦當在可能範圍內儘量學習。不過如從前包羅萬象之國文讀本，今日決無人主張恢復之者，當可促吾人對於編制課程之反省，惟總說明之意，所謂聯絡教學，似專指科目不易合併之教材而言。試稍爲有系統的省察，一獨立科目之孤立教材，可構成具體單元之設計，究竟有限。是各個單元教材，分屬於科目下，無時不在聯絡教學之中，即此已合併之科目，已失其獨立作用。如以爲一般教師習慣於傳統式之分科教學，一時不易更張，余欲何言！若認教育革新，確有徹底改造課程之必要，僅僅以合併與聯絡爲能事，吾慮其南轅而北轍也。

第三目　綜合課程之教材

吾人雖反對分科配置教材，但教學所遺留之標準經驗學科所供給之結晶材料，從來皆顯示於科目中，其足以供參考者，正有其價値。所以由各科選取需要材料，以及各科材料所給予人類必需知能，亦編制綜合課程者所不能蔑視也。不過從事物屬性與表現而言，本爲多方的。由論理分類，愈分析，斯貢獻於學術者愈大。從事物整體關係而言，其相互功用，不可分析，愈分析，則愈失其聯絡，尤減損初學興趣。因此部頒

---

① 參閱拙著：《小學教材之商榷》，載《新教育》6卷3號，1924年6月。——原注

小學科目，如國語算術，就實質而言，必附麗於他科目之教材而表現，並且他科目教學，尤資之而後可以進行，此另有專篇論之。如體育之基本操，不必與事物教材有若何聯絡，始顯功用。音樂固近似工具科目者，然如聽音發音樂譜等，必需獨立練習；又有專與體育結合，作爲獨立之遊戲課程；其由一個具體單元作業中產生運動或音樂之活動，則與他科目結合而成爲設計。如由某項遊戲具有綜合設計之可能性，須搜集多種有價值之教材選用之。如理智遊戲，涉於計算練習者較多，亦當於基本工具內論之。

若夫綜合課程之主體材料，以自然社會爲體，以工作美術爲用，而自然與社會兩科目，尤爲教材產生之源。二者更有相互性，分離學習，即失教育即生活之本義，且不能由具體經驗，形成生長歷程。其見爲分者，係單體事物之來源或其隸屬，所謂物屬於自然，事屬於社會是也。如其成爲學習單元，即使目的在認識單體事物，亦必審此事物之各方面關係。此種關係，一方屬於事物之本身，一方屬於學習之情境。前者爲必須了解之限度，後者爲當時所集中注意之點。學習者不從社會關係了解自然，幾無功用可言。蓋兒童所研究者，非普通動植物的生活，而爲有益於人類之動植物的生活。即所需者非一般的自然界，而係可作人類場所之自然界。從自然方面觀，一切研究，皆充滿社會意義。從社會方面觀，注重現在日常生活，凡古代社會之歷史的習俗與形式，不能成爲研究的中心。所以教材單元，在實質則取自然與社會之互體或其片面，在工具則涉及國語、算術、工作、美術、體育、音樂等若干部分，缺其所需要從事者，即不能完成具體單元之學習歷程，至其作業活動，則自然與社會的互體或其片面之教材，可分析爲家事、校事、農工商業務等之工作，各別形成具體問題。美術科目，大體與工作相近，其中如繪畫，更與國語之功用同，亦須與自然社會結合而學習。故各科目綜合於具體單元之教材中，雖有時因教材性質，各顯其特殊功用，然不宜各自獨立爲科，徒以聯絡教學爲補救方法也。

第三節　標准問題

第一目　標准之旨趣

論教材標准，即聯想及於教育功用，具有社會背景。此後之社會，將日趨於平民化，是無可懷疑者也。平民主義在繼續改造社會組織與生活型式，所謂教育即生活成爲生長歷程者，即應此主義而實施。吾人所理想之社會，如果預定標准，即足以阻人類活動之策進。若取古代或現在爲鵠，不能形成標准社會，自不待言。且一言標准，對人類行爲，即須有一定軌範，在宗法社會、宗教社會、封建社會、資產社會往往以此爲宰制人類之工具，與發展平民主義之精神易相背馳。標准社會既不可知，其可言者，不過抽象理想。是教學上之標准，根本已成問題。

再就如何取得標准而言，吾國向來編制課程，大率由幾條抽象原則，一蹴而進於教材分配，其原則則純由主觀而定，某原則需用若干教材，某教材合於某原則，並無精密的研究。此不惟書坊教科書如是，即部定課程標准亦然。最近論課程者頗傾向於活動分析、錯誤分析、職業分析、內容分析等科學方法。編制手續，用科學之法則與技術，固屬正當。不過囿於形式，或過於迷信，而不立於一較廣大的教育學說之下，僅以方法相標榜，將使方法之外形愈科學，而教學實際愈扞格而不可通。蓋其根本或不免於錯誤，即原則無由期其正確也。然則標准固不必製定乎？是又不然。社會之成長變遷，皆由固有之良好與缺陷兩方面而產生。人類學習，尤在如何接受種族的經驗，始最便於新問題的應付與新目的、新機會的創造。雖對於某種事物之體會，不能執一例相衡。然其接觸所及，並由此而伸展至理想可達到之領域，其爲人生最不可少與當時最感興趣者，固非茫無涯涘也。

茲所研究者第一爲共同目標與最低限度：

第二目　共同目標

在從前有所謂各科要旨，部定課程標准，則分科列舉目標，姑勿論其目標產生，是否有精密的分析，或不免籠統之嫌；即分科列舉，根本已成問題。其一，合各科目標，不能形成教育全部的目的。試將各科目標合為一表，即可見構成品性之目標不備。其二，由目標產生之教材，不能完成目標所含之教育意義。試任取某科目所列之作業要項（工具科目除外），與其目標對照，便見分曉。若謂目標之立，不過為選擇教材，示以正當意義，不必計內含具有如何效率。是目標分合，並無一定領域，何必列舉。即不立目標，亦可逕就教材而衡量價值，更無須此門面裝飾。余非絕對不同意於目標，特以一個目標往往含有多種科目之教材，或其教材含有多種科目之關係。即分科教課，亦當由全體上規定之。似此分科列舉，實為根本錯誤。

民國十八年教部頒行小學課程暫行標准，曾於授課中討論部定目標的問題，新頒者雖稍有修改，大體無殊，茲錄當時討論要點於下，藉資研究。

第一步研究，當綜合各科目所有目標，加一個精密檢查。其次則每科目的目標，都是要本教育目的，規定運用這科目的功用之原則。雖然人類行動，由各科目的功用發展出來，不一定皆具同樣的形式和程式。可是由教育目的所運用的教學歷程，形成為心理作用，祇有輕重強弱的分別，並無形式不同的表現。所以第二步研究，當就各科目所有的目標，檢查備具的形式，是否他的功用表現，恰恰儘量達到了教育目的的一部。

查暫行標准各科目的目標，國語社會各列五項，體育、音樂、自然、美術、工作、算術各列三項，共二十八項。為便於檢查起見，分類歸納於下：

習慣 ｛ 好運動　　　　　　　體育
　　　日常計算敏速準確　　算術
　　　生活美化　　　　　　美術

興趣	研究美術		美術
	生產		工作
	閱讀兒童圖書		國語
	欣賞並愛護自然		自然
	文物制度探索設計改進參加活動		社會
	音樂欣賞並應用		音樂
精神	試驗		自然
	團體進取		音樂
	勞動身手		工作
	平等互助		工作
	犧牲服務和協互助		體育
	盡力社會服從公意信賴民權忠於團體		社會
能力	官能	聽音發聲	音樂
		發達身體內外各器官	體育
	技能	美的創造	美術
		建造	工作
		解決日常生活裏數量問題	算術
		解決物資和精神生活問題	自然
		對音樂的欣賞並應用	音樂
		能說本國的標準語	國語
		能發表自己思想感情使人了解	
		寫字能正確清楚勻稱迅速	
知識	改良生活及農工業		工作
	兒童生活中關於數的常識		算術
	自然基本知識		自然
	社會基本知識		社會
	美的識別		美術
志願	改造生活		社會
	救助民生		
	革新經濟組織		
	愛己愛人		
	參加民衆運動		
	促進世界大同		

試查以上所列，發生以下問題：

一、分類用辭，各習慣、興趣、精神、能力、知識、志願等，各別表現的活動，是否能分占一定領域之目標？

二、合每類應有的活動，能否完成教育目的之全部？例如，習慣僅見三項，是否此外即無應當養成的習慣，或他類活動亦應有養成習慣的功用？

再就各科目內目標，檢查所繫之六類，則如下所列：

繫二類者

1. 國語——興趣、能力。
2. 音樂——精神、能力。

繫三類者

3. 體育——習慣、精神、能力。
4. 美術——習慣、興趣、能力。
5. 算術——習慣、能力、知識。

繫四類者

6. 工作——興趣、精神、能力、知識。
7. 自然——興趣、精神、能力、知識。
8. 社會——興趣、精神、知識、志願。

試查上表，發生以下問題：

（一）各科目所有的目標，具有前表之活動者，依每科目的內容和歷程，是否適當？

（二）依各個目標所含義，是否能在他的科目下，完成教育目的的要求？

新頒課程標准，各科目標較十八年所頒佈者無甚出入，可不必論。其增入標准總綱，列總目標八項，在形式上似已完備。惟總目標與各科目標之分合，必有明確系統可尋。從歸納言之，總目標必為各科目標之集體。從演釋言之，各科目標必為總目標之分體。無論如何，總目標全體，必分別包含各科目標全體；一個總目標，必有一定各科目標屬之。

若各科之各個目標，可屬於總目標之任何一項；而總目標與各科目標之關係，並無分明系統。是任何目標，皆爲一種籠統觀念所形成。則總目標之增入，徒爲形式，殊不足以立標准也。

目標固當爲列舉的，而且爲具體的。惟應形成如何之具體的，殊爲可研究之一問題。譬如繫領扣，脫帽行禮，皆具體之一事，在兒童有時爲訓練較重要之習慣。如將以上二事，列爲目標，則目標將舉不勝舉。如此瑣碎，將使選擇排列，取捨重感困難。所以關於目標上具體之義，就實質言，當包含理想與動作兩方面。如招待來賓之動作，含和藹有禮貌之理想，即以和藹有禮貌的招待來賓，成一完全的目標。就形式言，當爲非籠統之概括的，在一個目標中，可以容納同類之各別的事項。如服裝整潔合度之目標，包含扣鈕、洗濯、摺疊、屛去華裝異服等是。

非籠統之概括的目標，尚有須申論者，即共同與特殊之教材，應在同一目標之下。就實質言，共同與特殊兩方面，誠各自有其個別教材。惟此個別教材，其一，非完全屬於固定的。例如國慶紀念，此全國所同者也。若含有愛國概念之教材，惟當引起如何情感之傾向。或採古事或採近事，或取偶發事項，可任教者自擇。即如國慶紀念，若在武昌，或其本地於起義時，有特殊事實者，又如當時國家有特別事情發生者，則因地方或時事而取材不無異同。其二，非各自爲目標的。小學教育，所以稱爲國民教育者，即在使全國人民，於基本上培養其同一觀感與同一知能。如必以教材求同一，則教材必限於固定，已無解於活用之說。若謂以共同教材爲主，特殊教材爲補助，則領域與分量，難期明確。吾人當知城鄉異業，南北異俗，山水異宜，農工商各業異生活等，莫不各有其個別教材，但由學習以達到生活所企求之標准必期於一致。惟由同一目標產生教材，斯取材不同者，能收同等功用之效。部定課程總說明內容，"教材範圍，富於彈性，以期通行於全國而不爲地域所限"。又自然課程標准第三附註："依地方情形，擴充範圍，隨時伸縮增減。"尚非探本之論也。

製定目標之法，論者頗多，綜其大要，不外三種。（一）意見集中。由編制者將全部課程，分別擬定目標，每目標析爲若干事項，徵詢專家與實施者之意見，再行規定；或擬製各種詢問表式，分請專家與實施者提出事項，然後彙集整理，並慎重審查。由前之法，以目標爲主，今既打破科目成見，大抵循活動分析之途轍。就類別之主體言，活動固各異其趣。就達到目標之事項言，彼此多相互爲用，打破科目而仍不免科目分離所形成之弊。並且分析多根據於成人偏見，亦不能供給課程一切材料，此由程湘帆《小學課程概論》列舉之目標可以概見。以事項爲主，被徵詢者如對目標懷疑，則所承認事項，根本已失其據，由後之法，分門提出，出入必多。全部提出，如爲整個的，應徵者頗難；如爲零碎的，不成系統。即如教育部之分科擬製，應徵者至多不過六分，事實顯然。況僅取意見集中，純屬主觀，已非科學方法所許乎。（二）分類調查。方法在搜集事實，事實所顯示者祇於有何事項，非指何者如何，不能認爲決定目標的方法。（三）學科內容綜合。此取各科教學經驗，與各科教科書內容，分析列舉，加以檢查，訂爲綜合課程。此固簡而易行，但綜合既爲分科之反動，如仍從過去教學中討生活，未免矛盾。

第三目　最低限度

部定課程標準中有明白規定，似尚完密。惟所定限度，是否能給教學以明確標準，不無疑問。其一，分科規定，往往將知識與技能分爲兩事，非分裂教學之聯絡功用，即侵占他方面應有效率。如社會 2 知道衣食住行記載等進化大概；自然 2 明了所慣用的衣食住行各種生活物品的功用大要；工作 2 能做熟本地主要食品三種，縫成和書包程度相當的簡易衣飾一件，此分裂教學之聯絡功用也。如工作 5 能估計十件習見工商品的時值而大致無誤，或能解答十個關於商業問題而大致無誤，含有算術、社會兩科之教學成分；美術 1 能説明描寫普通事物的圖書中所表明的意思，含有國語教學成分，此侵占他方面應有效率也。其二，有許多條件過於混括，根本無度可限。如社會中之大概情形簡易方法；自然中之功用大要方法大要；所謂概要簡易以何者爲界説。其三，明確規定之條件，仍難捉摸。如自然 3 有八種以上良好的衛生習慣；工作 2（見前）；工作3種過蔬菜兩種、花卉兩種而有成績，或種過本地主要農作物四種，畜養本地普通家禽家畜一種而有成績；工作4能依據設計製作很簡單的日用品五件；工作5（見前）；除自然3之八種或係每學期配置一種；工作中之五件或係依工藝五類而定，已近於勉強附會。其餘更無一定依據，可斷爲最低限度之數。並且工作5之任何十件，在鄉村初小，殊爲不可能之事。尤其習慣祇於衛生有明確規定，是否別種習慣，如算術目標三練成兒童日常計算敏速和準確的習慣，體育目標三養成運動爲娛樂的習慣等，皆任其自然，置而不論。又衛生知能專屬於自然下，似某種能力，限於某種教材之培養，已復返于官能心理之訓練説矣。

最低限度含有質與量兩種成分，固定教材既不適用於新課程，則質與量依何而定？抑知標准云者，非在列舉各個之教材，而在顯示教材所依據之鵠的。鵠的既立，即知應取如何之質，不限於用同一教材也。質定斯量之輕重可以取決。然此亦惟工具教材，始易統合而求得明確限度。如國語2戊"默讀標准測驗分數在4.5以上，作文標准測驗分數在4.5以上，4書法測驗快慢能達到T分數4.8，優劣能達到T分數4.5"，姑勿論此種規定如何，其爲明確限度，固無可疑。不過所表現者，僅爲成績標准，不足顯示教學途徑，於規定課程，殊不發生若何關係。又綜合課程最低限度，當打破科目界限，適應新課程之組織，規定某部分可以伸縮，如工作作業類別"三之——可酌減課程内容，而改爲盆栽。四，以製作並研究本地特產工藝爲原則。注重農事的學校，可以省略；此項作業，又各校可視環境需要能力所及，在左列工作範圍内，選擇一兩種實施。五，除估價各校以設置爲原則外，餘可視環境需要能力所及而定"。如此説明，雖繫於作業類別之下，實較其最低限度所規定者爲適當也。

第二爲動作單元與教材原素

第四目　動作單元

教學上普通所謂單元，在分科課程爲某科教材之一題目，綜合課程則爲一個設計，即實施單元是也。部定各科作業，要項，有一項可析爲數個單元；有數項可併爲一個單元；有併數項中之某部分爲一個單元；有一項僅爲許多單元注意之條件。本城實驗之教學活動大綱（見河南教育廳《小學教育實驗專號》，1931年），問題與事項並立爲綱，內列子目，較作業要項爲具體，用法實同一例。他校自定課程，更形雜糅。大概國語社會，多爲有組織之題目，其餘近於分列事項，此可任取若干小學課程而檢查者也（最近《蘇州中學實驗小學課程》，各書坊代售者甚多，即其一例）。《蘇俄小學課程》（民智書局1929年，崔載陽譯）臚列概要；《設計組織小學課程論》（商務印書館1925年，鄭宗海譯），抽舉事例——均近於發凡起例，非學校實施者之規定。主張科學方法編制課程，更有所謂動作單元，即在每個目標之下，分析爲種種活動之事項或問題，如程湘帆《小學課程概論》目標下所列小注是也。因此名稱混淆，內容時有分合出入，論者編者不甚分辨，實施者易滋歧誤。茲明白分析，作業要項所列舉者，大體爲各科教材綱要，間及教學形式，如何形成單元，非所計也。動作單元所列舉者，爲日常活動之單獨事項，應需如何教材，尚待搜求。要之二者僅有分析，未有組織，且不涉及聯屬方面之種種關係。雖分別列舉中，或有具實施單元之規模者，但不能據此視爲實施單元。尤其動作單元，屬於實用能力方面，易蹈前所云舉不勝舉之弊；屬於概指方面，又易犯意義含糊或應用混泛之嫌。其與實施單元之分合，較之作業要項，頭緒更多。在倡導科學方法編制課程者，不乏分析動作單元之主張，以此措諸實際，立感困難，且慮手續繁重，結果不如所期，其詳當繼續論之。

第五目　教材原素

在科目問題中，論及綜合課程，業已發其大凡。茲更爲申論，分爲原料與工具兩種，工具又有實質與用法之別。如國語之文字，算術之數與名，音樂之譜詞與符號，實質也。如國語之語法、文法與字帖，算術之整數、小數諸等數等計算與計數器，工作美術之基本製造法及其工具使用法，體育之遊戲與運動的基本技術，用法也。工具之實質與用法，本有聯屬性。但如工作製造法及體育技術，則用法不繫於實質，而繫於手指或身體之活動。凡茲所舉，勿論形式如何變化，基本之作用無甚差異，且有一定限度可求，分定標准，固簡而易舉也。考驗之法，由其說明則形成知識，由其使用則形成技能。其在教學則二者相互爲用，有練習技能在知識了解以後，亦有由使用進程而取得知識者。其結果或能說明而使用未嫻，或能使用而說明未瞻，此則視學習情境與其方式如何。從來學校教育，完全建築於工具學習之上，即機械成績並不顯著者，則以貌襲普通教育之形，功課雜糅，致斯結果。如僅由此疏而理之，不惟無以完成教育功用，抑致全部工具變爲苦工。即使教育爲生活，而生活非生長歷程，亦惟階級社會或適用如是之教學標准耳。

　　準上所論，吾人當重視教育價值，不在本身而在當時需要之理論。所謂當時需要，必爲應付或種事物之社會功用，不外于利用自然材料，接受遺傳經驗，控制環境，因而繼續改造社會組織與生活型式。不然則學習實無意義，而且不感興趣。審此即知工具標准，僅爲課程內容一方面之事，無本體則工具成爲抽象的、孤立的。比本體爲教材之原料，從空間觀，一方面爲自然界，一方面爲人事界。從時間觀，一部分爲過去記聞，一部分爲目前情狀，直言之即自然與社會之互體或片面而已，以此爲學習根據，一方爲由國語、算術、工作、美術、體育、音樂等科目結合於二者所形成之作業，一方爲自然、社會二者本身應了解之真相。由前之說，勿論何種科目，離開自然與社會之材料或其情境，皆失其意義。由後之說，所謂真相了解，常在此各科目結合所形成之作業中。不過作業之出發點，必以自然與社會爲基礎。其事項必爲校事、家事、農工商業務等，在兒童生活中由必需願意可能三者所組成之問題。其來源則自然可由學校園、公園、花園、菜園、田野間、樹林裏、山上、水中、名勝地、自然研究室、博物館、商品陳列所，以及時令推移之自然現象等求之。社會可由身體、同學間、鄰里間、家庭、學校、工廠、商店、醫院、公司、古蹟、祠廟、教堂、村莊、街市、公共機關、公共建設、交通機關、慈善機關，以及書籍、圖畫、用具、報紙、文告，並各職業界生活狀況，與紀念日節日等求之。此雖未指定教材，採取具有範圍。即使學校設備不周，其環境所供給者，在低年級殊不乏取用材料，可以因地實施。此類教材標準，於質則由上之事項與來源可以推究，於量則適應個性而充分發展，無最低限度可言。雖其功用必由工具而表見，而本身意義，尚各自有其獨立存在的價值。因此通常常識之稱謂，遂為自然社會混合之名目。實則如此命名取義，其一，由於書本傳習，視此為知識之主要成分，其二，由於傳統之重視學業，必以筆書或口答之試驗為評判。此在分科教學中，將自然社會與其他科目分離獨立，成為一種記識之誦習，可以想見。所以初小之常識測驗，不詳察地方情事，頗難通用，則實施教材更可了然。

第三為社會需要與兒童生活。

第六目　社會需要

先應了解者，為基本觀念。如生活預備之說，以成人生活為軌範，使兒童努力於不知何物與不知何故之將來。一方抹煞目前的志願活動；一方在實際應用方面，不能聯絡貫串。於是職業訓練之說以起，比較似切近於實用矣。惟其需要仍屬於成人社會，社會情形既複雜，個人擇業，又非幼年可以預定。尤其以實用為目的，易傾向於機械的訓練，與物質的享受。所以文化在教育方面亦成重要問題，從前對於文化之誤解，往往視為純係內心修養或精神產物，致勞力與勞心分為兩途。今之學科分立，即為文化與實用雜湊之一種現象。如果明了個人能力之發展，即為實際生活之重要準備；依環境而使能力發展，自使將來所需者，由現在引伸而出。又知社會之維持與策進，無一不賴各個人之合作與互助。離開社會全體利益而求實用，非平民教育所許。即事物本身，亦未有不涵社會意義，而有存在價值者。所以個人實用之終極目的，即為社會文化之創造。文化與實用，非相反而實相成。

由上所論，社會需要，係於人類相互之關係，此相互關係，存於共同生活中。吾國社會，機械與資本均未發達，大體為自耕農與手工業之生活。内則各團體多傾於片面利益，外則世界競尚大規模的企業，無不露矛盾現象。凡歐美教育實施，所需於社會之調查與其企圖，多與吾國情形迥異。即如共同生活，彼可完全循分工合作之軌道，吾國則尚須立於獨立自營之基礎上，進而求分工合作之事業與精神，逐漸發展。因此需要之事物與其能力，在現社會無甚特殊，所表現爲普通者更泛，所希求於改進者更迫。惟無論如何，此所需要如何事物與如何能力，必本人類相互關係之功用，依地方情形，分類爲各別調查，彙集事物與問題，而後可歸納爲若干綱目。此種調查，應由地方教育行政機關，請教育專家分別規畫之。

低年級教材，除地方主要物產外，其餘惟時常見聞接觸者，得模仿其動作。故對於社會需要，此處暫不分析論列之。

第七目　兒童生活

如訓練主義，祇注意於官能陶冶，當然屛棄其説。惟如自然主義者所主張，純依兒童興趣，隨時指導工作，未免太無標准。茲所研究之兒童生活，係編制課程不可不注意之路綫，非謂規定內容，以此爲唯一準則也。不過何者爲兒童生活，頗不易言。如謂兒童與成人同處一社會中，其活動僅有程度之差別，需要性質實無大異。或以簡單的成人活動，即爲幼年人的生活。使此説而毫無問題，似乎全採舊時課程之教材，當不致如何違反兒童心理矣。何以求之教學實際，竟大相剌謬耶？吾人固知兒童之興趣與動作，常爲其環境中成人之興趣與動作所刺激，發生影響，由其游戲與工作，模仿成人活動，可以見之。不過此種人生反映，是否由於需要合一，而非一時情境感召所致。是否活動惟以程度差別，而非由心理作用之特殊表現。試一審嗜好因年齡而殊；而求知與好動，一般成人，不及一般兒童遠甚，便可證明上説之不盡可信矣。

然兒童生活雖不易捉摸，就現代學者研究結果，已有途轍可循，茲取其論及低年級者述其概要。如謂小筋肉動作，略具支配能力，得由粗率笨重之工作，漸進於支配稍備精巧略具之地步。想像自流動虛誕以進於較切實的，繪畫故事爲伸張此種活動之要素。模仿動作由較單純的人物動作之表演，進而爲群體生活之社交練習。社交由家庭而進於朋友以及於小群之服務。個性由極流動易受暗示方面，進而覺悟自己能力略欲自用。本此決定所需之材料與工具，編制課程者或選取已有之讀物、玩具以及游戲、手工教材等，請富於小學經驗者評定；或不列教材，僅就讀物、玩具、游戲、手工等分詢所好者爲何，調查各低年級兒童與擔任教師之答案，以此結果，彙爲低年級備用教材。但此亦惟地方教育行政機關，或小學聯合會，銳意從事，較易成功也。上二者於編制課程，均有中心價值。如活動分析者之意見，取目標所具之教材，最適用於兒童者，爲最有價值，因而規定分量，此惟施於高年級則可。若低年級之教材，所謂基本功用，重在智慧之啓發，並不以直接功用於社會定價值，其分量亦不必有一定制限。惟就兒童生活之需要，選取教材，與社會需要的綱目相對照，視何者由兒童生活之出發點，能進而達到社會需要的某綱或某目之功用，即爲主要教材。以此因應年級與時令，分別排列，其內容仍得伸縮自如，庶實施者隨時參考，裨益當匪淺也。

第八目 假定標准

綜上所論，對於基本教材之標准意義與其方法，業已開明旨趣。進而編制課程，似尚有待。爲實施者目前便利起見，可先取部定標准爲假設。不過部係分科規定，不適於綜合課程之用。茲取一二年級各科作業要項，彙類歸納，以便參考。

一、生活品物

一．——關於食的

1. 見於自然八者

陸地食物

(1) 本地主要農作物和蔬菜等形態生長情形等觀察研究試行種植

（2）家畜家禽的狀態生活等觀察研究並試行飼養

水生食物

（1）魚蝦的狀態生活等觀察研究

（2）捕魚的研究

（3）本地主要水生植物的形態生長情形等觀察研究

2. 見於工作家事者

（1）設計中需要食物的煮蒸醃醬

（2）普通主要食物的物價調查研究食的禮貌演習

3. 見於美術教法要點者

（1）在食的設計中教學食物食桌的安放排列設色等圖案問題

二.——關於衣的

1. 見於自然九者

（1）絲和主要絲織物的識別及蠶的生活形態等研究

（2）棉和棉紗棉布的識別

（3）麻和麻布的識別並大麻苧麻的試種

（4）呢絨的識別和綿羊的研究

（5）皮革和皮革動物的研究

2. 見於工作者

家事三設計中需要的衣飾的洗摺綴剪等法

畜養八蠶桑的觀察研究

3. 見於美術教法要點者

（2）在衣的設計中教學衣帽鞋和各種衣料相關的圖案問題

三.——關於住的

1. 見於自然十者

（1）建築材料如磚瓦石灰木材等研究

（2）家用供給如水燃料燈火習見工具（如尺針等）研究

（3）居屋構造如日光光綫空氣等研究

2. 見於工作者

家事四設計中需要的家屋模型和家具的裝置

家事五房屋構造的意義

校事一教室的清潔布置

校事二教室用具的分工管理

校事三教室的設計裝飾

3. 見於美術教法要點者

(3) 在住的設計中教學建築式樣各室布置家具設備和選擇圖案問題

四．——關於行的

1. 見於自然十一者

(1) 築路用的材料（如石煤屑等）和路的種類等研究

(2) 舟車的種類和用途的研究

(3) 石油石炭等研究

2. 見於美術教法要點者

(6) 在行的設計中教學舟車橋梁造路等所連帶的圖案問題

五．——關於用具

1. 見於工作之工藝者

特產工藝

一、本地簡易特產工藝的製作練習

二、製作品功用銷路的調查研究

紙工

一、設計中所需要簡易物品的製作

二、兒童生活所需要的簡易物品的製作

三、裁剪糊貼摺各法的練習

四、紙和紙製實物的認識

土工

一、二、同紙工

三、搏搓撚粘各法的綜習

四、陶器瓷器的認識

竹工

一、二、同紙工

三、削髮刮斷各法的練習

四、竹料竹器的認識

木工

一、二、同紙工

三、釘鋸各法的練習

四、木料木器的認識

金工

一、二、陶紙工

三、鐵皮鐵絲剪折等法的練習

四、五金和金屬物的認識

2. 見於美術者

欣賞各種表示幼兒動作和動物動作而富有趣味的作品及故事圖

印刷品剪貼的著色

輪廓著色

紙面位置和物體排列的審美研究

執筆運筆和使用剪刀的方法

在印刷工業的設計中教學書報、雜誌、日曆、卡片、招貼和其他印刷品所連帶的圖案問題

在繪畫剪貼的應用中利用樹葉、草葉、花瓣、種子、鳥羽、魚鱗、貝殼、蝶翅蠶繭、砂土、破碎陶瓷片等裝排成有趣味的美術品

搜羅各家作品（名畫名刻）、織品樣本、書本、報紙的封面畫和廣告畫、小說所有的插畫（如滑稽畫諷刺畫等）、郵畫片、日曆、報紙，各種陶器、瓷器，爲欣賞研究的資料

3. 見於自然十一者

（1）普通記載用品如紙、筆、墨、硯、墨膠等研究

（2）游戲器具如皮球、木馬、鞦韆、毽子、不倒翁等簡易物理研究

4. 見於算術者

（八）尺寸的認識和應用

（十）升斗的認識和應用

六．——關於農事（與一之食、二之衣各項參照）

1. 見於工作之園藝

一、本地主要易栽蔬菜和普通易栽花卉的種植、灌溉、施肥、除蟲等

二、所栽植物的觀察研究

2. 見於工作之農作

三、本地易栽農作種植物的去草、除蟲等

四、所栽植物的觀察研究

五、農具的認識和整理

3. 見於工作之畜養

六、普通家禽（如雞鴨）和蠶的畜養

二、生活狀況

一．——關於一般生活

1. 見於社會者

五、本地人民生活（如農業市集商店和其他生產事業等）、社會事業（如村會合作社、地方政府消防機關、警察局或自衛團、交通或運輸機關、公園、教育機關、娛樂機關、宗教機關等）以及各種特點的觀察研究——從家庭生活、學校生活出發以至於市鄉縣的範圍

2. 見於工作者

農作六本地農人生活的調查研究

商情銷售三本地商人生活的調查研究

3. 見於美術者

五、一切在社會家庭所見所聞之事物的記憶發表

二．——關於交易

1. 見於算術者

（十二）銅元、銀元的認識和應用

（二十）元角的應用

2. 見於工作商情者

估價

一、兒童生活中所用物品時值的調查估計

二、教科所用物品時值的估計

三、土產、非土產的鑒別

銷售

一、本地工作科出品的銷售

二、本地各種買賣的調查研究

三．——關於衛生

1. 見於社會者

十、家庭、學校四周的衛生問題之調查研究設計改良等

十一、校中和本地衛生組織的意義作用之研究

十二、清潔運動、衛生運動的設計施行

2. 見於自然者

（四）蚊蠅等研究驅除

（十三）人體外部的形態功能的認識

（十四）頭部、四肢、軀幹等清潔法保護法的研究施行

（十五）衣食住（包括睡眠）行玩具、學用品等清潔衛生的研究施行（以生活需要研究所及的為範圍）

3. 見於工作之校事者

四．——避災練習

三、史蹟

1. 見於社會者

一、紀念日歷史事蹟的講述研究

二、我國初民生活，如裸體、生食、穴居、巢居、取火、漁獵、自衛、禦敵、遷居、娛樂、組織、政府、休閒、活動等片段有趣的故事之設計、研究、表演等和今人比較

三、本地祠廟和其他紀念物所包含的歷史故事之講述研究

四、偉人兒童時代歷史故事的講述研究

七、本地山水、名勝、建築、街道等觀察研究

2. 見於美術者

四、人物動作和故事遊戲等想像發表和記憶發表

四、自然現象

1. 見於社會者

六、衣食住行和氣候時令關連的地理研究

九、方向位置本地區域大概等觀察研究——實地並利用沙盤設計畫片地圖等觀察

2. 見於自然者

一、冷暖的省察

二、秋冬春夏四時景物（例如秋天的花和蟲，冬天的動植物的過冬，春天花木和動植物的蘇醒，夏天樹木的茂盛、燕等候鳥的往來）變化象徵的觀察

三、春夏秋冬四時的認識

五、雲雨風等研究

六、日常晴雨的記載研究

七、温度的記載研究

2. 見於算術者

二、日星期月年的認識

九、時刻的認識

十三、三角形、圓形、方形的認識

十六、寒暑表的使用

二十一、正方形、長方形的認識

二十五、分（時刻的計）的認識和應用

二十六、方寸、方尺的認識和應用

4. 見於美術者

三、自然物、自然現象的寫生和記憶發表

十、方、圓、長方形、三角形、五角形、六角形、多角形的認識，平面形和立方形的認別

十三、紅黄青三原色和綠橙紫三間色的混合法，色彩濃淡的比較和畫法

上所列舉，合社會、自然、工作、美術四科全部作業要項，兼及算術一部分作業要項，以類相屬，分別歸納。凡每種事物之具體關係，皆連屬而及，於組織教材，較易窺見其整個面目。雖全部容有未盡之處，然以此爲鵠，一方選取各科目固有教材，分別集合於一個中心目的之下；一方進而採用上所論述之調查方式，增損補充。在目前編制課程，誠不得不以此爲實施標准也。

第四節　組織問題

第一目　編制之主要爭點

在討論本問題之前，必須解釋編制課程之種種爭點。

其一，爲論理的與心理的之爭點。主張論理的者，用科學方法，搜集適當教材，爲有系統之排列。舊式課程之選材，對於分析調查，不甚注意。即使盡科學方法之能事，亦不過對於社會需要，取舍較有根據。依此實施，從社會方面觀，一、社會非靜止的，似不當以現狀爲標准生活；二、職業分析之教材，難期適應於個別生活之預備。從兒童方面觀，僅取由易而難，由簡而繁者，以爲進程，不必即其

所能爲，更無從確知其願意與否也。主張心理的者，大率注重動作的內容，分析兒童時期之活動種類，爲組織教材之基礎。此於矯正古來硬化之弊，誠不無益。惟教學必有目的，目的所資於教材者，不在心向而在功用。

其二，爲固定與自擇之爭點。主張固定者，以小學應培養國民共同之傾向，因應地方情形，增加特殊教材。惟共同傾向，不限於用同一教材；特殊教材必與共同傾向之旨相應，前於論共同目標，業已闡明其義。正不徒强迫學習，完全喪失動機；造成品性，不適用陶鑄模型之機械式已也。主張自擇者，在吾國已行之設計式，約有兩種方式。一由學期開始，共同提出題目而決定之。此可議者，事前提出之題目，臨時是否能保持其興趣，試細思之，與固定教材相去亦幾希矣。且以全期之規畫，而預決于一時之參差意見，亦殊未合。一單元開始學習，由兒童公決。余欲問者，公決爲形式的，抑爲真實的。如爲真實的，苟不根據於準備範圍，或作業中產生新問題，則作業必致紛擾，或散漫無所歸宿。如爲形式的，純依教者課前預計之教材，又何取於公決乎？（上爲吾國一般不澈底的設計教學情形）

其三，爲終極目標與目前目標之爭點。主張終極目標者，兼有論理的與固定之弊。主張目前目標者以地方教材爲主，不必盡具社會價值。以兒童活動爲主，則易犯感覺主義之弊。兩者並進，又易顧此失彼。綜上所論，可以得一總括之論斷。即教材不限於固定，不限於一致，而不可不產生於預定的共同目標之下。此共同目標，必須具有社會功用。其達此目標之教材，則由兒童當時之需要或興趣爲出發點，而歸宿於論理的之企圖。又每期課程，必於前斯結束之後，統計已有進程，參照下期課程標准，估量必須學習事項，分別規畫，庶有當也。

第二目　批評實驗課程

上所言者特其大較耳，進而申論組織，必須綜一學期全部而言，始了然於基本教材之運用。茲先取吾國實驗課程數種，擇要批評，或更明白易曉也。（所引雖係三四年前之例，但吾國學校迄今仍無特殊新式，當可資爲研究。）

蘇州中學實驗小學課程——摘錄低年級社會、自然兩科教材要目：

社會科教材要目

第一學年

1. 家庭生活研究

a. 家庭裏的人和各人所做的事

b. 家庭裏的娛樂

c. 家庭裏的日常事務

d. 親朋的往來

e. 家庭的需要和供給原料

2. 鄰里人生活研究

a. 食物店

b. 農田

c. 衣料、帽、鞋、縫工店，紡織廠等

d. 燃料店

e. 鐵匠店

f. 雜貨店

g. 家具店

h. 其他

i. 鄰居人的事業和家庭的關係

3. 學校的方向、位置、場所

4. 到學校的路程

5. 各同學的住址

6. 學校附近的名勝和古蹟——道山亭、孔廟、植園、可園、滄浪亭、瑞光塔

7. 蘇州的街道和交通

8. 本城的商業中心

9. 本城的工廠

10. 登萬年橋看運河

11. 遠足的地點和路程

12. 本城的位置

13. 植樹節

14. 國恥紀念

15. 為什麼不要買日本貨？

16. 立校紀念日

17. 國慶紀念

18. 火鎮樓在那裏？

19. 怎樣寄宿？

20. 各地過年風俗

21. 護國軍起義紀念

22. 洋娃娃過年會

第二學年

1. 個人的需要

a. 食物

（1）種類——穀類、蔬菜、獸肉、鳥肉、魚肉、蛋、果品及各種和味料等

（2）來源——耕種、漁獵、豢養、製造、採集等

（3）運輸法——負載、舟車

b. 衣服

（1）種類——中裝、西裝、中山裝、學生裝、棉衣、夾衣、單衣

（2）材料——綢緞、呢絨、皮草、布麻、草

（3）製法——手製、機製

c. 住處

（1）种类——洋房、瓦屋、草屋、楼房、平房

（2）材料——水、石、砖瓦、石灰、油漆、玻璃、水门汀等

（4）装饰和布置——屋外、屋内

2. 公众的需要

a. 学校市的事业

b. 我们怎样辅助公众？

（1）选择能力充足的人办理公共事业

（2）研究本校学校市的事

（3）帮助我们所选办理公务的人

（4）守学校中所定的规律

3. 本地的重要机关

a. 县党部

b. 县政府

c. 公安局

4. 本地的公共建筑物和名胜古迹——青年会、公园、图书馆、体育场、留园

5. 青阳地（日本租界）

6. 本地的重要职业

7. 本地的热闹街市

8. 京沪铁路

9. 国耻纪念研究——"五三""五九""五卅"

10. 旅顺、大连、济南、上海的位置（根据国耻纪念指示方位）

11. 原始人生活

a. 食物

（1）种类

（2）来源

（3）获得的方法

（4）怎样吃？

b. 衣服

(1) 種類

(2) 穿獸皮

　　c. 住處

(1) 火未發見以前

(2) 火已發見以後

　　d. 交通

　　e. 貿易

　　f. 火食進化

12. 火警研究

13. 各種交通用具和發明

14. 雙十節

15. 武漢的位置

16. 怎樣看地圖（認識各種符號）

17. 我國的首都

18. 懇親會

19. 怎樣過新年？

20. 賀年片

21. 郵政研究

22. 同樂會

自然科教材要目

第一學年

自然界現象

1. 秋季氣候和風景

2. 冬季氣候和風景

3. 春季氣候和風景

4. 夏季氣候和風景

5. 晴雨記載

6. 溫度記載

7. 月亮的研究

8. 雨雲雪冰霜的研究

自然界生活

秋冬季

1. 秋季花草的認識（雞冠、茉莉、狗尾草、菊海棠、鳳仙花、向日葵、牽牛花）

2. 秋果認識（蘋果、柿、栗、梨、香緣、石榴、銀杏、文旦、南瓜、菱、香橙）

3. 秋蟲認識（蟋蟀、紡織娘、叫哥哥、盒鈴子、螳螂）

4. 秋季樹木（桂花、楓、梧桐）

5. 園藝種植（青菜、蠶豆、麥）

6. 冬季草木凋謝（常綠樹、落葉樹的分別——冬青、松柏、梧桐）

7. 動物的過冬（青蛙、蛇、蜜蜂）

8. 家畜（狗、貓、牛、羊、豬、馬）

9. 家禽（鴿子、雞、鴨、鵝）

10. 魚類的認識（鯽魚、鱖魚、金魚）

春夏季

1. 樹木的蘇醒（梅、杏、桃、李、楊柳）

2. 花草的蘇醒（蒲公英、紫雲英、薔薇、桃花、李花、蘭花、苜蓿、荷花）

3. 蟲類的蘇醒（蜜蜂、蝴蝶、夏蠶、蚯蚓、蠅、蚊）

4. 動物的繁殖（雞、鴨、燕子、青蛙）

5. 園藝種植（玉蜀黍、向日葵、南瓜、大豆）

6. 果實（枇杷、梨、桃、梅、杏、楊梅）

自然界利用

衣

1. 衣的種類
2. 衣的質料和來源
3. 衣的作用
4. 衣的製法

食

1. 食料的區別
2. 食料的來源（糧食、肉、蔬菜）
3. 簡單食品的做法

住

1. 房屋的功用
2. 建築原料的來源
3. 室內的布置
4. 室外的布置

行

1. 船的研究
2. 車子的研究

器具機械

1. 寒暑表的研究——利用平日的氣候記載
2. 日曆用法
3. 鐘的用途
4. 定風針
5. 尺的用法
6. 秤的用法

第二學年

自然界現象

1. 露的成因
2. 霧的成因
3. 霜的成因

4. 雪的成因

5. 空中電光和雷聲的由來

自然界生活

秋季

1. 花卉（玉簪、秋葵、鳳仙）

2. 果實（香櫞、橙子、柿、香蕉）

3. 樹葉的變色（銀杏、烏臼、楓、梧桐）

4. 動物（蜻蜓、蝙蝠、蟋蟀）

冬季

1. 樹木（冬青、松、柏）

2. 動物（牛、羊、鷄、鴨）

春夏季

1. 樹木的蘇醒（烏臼、銀杏、楓、梧桐）

2. 花的蘇醒（迎春、棠棣、水仙）

3. 動物的發育（蟹、蝌蚪）

4. 鳥雀的歸來（黃鶯、燕）

5. 果實（梅、李、桃、杏）

6. 花卉（荷花、萱草、繡球花、木香）

7. 瓜類（西瓜、香瓜）

自然界利用

衣

1. 衣的功用

2. 衣的原料

3. 各種原料的來歷

4. 各種原料製造的手續

5. 各種原料的性質和價格

6. 衣服和顏色

7. 衣服的花樣和裝飾

8. 房□衣服的洗染法

食

1. 米的製造物（糕、團、餅、飯）
2. 麥的製造物（面、餅）
3. 蔬菜和植物
4. 葷菜和動物
5. 烹調的方法
6. 果類的用處

住

1. 房屋的功用
2. 房屋的原料
3. 房屋的分配
4. 造屋的順序

行

1. 火車
2. 電鈴的用法
3. 電話的用法
4. 木筏和帆船

器具機械

1. 鐘錶
2. 陶器瓷器
3. 玻璃
4. 紙
5. 毛筆鉛筆
6. 遊戲器具

原課程分黨義、文學、綴法、書法、算術、社會、自然、衛生、工藝、美術、體育、音樂十三門。每門分目標、選材標准、教材要目、教學條例、教學實例、畢業最低限度六項論列，內容較部定課程標准出入過多。據序言緣起於部頒一年以前，且在試驗研究期間，故不變更原有主張，藉期結果互相印證。惟付印比部定幾遲一年，似應將目標選材標准最低限度所以異於部定之點，逐一提出，附以說明，而後取材能實現其特殊目的。原課程之編制，除謂公衆衛生與個人衛生不宜劃分，確爲部之疵點，但是否應獨立一科，殊可討論；以及謂工作內容複雜，仍以工藝爲主，校事、家事、園藝則於課外指導；商情和算術聯絡進行；亦不過各有所見而云然也。此外之異同出入，率皆籠統混合，取材既無從見爲獨到之選擇，試驗後亦未由顯著其異點，則互相印證，有不成爲空文者鮮矣。至於目標與選材標准，劃分爲二。將各自獨立耶？既有目標，又有標准，如何融合而爲各個教材之一貫的根據。將有主從關係耶？目標與標准之分合，又無明確界限可言。並且二者皆爲抽象意義，舊時各科教學法空談原理，尚可謂持之有故。若實際編制課程，如此界說，似難應用，試摘錄其自然科選材標准，以資討論。

　　1. 切合于民生的；2. 爲日常所習見的；3. 適合時令的；4. 適合兒童的需要和興趣的；5. 有代表一種類的價值的；6. 適合於機會的；7. 對於地方物産有重要關係的。

　　吾人苟依普通慣例，對於上列標准，當然無何若意見，或者亦不過視每項是否適當，有無遺漏，逐一衡量而已。余所欲問者，選取各個教材，對於上之七個標准，是否祇須合於任何條件之一個，抑須兼備數個條件或完全條件？如前說，假使一個單元教材，具1. 切合民生之條件，而不具2. 日常習見之條件，2. 具矣而不具3. 適合時令之條件，3. 具矣而不具4. 適合兒童的需要和興趣之條件，是否可以爲標准教材？如後說，須兼備數個條件；究竟某條件須與某條件聯合而後成標准，不能不分別規定；須備完全條件，如日常習見與適合時令，似不能爲全部教材之唯一條件。原課程書未有詳細說明，如果組織教材，隨意運用，此條件仍爲虛設。不但此也，上列七個條件，除5. 有代表一種類的價值外，應取如何或若干教材，爲某條件之基本教材，並無一定標准，是標准與教材各不相謀也。

原課程似取分科設計，根本爲余所否認。其教材組織，當然不合綜合課程之用。故對於上舉教材之實質與分配，雖微覺其未盡適合，皆置而不論。茲所論者偏於形式組織方面，即此於編制課程，或亦可以顯示避免歧誤之方向也。

（一）要目內容太不便於分合伸縮與取舍　余所主張之設計課程，在不用固定教材，而有形成全部單元之整個規畫，此在吾國實施設計教學者，不乏有同此感覺之人。惟此種困難，如何由課程組織而解決，尚未有澈底意見。以余主張，每種課程，規畫若干總綱，此總綱包含多方面的材料，其如何教學與取何程序，不能預定，但限於必須學習，即事實不許，亦當於繼續期內覓學習機會。內列許多要目，由其要目，可爲一個設計，亦可爲數個設計，伸縮取舍，悉由當時學習情境而定。不過總綱須由具體事物而聯合，非分科或劃分部分之謂也。上舉之社會科課程，如第一學年之 3、4、5、11、15、19 等內容乾燥，且缺乏獨立性質，用爲獨立單元，伸縮取舍，了無意味；若與他項要目聯合，亦形散漫。如第一學年之 7、9、20，第二學年之 1、2、3、4、6、7、13 等題目過於寬泛，無從覓研究的中心。非不知原課程有關聯之要目，多順序排列。其實如此組織，爲舊時編教科書排課之通例。蓋由單純之事實，以類相屬，並不能由此對於全部課程，發見學習的轉移作用之可能性，且使臨時增損教材，僅能表出知能性質之差異；而不能由取舍之教材，發見在教育目標上形成若何功用。即令各個活動均有目的，而何者充實與缺乏，不能有系統的考驗，終無由期生活之達於生長歷程也。試歸納原課程之要目，如第一學年之 3、4、5、6、16 等可綜爲學校研究；7、8、9、10、11、12、18、19、20 等可綜爲地方研究；13、14、15、17、21、22 等可綜爲紀念節日研究；合 1、2 爲五個總綱。如第二學年，1 之內容，似屬於家庭生活；2 之內容，似屬於學校生活；3、4、5、6、7、8、12、13、21 等可綜爲地方研究；9、10、14、15、16、19、20 等可綜爲紀念節日研究；13、22 等或合 2 綜爲開會研究；11、17 等無所屬，可以其他概括之。依所歸納，如其內容不生問題，在實際教學，選擇要目，構成單元設計，增損自較有範圍也。

（二）組織要目分裂事物整體的關係　此於上舉之自然課程可以見之。社會教材要目之組織，失之散亂，此則適與相反，分爲現象、生活、利用三部分，每部分又有若干類別。僅就表面而言，由原課程三部分之集合，可以表出整個功用及其一切關係。由每部分之類別，可以盡量採取適當材料。不過搜羅教材，與組織教材，不能混爲一談。搜羅教材，宜於分析部分而求。組織教材，非立於事物之具體方面，不能發見整個功用與一切關係。並且綜合課程，所成爲單元教材，於其本身以外，尚須及於與他科目聯屬之關係，設計教學所以能完成教育即生活之意義者，即在於此。原課程劃分三部，在自然現象中，如雨雲雪冰霜等，猶可謂本身具有獨立作用，然專究現象，其作用已失其意義。如秋冬春夏之氣候風景，離開自然生活，即無現象可以證明。如自然利用，其原料無一不產生于自然生活中，尤其食物一類，不了解其自然生活，更無從而利用也。舊式書本教學，往往將須用經驗體會之教材，求之於文字之間；割裂爲課，輒不覺悟其非，誠不足怪。各書坊之自然社會教課書，最犯此弊，安可以實驗教育，而猶蹈襲其習弊乎！

（三）分年排列不留伸縮餘地　原課程分年排列，自有相當進程。如社會要目，一年級研究家庭與鄰里之生活，二年級則進於個人與公共之需要；一年級學校附近名勝古蹟，二年級則進於本地公共建築與名勝古蹟；一年級本城之位置、商業中心、街道與交通，二年級則進於本地之重要機關、重要職業、熱鬧街市、我國的首都、京滬鐵路，交通用具與發明；一年級國恥紀念與國慶日，二年級則進於國恥之"五三""五九""五卅"，以及旅順、大連、濟南、上海等位置，雙十節與武漢位置。如自然要目，一年級研究自然現象之雨雪冰霜，二年級則進於露霧霜雪之成因與雷霆由來；自然生活之主要自然物，兩個年級各別不同；自然利用則由一年級衣之質料與製法，進於二年級原料與製造手續及其裝飾染法；由一年級食之簡單食品做法，進於二年級各種製造物及其烹調方法；由一年級住之布置，進於二年級住之分配與順序；由一年級行之船車，進於二年級行之火車電話。凡此進程，純屬於論理排列。即令一年級列舉事項，可作二年級學習準備，在真實動境上，已不無扞格之處。而況不盡爲學習準備，或者先後分割，並不能爲正當進程，則分年教材，正見其窒礙甚多也。

南京中學實驗小學課程單元目次如左：

第一學年上期

一、我們的學校　二、整理我們的課室　三、加入幼童會　四、整理小樂團　五、怎樣做周會　六、捉秋蟲　七、慶祝國家的生日　八、到第一公園去玩　九、肚子裏打架了　十、怎樣注意我們的身體　十一、紀念孫總理的生辰　十二、客來了　十三、南洋群島的小朋友　十四、寶寶的玩具展覽會　十五、花草預備過冬天　十六、和兒的家庭　十七、可愛的小貓和淘氣的老鼠　十八、可愛的白雪　十九、我們的老祖宗住在那裏　二十、開話別會

第一學年下期

二十一、歡迎今年來的小朋友　二十二、我們的課室要整潔美　二十三、我們的幼童會開會了　二十四、紀念孫總理　二十五、慶祝百花生日　二十六、老雞孵小雞　二十七、到南京好玩的地方去遊覽　二十八、我們老祖宗從前怎樣過日子　二十九、我們也來加入運動會　三十、青蛙　三十一、大家來吃粽子　三十二、我們要報仇　三十三、花裏蝴蝶真可愛　三十四、大燕子帶着小燕子飛　三十五、夏天真危險啊　三十六、飛老虎真可怕　三十七、稻子用途真不少　三十八、開懇親會　三十九、樹上知了叫　四十、到廣東去

第二學年上期

四十一、開學了 四十二、布置級機關 四十三、幼童會的職員 四十四、預防秋天的時疫 四十五、我們的首都 四十六、秋天的水果 四十七、我們的瓜園 四十八、吃着螃蟹看菊花 四十九、過重陽節 五十、慶祝國慶日 五十一、秋季的運動會 五十二、樹葉爲甚麼掉下來呢 五十三、家禽的研究 五十四、泥娃娃結婚了 五十五、母親趕着做棉花 五十六、慶祝總理的誕辰 五十七、賀年片 五十八、請我們的家長到學校來 五十九、我們堆雪人 六十、師生話別會

第二學年下期

六十一、談談假中生活 六十二、改組我們的幼童會 六十三、怎樣布置我們的課室 六十四、我們的小圖書館 六十五、來看金魚池 六十六、三月二十九那一天 六十七、我們穿的綢衣服是那裏來的 六十八、到野外去遊玩 六十九、來聽有趣味的故事 七十、放風箏比賽

第二學年下期

七十一、看看春天的花 七十二、追悼濟南烈士 七十三、過端陽節 七十四、養蜜蜂 七十五、大家在一塊兒玩玩 七十六、開一爿小商店 七十七、那把扇子最好看 七十八、驅逐最討厭的蚊蠅 七十九、快快來看這裏的玩具 八十、要分別了

該校刊行《協動實驗課程》，每個單元，皆詳列經過程序。所有單元之形式及內容，自不能僅憑目次而討論。其可表見者，約有二類：

（一）屬於學校本身應有之學習 例如第一學年上期單元之一、二、三、四、五、十三、二十；下期單元之二十一、二十二、二十三、二十九、三十八；第二學年上期單元之四十一、四十二、四十三、五十一、五十八、六十；下期單元之六十一、六十二、六十三、六十四、

八十。

（二）屬於季節應有之學習　例如人事方面，在第一學年上期單元則有七、十一；下期單元則有二十四；第二學年上期則有四十九、五十、五十六、五十七；下期則有六十六、七十三、七十二、七十三。自然方面，第一學年上期則有六、十五、十八；下期單元則有二十六、三十、三十一、三十三、三十四、三十五、三十六、三十七、三十九；第二學年上期則有四十四、四十六、四十七、四十八、五十二、五十三、五十五、五十九；下期則有六十五、七十、七十一、七十四、七十七、七十八。

上列各單元，表見其圓周排列者，其一爲一、二十一、四十一。其二爲二、二十二、四十二、六十三。其三爲九、二十三、四十三、六十二。其四爲五、二十九、五十一。其四爲七、五十。其五爲十一、五十五。其六爲十八、五十九。其七爲二十、六十、八十。其八爲三十八、五十八。其九爲三十一、七十三。

以上單元之數，共有五十八，幾占全數四分之三。圓周排列之數二十七，則占全數三分之一。凡此之可爲當然教材與其自然程式，再稍參以極少數之單元，自成爲整個兩學年課程。惟各個單元，雖便於依序排列，究竟除排列圓周之若干單元外，其餘單元，如何分配於各個學期，殊無明確標准。所以蘇州中學實小課程，分年排列事項，不能表見具體單元之組織。南京中學實小課程，雖有具體單元之組織，然未示每期教學目標，則增損去取，無所依據。即使教者排列單元，於其活動事項，注意各科進程之配置，亦成爲無目的之教育。如該課程緒言所謂課程爲實現教育目標之唯一工具者，將何所據而表現耶？

進而觀其實驗經過之方案，分爲動經、動緯兩方面。

動經有三：

1. 動機——據緒言謂事實上只需一個，各單元皆懸擬四則，以示範例。

2. 動波——列舉活動事項

3. 動果——列四項或三項

動緯分常識、語文、算術、藝術、體育五系，每系之表格內列要項、說明兩欄。要項即動經中動波之活動事項，分系歸類，以見各科進程。說明則視每項之性質，或分析，或指實，兼示方法大概。

緒言更聲明各種材料，在方法上有需充分研究；符號學科，有需充分練習者，皆另有活動以補充之。

此就大體而言，所以爲課程計者，不謂不周。惟詳審內容，不無可議之處。

其一，就動機論，在實驗者已明知只需一個，何以不就事前誘起某個動機之準備與當時實施之情狀，記述事實，而一一托之於懸擬，與舊式教案之預備問答指示目的，同一塗轍，殊不足以示範例。

其二，就動果論，勿論爲預期或獲得結果，必爲動波各項學得之綜合功用。如分別列舉，必依該單元若干步驟或分系表見之。而不可列不能決定之目，如第一單元所謂每天很早的就到學校來；與第二單元所謂會分工合作之例。更就該課程之圓周式單元檢查之，如第二十三單元動果列熟習集會的常識，第四十三單元動果則列使兒童知道集會的常識，第六十二單元又列使兒童知道開會的常識。在第一學年下期既已熟習，而第二學年上下期乃皆云使之知道，果如此，直愈趨愈下也。

其三，就動緯論，此可分兩部分論之。屬於編成系統之教材，如語文、算術二系。每單元附列自編國語教材，算術之數與方式，亦依序排列，自成完整體系。不過細審國語教材，純爲係屬於其單元意義之文字，並非應用其活動進程，得到學習機會，與切合學習生活之文字。在學習上較之固定讀本實未見能增加若何興趣，而在文字本身上，或反因實質束縛，不易完成形式之程式與其意味。各單元動緯下所列之算術，雖其數與方式，循序排列。惟各個單元排列之序，其本身活動，與算術整體進程難期適合，必須在單元之外，補以練習時間或補充時間，始可完成算術本身之學習。固然在緒言上曾說明符號學科，需充分練習者，有精勤活動爲之補充。抑知採設計法爲整個課程，必須於若干大單元外，輔以補充單元。此補充單元，符號練習實占主要地位。練習能在四個方式中占一個獨立地位者，惟此補充之符號練習。研究設計法者不明此中關鍵，如依課題形式，強自劃分方式，必致設計流於五段教法之弊。然使全部單元，並不參以練習單元；或大單元中之進程中並無小單元之練習設計，使非另定時間，學習符號，成績必不優良。然既以設計法組織課程，關於符號練習，不依設計而形成課程，則課程殊未完備。例如九九練習，非短時間所能記熟，該課程僅在一二個單元中爲機會學習，必不能期其純熟，固最顯明者也。

　　屬於無一定系統之教材，如體育系之音樂，附列歌詞，與國語同，仍成爲一種誦讀文字之工具；常識、藝術二系，其本身系統，本不似符號之進程鰲然。常識所列，近於國語之變相教學，強自分系，徒使學習失其統一性，並且紊亂其活動程序。藝術多爲記憶畫與自由畫作，此不過表明每個單元之進行，必須有藝術工作以調和之。其實設計教學，所以異於分科固定課程者，即每個單元具有整體活動，雖因單元本身活動，各有偏重之點，不盡每個單元皆備各科功用，正勿慮其單調乏味也。若非爲補充學習，忽在本單元中參加無關之學習，殊嫌枝節。

　　此外，可議之處尚有二點：

　　其一，每單元動波之學習事項，不劃若干小單元分配進程，但順序排列若干題目，其題數大概在十八以上，使非全學期課程組織於一二個大單元之下，則每個單元之活動歷程，必不如是其多。如該課程每單元所排列之題目，當然有若干可歸納於數個歷程之下，不過題目形式，往往有近以啓發式之問語。試任取數單元爲例，如一之什麼叫學校，兒童彼此怎樣稱呼；三之什麼叫幼童會，怎樣加入幼童會；二十四之總理是什麼地方人，總理是什麼病死的等，決不能成爲一次教學時間之活動。若以事項分隸於各系授課，無妨零碎散列，使不問進程如何，但以事項應屬何系，即在其系中授課，則進程失其自然，已失設計活動之旨趣。

而況設計式之分系授課，不審每歷程中所包含題目之性質，屬於一系或二系以上，即無從分配適當時數也乎。如其打破進程，是直舊式之一種聯絡教學，初無與於設計也。

其二，該課程每個單元，但記總時數由七百餘分至一千二百分，究竟如何需此時數，無從分別考計。夫總時數由各個題目活動而成；各個題目活動之時數，由其活動分量與學習情境而成。必規定各個活動之時數，始可控制實際活動。由各個實際活動時數之結果，始可爲教學標準之參考。該課程不分列各個活動時數，僅示以總時數，於示範殊無價值也。

此外課程，不及一一備舉。由上兩課程之批評，或於組織課程之方式，知所取舍矣。

第四章 基本態度

第一節 何謂態度

　　凡構成一種經驗，必在所經之神經路綫上，遺留痕跡，遇機復現，此名維持作用，如記憶與想像，即其最著之象徵也。由各個經驗所遺留之痕迹，積久而同類經驗，屢次反復，凝合而成一種自然順應之恒性與定力。所含領域漸廣，斯顯示之傾向亦日趨固定。其作用能變化刺激之效率，能決定反應之路向。
　　因同類經驗之反復，取得順應某環境之傾向，即爲某種態度。其變化甚漸，形成亦甚緩。但一經固定，非經驗之傾向另取途徑時，必不改變。所以各種態度，皆係同類經驗反復之產物。
　　態度雖爲同類經驗之凝合體，比記憶印象更深刻，但意象不甚顯著，往往同於隱意識之活動。跡其所在，既非在識閾下之意識狀態中，亦非在附從意識中繼續活動，而常停留於中間，當經驗之印象觸動時，態度始行顯露。所以研究態度，不能用測驗知覺與情緒之方法，惟從所引出之運動表現而研究之。

第二節 態度之三方面

第一目 三方面之結合

　　凡接受或產生一種新問題，在動作進行中，必表現一種自覺或自主之情狀。此表現本於所凝合之經驗，一方面結合所需要部分，一方面舍去無甚關係之部分，由此而構成新態度，故態度猶如篩然。

統治吾人心理生活之態度，不外三方面：隨知覺與觀念而生者曰興趣，由感情而養成者曰欲望，依運動而表出者曰注意。

興趣與欲望，為接受刺激之二個原動力，前者偏於知的方面，後者偏於情的方面，皆必有所感而後動。惟體系生活，起於內在之感。然必調節於凝合之已有知的經驗，而後有適當動作。其由外來而激動者，純視已有知的經驗如何而決定。不過體系失其常態，則已有知的經驗之效力，自較薄弱。至於知之產生，即簡單動作，亦常附以快與不快之感。並且佳音悅耳，臭味反胃，體系感覺常為對外物知覺之部分。此類動作，當其尚未實現時，苟非受凝合經驗之牽引，非漠然若無所事，即顯露其驚異之狀。故三者皆係共同活動，具有互相連屬之用。其結果則吾人感情常能改變其觀念與思想，觀念又能影響其體系生活，並生極強烈之感情，足以證明腦脊系統與自主系統之關係，實係結合而營生活也。

第二目　興趣

分別言之，興趣為一種心理之偏向或定態，使激起之某部分經驗，格外活現而常住，並非在心中構成所見事物之意象。所以各人興趣，常有一定路綫。興趣所及的事物，必為其所習於觀察者。所引起的觀念，必為其所慣於思考者。嘗有在同一境遇中，受同一事物之刺激，因各人興趣不同，遂使事物顯呈於心目中者，各由其特殊部分，而確定其注意之路向。

第三目　注意

此係筋肉之適應作用或緊張狀態中，對於所感受印象，左右逢源，格外顯其力量。此種表現，雖非對刺激所形成之重要反應，但其有助於認識力之影響甚大，一遇時機，便可使反應格外適當，如對於某新事物之興趣，即為此事物顯於意識中之態度也。至於閃爍符號，高強聲音，以及強烈刺激等，常在通常興趣範圍以外，而仍引起注意者，此為無意的注意，即有無意的興趣隨之而起也。

第四目　欲望

此與上異者，即其中常含有快不快之兩種形式。吾人有快感則滿意，有不快感則不滿意。在滿意的情境中，經驗之快感甚顯，態度常處於不重要地位。在不滿意的情境中，欲望每與不快感分占中心，蓋思所以排去不快感或轉易不快感爲快感之心情，時時起伏以營生活也。亦有情境無所謂滿意與不滿意，但期達其所欲望之快感，而以爲滿意。故由已往之感情，結合而形成各種欲望，表現各殊態度，即爲各種動作引起之源。雖動作不盡能完成所欲作之事，但凝結於内者因此而鼓舞其動作之目的，表現於外者因此而確定其動作之傾向。當適應一切如意，即善於進行所作之事，欲望因之而滿足，此進行之歷程完成，亦即欲望滿足之所由成功也。

第五目　情緒之重要

欲望與感情既如此密切，純粹的感情，不若與強有力的運動感覺相聯合者爲尤重要，此在心理學上名曰情緒，即由體系感覺與運動感覺合成之經驗，表現一種心理激動狀態。其發生也，在異常與突如其來之境遇中，受外界的刺激或代表事物的觀念。但情緒引起後，知覺或觀念，即退處於意識邊際，不成爲活動部分。

人類之原始情緒，基於簡單生活，與低等動物反應情形近似。故依於知覺者多，依於觀念者少。然人類之活動，與其思想與記憶有關，在心理上常表現其複合作用，究與其他動物有別。故成人情緒，因其已有知的經驗之累積，所有激動，謂爲決定於知覺，不如謂爲決定於觀念。其動作非向對象而表出，即反對象而表出，或以懼怒愛三者爲基本情緒，非無故也。及社會日益進步，一般人類之知覺記憶及其他經驗，皆隨時代而自然變遷。獨此牽掣心理生活之情緒，猶繼續保持其原始形式，一接觸於複雜之社會，便有須受抑制之勢。抑制愈甚，使神經之組織分裂，體系亦受壓迫。非麻木不仁，即形成欺騙與虛偽之道德。或值緊迫動境，恣肆而莫知所止。然漫無歸宿，在個人與其環境間之互動，不相調協，即生阻礙。此應如何訓練，變化感情原素，調節體系生活，引導其運動以表現於合理之途，實為今日教學最要問題，尤初期訓練所不可忽視也。

行為主義派因避免玄學之論斷，易其名曰紛亂行為。其不承認喜怒哀樂愛惡欲之分類，不為無見，惟偏於以動作形式解釋情緒，而以紛亂行為名之，是視情緒為反常之情，與往時以性與欲為對待之詞，其失均也。蓋情緒係在反常之境遇中產生不適應之動作，非情之不正也。正不正為善惡之別，適應不適應則為新境遇變與不變之問題。人固有處反常之境遇，而行所無事者，此惟道德情事則爾，然亦必修養有素，而後臨變不失常度。如其在不變之境遇，而動作失措，是為變態心理所形成，無所謂情緒也。若境遇有變化，而動作失措，雖動作形式似呈現紛亂，實則由於已有知的經驗，不足以應付新境遇，非心理有所變化也。惟教育一味偏於被動式學習，其接受新經驗也，根本不發生若何情緒。試細審新動作之產生，必在內部排除抵抗，外部排除困難，而後動作與新境遇適應，當此之時，當有兩種形式：一則意識興奮，或有新奇之感；一則躊躇遲疑，思所以控制其動作。凡此情形，實發生情緒所必有之現象，以此而論情緒，其影響於學習生活，顧不大哉。

今日學校教育，所謂特別訓練，亦未對情緒有若何注意，惟於偶然中與間接中或受影響。舉其最顯明者，在日常行為，則藉助於責罰與訓誡，抑制情緒之強烈表現。在特殊事項，為當局所屬意者，又往往不惜以偏狹之見，為過分宣傳，取快一時，激動其反常心情。凡此矛盾訓練，並可於選用教材中衡量之。因此而理智由何取得，氣質因何變化，大可研究矣。

第三節　品性之形成

態度之混合理智與氣質，為態度凝結而發展之路綫，即構成品性要素。通常言品性，幾爲道德方面專有之詞。惟人類活動，由多方發展，相互爲用，形成其整體生活，故本身爲一種綜合的個體，不能以分離而不聯絡之許多特質解釋之。道德特質，在生活上固最高尚，然非活動之唯一要素。研究可從各方面而觀察，培養則不能加以分析。故心理學上從混合態度之發展路綫，分而爲四：其中三者與感覺之分類同，即從外部方面發展者曰理智；從體系方面發展者曰氣質；從運動方面發展者曰技能，更益以從社會方面發展之道德，合而爲品性之型。茲之所分，不過爲研究便利計耳。

第一目　理智

形成品性之理智，係思想與知覺之混合態度，由感官所得知識而來，故關於外界事物之記憶與思想，在生活中占重要部分。已往教育，大都建築於此種基礎之上，往往兒童與理智各占一端，勢成對壘。不但此也，即在理智本身，僅就考核方面而言，惟及於推理、思考、記憶之效率，而鮮能發見正確的知覺力與顯活的想像力。並且普遍的智力訓練，究竟增進智慧限於所受訓練之特質，抑任何特質之訓練即可增進各方面之智慧，迄今尚無完全答案。蓋由訓練所完成之特質，聯合領域愈廣，即智慧愈普遍。而數種特質之共同因素，並不能爲普遍的智慧因素。以此知專憑口耳或一切感官吸收知識，以及因教材性質之聯絡而編制綜合課程者，未足以形成其本身之理智也。

第二目　氣質

形成品性之氣質，係內部器官及液腺之活動，發展而爲混合態度，與理智分途並進；其相互影響，不甚顯著。故舊説膽汁、多血、憂鬱、粘液四種，雖界説未盡分明，實際究未嘗以此施特別訓練。而主張個性者，亦惟對特殊兒童有確定見解，所以變化氣質之説，仍成泛論。吾人當知自主系統之活動，與中樞神經系統相聯，雖不完全受有意的控制之干涉，但使身體活動，無時不有規律而且泰然自得，自易使氣質結合於理智，向正當之途發展。此則有賴於醫學家憑教育之見地，教者循其程式，注意於健康教育，一方面適應環境以營生活，一方面不空憑理想而施煆煉，庶有濟也。

第三目　技能

形成品性之技能，出於運動態度，應時代與社會而異趣。大抵可分爲娛樂與實用兩部分，然亦非截然對立。人類生活，所以不感枯燥與疲勞者，重有賴於能自消遣之技能，自幼時已養成習慣，調節其生活，不僅好遊戲爲其本性已也。實用則有普通與專營之別，小學所注重者自爲普通技能，不過今日之手工與體育教學，尙未實現其目的。並且任何科目，皆含有技能之一部分，惟運動之表出，不無差等耳。其中與理智方面有相關性，有須藉助於理智之啓發而技能練習始有意義者；有須取道於技能之練習而理智始能發展者。依科目而分知識與技能，此教學之所以日趨於孤立也。

第四目　道德

形成品性之道德，係反應社會所表現之混合態度。吾人當知道德之所由起，原於人與人相接觸。接觸之範圍愈大，斯道德之範圍亦愈廣。接觸之情形愈複雜，斯道德亦多方。所謂道德，即其與環境發生關係之個人行爲，道德觀念即社會意識，道德動作即社會行爲。凡構成之團體，在供給個人一種環境，可於其中發生反應。而有組織的社會，則爲一種法規，作指導反應之工具，使不侵犯他人之有機生活歷程。惟是社會一有動搖，傳統之成訓與風習，不足以範圍人類動作，新成立者或未能形成標準。而標準社會，既不可空憑理想，又無取於現所實施。故學校對於兒童之生活訓練，不由適當環境與作業情況，使了解個人與社會之相互關係，並開展其順應時代之精神與能力，則知能之效用，抑已微矣。

第五目　控制動作

茲所言之品性，包含全部生活經驗，爲一切態度之總和。自所含各種特質言之曰品性，自整體成型言之曰人格。心理學對於發展品性所供給者，祇能給人以動作方法，不能給人以動作標準。所以論及兒童應學習之課程，先不可不注意兩個基本問題：

其一，循自然傾向，陶鑄品性，即應付環境，如何乃能控制其動作。此當問者，何種歷程，為人所用以控制，而指示且引導其生活。由最顯明之例觀之，每一反應皆為控制之一種練習。因而推及於智慧與合理的動作，使動作不僅適應環境，而且能變易環境，有時控制中心，或轉移至他人之活動，或轉移至群體之影響，總之不使流為奴役與催眠之作用。然而此種基礎，皆建築於末梢器官與傳導神經之上。勿論感覺與反應數目，以及刺激總合作用，反應協合作用，反應對刺激適應作用，各人不無參差。但必須發見其可能性，以盡控制之能力。

其二，控制所完成者為何，混言之為基本之知識技能。進詢以何為基本，未始不可以部定課程標準答之。然而規定之最低限度，祇為假設，是否合於一般之可能性，尚待實驗。況可能性必附於一種實質而後見，實質所根據者必屬於應有性。蓋應有性其體，可能性其用。用之廣度高度，不能斯人人而一致。體則形成品性不可缺乏之要素。心理學所發見者，祇為人類學習之可能性，即行為心理派學對於行為法式，迄今尚無系統發見。實則人類行為之應有性，不從民族與人類方面，或社會與國家世界方面，發見文化之所由培植，固無從規定也。

第四節　人性之研究

第一目　人性與國民性

如上所述，人類之應有性，依據民族與國家而言，則為國民性。依據人類與世界而言，則為人性。人性實由應有性之體中，具有可能性之用，何也？人性必于行為而表見，表見於行為之目標，其應有性也；表見於行為之傾向，其可能性也。各民族雖自有其特殊性格，然不當違反人類共同目標而形成品性。各個人之傾向，雖因稟賦與其造詣不無差異，然必有一定目標爲之鵠。人類之所以能進化，世界之所以可期於大同，皆由人性之有其應有性與可能性，與庶物獨異也。

國民性之構成，當有三種作用：一、社會遺傳，二、現在地位，三、將來發展。凡民族能立國於世界，由其土地、環境與其歷史，必有其自植文化，深印於後代之心中，牢固而且普遍，與他民族總不無差異之點。如英人之自重，美人之重自由，德人之嚴整，以及日人之所謂大和魂，莫不各自表現其特殊性格，成爲風氣。以此爲教育中心，則當體會新時代之趨勢，發皇其固有精神，永保其獨立生存，控制環境。因此國民性必有兩方面，一爲固有者，一爲新生者，結合而形成之。吾國應培養如何之國民性，如民族主義第六講約有五點：（一）恢復民族精神；（二）恢復固有道德；（三）恢復固有知識；（四）恢復固有能力；（五）力追歐美之最新發明；終之以扶弱濟傾爲志願，用和平道德作基礎，造成大同之治。其旨趣極爲明顯，正不必枝節求之。惟國民性不能離人性而獨立，必對於人類普遍之應有性，有深切了解，斯於表現特殊性格，與應付新時代者，不致有所牴牾，或固蔽而不化。並且人類生存勿論種族或群體，皆以個體爲起點。由個體盡人之性，即爲教育本義，亦即學習生活之終極目標也。

論及人性，必有疑其旨太玄遠者。茲所研究，非復返於玄學道上，實由實際生活，依各種作業程式，培養其基本觀念，以確立全人格之基礎。又必以爲人性之完成，必從成人方面觀察，小學低年級課程似無如此研究之必要。然與年俱進，或因人而殊者，屬於人性之廣度與高度，若不了解其整體作用，學習即無由而開始。近世教育學論及人性，大抵注重由社會關係而教學，於其同有之自然結果，感覺人生。心理學所注重之本能傾向，又專屬於學習方法運用，凡此皆未足以賅括人性。我國先哲教育之方，論性頗爲詳備，茲就其可爲代表學說者述之。

第二目　孟子性說

最先言性最有系統者，爲孟子之性善說。

（1）同具官能——《告子篇》："故凡同類者，舉相似也。"

（2）具有善端——《公孫丑篇》："今人乍見孺子，將入於井，皆有怵惕惻隱之心。"

（3）異於物性——《盡心篇》："形色天性也，惟聖人然後可以踐形。"

以爲人之不善，由於不能盡其才——《告子篇》："乃若其情，則可以爲善矣；若夫爲不善，非才之罪也。"所以不能盡其才之原因如下：

（1）受環境影響——《告子篇》："富歲子弟多賴，凶歲子弟多暴。"

（2）自甘暴棄——《離婁篇》："自暴者，不可與有言也；自棄者，不可與有爲也。"

（3）本末倒置——《告子篇》："指不若人，則知惡之；心不若人，則不知惡。"

如何使人性不失其善，則有如下之方法：

（1）爲存即寡欲——《盡心篇》："養心莫善於寡欲，其爲人也寡欲，雖有不存焉者寡矣。"

（2）爲達與充——《盡心篇》："人皆有所不忍，達之於其所忍，仁也。人皆有所不爲，達之於其所爲，義也。人能充無欲害人之心，而仁不可勝用也。人能充無穿窬之心，而義不可勝用也。人能充無受爾汝之實，無所往而不爲義也。"

（3）爲順——《離婁篇》："天下之言性也，則故而已矣；故者以利爲本；所惡於智者爲其鑿也。"

第三目　荀子性説

反孟子之説者爲荀子之性惡説。《性惡篇》："人之性惡，其善者僞也。"《禮論篇》："無性則僞之無所加，無僞則性不能自美，性僞合，然後聖人之名一，天下之功於是就也。"

主張性惡之原因如下：

（1）專以情欲爲性——《性惡篇》："今人之性，生而有好利焉，順是故爭奪生而辭讓亡焉，生而有疾惡焉，順是故殘賊生而忠信亡焉，生而有耳目之欲，有好聲色焉，順是故淫亂生而禮義亡焉……然則人性惡明矣。"

（2）以性異分而難群——《性惡篇》："夫工匠農賈，未嘗不可相爲事也，然而未嘗能相爲事也。"《富國篇》："人倫並處，同求而異道，同欲而異知，性也。皆有所可也，智愚同，所可異也，智愚分。勢同而知異，行私而無禍，縱欲而不容……欲惡同物，欲多而物寡，寡則必爭矣，故百技所成，所以養一人也。而能不能兼技，人不能兼官，離居不相待則窮，群而無分則爭。"

救治性惡之方法如下：

（1）積學——《勸善篇》："吾嘗終日而思之，不如須臾之所學也。"

（2）寡欲——《正名篇》："心平愉，則色不及傭而可以養目；聲不及傭而可以養耳；蔬食菜羹而可以養口；粗布之衣，粗紃之履，而可以養體；屋室、蘆庾、簾橐蓐、尚機筵而可以養形；故無萬物之美，而可以養樂；無勢利之位，而可以養名。"

（3）禮治——《禮論篇》："先王惡其亂也，故制禮義以分之，以養人之欲，以給人之求，使欲必不窮乎物，物必不屈於欲，兩者相持而長，是禮之所由起也。"

性善性惡之說，皆原於主張者不同之中心思想，推本於人事經驗。孟子之中心思想爲仁義，仁義出於理性，故論性不免攙入後天之理性，而以盡性爲主。荀子之中心思想爲禮治，禮治出於人爲，故論性專注於偏勝之情欲，而以化性爲主。告子論性，以性無善無不善，持論不爲無見。惟人之所以爲人，對於發展理性之可能性，自必有特殊於庶物者，告子置而不論，故其說無與於精神之修養也。

孟荀以後，論性者別無特殊見解。自宋儒雜佛老之說言性，與古人之言時有出入。惟說愈詳，去人事愈遠，茲惟撮其可資參證者。

第四目　司馬光混才與性爲一

《通書》："是不是理也，才不才性也。"又謂情由性生——《潛虛篇》:"人之生,本於虛,虛然後形,形然後性,性然後動,動然後情。"

第五目　周敦頤以性爲人類萬物之本、以中爲性之標準

《通書》:"性者,剛柔善惡,中也。"

第六目　邵雍以道證性

《觀物外篇》:"性者,道之形體也。道妙而無形性,則仁義禮智具而體著矣。"又區別性與情之用——《觀物外篇》:"以物觀物,性也;以我觀物,情也。"又論氣與性之關係——《觀物外篇》:"氣則養性,性則乘氣,故氣存則性存,性動則氣動也。"

第七目　張載分性爲二元

《正蒙誠明篇》:"形而後有氣質之性,善反之則天地之性成。"以變化氣質爲養性之方——《理窟》:"爲學大益,在自能變化氣質。"又曰:"變化氣質,與虛心相表裏。"

第八目　程顥對性之基本觀念以不齊屬於天然

《語錄》:"蓋物之不齊,物之情也,但當察之,不可自入於惡。"又以惡由過不及而生——《語錄》:"謂之惡者非本惡,但或過或不及便如此。"因此亦分性爲二元——《性理大全》:"性有本然之性,有氣質之性,人具此形體,便是氣質之性,未有人生之時,但有天理,更不可言性,人生而後,方有這氣,禀有這物欲,方可言性。"其對性之本體則認爲與心一致,蓋從佛家明心見性之旨,而推演也——《語錄》:"在天爲命,在義爲理,在人爲性,主於身爲心,其實一也。"故其養性之法:
一、識仁——《識仁篇》:"由此惻隱之心,擴而充之,則是仁而已矣。"
二、主靜——《定性書》:"所謂定者,動亦定,靜亦定,無將迎,無內外,苟以外物爲物,牽己而從之,是以己性爲有內外也;且以己性爲隨物於外,則當其在外時何者在內,是有意於絕外誘,而不知性之無內外

也，既以內外爲二本，則又烏可遽語定哉？"

第九目　程頤則分性爲理氣二元

"理是能生，氣是所生。"又曰："論性不論氣，不備；論氣不論性，不明。"論本然之性則謂即道即理——"稱性之善謂之道，道與性，一也。"又曰："性即理也，所謂理性是也。"謂氣質之性則謂才禀於氣——"才禀於氣，氣有清濁，禀其清者爲賢，禀其濁者爲愚。"論養性則推本於制情——"是故賢者得其情，使合於中，正其心，養其性，故曰性其情。愚者則不知制之，縱其情而至邪僻，牿其性而忘之，故曰情其性。"其養性之法在主敬與積學——"涵養須用敬，進學則在致知。"又曰："學莫貴於思，惟思爲能窒欲。"

第十目　朱熹言性集宋儒之大成，主張性二元而定界說

"論天地之性，則專指理而言；論氣質之性，則以理與氣雜而言之。"區別心象而各加定義——"性者心之理"，"情者性之動"，"心者性情之主"，"欲是情發生出來底"，"才是心之力，是有氣力去做底"，"意因有情而發，是主張怎樣去實行底"，"志是心之所之，一直去底"。雖以理爲性，但認人性與物性有別——"人之性論明暗，物之性只有偏塞，昏者可使之明，已偏塞者不可使之通也。"雖主理欲不對立，而以欲發於情不合理者爲不正之欲——"答或問可欲之謂善之欲如何！曰不是情欲之欲，乃是可愛之意。"以明理爲去欲之方——"思慮是窒欲的工夫，對於一事未行之先，爲之抉擇其是非可否。"雖修養之方主靜，而反對佛家入定之說——"靜坐非是要如坐禪入定，斷絕思慮，只收斂此心，莫令走作閑思慮，則此湛然無事，自能專一。及其有事，則隨事而應事，已則復湛然矣。"又不取生知之說——"爲學在立志，不干氣禀強弱事。"

陸九淵言性，與朱子相反，其異處亦可由朱子之說見之——《語錄》曰："陸子靜之學，看他千般萬般，病只在不知有性質之雜，把許多粗惡底氣，都做心之妙理，合當恁地自然做將去。"然而打破天理人欲之分，

其見解固較切於實際生活也。

宋儒之人性二元論，其説固涉於玄想，且其方法亦不適用於幼學，然人性之應有與可能兩方面，實可由此而推論及之。

清代學者言性，一反宋儒之流弊，其説最精者，當推顏元、戴震二人。

第十一目　顏元性説之要旨

解釋道與理之定義——習齋《四書正誤》："道者人所由之路也，故道不遠人，宋儒則遠人以爲道也。"李璪《論語傳注》問："事有條理，理即在事中，離事物，何所謂理乎？"又曰："凡事必求分析之精，是謂窮理。"

反對二元性説——"魏晉以來，佛老盛行，乃於形體之外，別狀一空虛幻境之性靈；禮樂以外，別狀一閉目靜坐之存養，以躬習其事爲粗跡，則自以氣骨血肉爲分外，於是始以性命爲精，形體爲累，及敢有以悉加之氣質，而莫知其非矣。"

融合情才氣質三者之説——"惻隱羞惡辭讓是非性也，發者情也，能發者才也。則非才情無以見性，非氣質無以爲情，才即無所謂性。是情非他，即性之見也，才非他，即性之能也，氣質非他，即性情才之氣質也，一理出而異其名也。"

惡生於引蔽習染——"見當愛之物，而情之惻隱能直及之，是性之仁，其能惻隱以及物者才也；見當斷之物，而羞惡能直及之，是性之義，其能羞惡以及物者才也；見當辨之物，而是非能直及之，是性之智，其能是非以及物者才也。"又曰："財色誘於外，則蔽其當愛而不見，愛其所不當愛，而貪營之剛惡成焉；私小據於己，則蔽其當愛而不見，愛其所不當愛，而鄙吝之柔惡出焉，以羞惡被引，而爲侮奪殘忍，辭讓被引，而爲偽飾謠媚，是非被引，而爲奸雄小巧，種種之惡所從起也。"

第十二目　戴震性説有二個最可注意之點

一、不分離血氣心知爲二——"知覺運動者統乎生之全言之也，由其成性各殊，是以本之以生，見乎知覺運動也亦殊。"又曰："理義豈別如一物，求之於所照所察之外，而人之精爽能進於神明，豈求諸氣稟之外哉？"

二、不分離理欲爲二——"此可以明理義非他，不過懷生畏死，飲食男女，與夫感於物者之皆不可脫然無之，以歸於靜，歸於一，而恃人之心知異乎禽獸，能不惑乎？所行即爲懿德耳，古聖賢所謂仁義禮智，不求於所謂欲之外，不離乎血氣心知。"又曰："人生而後有欲、有情、有知，三者血氣心知之自然也。"又曰："天下必無舍生養之道，而得存者，凡事爲皆有於欲，無欲則無爲矣。"又曰："人之生也，莫病於無以遂其生，欲遂其生，亦遂人之生，仁也，欲遂其生，至於戕人之生而不顧，不仁也。不仁，實始於欲，遂其生之心，使其無此欲必無不仁矣，然其無此欲，則於天下之人，生道窮促，亦將漠然視之，己不必遂其生，而遂人之生，無此情也。"

戴氏論宋儒分離理欲之弊害，言尤痛切，茲述於下：

（1）不以平情爲理之弊害——"六經、孔子之言以及群籍，理字不多見。今雖至愚之人，悖戾恣睢，其處斷一事，責詰一人，莫不輒然理者。自宋以來，相習成俗，則以爲理，如有物焉，得於天而具於心，因以心之意見當之也。於是負其氣，挾其勢位，加以口給者理伸，力弱者勢怙，口不敢道辭者，理屈，孰謂以此制事，以此治人之非理哉？即其人廉潔自持，心無私慝，而至於處斷一事，責詰一人，憑在己之意見，是其所是而非其所非，方自信嚴氣正性，嫉惡如仇，而不知事情之難得，是非之易失於偏，往往人受其禍已且終身不悟，或事後乃明，悔已無及。嗚呼！其孰謂以此制事治人之非理哉？"

（2）不以遂欲爲理之弊害——"理欲之分，人人能言之，故今之治人者視古聖賢體民之情，遂民之欲，多出於鄙細隱曲，不措諸意而及責人以理也，不難舉曠世之高節，著於義而罪之。尊者以理責卑，長者以理責幼，貴者以理責賤，雖失謂之順；卑者、弱者、賤者以理爭之，雖得謂之逆。於是在下之人，不能以天下之同情、天下所同欲達之於上，上以理責下，而在下之罪人人不可指數。人死於法，猶有憐之者；死於理，其誰憐之。"

戴氏之重視情欲，非任情，非逞欲，而在對人求同情求同欲，對己求平情節欲。故其言曰："欲之失爲私，不爲蔽。"又曰："私生於欲之失，蔽生於知之失。"又曰："無私仁也，不蔽智也，非絕情欲以爲仁，去心知以爲智也。"又曰："欲不可窮，非不可有，有而節之，使無過情，無不及情，可謂之非天理乎！"

第十三目　綜論

上述之人性學說，由片面而反於整體，由玄想而反於實際，在今日教育汩没理性之時，殊足以發人猛省。其當進求者，有應注意之兩點：

其一，古來之人性學說，偏於道德方面。在古時社會，可由倫理致治，而道德又以成訓爲本，故讀書明理，在當時爲不易之言。今則效用社會之工具，已隨時代而大變，所謂平情遂欲者，應如何貫澈於一切學習生活之中，不能徒藉語文教訓之力。

其二，論性之經驗，專屬於成人立場。成人演成之社會，固足影響於兒童教育，然性之應有與可能，因年齡不無差異，應如何循人類發育之程序，以培養其基礎，不能不由近代心理學所發見者完成之。

第五節　訓育問題

第一目　訓育應否屬於課程範圍

學校訓育，誠爲一般人所重視，但以此列入課程之中，則尚未之見。茲當問者，即如狹義之品性，專由道德而構成，是否與學業相關？如其不相關也，則道德殊無重視之必要。如其相關也，則每科目中之成績，道德究占成分幾何？如此問題，頗難爲明確之解答也。

已往教育，道德屬於成績者：其一爲修身公民之科目，成績優者並不能保其道德必優。其一爲操行分數，完全爲學校當局之主觀評定，與學業不發生吻合關係。即有以上課勤惰，占標准中之少許成分，於知能啓發仍無與也。其無關教學之管理方面，所有規條處分，如各種懲罰，並不認學業不及格爲嚴重條件。或者書面係學業不及格之處分，實際仍依主觀評定之操行而伸縮。今雖廢除操行分數，而處分慣例，依然未改，且視此爲整頓學風之唯一條件。至於所以約束操行者，不過條文之規定，表示於訓話中，並無與學業有同樣之學習，此則不能不使人懷疑者也。

第二目　訓育應否與教務對立

今之所謂訓育，大都如上述之迷離狀態中。專就小學而言，訓育與教務分掌，愈時髦之學校，愈表現其各別作用。訓育誠可單獨研究，亦有時不在作業範圍以內。假使訓育不貫澈於教學之中，或不由一切教學而發見訓育事項，則訓育之所謂一般的，特殊的，如何而與學習生活相聯屬，即理論已不可通。

第三目　訓育標准及其實施問題

各校最近之訓育，大都規定標准，以每學期爲一級，依所有各年級學生，分爲若干級，以完成其黨國民或好公民與好學生或好兒童之目標。其開始之實施方針，皆揭舉若干德目，如清潔、勤勉等，或不列德目，亦爲近似德目之目標，如紀律化、勞動化等。此德目或目標，既非如幾何公式，各含有不可攙越之界說。因之與各級具體標准對照，頗難分類係屬。而完成各種德目，各需若干具體標准，亦無從評判。其各級具體標准，又非如學科進程，確有不可移易之次序。就全生活而言，凡各種作業在歷程上應培養之態度，概未依實際狀況，一一分布於各級標准中，則日常生活與作業不相統一。雖有具體標准可以措諸行爲，但德目之係屬不明，又如何統合各個行爲，分別而完成某種德目乎？

進論實施步驟，或分級張貼於教室內，或印發學生，如無充分動機使之了解，當然難發生濃厚興趣而一一注意。是訓育標准之效用，與往時頒佈條規無異。

　　實施者察知空文之無效，於是進一步而設訓練周。據日本佐藤隆德所論，訓練周之目的，在於一定期限以內，集中於同一目的，繼續不斷，培養其正確習慣。以一周爲限者，根據於注意心理以一周延持爲適當，實在實際上有某目標可延至二周，亦有某目標祇及於四五日以內。按之我國各校實施規定，在形式上已發生二個疑問。以德目或目標爲訓練周，則分級規定標准，多爲斷片事項，如何構成具體之德性？以具體事項爲訓練周，則所訓練者屬於單純之固定習慣，列舉則散漫不易歸宿，單舉則無中心結合之可言。如某省教育年鑑載初等教育各小學訓育概況，由所記述，即可知爲未曾實施之具文，正不必評論其當否也。蓋訓練周之目標爲一事，而各級通過標准又爲一事，斷未有真正實施，而不感覺此規定之矛盾者也。

　　況訓練周之具體標准，祇及於於片面道德，或一種單純習慣，如一周之各科作業，皆以此爲中心，在事實上萬不可能。如與各科作業渺不相涉，作業幾占兒童在校之全部時間，所訓練者不在此時間內而發見，而運用，乃期望其有充分的動機，有成效的習慣，戛戛乎其難也。至於因訓練周之具體標准，布置必需之環境，陳列必需之實物圖片，凡此皆不通用於其他作業，即令訓練有效，亦覺太不經濟。

　　吾尤不解具體標准之通過，果有如何把握。使所期成之一種習慣，分布於各種作業歷程中，適應學習生活而多方培養之，自成習慣，且成爲一種具有轉移性之習慣。如其不然，而專取形式訓練，即在技術方面，尚以單調練習爲嫌。若所訓練者並非如技術之表現，能一成而不變，則此標准之通過，僅爲個人有意的集中於一時之表現，並非內在力之業已形成，是此種形式通過，未見其定能影響於學習生活也。

　　由上所論，訓育爲一般人所重視，各校亦努力於實施，而終無當於實際生活者，正不必咎當事者之專尚粉飾，不計效率。實則離教而言訓，無論如何，其能完成者鮮矣。

第六節　目標與態度

第一目　目標之分析

茲就部定課程標準分析之。

（一）總目標

共分八項，除一爲體格四爲知能外，二爲品性，三爲興趣，五爲習慣，六爲思想，七爲精神，八爲觀念，此皆非用通行之測驗或考試所能測定其效率者。由知能之學習，固有達到目標含義之可能。但由各個知能而測定，却不能表見含義之成分。教育所懸以爲目的者在整體，而考核成績則在片面，此教育之所以無效也。

（二）分科目標

衛生則有習慣、興趣和信心；體育則有習慣、精神；國語則有興趣；社會則有精神、願望；自然則有精神、興趣；算術則有習慣；勞作則有精神、志願；美術則有興趣；音樂則有興趣、精神。品性與精神，出於慣例之用語，在心理學上頗難確定其地位。但與其他目標，無一非反應於整個事物或具體問題，而表現其心力之作用。

由上所論，心力雖有多方，必爲統合的整體，非如心理學之分析，所謂感覺、知覺等，純爲心理動作之本身也。固知凡有表現，皆建築於知能之上。然分析知能，必在所得結果，其時統合的整體，已無從觀察；即知能之相互關係，亦不易判明。至於如何取得知能，應用知能，所以表現綜合心理之作用者，則完全在學習歷程之中。若因其不易測驗，即不認爲目標。是課程標准，惟有一一歸宿於機械行爲。然此各個之行爲，又如何可以形成教學單元，而爲有意義之學習中心乎？

茲當辨明者，上所列之用語，如思想，如精神，如觀念，如信心，如志願，如願望等，雖不名之曰態度，當其動作時，必表現於態度之中，而後知其心力所向與固結至若何情境。如習慣，如興趣，本與態度相表裏。惟專從習慣與興趣之本身觀察，往往因片面之用，累及學習，並影響於教材。茲特爲闡明，可以想見態度之作用矣。

第二目　習慣之兩方面觀

通常所謂習慣，大都指固定反應而言，在學習中往往利害相兼。因爲一方適於保存過去，一方又阻礙其創造，所以盧梭有不養成任何習慣爲習慣之說。夫技術熟練，固具有永續的同一性。必也視此爲一種預備手段，使人生對於新的生活或動作，無內心反抗，而有常安於同一生活之可能性，斯所有習慣，被攝取於人類精神全組織系統中，在態度上發生影響。舉凡各種生活方式，皆置於變動境遇之下，不注重末梢之個別練習，取得良好習慣之固定能力，而以對於全體精神之態度給予良好影響爲目的。所以清潔精神之養成，比掃除方法之熟練，培養愛護動植物之整個觀念，此造就飼畜方法之巧妙手段，尤爲學習根本也。若以此而反求於主知主義之注入與啓發，抑又非也。

某種習慣，由於某種學習之結果，此即在簡單技術，亦必經若干時期，作同一反應而後固定。然使日日爲機械或單獨訓練，學習必不感興趣。而應付新的境遇，稍有變化，即不能爲單純之同一反應。並且各種學習單元之結合，亦變動不居。故在明確境遇中不加思索之傾向，由習慣而來者，因進程而各異其態度，此爲對不同境遇之一種類似傾向，不過所包含之實在的動作思想感情顯有不同。例如敬國旗、抗日捐款、參加義勇軍，皆表示愛國之態度，而方式則隨所遇而殊。以此知知識與態度有密切關係，對於動作之理由與影響，必有深切了解，而後能爲適當反應。反應之復現次數屢屢不爽，則動作自然明確而且敏捷。所以理智抉擇，與不囿成見，尤爲態度不可忽視之事。如果不於平時各種作業養成之，必不能形成普遍態度也。

第三目　興趣之兩方面觀

興趣亦形成態度之一種要素，如其對於新的境遇，不感如何興趣，即無態度可以表現。不過興趣有從客觀事物之本身而誘起者，此是否一瞥即逝，不易決定。至態度中之興趣，則純由有機體與神經交感而發，且與固有學習生活相應。如願望，如信心，如思想，如觀念，皆可於此中求之也。

第七節　態度與作業

部定課程標準於作業要項外，分別列目標及教法要點，頗足以示教學之傾向。顧以科目為出發點，與實際生活之具體問題不甚適應。雖注重聯絡設計，然以教材為中心，則學習惟偏於主知方面。所以學校實施，訓育即在課程外另立標準。即如通行之整潔勤勉秩序等比賽，未始不發生少許效用。但不由正式作業之活動歷程中，不斷的積極培養，則所達到者亦惟片面之機械動作而已。

國家對於小學課程，明白示以澈底改造之方式者，當推蘇俄。在所頒布之小學課程，說明以兒童為中心的教法，不取分科學習，開章明義，即確定最低限度之工作習慣，及工作知識，分為六款：

（一）認識明確形象的習慣
（二）一定工作的習慣
（三）家事工作的習慣
（四）利用日常用具及善為布置的習慣
（五）科學研究的工作習慣
（六）政治組織的工作習慣

以上六款，析為若干項目，更說明其旨趣有三要素：

（一）環境中成人工作之觀察與研究
（二）兒童就能力參加此種工作
（三）在更複雜工作之歷程中為系統練習，期其能參加成人之正式工作。

蘇俄新課程之基本觀念，在使兒童對人類工作之觀察與研究，必先有一個輪在自己能做之觀念，進而學習環境中之人的工作。學校教育即在協助兒童發見其適合能力且有利社會之工作，參加其工作之可能性，以及如何組織之以便實行其有效率之方法。一方以簡單工作為出發點，使能漸進於能作人類更複雜更困難之工作，不得長期停留於許多的簡單中。一方不立太遠之工作目標，須使兒童能覺及或見及自己在相對範圍中，有能力達此目的。由此可知新課程之用，不僅供給學校一種新教材與新工作的方法，尤須為兒童意志活動方面指示一個極新的方向，然後其功用之表見，不在教學而在教育價值。此在分科教學，與分教與訓為二者，固不足語此也。

吾國研究課程者多忽視此點，斤斤於編制程序及方法，雖方式極表見其科學，不過一種形式功用，終屬無的放矢。與心理研究者極盡分析之實驗，而未由教學方面心的綜合之作用求其實現者，同一缺陷。河南教育廳《小學教育實驗專號》①尚能了解此旨，所定低年級教學活動大綱列有學習生活開始應訓練之習慣共八款：

（一）值勤任務

（二）說話態度

（三）團體活動組織及規律之認識

（四）普通衛生

（五）開闢園圃

（六）作業室裝飾及布置

（七）飼畜

（八）各種作業應有的態度

各款分別規定要項，對於初步規畫旨趣，尚有未盡顧及者，惟其大體主張，有二個優點：

（一）貫澈訓育之旨于作業歷程中，據說明根據各級兒童原來情事，結合新活動的內容而訓練之，其意甚為明顯。

---

① 即《實小教育》，載《河南教育月刊》第 2 卷第 3 期，1931 年 12 月。

（二）體察中國社會現狀與教育最缺陷之處，求其較易具體實施，而且有效率可見者，不以仿襲形式爲能事。

尤其一二三各款規定要項，頗足參證。

值勤任務列八項：

(1) 輪值之洒掃拂拭

(2) 輪值或指定之布置

(3) 輪值或指定之保管

(4) 輪值或專任之栽培灌漑

(5) 輪值或專任之飼畜

(6) 輪值或出席人數之報告

(7) 輪值之氣象記載

(8) 輪值或指定檢查

說話態度列五項：

(1) 普通說話的態度

(2) 功課問答的態度

(3) 講演故事的態度

(4) 開會發言的態度

(5) 答辯的態度

團體活動的組織及規律之認識列六項：

(1) 常在分工合作之下而作業

(2) 須從討論之決議而支配作業

(3) 作業時常引起互助之行動

(4) 作業時常誘起互相妨碍而得惡果之觀感

(5) 受領導者之指揮

(6) 不攙在他人發言中講話

以上各項，在實施時各校自須因應實際情狀，作詳密計畫，始便進行。然即此大體規定，所以指示兒童意志活動之一種新方向，結合作業而學習，以實現教育方針之整體作用，不可謂無深切認識也。不過一般小學教師，蔽於主知之傳統成見，又習於不思不勞之頹廢習慣，偶爾趨時，亦惟襲取形式，或便於自逸，當然不致力於此種規定也。

第八節　習慣養成與態度

第一目　習慣與態度之關係

習慣之養成，如果擴大其意義，即為一種學習生活，亦即智慧之表出。一種學習之已成功者，即形成習慣，其所由成功與表現其成功，則於態度中見之。關於其習慣之一切學習，皆為養成其習慣之因素。然而任何作業，除熟練特別技術，所含成分，決不屬於單獨習慣。惟其色彩在某方面或較濃厚；並且整日作業，亦不宜專為某習慣培養之活動。若學習非向一定目的而培養其習慣，則學習非無效即無用。培養習慣而不注意學習態度，則為無意義的學習。不過言及態度，頗與解釋意識生活同其困難，雖解釋困難，但不能因此而遂抹煞之。天下事固有迹象可由觀察而體會，不能盡用言語而傳出者，例如一幅美畫，在畫中某處加一條綫，或減一條綫，或移換一條綫，即失其美之價值，然而美非在於一條綫之本身也。所以態度之表見，祇附於事物之情境，與其感覺或運動之方式，其本身無具體可言。

第二目　習慣表現之兩種功用

養成習慣，為一種學習歷程，在神經系中形成新結合，且由反復練習以完成功用，其功用之表現有兩方面：

（一）為養成關於動作方面之習慣，此由筋肉運動之協合作用而成，技術訓練屬之。

（二）為養成關於觀念方面之習慣，此不必由直接運動表現，而在腦中建設新的結合是也，意識活動屬之。

第三目　習慣形成之步驟

無論爲動作或爲觀念，皆循一定步驟，可分二方面觀之：

（一）爲獲得作用，即在神經系中造成新結合，非筋肉上之一種變化，乃運用此等筋肉上之一種變化。神經原及其分支，由先天所構成，原來結合本極複雜，具有無數變換的路徑，爲人類超出其他動物之主因，亦即個別差異之本質。因爲原來所具之變換路徑，故學習時引起新的反應，即產生三種作用：

1. 新路徑開闢時，發生調節作用。
2. 舊路徑閉塞時，發生阻止作用。
3. 神經衝突同時入於新舊之數路徑中，發生散布作用。

上之三種作用，有時交互發生。在本質不因作用變化而有所增損，惟變化作用則因學習適當與否而異其功能。吾國小學課程，完全建設於主知主義之上。一方舍知以訓練習慣，所養成者多流爲形式。一方求知而無與於習慣之養成，所知者皆爲斷片記憶。如此教育，祇可在紙片上表現成績，其效用於實際生活甚微也。

（二）爲固定作用，係將新獲得之路徑中所結合者，使之堅結牢固。大抵神經系上形成一條新路徑，有賴於四種因素：

1. 新路徑固定之程度，與刺激反復之次數成正比，此爲反復因素。
2. 神經衝突之強度甚大，則反復之次數較少，此爲強度因素。
3. 獲得作用之發生時期較近，則反復之效率較大，此爲新近因素。
4. 如有一種不同衝動發生而取道舊路徑，則固定作用即受阻礙，此爲衝突因素。

因此，習慣之固定歷程，在動作中有不同變化，即動作改進亦有不同方法。

1. 當新結合愈牢固時，新起反應之躊躇愈少，即進行亦愈速。

2. 在可變換之路徑中，散漫動作愈少，則無用與錯誤亦愈少。

如果課程中單元之分布與結合，不由其組織而顧及四種因素，則固定作用非不分明，即不經濟。

第四目　習慣形成之形式

此由學習歷程中所表現之動作觀之，亦分兩種：

（一）爲機械動作，不加思索而爲無意識之反復，此僅依式模仿，並不顧及新的關係。

（二）爲順應動作，因練習而對於刺激之反應，漸失去新奇之感，而成諧和完整的進程，此爲有意義的作用，以價值移入爲條件，決非止於同一活動之反復或單純模仿者也。

前者在一個單元學習歷程中，遇有特殊練習，有時需取如此動作，後者則爲整個學習應有之動作。故此兩種行式，亦可混合爲一。

第五目　注重態度之原因

世界現象，有常住者，亦有變動不居者。吾人接觸於新的事物，常爲其固有經驗之一部分。因此學習生活，一方面需有新的方式之獲得，一方面需以固定作用，順應不變之動境，以免時間與精力之浪費。故上之兩種作用，由已成之固定作用，即爲新的獲得作用之准標；而新的獲得作用，又爲形成新的固定作用之工具。兩種作用相互爲用，順應動作即由此而出。

養成習慣既爲一種學習生活，則態度自隨其進程而各別表見。其不言習慣而言態度者，意義有二：

（一）當習慣未形成以前，傾向之程度雖未分明，卻不可不有確定之傾向。

（二）習慣既形成以後。應用於新的作業中，所資以輔助學習者，惟在自然順應之態度。

第九節　態度與智慧

第一目　何謂智慧

　　態度所含之領域，隨智慧而增進。智慧之爲物，對於應付事物或解決問題，爲才能之表見；對於發展個性，爲人格之表見；二者融爲一體，即爲盡人之性。自宗教與倫理所崇尚之人生觀，超出實際生活，不爲常人所能，亦非兒童所習，末流更趨虛僞，與日常必需之知能遂相背馳。因此功利之說，隨歐化侵入，變本加厲，科學可以福利社會，亦可以危害社會；知識可以發展人性，亦可以汨沒人性；舉全世界幾沉溺於橫流之中。而教育所取方式，對人性非壓抑之，則揠助之，在基礎教育之小學，已深植其根，牢固而不可拔，尤其在吾國專襲形式而更烈。如本能說，感官說，以及行爲心理說，未始於教育方法不無貢獻。然以忽視人生觀而不講，故教育愈講方法，祇成爲糖裹式或機械式之學習而已。即令所學習者皆切於實用，惟因形成之智慧，專憑方法而取得，非由目的以策進之，則智慧之運用，已喪失其本義矣。

　　智慧必爲新起反應所表現之複合動作，從內在而言，則爲神經通道之新聯結；從外發而言，則爲動境之順應。人類之固有機能，於其複合動作之聯結性與常住性，或不無天然參差之點，但聯結與常住之所由形成，完全視事物之反應與反應程式如何。假使人自出生時即禁錮之，日給以適度之生活需要，不與外界任何事物相接觸，未有不愚者也。又如一個毫不受若何教育之人，日常處於某種事業活動之中，其對於某種事業，必有相當認識。以此知智慧爲反應新事物之綜合力，則形成智慧，必在由接觸新事物而培養其綜合力，且其培養之時，必須受一種目的之驅使，而後反應爲出於正當之途，直言之，即學習生活，必爲正當目的之適應也。此綜合力之表現，可於態度覘之。當其開始接觸，則表現願意之態度。在中間進行，則表現努力之態度。及其結果，則表現滿意之態度。三種態度,皆適應各個事物,各有其不同之動作,非衹形諸辭色已也。

第二目　智慧中知能與道德之關係

智慧必由於知能而表見,在科目上雖知能與道德並立,實則道德科目之詔示,皆爲求知求能之具。不過分科教學,所謂知能科目,究竟是否離道德而存在,此在近代教育,確已成爲問題。大抵各種學科所得結果,供給不少方式,而遺漏根本重要事情,即方式決不能使目的變易其事情,僅僅取得方式上之知能,終無由期其達到理想教育也。然而目的與方式之融合,決非一種妥協問題。如一方面遵循心理法則,一方面加入倫理教訓;或集合歷來傳統的教育目的,加入社會學及兒童研究之斷片事實;如果止於如此方式,仍無融合之可能也。

兒童智慧如何發展,心理學所詔示者,大抵以增進知能,惟有興趣的事物,容易喚起注意,且容易保持。因之費盡一切手段,選擇有興趣的事物,爲課程之基本教材。如心理學所詔示,無論對興趣作何解釋,理想教育決無由實現。何也?生活快樂之取得,能否毫無抵抗;即各選所好,在事實上已不可能。如果學習生活,惟令兒童循抵抗極微之路,不指示以本務及理想所必由之途,其結果必浮泛淺嘗,通曉百事而不能支配一事。所謂學習者,將成爲最低本能之玩弄物,視真正人生,直等於電影與舞臺之遊戲。誤用方式作目的者,其害有至於此。所以培養一種力量,能克服各個人普通興趣之誘惑,實爲教育最重大的目的,凡心理事實,當根據正確的教育自身之目的而決定之。

於此發生問題,即教育目的爲何?必答之曰人生目的。人生目的爲何?必答之曰有價值的生活。何謂有價值的生活?當知快樂自身,並非價值自身。屬於個人之偶然的欲望而能使之滿足者曰快樂,如其毫無個人關係,而給人以滿足者則非偶然滿足而爲公共所要求。蓋快樂並不一定能給人以滿足,其真正給人以滿足者,爲意志之目的自身。所以生活自身,即價值源泉。人類全生活,爲意志及興趣之連鎖的自身。教者欲使兒童得到智慧，必須在有價值的活動中培養之，故準備有價值的生活之環境，使兒童自然發生興趣，始爲實現理想教育之關鍵。不過有價值的生活，雖含有道德意義，但非謂教育必隸屬于道德。所謂道德，只是教育中之一要素而已。道德並非一定之物，學習亦非限其集中活動於道德情境中，有時關於道德之直接教授，可以完全不用。即培養之人類理想，亦不在特別高尚之人生，而在由培養之方式，統一內部生活，向進步之方向而前進。但使學習進行，爲一種時代要求之目的所驅使；由學習所得，能向人類之理想而生活，即教育上所應發展之智慧也。

第三目　傳統方式學習與智慧之關係

在傳統方式學習之下，吾人所不甚滿意者，不外兩點：其一爲斷片學習，其一爲機械學習，二者是否絕對不能產生智慧。茲當說明者，新事物之認識與了解，非當其組織運用，無由產生智慧。斷片與機械之學習，及至種種結合，未始不爲智慧之源。不過在學習期間，祇爲零碎知識之取得，與單純動作之熟練，不足以表出智慧，其供給於組織運用者，爲效甚微而且遲緩。故斷片與機械之方式，適用於整個事物所提取之部分，不當採爲整個學習之動作。蓋所需於智慧者，必爲對事物變動之一種預知見識與解決疑難之手段。如果學習進程有如此發見之需要，即智慧可以立刻形成也。

第四目　日常生活與學習生活之關係

就生活事情而言，除去兒童之若干事情，爲成人所不用；或成人若干事情，爲兒童所不能。此外事情，並非兒童與成人不同，不過生活態度，不無多少差異耳，是則惟有於兒童活動中體會之。若夫學校中之學習，在兒童生活中，並不能占領其全部。惟其學習事情，如何影響於當時之日常生活，以及豐富其將來生活之實力，乃爲吾人應注意之點。如現今教育所謂進步之學校，雖力主訓教合一，然訓育事項，究未融納於學科教學之中。尤其訓育所定目標，如靠左邊走在家幫助父母作事之類，幾與學習生活不發生若何影響，惟徒存形式耳。又其注重實用，大抵專事知識或技能之授受，從未貫澈整體生活之旨趣。以此之故，所實施者雖非南轅北轍，然而東拼西湊，或顧此失彼，終不足以達到理想教育之目的，其課程亦止於換湯不換藥而已。所以發展兒童智慧，在實現教育即生活之理想，必須先認清日常生活與學習生活之區別及其關係。

分別言之，任何日常生活，皆含有學習之機會。何也？兒童在此公同社會中，必與年長者相處；所接觸事物，自然隨年齡而增多，而且複雜。即不受若何正式教育，亦自得到若干經驗，以維持其生存。惟如在限定時期中，應固有智力而得到適度經驗，不空過或浪費或延誤其時間，且使將來能應用之而轉移或擴充其能力，徒憑自然成長，不惟不能得此效用；尤其世界之大，歷代之遠，欲取其結晶而與時改進，更屬不可能之事。

為解決以上之問題，學校教育以起，形成一種學習生活，所習課程，當然與日常生活有關。不過學校係在家庭生活、社會生活之外，為一種特別組織。此種組織，專以教學為職志，所學者雖非離開家庭與社會之需要，然而各個環境不同，何者始為一般需要，即需要亦隨時異趣，何者始切於當時實際，自為不易解決之問題。於是學程應時間而支配，學業應時代而進展，演成分科學習之方式。此方式既定，遂使學問與生活，一由論理演進，一由事物自然演變，分道揚鑣，各不相謀。即所謂實用功課，亦往往與實際生活不合。改進者以綜合課程謀救濟，一為聯絡教學，依據每個事物之全體及其關係，同時分布於各科學程之中，構成各個單元，矯正分科不相貫串之弊，仍保存各科固有進度之程式。但目的止於聯絡，並非由事物演為人類具體活動之進程，構成單元，其效率視分科教學不甚遠，其弊或至於牽強湊合。一為設計教學，由問題產生，比較似進一步。惟從事試驗，對於以下之二個問題，尚無圓滿答案。即其一，在每個學期，如何完成各科應有之進度？其二，如何使訓育事項，在各個歷程中，分別實施？前者為一般行設計者所忽視，其結果對於通常之成績，時有不及限度之慮。後者為改進教育唯一要求，如不實現，是訓育仍自孤立，不能達到理想教育之目的也。

在上述情況中，似乎通常所稱之課外活動，可用爲補救之方。試就課外活動而言，不外三種方式。一用以調節作業之活動：夫正式作業之科目如唱歌體育手工等，整個屬於調節功用，是課外之調節，顯爲多事。二用以補充作業之不逮：以作業爲正式課程，則全部作業，即應賅括全部活動，不應有不逮之作業。若以課外活動，屬於非教師直接指導之下，則不逮之作業，又非不直接指導而可完成。三屬於溫習之作業：溫習如爲正當練習，應在各個授業時間後，由教師指導，分別爲有目的之練習，不當視爲課外活動。

民國十年，余在河南教育廳任内作《新式國民學校計畫書》，其中有二段足與上文印證者，茲録於下，以見余之主張，在當時幾爲創論，歷十餘年而持之愈堅，當可信也。

"課程之學習，與兒童之活動相應。所謂課程，所謂學習，不過使兒童成有目的之活動，有規則之活動。其在校若干時，隨在皆爲學習之事，隨事皆爲課程之陶冶。凡教師與兒童所在之地，即學習之場，初不限於教室内而始有課程，始能學習也。凡兒童之言容動止，處處受教師之監護，施以相當陶冶，即爲學習課程，初不限於授以一定課目，始有學習必要也。匪惟教授與訓練，不析爲二事；即課内與課外，亦無得而區別。""課外溫習，或學校特定時間行之；或指定事項，令其在家補習；此在重視功課之家庭，與辦理切實之學校，均視爲最要之事。夫練習必隨教授而施，而後教授有效，練習不至無目的，無意味。其規定課程，並非每次皆給以新教材，必使用教授之形式也。若以教授爲正課，溫習爲課外，實違反教學之原則。至家中補習，若無相當指導，補習徒爲虛語。"①

作業範圍，本非衹於知識技能之講授。在教師方面，凡兒童在校内之動作，如起居遊息，皆宜體察。在兒童方面，非限於時常在教師口講

---

① 原載《河南教育公報增刊》第 1 年第 1 期，1921 年 10 月。

指畫之下，始有作業。世人每以集會旅行等爲課外活動者，由於因襲傳統觀念，不了解課程全部活動之內容與其活動方式。實則集會旅行，爲教學中取得知能之一種手段，即發展智慧最有效用之一種方式，在近代教育方法上應占一重要地位，猶之討論式分團法爲一種教法也。而實施者往往以例行動作，視之爲目的，不以爲取得某目的的知能之手段，喪失教學機會，至可惜也。

　　上所言作補救之用者，不外於採取第二種方式。即對於通行設計法第一缺點，以課外之練習作業，補充各科應授教材及其進度。對於第二缺點，特施各種訓練，以完成訓育之目標。由前之說，完全用設計教學者，凡每期預定大單元之設計，有不能包括應授學程者，當隨時以練習設計或小單元設計，完成其學習。此種補充，本可施行設計，不當在課外行之。由後之說，設計爲綜合課程，每個單元工作變化均多，最適於結合訓育，以進行其教學之動作，無如研究教學法者拘于傳統教學之習慣，尚未了解此旨也。

　　由上所述，可知兒童學習課程，可與日常生活相結合者有兩點：

　　其一，問題之決定與歷程中所利用工具，當以日常生活之需要爲出發點，此爲學習應取之實質。

　　其二，每個單元或一種作業，必爲事物之具體及其關係所形成，其進行歷程與日常解決問題或作事無異，此爲學習應取之方式。

　　前者爲學習反應之對象，後者爲學習反應之方式，由此形成智慧，自足以影響於當時之日常生活，並豐富其將來生活之實力。

　　總而言之，學習生活，係兒童在校內全部時間所有之動作，亦即直接受學校指導或監督之動作。必也由各項作業，所佈置之環境，所接觸之人物，隨時隨處皆足以助長其學習。日常生活則爲兒童在校外之一切動作，亦即離學校指導或監督之動作。日常生活，雖可由學習生活而改進，却不能由學習生活而規定之。其事情雖爲學習生活所應顧及，其習慣却不能盡由學習生活養成之。有時日常生活所形成之習慣，如言容動止，且影響及於學習生活。此在今日家庭與社會，固確有如是之現象。

在教者漫不經心，誠爲溺職；而責望過切，措置失宜，或亦徒勞。殊不可不體察環境，竭其力所能及，以盡教學之功用，由學習生活所能達到之目標推演及之。如過於拘牽日常生活，取其事項定爲目標，必有成爲具文，或無裨於改進者也。

第五目　學習生活之方式

此求其運用於日常生活，而又便於全部學習者，分爲兩種方式：

（一）授業式　此爲傳統之教學方式，如示範，如說明，如訂正，在教學歷程中之某時間內，仍保存其價值。不過此係與集合式對列，並非謂授業必以教師居於中心地位，一一以舊式教學爲依歸，忽視兒童爲作業之主體也。

（二）集會式　用此式之涵義有二：一在變易例會之活動爲正式作業，例如朝會、晚會、周會、級會以及非作業之種種集會，完全以演習方式行之，視與授業之課程相等，每次集會皆有一個主要進行事項，使會之儀式與程序，包含於業務進行之中，各個兒童，循序爲適當熟練。此種作業，在由會之形式以構成活動。二在利用通行之大規模會務爲綜合學程，例如紀念會、遊藝會、懇親會、運動會以及其他類此之會，各校各級每期多有舉行，此實最好之大設計，各種學科，皆可結合或分立而爲傾向中心之作業，各個兒童並得各自表現其最優之成績。此種作業，在由會之歷程以構成活動。至於在各個單元中，採用分組工作，交互討論，以達合作之目的，此則集會式教育之功用，可以隨時運用者也。惟如標榜設計協助教學者，濫用會之形式，組織教材，則又不免喪失集會之真義矣。

總之，授業式與集會式，在任何單元中，皆可因應歷程，交互爲用。即集會具體之事，如報告討論提議選舉以及布置等，亦可分別用授業式以進行。現今學校，關於集會之事，占學習生活之時間頗多。惟教者平時所研究之教式，偏於授業方面，又未見及集會訓練之當爲一種作業，日以民權初步相號召，而不注意於集會式之適於教學，且忘集會之在學校教育已占重要地位，烏見教學之與實際相應也夫。

第六目　學習生活之課程分類

從人類活動方面言，如美人巴必得分爲言語、職業、健康、公民、休閒五種活動，以及其他類此之說，在搜集教材，未始不可以之爲編制目標之根據。若施諸實際教學，作爲課程類別，則分合出入，實多窒礙。惟取材料來源與活動來源，結合而衡量之，又參以幼稚園課程之分配，則小學低年級課程，可分爲符號、常識、工作、遊戲四大類。符號包括國語算術；常識包括自然社會；工作包括手工、圖畫、美術以及各種勤務；遊戲包括唱歌、體育。誠然，在綜合教學中，仍須因應單元之整體功用，隨時分合，非如分科教學之各自獨立。但符號爲全部單元所資以進行之基本工具；常識爲一切教材產生之源泉；工作、遊戲爲一切活動之出發點。從問題產生言，各自有其不相攙越之固有元素，符號表出之內容，附麗於事物而見，其自身並不能構成事物之關係。然國語則用文字記述者，亦爲取材之源。算術則測度用具，已有形成事物之價值。從分別練習言，各自有獨立部分，此在第二章論教材之實質與工具，可以概見。再以擔任課程言，教師各以所擔任科目，發生設計問題，以關係部分，劃由他人指導，則相互配置，主從分明，不致勞逸不均，或使設計流於單調形式。

吾人對於低級課程最低之期望，當依上述之四大類，支配作業，尤當以工作爲全部作業之主體。工作目的，在部定標準已極顯明，茲當更擴大其意義與範圍，使爲各種作業之中心，直言之即以事物爲作業目的，學習各科爲此目的之工具；非若舊時手工、圖畫、美術等科目之教授，徒從事於無目的之技能練習，毫不體念其關係已也。例如適應某事，由做某會某紀念而自成單元是。如作成某物，以自作之風箏或毽子，爲遊戲作業之玩具是。如適應季節，以開闢園圃或養蠶或種麥爲綜合學程之作業是。尤其勤務常視爲工作之重要部分，分爲多方，由種種學程之作業，各自產生勤務之工作。例如種花設計，自下種以至儲種，歷時甚久，其中栽培、施肥、分期檢查、陳列、保藏等主要工作以及各別計畫與研究，自當以授業式行之。若照例之灌溉防護記載等工作，惟有依照計畫，分配爲逐日之勤務。准此例推，勤務至少可分爲三類：一栽培；二飼畜；三整理。而整理至少亦可分爲三項：一檢查——包括清潔檢查、考勤、寒暑表風雨表記載；二掃除；三布置——包括裝飾。凡整理之勤務，必由整理教室或公共處所之設計產生，而後勤務有意義，與正式作業同一功用。否則勤務成爲苦痛之勞動，此不了解教育真義之學校，以掃地或洗痰盂爲處罰也。

第七目　組織課程應注意之整個學習

此之內涵，可分形式、實質兩方面論之。形式方面分集合、範程、發表三部分：

集合包括集會式與授業式而言，集會式之學習，必其進行適用會之形式或其歷程者也。若非限於固定坐次，例如運動之變換排列；非限於同一工作，例如設計某項歷程之分工；非限於教室作業，例如旅行參觀以及勤務。凡此之類，或實同授業，而人數須隨時配置；或在不定形之動作中，而間參以授業方式。本來聚多數兒童於一堂，一方利用交互活動以助長學習；一方由各別活動以了解人與人或人與物之關係。惟因教學形成固定與被動之弊，遂無由表現此種意義。故求學習如何便利，與以傾向或機會相同者如何得適宜之活動，則組織與分配之變化，實爲先決條件，此集合所以第一應注意也。

範程所以控制單元歷程中產生之動作。本來學習之動作，基於所反應之對象及其關係。同時使動作有秩序而且有效率，亦爲重要條件。前者爲紀律，後者爲科學方式，二者之發見與涵養，皆附麗於動作之中。一般教學者往往惟注意反應之對象及其關係，而忽視紀律與方式之發見與涵養，實爲訓教分離之主因。夫歷程所含動作，因各個單元與學習進度而不同。在上述四大類中誠可求得較有普遍價值之公例。此種公例，教者自應預定，免致遇機會而漫不經心。惟並非用此以控制兒童，必待兒童由動作而自行發見，或在兒童遲回躊躇或紛亂時，啟發之而使發見。蓋應當如何與不應當如何，必須由無數動作之結果，積為公例，此公例即成習慣。如在未有活動以前，先示以活動應守之公例，即令動作協合，已成被動，無復有智慧可言，更無有正當態度可以度量。所以學校不當訂任何規則以管理兒童，而在教學歷程中，產生任何新動作，大都有發見規則之可能，初不必另立所謂訓育目標也。

發表之方式在低年級中有二：

（一）表演 結合言語與動作而成，初學習時，其一，言語動作可分途漸進；其二，先習於摹仿之活動；其三，從簡單開始，如言語可由問答復述而進於講說是也。

（二）製作 此又分為二，其一，以符號為活動工具，如圖繪綴文是；其二，以物質為活動工具，如手工作品是。注意之事項，其一，本級一般必須達到之限度；其二，本級上中下代表之作品。

培養兒童之創作力，莫重於發表，尤當從低年級開始。吾人對於現在教學所最感缺陷者，教師使兒童發表，惟用於考核成績之時；在學習進程中，往往缺少發表之機會。如果從始期即多方培養，並且一般培養，則學習上應具之基本態度，當可大體完成。即教師對於各個兒童個性之認識，亦不必待測驗而知也。

實質為需求智慧之憑藉物，亦即引起態度反應之工具。在第三章之末討論及此，當結合前所論述之要點，求編制課程應認明之一切途徑。部定課程標准作業要項，皆合兩年而規定，所有教材，分係於各科目之下，惟在教法混言應聯絡科目，多未提及中心問題。此在指示大體，誠有方向可循。不過各校實施，尚須詳細分劃。其號稱實驗小學之課程，大率傾向混合，詳列各期單元，惟內容不詳，即有散見略案，非如分科之系統釐然。二者利害顯相背馳，取舍之方，惟有結合之而依四大類分別規畫，並將訓育事項，融納於各個教學歷程之中，以完成教育即生活之目的。關於具體教材，本無預先一一規定之必要，故茲撮其旨要論之。

第一，應規定者為主要作業

主要作業當以生活需要為出發點，適應學習為歸宿。雖所提出者非將所應學習者與可能學習者，如分科課程之一一列舉；然大體既極分明補充自易，茲分別列大綱如左：

一、時令之作業　此類作業，每學期可作一個總設計，例如小花園設計之類。如作總設計，必須包含多種小單元，合為一個設計，分則各個小單元皆可表現其具體之獨立工作，或各別為若干獨立單元，此須注意者，即個別事物之同類或其聯屬關係，不宜各自獨立，當藉事或地或問題包含一切，合成一個中心單元設計。

二、紀念節日之作業　紀念節日，有政府規定者；有學校規定者——如某種成立紀念日之類；有社會風習演成者——如踏青、端午、中秋、重陽之類，雖非規定紀念日而社會每有特殊舉動；亦有臨時發生者。現所通行之紀念節日，每學期均有多日，實為具有直觀功用之社會教材。紀念雖於當日舉行，期前可作作業準備，期後可作作業研究。其準備與研究情形，可因應學級能力斟酌行之。其曾經參與一次或多次者，工作亦因之而有變化。惟最低級之作業，祇能參與事實為一般人所了解之紀念日。關於作業準備，不限於知事實，習儀式，可以從符號方面，物質方面，各自表現適當之作品。凡讀本有涉及紀念節日之記載，必須留於與節日相接近之時間中讀之。

三、本級單獨需要與開始活動之作業　向來課程，分期列舉事項，形式上似與此項大綱不相背馳。惟其弊有二：其一，事項純由成人之主觀，或學科之程序而假定，增損出入，難定標準；其二，事項零碎，綱目雖具，無中心可以統馭，即學習無所歸宿。此則在依據學習生活，提出具體問題。例如入學設計，祇可在始期用之，是為單獨需要之作業，不與他級通用者也。如開學設計，須於第二學期始用之；旅行設計，必至二年級酌行之；是為開始活動之作業，非他級所能同其學習內容者也。

四、大規模集會之作業　如遊藝、懇親、展覽、運動等會，每學期幾於無校不舉，且費精力與時日以為之，自應由會所表見者，皆含有教學意義，而不使流為裝飾或取樂之投機事業。蓋此種大規模集會，有資助於學習者，最要之功用有二：其一，藉會之為人重視，可以促進各自表現其成績；其二，藉會之公開，可使各級交互觀感，相助爲理，並得社交之實際演習。達到第一之功用，須將本級在本期應舉行之集會，預先劃定，某會應陳列作品，應表演事項，悉依全部作業，各定目標或限度，以及該會必需品物，悉於會前劃定之時期以內準備，務使各個兒童各有相當表現。如是則劃定時期之作業，得藉定期集會，完成其學習。達到第二之功用，一在由表演與陳設，就全體所表現者，各級適宜分合，爲有系統之閱覽與批評。一在會中之各種任務，如布置、管理、糾察、招待等，分別在年長者與能者領導之下，盡其責任。

　　五、補充前四項外學習需要之作業　此之大部分爲練習作業，在用設計法者，以此分類規定一部分學程，定時授課（但日期因與前四項之單元相應可以略爲移動），實爲必要。屬於零碎作業之補充，自應在一個適當時期中，審查學習所疏漏部分，分別作極小單元之練習設計。不過有主要部分，可以預定者約有兩種：一、屬於工具之定期始業，此所謂工具，包括各種學科而設，非僅指國語、算術也。如何時開始用毛筆寫字，何時開始習釘鋸之類，注意此點而進行一設計方案是也。一、屬於長期短時間之固定學程，如寫字，九九表，2/4、4/4 兩種拍子練習之類是也。又有支出作業，因前四項主要設計單元而產生，其完全發生於臨時動機者，自不屬於預計範圍。若就所有應學習事項，各成獨立單元，或不免失之零碎。惟從主要單元之內容推想，卻有產生此種動機之可能，以此爲一種支出設計，係屬於其下，不必特爲布置，教學均較經濟，聯屬亦不流於單調。如因房屋設計，連帶及於光綫與空氣之研究是也。持此二個原則，可以使許多零散事項，與熟練事項，一切貫串於若干主要設計之下，無分科教學的孤立之病，又可以補救一般設計教學的挂漏之失。

　　第二，應規定者爲主要程式

　　此不宜係屬於主要作業，而係屬於符號、常識、工作、遊戲之四大類。蓋主要作業，必建築於綜合課程之基礎上，斯其單元由具體生活而產生，適於設計教學。凡興趣問題、實用問題，以及目的問題，均可取得解決之途徑。即使內容析爲各別部分，分科教學，不由自然歷程而進行，而每個單元完成，亦略具綜合功用。至於主要作業之歷程，應需如何知能以進行，完全爲一種運用的工具。此種工具，即在各學科所具之材料與方法中求之。若不另立標准，專就一個單元之作業内容言，或者適合當時學習興趣；但全部作業所運用的工具，衡以科目應具學程所必學與復習者，殊難一一適如其分量。論者必曰，部定課程標准，實可以作依據。無如此標准尚須詳細分割，一分期規定進度；二須有具體説明，例如模仿遊戲，須説明爲如何種類之遊戲是。其與主要作業之結合，用之於前四個原則，爲其歷程取資於工具之用；用之於第五個原則，則爲構成方案之根據。故分類規定，必須先分爲占有獨立領域之若干部分，如符號可分爲讀、寫、算、常識可分爲紀聞、觀感、營衛；工作可分爲栽培、飼畜、整理、交易、製作；遊戲可分爲樂歌、體育、表演等。再由各別部分求活動範圍之進度，其進度由工具之體而表出者，例如寫字先中楷而後小楷；數由十以内漸進於十以外以及先加減而後乘除；工作先積木而後用器具以及簡易之紙工、土工先於木工、金工等是。由工具之用而表出者，例如讀先機會認字而後規定讀文；算由數數而度量以及於法式；工作由自由描繪而進於散點圖案；遊戲由聽唱而視唱等是。其進度寄附於材料而活動者，由内及外，例如從最熟悉之事物開始，先裝飾教室以進及於其他之建造，或校内之觀察研究以進於校外之參觀旅行等是。由先及後，例如秋季關於時令與節日之作業，同時即爲冬季活動之預備；本年作業内容，即以前年作業作基礎是。凡茲事例，係就各類内容，具有聯屬關係，或含有同一因素者，結合於一個目標之下，以便主要作業之運用，在實施時，各個目標亦可合而爲一也。至於由簡及繁，由易及難，由近及遠，由具體及抽象，爲一般所論及，不具論也。

第三，應規定者爲必需用具

此自當與主要程式連類而及者，然與所謂普通設備及特別教室設備者異趣。雖分類列舉有爲上之設備所有者，但必須與各個學習之進度相應。其性質約分爲二：一、增進學習效能者，如閃爍片、活動板、沙箱、採集箱、垃圾小車之類，此爲一般之必需用具；二、作進行工具者，如積木、計數器、鋸鉗、尺針以及各種標本模型之類，此爲學習進程之用具。某項用具從何時開始需用，應加考究。

第四，應規定者爲綜合力之限度

部定課程標準分科規定最低限度，不謂不詳。不過應考慮者有兩點。其一係四個學年之總結束，如何將此總結束，分劃於各學年學期中，僅憑作業要項之籠統或散亂的規定，殊不足以示標準。其二有許多科目應達到之限度，與其他科目之應有學習，必相需爲用，而後可完成其限度。如工作、美術二科目之事情整個與自然、社會二科目有聯屬關係；體育與唱歌有整個聯屬關係；體育之故事遊戲與國語科目有關係；體育之摹擬遊戲與社會科目有關係；國語、算術二科目，與其他科目多有聯屬關係。分科而言學習，知能必分爲兩途。綜合課程之個別單元，難以完成任何整體工具之用。教學所需於各學科者，一方爲形成獨立工具之知能，一方爲結合聯屬關係而形成事物整體之經驗；凡此皆智慧之所以啓發，每學期結束，必須有適當進度者也。即如獨立工具，亦非僅由斷片事項，可以完成其學習。故茲言綜合力之限度，當就前所分獨立領域之部分，分別規定其各自獨立者，例如讀與寫之部分，可定第一學期限度有三項，即一、能認讀校內屬於低年級之一切標誌；二、能用石筆或鉛筆照書寫字；三任取兒童畫報中之一幅，能用清楚言語，說明其事實與意義之概略。其有聯屬關係者，如工作與常識各部分之聯屬，整理與製作之聯屬，樂歌與體育之聯屬，表演與讀及觀感之聯屬等。試取一種聯屬爲例，如關於工作一部分，規定第四學期限度有二項，即：一、能獨立作成供自己遊戲的二種以上之玩具，二、能全級分工製作完成一個教室的補充裝飾的設計。各部分作業之綜合力的限度，即可依此類推而規定。

第五，應規定者爲基本學習態度

無論何種態度，皆由許多經驗凝合而成。及其固定，則成爲習慣。當其尚未固定時，驗之此事學習而然者，至他事學習則未必盡然；驗之此時學習而然者，至他時學習則未必盡然。必如何始爲固定，在學習生活中頗不易言。一則態度之凝合，因各人固有經驗與學習情形，均不無差別。二則學習進度，因經驗與日俱增，態度凝合之成分，彼此時有錯綜，且表見隨事物而異宜。三則培養旨趣，未有某種態度必憑藉一種教材或方法而養成，亦未有某種教材或方法，專爲培養一種態度之具。尤其低年級課程，所謂小學教育之目的，尚未完成其學習。若從態度本身強加分析，形式雖甚合理，容易流爲虛懸之目標，如誠實、勇敢等，空泛而不切於實際指導。所以欲期明確之規定，先須說明其意義。

一、爲副學習　規定之大綱有五，其作用則有三。第一規定所含作用，係取設計教學之功用，爲編制課程之方針，即各個作業所同具之傾向也。第二、三、四規定所含作用，在以學科爲工具，保持其各別連續性的系統之進程，即克伯屈氏所謂正學習也。舊教學法優點在此，設計教學所忽略亦在此。如結合此兩種作用，而訓育漫無標准，或獨立目標，非所學習者多爲畸形發展，即訓與教演成離則兩失之結果。況如道德不能離事物而自見，事物而不發生人與人之關係，亦無道德可言。與其高陳道德意義，不如使由實際生活，就所接觸與所發生者，盡量了解人與人之關係，求協合之動作。吾人既期於學習生活中，完成兒童品性，乃其通常學習，多與品性無關，不得已而欲以特殊訓練達其目的。此一般學校教育之所以失敗，而提倡道德論者舌敝唇焦，毫無當於實際者也。茲所論之學習態度，取克伯屈氏副學習所含作用，雖非純屬道德問題，然在取得知識技能之進程中，往往有涉及品性之動作，例如，愛惜清潔、有秩序、不囿成見等，一方與當時之正學習有所資助；一方使各種道德適應時機分布於各種正學習中而養成之，正不必求之於特殊訓練也。其異於副學習者，副學習雖系於正學習之下，然與正學習分離，可以成爲支出作業之單元。此則不能離正學習而獨立，雖正學習不限於賴此而取得知識技能，然離此則自我分裂，即所學成功而或致損害品性。又副學習純由主要作業而產生，苟非成爲支出作業者，無規定之必要，此則隨分類之主要程式及用具而產生，雖或有一種單元作業，不無特殊之點，例如某項副學習，由某項作業開始，或在某項作業特別重要是。然大體比較普遍，非如某項副學習專繫于某項作業之正學習也。

二、爲開始學習　就記憶原則言，凡連續相關之事，最先與最後較易記憶。就養成習慣原則言，開始錯誤者，改正倍難。並且開始適當，一切離亂紛擾之現象，可以避免。即稍費時與力，而後此容易就範，仍較經濟。開始學習之重要如此，此所謂開始學習，包括分類作業之一切新動作而言。不僅指入學之始、某課之始、某事之始，凡分類各別作業之始，各種學習方法之始，以及作業進程中發生一個新的情境，遇有涉及副學習而表現新的動作者，均應培養其正當態度。蓋新的正學習，不一定有新的副學習，例如普通教室作業，或靜的學習，雖有不同類之新作業，往往副學習不因不同類而異趣。非新的正學習，因兒童經驗變遷或偶發事項，又往往有發生新的副學習之可能。此類非固定之事情，自難一一預計。但使對於開始學習，極爲注重。其普遍規定，已足適用。其餘難以預計者，自易觸類引伸，不喪失其教學機會。至謂兒童作業，低年級究屬有限，即標準之學習態度，亦非低年級所能一一養成。然使低年級課程，適應活動，依所規定者大體俱已培養，雖謂基本已立可也。意義既明，進而論其要素。

由副學習而見者，爲構成基本態度之關鍵，當然不以抽象目標爲的，而必求之於適應事物之中。惟列舉則繁而寡當，抽舉又挂漏過多，皆不足以示標准。揭其旨要，其關係在人與人及人與物。學習生活中人與人之關係，不外於對先生、對本級同學、對他級同學、對校工、對來賓，以及合作之組與集會團體。其主要關係，一、意見之接受與供給；二、責任之公同與個別；三、動作之協助與妨害；四、組織與工作之分合；五、禮貌之適當與否。學習生活中人與物之關係，從所有權方面觀察，則有私與公之別。從用途方面觀察，則有工具、材料、玩賞三者之別。從處置方面觀察，則有觀覽、看護、布置、分給、取用、收藏六者之別。人類在社會上發生道德問題，大率由上述之種種關係而演進，凡此皆爲學習所及，不可忽視也。

由開始學習而見者，爲副學習在正學習中之應用，其可預計者，即由新的正學習之開始，尋求有如何之新的副學習，自當以分類之十四門爲主。惟不可不辯明者，每一個單元，無一不爲新教材，當然爲新的正學習。然每個新教材，是否必需新的用具，是否必需新的技術，並無一定。反之而各級同一設計或同級而隔年同一研究問題，活動顯然不同。故以類分，較之各個作業，活動性質之差別自大。由分類之進度，活動範圍亦易見。此在主要程式中，自依程式而規定大要。例如讀在低年級中，當分識字、讀文、口述、筆記、作文、讀注音字母、查字典等作業要項。再依規定之作業要項，進而規定何時期學習某要項及其步驟，某要項用何法學習。每個要項，佔有分類部分之一定領域，其性質單純，又不似作業單元之活動複雜。以此爲準，每一種新的正學習，應有如何新的副學習，自易尋求也。

此外，補充上之不足，其功用取其最普遍者，分述於下。

一、在教學歷程中，成爲具體方式，許多作業均需用者，如講演、參觀、旅行、集會、觀察、閱覽、採集、記載等，應分別將其旨要與步驟，作成準備方案，以便實施何種作業，可爲依據。此類專取方式，其方式不附麗於事物，而功用多含副學習之成分。一般學校往往視爲形式，無學習意義，亦無適當進程，殊有損其固有價值也。

二、入學設計，此爲開始最重要之作業，而一般學校，往往僅以舉行開學典禮了之，或者逕自分科授課，殊有亟行改正之必要。尤其兒童開始入學，許多循例常規，在世俗所謂正式授課之前，必須了解。規定一個入學設計，作爲教案，使兒童開始即自由而發見常規，立刻產生學習態度而成爲習慣。巴格萊所著《開學》一篇（北新書局有譯本），極中肯綮。

最後，當鄭重言之者，其一，以此五種指明編制課程之途徑，其目的在使教者依式規定，對課程整體，自有深切研究。屆實施時不致茫無所措，或率爾從事。然亦必須運用於實際，適應情境，取捨自如。如其不然，則規定爲一種束縛。又或不能使適應情境更省力更有效，則以規定應付實際將更拙劣更紛亂者矣。蓋教者不深明需要此種規定之目的，不能運用規定，反爲規定所用者，比比然也。然而如此教者，又何能期其深切研究，預作適當之規定也耶？其二，副學習之規定，形式等於從前之教授細目，用法等於從前之教案，並非一種規則，或一種信條，用爲控制兒童之具，於事前一一說明，期其逐條遵守。實爲教者充分準備，適應情境不費思索，能使兒童自行發見當如何不當如何之副學習，統一自我。此理論，克伯屈《教育方法原論》已詳言。

改造小學國語
課程一期方案

據開封教育實驗區教材部 1934 年初版整理。

序　言

　　不識字無以讀書，此人所盡知者也。字如何樂識、易識而且多識，知其體要者殆鮮。何也？中西文字異趣，方式非盡可襲用；改造文字，在目前亦扞格難行。顧體會文字，初學最要而最難。攻教育法者遺體，張國學者昧用，興學數十年，即此工具學習，猶在迷離摸索之中。以此而期國民由教育之推進，發皇自力，應付國難，未有能覩實效者也。日本之用漢字，止於輔助，然如選字、寫字，專書著論者，動逾數萬言。吾國學者，僅以稗販歐美斷片方式，標奇立異，鮮有應用學習原理，從本國文字整體學習方面，爲窮本竟原之系統研究，寧不可恥耶：

　　余少時於治經史、詞章、圖算之餘，粗習文字學。及東瀛遊學歸，深有見於國民教育爲立國之本，國語文字爲一切學習工具，因之致力於此尤勤。故始事教育，即以餘暇，代授小學及幼稚教課。其後視察本省及外省學校，先後七八年，皆注重參觀小學文字教課。而於國語讀本與教授書之研究，在書坊任校訂之役三四年；其獨力自編之讀本與教授書，初小高小無缺。三十年來，凡國語教材及教法之種種問題，靡不推究其因果與關係。又旁及於東西小學讀本、兒童讀物，與夫屬此種研究之論述，亦殫力參校其異同得失。自民初迄十四年，間有撰論，散見各雜誌者，頗爲朋輩所推許。雖語不苟同，而文屬急就，以供實驗，或未周洽。近感於國難日殷，求以解決識字讀書問題，自効於國人。每思整理聞見，搜剔群言，以有系統之論述，自成一家言。終以人事碌碌，未遑創作。頃者策進區務，發憤爲此，不先從民衆課程入手者，誠以小學讀書期限較長，進程亦較繁，此而根本改造，因應制宜，自便損益。茲幸第一期國語課程改造方案，業經成書，其餘正在賡續中。每創一新例，與兒女東旭、鴻英反復討論，輯錄則屬之王君子和，圖案則屬之孫君覺民，試教則屬之楊君含真，集思計程，進行實驗。雖不敢自矜心得，然式例詳審，系統完整，即計篇幅，求之自今以往出版中，固未有也。

抑有感者，識字與讀書，國人雖認爲重要，顧以此種研究，屬於國語教學之一部分問題，而且爲開始教學之問題，所謂大人學者，從未視此有如何學術價值。如有人焉，發掘一古物，或考訂一古事，識與不識，莫不相率推重。其有在生物學上發現一微蟲之質點，在統計上校正一計算之誤數，更互相誇耀，甚有錫以世界學者之嘉名焉。至於論及國語教學，不過曰此小學教師事也，凡從事中學以上教育者，幾鄙夷而不屑道。嗟乎，人類求知，與夫文化推演，胥由工具而進展。使工具學習，而能節省時間，增高效率，其關於民智推進，詎不重哉！然而期其創獲，以視科學之發明，或更困難。國人不審，而遺源以逐流，荒本以蒐枝；言改造者，又務取本源不同之式例，削足就屨以希之，方自鳴其科學方法，陷溺而不知返。此教育之所以寡效，而教學亦日趨於迷途，國語課程其一端也夫。余於此稍有體驗，不覺感慨言之，以俟世之知言者。

民國二十三年五月二十一日
李步青廉方識於開封教育實驗區

目　次

第一篇　由認識環境而取得工具……………………………… 1105
　第一　教學綱領……………………………………………… 1105
　第二　教學方式……………………………………………… 1114
　第三　方式…………………………………………………… 1117

第二篇　實施課程及說話始基………………………………… 1127
　第一　課程分合之旨趣……………………………………… 1127
　第二　課程之單元組織與運用……………………………… 1128
　第三　言語教學……………………………………………… 1146

第三篇　環境活動之補充與調節……………………………… 1150
　第一　如何完成正式閱讀前之準備………………………… 1150
　第二　單詞單語如何補充…………………………………… 1152
　第三　以讀兒歌確立正式閱讀之基………………………… 1154
　第四　以讀故事畫開綴文之途徑…………………………… 1161

第一篇　由認識環境而取得工具

第一　教學綱領

現今初期國語課程及教學之普通缺點，不外以下所述：

一、離開當前之事物及動作，而使認識事物及動作之符號，不易辨別，即辨別而不盡了解其內容。

二、所選之字與語句，勿論如何側重實用，與兒童當前之活動不一致，不能使兒童對所習符號感覺需要，發生興趣。徒斤斤於生字與筆畫之多少，以及語句之難易與長短，爲形式上吹求，終成爲顧此失彼而且無法確定之主觀標准。

三、讀與寫同時并進，二者之字不一致，則彼此不相聯絡。二者合一，則識字更形減少。以吾國單字之多，期其於數個月內，能誦篇幅較長之文，勢所不能。

四、國語學習，易流於單調。即與其他科目相聯絡或綜合，僅在他科目中有練習國語的機會，而不爲了解一切知能之工具，更不能組成有系統之整體課程。

茲訂綱領，矯正以上四個缺點，在實質方面，完全從學習環境之整體活動，使藉事物及動作之認識，而取得傳達此事物及動作之工具。在形式方面，在由學習活動所必需之用字與用語，應活動而使認識其文字，以致于應用。結合此二面以建設有系統的之新課程，綜合教學固屬必要，即單科教學亦無不便。以下試依次說明之。

第一，看標點

入學之第一日，必須率引兒童，遊觀各處，此於文字符號之接觸，最题明者約有二點：

一、看門牌　如校爲何名，其匾額懸于大門前。各室爲何處，其名稱揭于入口處。

二、看標語　此非指廣告式之標語，而以屬于影響日常行動者爲範圍，如"參觀人入口""廁所由此往北""勿塗牆壁""隨手關門"之類是。

每至一處，就地說明。宜將原有最注目之標題，詳爲解釋，並以教鞭逐字指示，讀之使聽。惟開始引導，僅在使知文字符號之形式與功用，作此後留心標示之暗示，正不限于此時即能認識各字也。

第二，貼名條

如入學之始，有一個設計，實施各種教學活動，此可不限于第一日爲之。其進行步驟如左：

一、引起動機　先以談話式說明各人如何認定坐位，引起有貼名條之必要。如本校曾有若干班級，其坐位並貼有名條，當於事前參觀，特加指示。

二、書示並介紹　貼名條一經決定，同時告以介紹同學亦爲必要。於是逐一問兒童何姓何名。每問一人，即呼至教桌前，將所預備之名條示之，使之認識，或臨時書示亦可。隨將書示該生之名條，持示全級，並讀其姓名，介紹其人，令向全級一鞠躬，然後交給名條，持以歸座。

三、自貼名條　全級介紹既畢，於是告以粘貼之位置及其貼法，並將所預備之漿糊，令其取用，教師則巡視而指導之。如人數較多，必須估計所占時間，分兩次粘貼，較爲適宜。

第三，認校內標示

此分爲兩部分：

一、本級教室內之標示。此又分爲四項：

1. 屬于教具者，如黑板、粉筆、教鞭、算盤之類，此可就物使用，分別示以用法，並加說明，逐件以標籤之字使讀之。

2. 屬于房屋及用具者，如桌凳、痰盂、門窗、架櫃之類，此可分別就物説明與個人關係及在行動上應注意之點，逐件以標籤之字使讀之。如爲兒童桌凳，並須認讀標明之號數。

3. 屬于陳列懸挂之標題，此視該級教室所有而示。惟懸挂陳列者，不可軼出學習範圍，苟非當時所需，暫勿布置。此可就物分別説明其使用意義，逐件以標題之字示之。

4. 屬于標語者，切忌應有盡有，或廣泛而無具體表示；而以初入學行動上最宜注意之事，且有種種訓練方法隨之而實施者爲主。此可就所見者分別板書，説明意義，即依板書之字使讀之。再此項亦有張貼于本級教室外，而與本級有關者，教室外之標語，應分隸于各場所示之，此則惟就教室張貼者指示。

關于認讀前四項之標示，須依當時實際情境，定指示之方，約可分爲二方面言之：

Ⅰ. 本級教室如須與他級或他團公用，又或已有標籤，無須新製者。對於非本級所有之標籤，除爲本級兒童提請指示外，無須指示。對於已有標籤，則於指示時另以板書或預製之字片示之。

Ⅱ. 新製標籤，須事先預備，於就物指示説明後，討論粘貼之方式與位置，非懸掣者不用硬紙。惟在如此情境下，應注意者有三點：

a. 初入校兒童，不宜連續認識多種事務，又不久慣于靜默無事。除如桌櫈可使多數工作外，其餘就物指示，必須分全級爲若干組，每示一二件，即指定一組張貼標籤，並令全級批評。其張貼之人，依行或排之次序分配。

b. 如教室內所需標籤較多，必非一次教學時間所能完成，當就上列四類分若干次進行。

如本級係單級制，兒童至少必在二團以上。工作儘可分工，而指導必須同時。如各團隔離時間，教者時間既不經濟，學者工作必有某部分或某團發生缺陷。不過各團程度不同，支配工作應有斟酌。如本綱所列認標示，比較簡易，當説明時可令高級之團説明，不合或不足者由教師申言之。當張貼時可令高級領導低級工作。如能判定高級有學習製繕標籤之能力，則標籤不必預備，可使高級低級相間而坐，在張貼標籤以前，由教師指導高級生製繕，低級生旁觀。

上舉三點，以後悉準此例。

二、校內各場所之標示。此可分三個部份言之：

1. 關于物具　最低限度，當有勞作用具（包括農工）、唱遊用具、整潔用具、搜集品物等，凡此皆在教室以外，必須有一定陳列所，妥爲部署。如原無標籤，以及須更換或增補數件，必須預行繕製，於逐件指示時，分別粘貼或懸繫，使注意標籤之號數與名字。其已有標籤，每指一件，先須詢明何物，加以說明，然後使認識其號數與名字。

2. 關于標語　此在開始活動時，曾使其看門牌與標語。不過彼時目的，僅在使注意表示之□號，並不重文字誦習，而且祇於看其大略。此則每次所看者，限於一定場所，必須就每處所有，爲本級所必須注意者，使□認識，而且還須使發現有補充標語之必要。惟須注意者有兩點：

Ⅰ. 認識每一處標語，須在認識用具標籤時接連行之，以便觀念與印象，集中於同一目的。

Ⅱ. 標語爲開始活動所曾經指示者，應先行指問，驗其尚記憶與否。惟勿論是否已指示之標語，均須於意義了解後，誦習若干次。

3. 關於動作規律　動作規律，必須於學習活動中，發生如何必要，商定或指示某項規律，始爲適合。此自當於逐次活動，在有規定必要時，因而示以文字，非初次認標示時所能盡之也。如果前項所指示之標語，業已包括當時應指示之規律，或當時並不感覺有另示規律之必要，則此項自可省略。總之，誦習教室內所有之符號，隨時可與其實物標示對照。以上各場所，非專習文字符號之處。每處一經指示，必回教室各別復述，板書文字示之，印象始較深入。更進而以預製之圖片字片結合而示，使所見實物，轉移于圖片上，俾以後便于練習。

搜集物品，爲教學最要之事。一可以補充校內未有之品物，多識文字；二可使兒童特別注意自己品物之標示，相互指導；三可以啓示將來進行採集之學習。其品物大概爲各兒童家中所有，食品如麥豆菜蔬等；

衣料如布角棉麻等；燒料如柴炭豆梗等；以及樹木遺落果實，並可供計算之用。開始搜集時，應有適當說明，叮囑其不取貴重品物，不損害公物。並預備放置場所及登記簿，逐件陳列。其有需用或保留價值者，則另號標示，並記搜集者姓名，照認其他標示方式，展覽指示。其僅用以辨物識字者，則持物說明而以板書示字。

第四，認環境事物

比較本級教室外之校內場所更不相同，因彼在校內，所有品物，與兒童日常學習活動，發生密切關係。即非國語功課，因其動作與使用，與標示相接觸，自然得到練習文字機會。此不惟多無標示，而且絕少自然練習機會。故一經規定時間之觀覽指示，回校僅憑當時復述與板書，決難期其必能再認。則移轉于圖片字片之練習，實為最要關鍵。其在事前，教師尤須有切實調查，分地分類，預先熟計。每次外出，必集中於一定目的，俾因直觀而指示者，僅與預計有少許之出入增損。所有圖片字片，大半可以早為製定，回校復述，即可取而應□。雖有少許待於補充，隨后補行練習，困難自少。

本綱約分兩部分言之：

一、屬於本校之場所及品物。如運動場、園圃、環校樹木及其標示，此又可分三項言之：

1. 為已有標示者　分日指定地點，率兒童觀覽，就所見者指示並使讀其文字，回校加以練習。

2. 為須補充標示者　除照一項外，並啟示其補充標示之處，提議補充，教師記於簿上，回校後復述，仍令兒童逐件提出，將決定之標示文字，由教師書于黑板上，商製標示。製定後，定日再赴該處，令兒童各認定何標示應在何處者，指導一一粘貼或懸繫。

3. 為全係新製標示者　在游覽時，先周覽一遍，使知概狀。次提議標示，分別地點指示，即照 2 之方式進行。

二、非學校所有之環境事物。此又可分二項言之：

1. 原有標示者　此如公共處所或住宅之門牌或揭帖、指路牌、布告牌（簡單標示）以及指引禁約之標示，如"此巷不通"，"汽車慢行"，"禁止便溺"等，均用上舉已有標示方式指導之。

2. 無標示者　如附近之家畜、什物、農產、農具、飲食、衣服、房屋、花木、鳥獸、蟲魚以及其他村莊、場所、山水之名稱等，此類最散漫，又不便分類示教。惟有分別地點遊觀，導其與實物相接觸，隨時指問何名何用，於回校復述時示讀文字。其與搜集品物有相同者，則先提出已學習之字片，使之再認。

上分二項，不當分離，可分別遊覽之目的地點，沿途玩賞，就適當處所而指示之。惟須估計第一學期對于環境事物之認識，在可能範圍內，分次進行，正不限于遊覽某處一次，即盡所有事物而示之也。

第五，不屬於前者之日常聞見與動作

此在第三綱認教室內標示後，稍簡易者，即可與其他標示之認識，參互進行。惟大體總宜在第三第四兩綱之後，或與兩綱某部份關聯事項在某部分進行之後。茲先列舉其要點：

一、以上四大綱，皆可由教者預定某地點或某部分進行活動，在此活動內，至少非通常一節教學之時數所能畢。此則惟就臨時所表現者，給予標示機會，時間難以固定，而且多祇於一個標示之認識，需時無多。不過隨時認標示之說，于理論通而于事實往往扞格。除此項認標示可形成一節授課時間外，如果每日在上下午上課之始，或其最後之課，酌取一次開始時間行之，雖然不能包括一切臨時表現，積久所得自多。

二、以上四大綱之標示，十之八九屬于名字，在學習國語整個問題上，自然發生缺陷。然使在上所指示之標語中，同時連及聯係之詞，或加以連帶之字，必致困難叢生，並前所指示之標語，而亦引起混亂印象；並且非前四大綱所能包舉者亦阻害其學習機會。所以另定此綱，除應機會補充前所未見之名字外，並於兒童對某部份文字符號，業經有相當練習時間以後，或第三第四兩綱均經分項認標示以後，即可組成短語示之，在名字上參用名字以外之詞。如此則由認字練習，可以啓示綴字成語之途徑，而增加日常應用字必須認識之成分。

要點既明，進而研究本綱活動之依據，可分兩部分，在教學時亦如第四綱兩部分之不當分離。茲爲便于說明起見，分列如左：

一、本體之表現：

1. 屬於自然現象　如晴雨風雪等，此項指示，最顯明者有兩種機會；其一由記載方面每日上課始揭示天氣而示之，如今日晴，或雨或雪是。其一由自然課觀察而示之，如因天寒暑，或日長短，或有冰雪等，就所觀察之現象，示以主要語句是。

2. 屬於人類　如先生、同學、父母、兄弟、姊妹等，此可就上學回家之禮節及與社會交接，而與社會課相結合，或由談話中示以主要語句。

3. 屬於身體　如眼耳口鼻手腳等，此可從身體檢查及衛生課之講演與訓練，分別摘取字句示之。

4. 屬於課業　如國語、算術、手工、遊戲、唱歌以及如遊戲之踢毽子、拔河、賽跑等，此可就每日課業之活動新事項，在學習國語時示以文字。

5. 屬於領會及典禮　如學校之各種紀念或開會，得就其秩序單及各種活動事項示之。如地方之慶弔，得就當時所見者由談話中摘取字句示之。此與社會課應結合指示。

進行本綱之步驟，試舉遊戲爲例，開始與他綱參與進行時，當然專示名字。進一步則可聯繫名字以外之字使讀，如踢毽子是。或者示以已習字片，而令以動作表出，如示以某排立正，則某排作立正狀；或某行伸左手，則某行皆作伸左手狀是。再進一步則綴成短語使讀，如我會踢毽子是。

二、附麗之表現：

此本不能離開本體而表現，直言之即不能離開名字而表現也。其附麗並且不以本綱之前五項爲限，綜前四大綱皆可有此類詞之附麗。茲在本綱下特別分列者，所以表現前四大綱及本綱之本身表現，皆爲事物之名字。任何事物，皆有靜與動之兩種表現。而綴字成語，惟開始用動靜字，始有形象可以指示。在前四大綱中不連類而及者，則以綴動靜字爲詞，不易以指示之形象，移轉於練習之圖片上，故必待兒童稍有離開圖片而認字片之能力，間參以此類品詞之練習，斯與已習名字相續，較易引起其聯想。至於此類品詞，全繫屬於已習名字，且由日常之聞見與動作，表現於兒童當時眼中者。摘舉相示。則所示者惟取兒童活動中目前應用之字，教師固有一定範圍可循也。茲就詞性分析列舉，或于本綱之運用有當也。

1. 以靜表現者　可分爲顏色字，如國旗之青白紅；數目字，如星期之一二三四五六；位置字，如上下左列前後；等量字，如好壞長短深淺厚薄高低上下等。

2. 以動表現者　內動，如坐起哭笑；外動，如看聽吃喝拿打等。

第六，看口令

此所謂口令者，即教師提醒兒童或囑兒童遵守之通常用語也。曰看口令者，不用言語指示而以文字標示之也。何爲而以看口令爲綱，前所標示者，大抵屬于實體表徵之用字，可以圖表明者。若綴成語句之係屬字，雖爲字無多，而在傳達工具上實占主要地位。以口令標示，雖無表徵可見，然爲日常學習之動作關鍵，所示者出於偶發，容易喚起注意，一也。影響於當時動作，即有不得不注意之勢，二也。又其在每次學習中，常需助於此類用語，練習之機會特多，三也。以茲三因，較以圖表明或更有力。向來用言語詔示，祇足指導其事實之動作，於文字無與也。易口說爲標示，不但兼使識字，且可增進注意之效用，蓋一聽即逝者，不及印象之可以留住也。尤其沉靜教室之空氣，莫要於教師不用語言，使兒童能領會其暗示，看口令即協斯旨也。至於教學國語，其足爲簡明有力之範語，以及容易影響於學習心理，實亦無逾於口令也。

關於口令之標示，當注意於下之二個原則：

一、必足以指示一般動作者，即對個人，亦必爲許多動作可以適用。

二、凡口令中所含之字，必注意於品詞中之同動詞、助動詞、副詞、介詞、助詞等爲兒童通常需用者。

茲析爲四部分言之，每部分雖不備舉其口令，然觸類旁通，在教師已有依據矣。

一、通用口令　此可分爲兩種：

1. 口令之語有象徵者　例如"起立""坐下""停止""不對""舉手""報數""聽我説""看着做""看他排""閉着眼"等，從左邊起，此可在第三綱1之標示後進行。

2. 口令字稍複雜或有潛在性者　例如"不要説話""誰願意做""誰能彀做""再做一回""這是甚麼""誰没有來""交給誰做""誰坐得最好""你怎樣做呢""誰來幫助我""剛才説明的甚麽""現在應該誰做""我説的話都懂嗎"等，此可從進行第四綱起，分次逐漸採用。

二、各種教式中需要之口令　此當附列於教學方式中，以便運用。

三、取遊戲運動之口令作識字練習　例如"向右看"、"向後轉"、"向前走"以及第一節等，於指示位置字數目字極爲適當。如果教國語者兼教遊戲運動，自可與上用同一方式，惟遊戲運動自有本身目的，識字練習只可間或採用，不當因此而妨礙本身之興趣也。若教國語者不兼教遊戲運動，此種練習，仍當於教室行之，開始問兒童運動時有何口令，即板書口令之文字使讀。其後示以已習讀之字片，分排或分行令兒童如示動作，此亦近於識字遊戲之一法，在第三綱進行中，即可稍行參用。

四、等於教室口令之標示　例如〇月〇日，今天星期〇，今天晴或雨或雪，缺席〇人等，每日開始上國語課等，必用牌標示，懸於黑板旁，令全體讀之。此亦在第三綱進行時始可取用。

關於看口令之教學，此處可以連帶説明：

第一步　初次用某種口令，同時並書示使讀之，使對於口令之符號，取得印象。

第二步　某種口令用於下次教學時間内，當以書示或以字片持示時，使注意習讀。並聲明嗣後用此口令時，即不用口令，而以板書或字片示之。

第三步　某種口令經過第二步之習讀，以後教學時再用之，則以看口令爲主。

其應注意之條件有三：

一是必須在兒童學習活動中，當時有必需如此之需要，而附屬於學習活動以進行。

二是口令用板書或以字片懸繫或手持示之，爲一種特別練習。此以在黑板上或左右闢一布告欄或懸一布告板，專作口令揭示，容易引起注意。

三是在一次教學習時間內，凡未經習讀純熟之口令，祇當用一個看口令。

第二　教學方式

方式係根據綱領而產生，分別說明於下：

第一，進行步驟

開始指示　以當時直觀所及，及其行動所依據或發生者指示當時可能學習，並且爲必須學習之文字，其步驟必備以下之四個原則，分別於後：

一由近及遠　如先本級教室，進而及於校內各場所，再進而及於校外一切環境是。

二由實體而進於表象　如先以有形體之物爲對象，進而及於動作之表現是。

三由活動必需工具而進於學習必知原料　如先由教學之各種用具，進而及於環境所有之物品是。

四由名字而進於短語　如先認事物之名字，進而及於事物之詞上繫以表象之字，以及動作之語是。

上舉之四種步驟，皆於教學綱領之本身見之。不過綱領排列之序，係全部綱領分類之次第。此所排列，則爲各個綱領本身之進程，亦即每個綱領所有之開始指示，在本身上尚自有其先後也。更詳細言之，一從事物所在而言，二從事物所表見之質性而言，三從事物影響於學習之需要而言，四從事物之符號而言。二三爲事物之本身所固有，一爲事物之本身所寄附，四則爲事物代表構成本課程之目的物。當運用此原則時，當由一以求二，由二以求三，最後則結合於四以爲整個進程。

練習次第

第一步 移轉開始指示者爲圖片與字片二種，由對照而認識之。

第二步 由圖片之眉標，使對照隔位之位片。

第三步 去眉標而使對照圖片與字片，或示字片而使作式形容之。

第四步 使讀非名字與名字相續之短語。

此外，關於動作之口語，無圖片可幫助練習者，當於預備有何行動，或已發生如何行動者，則提出已指示口語，使資練習。此在看口令之綱領下，業已說明方式，不贅。標語符號，既不能移轉而爲圖片，又不似口令之時常爲教室活動所使用。故其練習之法，於指示後祇得在某部分綜合練習時因便提出，使之再認。於此當聲明者，即所提方式，與舊時之看圖識字不同。彼爲字而識字，惟取可以圖表明者以助記憶，不但失去讀本教學中讀整語之意義，而且事物如不認識，即有圖表明，亦無所用，蓋此事物既非當時接觸，固難必其認識也。此則取當時接觸之事物，由其整體認識，取得可以用圖表明之符號工具，使資練習。正不獨藉助於活動教具，增進興趣。並且不易以圖表明者，更從動作方面以補充之。

第二，用具

方式之旨趣既明，進而言其活動用具，其造作之原則有三：

1. 須使用靈活，足以增進學習興趣。
2. 須造作方便而且經濟。
3. 須通用於各種方式之下。

最近關于國學教學用具，造作者頗不少，大抵鬪巧競奇，而應用甚狹，得失不足相償，其具備上三個原則者，殊不多見。茲力爲矯正，雖不多列，頗足供整體課程之用，特聲明於此。

其用具爲教師用者四，學生用者一。

一、練習片

1. 教學用字片　此專備指示及練習之用者，每類字片祇需一套。通用字片以容徑一寸四分之四個字爲主。寬二寸四分或與圖片同，長五寸，上下各空二分，以便插置。用硬紙製片，字體正楷，色不等。片上之字以同色爲主。如字片之詞，有某字含有須指示之義者得不同色，例如南關之關字黑色，南字紅色是。字片之字，依教學進度，預先分別擬定，分類檢置，以卡片夾鉗之，備臨時取用。

特製字片　係指示動作者，如標語口令之類，寬三寸，長以所含字數爲準，字徑以與上同。

2. 兒童用字片　此係代替初期讀本者，視該級所有人數而定需用之數，普通學校可酌收費。字徑六分，字片之長，以每片所含字數爲準，最矩者須一寸五分，即一字之字片，亦以二字爲度，便於插置也。多于二個字者，每多一字，加長六分，不加寬。製字片用最厚之白色報紙，字正楷，黑色，油印石印均可。如爲省費計，可利用高年級製繕。其插置字片之摺或簿，則于本級勞作課内，指導其利，報紙爲之。每頁插若干片，全級一律。

3. 圖片　用同教學字片，寬三寸五分，長五寸。凡字片可用圖表明者，均須預製圖片一張，每一圖片，須配一眉欄之小片，長六分，寬四寸，所書之字同字片，但爲橫寫，與圖片並置一處，以便取用。

字片、圖片、眉片之上端，均須有小孔繫綫，以便抽提，或用卡片夾鉗其上端亦可。

二、二字袋

此備教學時插置字片、圖片之用，袋長六寸，寬三尺六寸至四尺，兩旁上下繫紐帶，用時即绷於黑板上。每袋縫口袋八個至十個，裏用白布，袋用黑布，外置薄綢，用時可以翻轉。計須插字片之袋一個，插圖片之袋一個，移置圖片、字片之指示袋一個，又字袋亦可裱糊厚紙爲之。

字片袋之口袋，留寬三寸長五寸之空白，幂須向上轉。指示袋同。

圖片袋之口袋，分二層，上層爲眉欄，留一寸寬四分長之空白。下層插圖片，留空白與字袋同。上層幕向上轉，下層幂向下轉。

三、字盤

長寬同字袋，形如走馬燈，但分若干層，體爲多面，各插練習片，可以分別旋轉，用時以對準正面之字片、圖片爲指示或練習。

以上活動用具之用法，分詳于以下方式中。

第三　方式

一、對示

此爲練習之最初步，每部份標示既畢，即就該部份預製圖片與字片二種，先持圖片示之，問爲何物，兒童答對後，再持示字片，不復記憶者再告之。然後將字片、圖片對插於字袋，字片在上圖片在下，使學生齊讀，以至該部分之字片、圖片用盡爲止。如該部分標示較多，亦可分二次學習。又每次教學時間，字片、圖片對插已過五張，必須順序復讀一遍。

對示以用字盤練習較爲有趣，用時就已認標示之部分，取字片、圖片各五張，（此以六面爲準而言面加多類推）就相合者上下對準插置，空一面正對兒童。先任轉一圖片於正面，問爲何物，答對後，即反而轉與圖片相合之字片於正面，（兩片相合對準同一順序，故開始用反轉）問爲何字，再指示使讀之。讀後，仍轉字片層之空面於正面，再轉一圖片，如上一一對準讀之。然後將相合之五面，隨轉隨令齊讀若干遍。此五張對照練習既畢，再換五張同前法練習。

在對示式中必需之看口令——"這是甚麼"，"怎樣讀"，"齊讀"，每對準一張就照着讀。

二、查眉標

看圖識字，所注意者仍爲圖。以眉標介紹，則注意移轉于符號與符號之間。由此引進而與圖分離，在認識未久實爲切要。其方式有二：

1. 取置式　此在對示式練習後用之。用法將預備練習之圖片眉片及字片，分別插於字袋。圖片爲眉片須相合對置，字片與圖片之排列則不取同一順序。圖片袋綳在下層，中層爲空袋，上層綳字袋，而掩蔽其字片。開始應作移置練習，每揭去一張字片之掩蔽，即呼一人前來，令與眉欄對照，找與字片相合之圖片，插置於字片下之中層袋內。誤者另換一人，將不合之圖片還原，另找一張相合圖片而對置之。以次另換字片，均如前法爲之。俟所有圖片、字片相合對準，順序齊讀若干遍後，再將圖片掩蔽，分令兒童作還原練習。每揭去一張圖片掩蔽，即呼一人前來，令照對置字片，找其眉標，而取置圖片於其原位。

　　照上用法，可將兒童分爲二組，以片數定組之人數。一組移置，另一組還原；或二組，在移置與還原中，順序各以一人輪次爲之。不過分組練習，必須經過一次取置式練習，知其在若干時數內可以移置並還原若干字，由此估計一次教學時間內，可以分若干組進行。如其練習八片，即須一次教學時間之時數，則輪次之人，每取一片，可以二人或三人合作。尤其在初作取置式時，移置若干片，即占時數三分之一以上，當即進行還原練習，其未練習者下次再作，如此則練習方式有變換，而且容易熟練，不可不注意也。

　　每進行一片，即將其餘各片掩蔽者，原爲集中初學注意，較易辨別起見，如經過相當練習，或兒童程度較高，即可不必掩蔽，此在教師斟酌可也。

　　進一步練習，如屬於校內品物便於取置者，即可持示字片，分令兒童將物取來。俟取得若干物後，再對其他兒童，分示字片或板書，令將各物還置原處。經此練習，以後需用某物，皆持示字片代替口說，指令兒童取之。

　　取置式必須之看口令——把圖片放在相合的字片下面，把圖片還到原處，認清眉標的字，拿片要提着綫頭，對嗎。

　　2. 錯綜式　此在初步取置式後用之。用法綳預備之字片、圖片二袋，不用掩蔽，圖片上欄仍懸眉標，惟字片與圖片上下對置，有字與圖合者，有字與圖不合者。進行時可分兒童爲若干組，每組三人至五人，令將不合圖片之對置字片，逐一照眉標改置，由全體訂正之。

以上兩式，因字盤僅一面對外，故皆用字袋練習，經過相當練習時間，取已熟練之字，可將圖片上欄之眉標摘去，依上法練習。

錯綜式必需之看口令——那個字片和圖片不合，對的不要調換，第〇〇爲〇組。

三、發字片

照已認識之教學字片，預備發給兒童的字片，分束放置於教桌上，字袋之片，照錯綜式布置。即將兒童分爲二起：一從最左之行起，一從最右之行起，令每個兒童順序到字袋前。左行兒童改置字片，從左向右；右行兒童改置字片，從右向左。改置畢，由教師視每人所改置之片，若干相合者，即給預備之字片若干張。已領得字片者，歸坐後，持以告左右同伴。每經一次改置，教師即調動其字片位置，由以次之兒童改置。全班輪次旣畢，即檢各字片未發完數目，斟酌情形，對未領得者作相當練習。如應發字片，一次不能發完者，分數次發之。裝字片之簿摺，應如何預備，須于將發字片前商定之。

發字片必需之看口令——對準幾個片子就給幾個片子，挨次序來不許搶先，領片子歸座後可以幫助同學。

四、描字片

此於發字片後進行之，目的在由塗繪工作，使得到筆畫筆順之感覺，爲此後寫字的預備，與舊時描紅影本不同。用法須在發字片前，先就應發字片之字，取筆畫較簡易勻整者，雙鉤若干字，以便填色。描時用有色鉛筆，並得交換用筆，各字不必填一樣顏色。如爲學校預備，每次用畢皆即收回。其步驟從畫數分，初步八畫以內，進一步亦不過十二畫。從形體分，初步取近似單體字，進一步取左右排列勻整者。從字書分，則注意於起筆與各種不同筆畫，初步取不同筆畫之點堅畫撇折在正中起筆者，如六、上、石、人、手、刀等。進一步取由右旁起筆者，如四、河、伯、地等。以及伸出之筆畫非起筆者，如木、大、中、片、共等。綜合三個步驟，形成描字片之步驟。故指示描字片，當由教師就規定雙鉤之字，預製字片，或臨時雙鉤於黑板上，用有色粉筆依筆順填色，兒童即模仿而作。不過此所謂筆順者，係指其大體，並非如寫字之限於一畫一筆。如此雖近於機械動作，亦尚有興趣也。

描字字片必需之看口令——看着做不許隨意描。各個字不必填一樣顏色，沒有這個字片看別人描。

以上各式練習，在某部分標示畢，即可進行。惟不限於此部分各式練習俱備，始進行其他部分之標示。

五、對圖片

兒童既發字片，則練習時，即可就領得部分自舉字片與所示圖片對照。其所示圖片，可視領得最多之字片為準。此可分個別訂正與相互訂正兩種方式：

一、個別訂正

用字袋　照已發字片而插置相合圖片於袋字內，皆掩蔽之。每揭開圖片一張，即令兒童舉起相合字片，教師巡視驗其誤否。

用字盤　字盤上下全裝圖片，每轉示一片，兒童即舉起相合字片一張；或上下層同時各轉示一片，兒童左右手各舉起相合字片一張，悉如用字袋方式練習。

二、相互訂正

用字袋　依前之取置錯綜兩式而撤去眉標，令其移置或改正。

用字盤　上下二層，分插相合之圖片、字片各六張，任將二層之盤，分別旋轉，於其停止時，令兒童辨別圖片與字片是否相合，或轉到兩片相合時即呼停止而公同訂正之。在相當時間內，任何一張之片，儘可經過若干遍，却不可有一張失掉練習機會。練習無大誤時，即換片練習，此方式省時而且有趣，在開始作對圖片練習，尤為相宜。

對圖片必需之看口令——不對，轉到兩片相合就喊停止，舉起和圖相合的字片來。

六、讀字片

此在由圖片、字片兩相對照，引進于離開圖示而逕可讀音，即符號在神經路綫上，由此留住深刻印象，用法就已發字片而揭示或轉使讀之。

不必與圖片對照，每示一片，就舉手者指令讀之。

讀字片必須之看口令——能榖讀的舉手，看着讀。

對圖片可使每人皆舉字片對照，此則每片祇宜於一人讀之。又前舉對圖片方式未盡分組功用，讀字片限於一人音讀，必須多方分組，始免單調。因此更列二種方式，以便運用。

1. 比賽式　分甲乙二組，可將全級分數個甲乙組，此二組比賽時，其餘爲公正人評定之，試以讀字片爲例。

由兒童相互司令者

Ⅰ. 甲乙二組斜綫對立於教桌前，公正人橫列而坐。每人就所發字片各選自己能讀之片一張。待發令時。二組順序舉示字片，交互令對方之人讀之，誤少者勝。

Ⅱ. 二組順序舉示字片，交換令對方之人讀之。對方不能讀或誤者，則由次位先讀本組前位對方之字片，再讀本位對方之字片，再誤者順序而下，誰先通過而誤少者勝。

由教師司令者

Ⅰ. 教師預定若干字片，分別舉示甲乙二組讀之。前位讀誤之字片，由次位讀之，以次遞下，至讀完字片爲通過一次。以下就原字片順序一一讀之。如前例。每讀完字片一次爲一點，何組得點最多者勝。不過二組用同樣字片，持示後讀之組，須將片之次序稍爲顛倒耳。

Ⅱ. 二組分別順序讀字片，分計每人誤讀之數，合計誤少者勝，但此法須二組讀字片之人，先後互換，如第一位甲先乙後，第二位則乙先甲後，以次遞下是也。

以上方式用自盤轉示，各據上下一盤。用兒童司令，一組選定字片裝於上盤，轉示對組讀之。另一組則選定字片裝於下盤，轉示對組讀之。用教師司令，預定字片分裝於上下二盤，先以上盤字片轉示甲組，下盤字片轉示乙組；復以上盤字片轉示乙組，下盤字片轉示甲組。不必照上之顛倒字片，或讀次先後互換也。

再以對圖爲例，用以上各法，將示字片易爲示圖片，使讀易爲舉字片對照，即可進行。即教師就二組人數，各給圖片一張，甲組示圖片，乙組即舉起相合字片對照。乙組示圖片，甲組即舉起相合字片對照。此不能先示字片者，因圖片係教學用具，每圖只有一張片也。如用字盤，則不持示圖片，而以圖片轉示之。

比賽必需之看口令——照拿的字片來讀，不能讀的讓給下一位讀，從你起開始讀，誰可以作司令。

2. 抽籤式

抽字片

Ⅰ. 以圖片對照　字盤內插預定之圖片，或字盤上下皆插圖片，教師另放一抽籤盒於桌上，滿儲與預定圖片相合之字片，指令某行或某排先后同來各抽一籤，抽得某字片者，即揭取袋內相合圖片，同時並舉以示衆或轉盤上之相合圖片於正面，與所抽字片同時示之。

Ⅱ. 音讀　照上進行手續，抽得某字片者，即舉以示衆而朗讀之。

片袋內或盤上滿儲字片，其餘手續，與抽字片之手續同。

抽籤式必需之口令——抽得何樣字片就取相合的圖來，圖片要和字片相合抽圖才對，每人一定要抽一支籤。

此外，不無遊戲方式，可由教者自行酌用。惟須知用片遊戲。係以識文字爲主。其活動方式，取其含有遊戲意味，非以遊戲爲本身活動，藉此而練習文字也。呆板記誦，固屬非是。若偏重遊戲，拋荒本來目的，所失更甚。

七、演字片

此當在對圖片讀字片後用之，稍簡易者亦可與此互用。用法分兩種，列舉於後：

一、以動作表示者　此係由字片所示，讀其文而並以動作表明其含義，爲預備表演之啓示，分二項舉例：

Ⅰ. 屬於一致動作　教師擇取已習口令片，與標示中連帶所習標語片，以及預就已練習字綴成語片。每示一片，令全體或分排或分行之兒童照所示者作式演之。惟此須分別說明者，例如"起立""坐下""向右看""伸手""摸頭""閉眼""向先生鞠躬"等,勿論何時動作,均與實際一致。如"洗臉""掃地""抹黑板"等,則因當時情境,有時僅作虛擬形式。

Ⅱ. 屬於個別或相互動作　此亦當如上之預備字片。惟動作非求一致;則以採用兒童抽籤式,較易增進其動作興趣與相互注意。故其預備字片,必依以下之兩個原則。其一,所抽之片,不限於即爲自己表示之動作,則一片而可使多數注意。例如"某開門""某拿粉筆來"等,有指定之人,則抽籤者與表示動作者,不必即爲一人。其二,預備之片不必過多,而活動可及于全體,因此字片當如下之類別。1. 爲個別動作,例如開門、拿粉筆來是。2. 爲指定某人動作,例如某開門,某拿粉筆來是。3. 爲相互動作,例如某和某握手,某排和某排相對鞠躬是。預備字片以占全班人數四分之一爲率,或從中排起,或從前排起,或從後排起,或順次來,或逆次來,或從左起,或從右起,皆於抽動作字片前,任指定一人抽出示之,每抽出一片,必舉以示衆。片所示者爲某或某排動作,則某或某排即起立,宣讀字片,然後如示動作。其爲抽籤者本人動作,則讀衆宣讀,而自己如示動作。

二、以綴字句表演者　此係啓示作文初步之預備。教師就練習已熟之字片,或聯綴熟字爲字片若干張,其中任何字片,必有與其他字片,可以相聯成語句者,分別爲上下兩束,指示兒童選取相合之兩片而對置之。此當然不能包括綴文種種法式,然在識字練習中,於其相當時期,穿插此種練習,既不乾燥,亦於綴文預備稍有補助。茲分別說明於下:

Ⅰ. 分類

a. 用問答式,當就事物之形性或功用,使兩片聯合,此又可分爲二例。其一答專名者,例如上片爲——"甚麼是木做的","甚麼是紙做的","甚麼是鐵做的"。下片爲凳、刀、剪、字片、盒、筷子等。其二答通名者,例如"釘子是甚麼做的","黑板是甚麼做的","字是甚麼做的","教鞭是甚麼做的","鋤頭是甚麼做的"。下片爲木、紙、鐵等。通名之片當比專名之片較少,以便容易選擇。關於功用亦準上例,即上片爲"○○有甚麼用處",或"甚麼東西可以坐"是。

　　b. 聯續未完成之語　此其目的在使了解通常聯繫詞之用法,所練習者不必求盡也。例如上片爲"我有""我在""我是""我能""我要""我不"等,下片爲字片、教室、男、女、唱歌、跑等。

　Ⅱ. 步驟

　　a. 初步將預備各片,先任取上束之一片示兒童,再取下束各片分別與之對置,令兒童讀之,逐一問其可相聯否。以次將上束各片與下束各片,一一問畢,不明者加以解釋,自漸了解兩片相聯之意義。

　　b. 進一步將預備各片,上下束分別雜置,令兒童選取相聯者對置之。

　　以上練習步驟,可用字盤轉示。即以應列上束之字片插於上盤,應列下束之字片插於下盤。初依上工式逐片轉動指示之,進一步則由兒童轉動相屬之字片,使之對置。若用字袋,則繫三個字袋,上層插上束字片,下層插下束字片,中層空。用時取下層字片與上層字片相屬者,一一移置於中層,使之對置。開始練習,上層字片須用掩蔽,每揭示一層字,然後由下層移置相屬之字片於其下。

八、設計練習

　　此係取設計教學法組織教材之意義,應用於各種字片之綜合練習。一方使已習字片,得在教學時間內,歸納於一個目的之下,選擇練習,知所運用。一方使字片練習,因設計所包含之聯貫事實,於練習外發生新意義,不致乾燥無味。此種練習,當在讀字片或對圖片以後,與演字片相互進行。其練習方式,全適用七以前各例。惟如何組織設計,茲舉較便於初期練習者示例,在綜合課程中亦可成爲一個單元也。

　　1. 換名片　此可爲貼名條之推廣練習,兼習得社交之用語與方式。用法令各個兒童預備空白名片數張,名片即取日常用紙爲之,照名條書自己姓名於上,不能書者得由他人代書。演習時先説明社交之交換名片意義及其儀式與用語,再決定每人交換名片之組織,或分排分行而相互交換。此以利用來賓持名片來見,或其他用名片機會引起動機最爲相宜。交換者必須唱呼自己姓名,遞與被交換者視之。如此則各個兒童,對於被交換者之姓名字，可以取得深切印象，亦推廣識字之一法也。

　　2. 請客　此須由教師就請客可用之已習字片，依次插置於字袋內，以備選用，另預備空白字片數張，臨時書招待員姓名。演習時以談話式問兒童家庭請客情形，并補充說明其一切事宜，隨問誰願作請客演習，指定一人到教桌前提取。教師於是開始提議問請何客，愈多愈好，從種種方面引起之，如學校方面、家庭方面、親戚鄰舍方面、社會方面等。令兒童依所欲請者就預備字片中提取出來（皆用通名不用專名，即稱伯叔不稱某叔是）分類插置於字袋內，每插一片，即唱其名稱。次提議請誰招待，以所分之類，由兒童指派幾人，每人招待一類，亦須說明。被派者即到教桌前，照片唱呼自己所招待之客。再次提議在何處請客，由兒童提取地點之字片插於字袋內並唱呼之。又次提議如何款待，即將需用器具飲食等之字片，一一插於字袋內並唱呼之。更次提議送客，由招待員分別說明送某類之客，由教師依次令全體齊讀，每一類讀畢，即由該招待員撤消其字片，隨即歸坐。最後提議收拾什物，由請客者每取出一片持示全體齊讀，各片取畢，請客者歸座。

　　3. 開商店　此可分爲兩個例式：其一，教師爲直接店主，將所預備圖片，滿插於字袋內（至少須兩個字袋），令全體隨意買之。買者須持與所買圖片相合之字片（兒童用片）而指買，對者即取給之。字袋內圖片將盡，另以所預備之片補充。經數次補充，懸示停止交易，收回圖片，各兒童一一換取自己字片歸坐。其一，以兒童數人爲販賣者，教師預取已習字片，須分爲若干類別，如農具、文具、糧食、衣服、木器、金具等，各置一束。演習時將類別書示並說明之，每排或每行選一人爲販賣者，令所持欲買圖片之字片指買，對者給之。經販賣若干時間，亦懸示停止交易，收回圖片，各販賣者一一依序到教桌前，取自己原買圖片之字片，逐件唱呼調換，每交還圖片一張，販賣者即給還字片一張，並自取字片一張。此項練習，可在對圖片中行之。

　　4. 遊園　此須先以談話式或其他動機，決定遊覽何場所之事物。或屬實際爲環境所有；或係假設，如動物園、植物園、玩具廠、工廠、花園、菜園、田野等，皆可從便。次決定經過路程，再次詢問該項之各部分事物及一切狀況。在此二個步驟中，凡可連類而及於所有標語者，均須持取預習字片，使之誦習，並提問其注意事項。

總之，本文改造旨趣，係由了解整體的真實環境，認識必須之符號工具。而以一貫主張，結合綱要與方式，釐定整個系統與程序，十之八九出於創論，其格雖異，其理甚常，其用亦便。間有一二採用他說，亦必詳加梳理，自成一家機杼。由此開始，進而及於板書與挂圖之閱讀。則第二學期誦習正式讀本，即可讀較長篇幅之文，而不拘於流行之形式約束，進而兼習書法，再進而作文練習，在第二學年中，兒童即可查字典，參閱各種兒童文藝及常識書籍，自由作文，一切困難問題，均可迎刃而解矣。有志改造者，如取本文而試驗，敢斷言比現行方法，不祇事半功倍已也。

第二篇　實施課程及說話始基

第一　課程分合之旨趣

　　前論對於初步整個課程，尚有未盡，茲論列於下：
　　一、課程產生於全部活動，即爲兒童在校之整體生活。在學習方面，進至某種程序，誠有傾向於科別學習之必要，然不可不注意者有二點：
　　1. 必對於全部活動方面，有相當了解，而後由此分析而出之國語工具，其練習具有各個觀念的體會，不流於機械認識。
　　2. 各科的學程中，皆有學習語言文字之機會。然使整個國語課程，皆爲斷片之活動所構成，則散亂無章，復習亦難配置適當。惟有從全部活動方面，分析國語學程，斯片字隻言，皆爲整個課程之部分活動，而且途徑釐然有序。
　　本上二點，小學課程，必從兒童目前之整體生活，產生學習活動，國語課程即出於此種學習活動之中。當其將進行文字學習以前，必於學習單元所表見之事物與動作，從談話中領取常識，而後學習文字工具，自含有豐富意義。其所謂常識者，在本體上占有常識科目自然、社會兩方面之內涵，在應用上涉及勞作、美術、音樂、遊戲之活動。前者純屬於談話時間內課業，後者則與國語工具之練習分領時間，惟此項僅需少許時間練習者，仍附於國語教學時間內行之。
　　二、前論所列綱要及方法，完全站在文字學習立場，由實體觀察與有象動作之表現，移轉於抽象認識，故所提示者祇爲移轉練習準備，而且練習之關於進行手續，尤以不用口說爲增進學習文字之功用。由第一之2所論，可知移轉準備，係全部活動中之分析進程。至於領取常識，必取途於談話。其主要目的，在使兒童對於環境之認識與控制，由其經驗之整理，獲得具體觀念。此當於兒童直接觀察或動作之後，以談話式進行教學，即作爲常識課程。另一方面則由此教學，摘取其現在必要而且可能學習之文字工具，引起注意，進而爲移轉練習準備之國語提示；更使與文字並重之言語工具與技術，培養其基礎。

於此必有人疑上之所論，所以爲國語教學計者甚周，對於兒童應給予之常識多疏漏者。此則吾人拘守教學科範圍以論常識，而未深思應給予兒童之常識，何者爲兒童當時所能領受與必需了解。使此而不從環境出發，由兒童自身感覺其必要，則所謂常識者仍屬於紙上談兵。使盡環境所有者而能認識與控制，進而推及於環境以外，自爲具體經驗之擴充。本方案前列綱要，即協此旨也。

第二　課程之單元組織與運用

爲適合第一之條件起見，即須預定學習單元，並及其運用程式，茲撮其體要言之：

一、演繹前列綱領並補充之，分爲甲乙丙丁四大類。甲係演繹前列綱領，分爲七個大單元，每大單元分若干小單元。乙丙丁係補充綱領所未及者，但乙丙均須各自組織獨立單元。丁則附於以上各單元中而進行。如爲以上單元所不能類及者，應在教學時間內，適應時機於課首爲數分鐘之練習。

二、大單元內所列之小單元，每小單元應教學若干時數，完全適應當時之實際環境而定。但教學前規定教案，對於實際環境，教者必須實際查勘，分別估計。

三、乙丙兩大類於時機到時，應就演繹綱領之小單元，作相當結束而進行，即方法上進行至發字片之過程也。惟丁則有時須擱置演繹綱領之小單元，此則在教師臨時審慮也。

四、每小單元列舉教學事項，皆分觀察、聯想、發表三段，爲進行程序。但實際教學，往往因事項而各爲體系。茲舉教師應注意之要點如下：

1. 觀察段爲國語與常識混合，所以然者，在意義方面，認識文字，必須了解其本體爲何。在應用方面，必接觸於當時環境之事物與動作，取得需要之語言文字。二者分離實爲兩失，故此段之目的，不以國語科目爲主要觀點，而在由此以取得工具。

2. 發表段稍偏重於抽象方面，自以語言文字之練習爲主要目的。爲調節觀察與發表二段傾向不同起見，在聯想段中，可就當時環境視察，有關主要常識之部分，給予提示或說明。

3. 觀察、聯想、發表三段，雖程序分明，但不能一律嚴格劃分時間，因在觀察時有須問答說明，以進行觀察，發表時有須移轉或補充的圖片之觀察。至聯想是否必須獨立時間，純視接觸事物與情境如何而定。

五、在發表段中有兩個重要事項，須教師特別注意：

Ⅰ. 由環境觀察所準備之圖片字片教學，經提示後，須依照前論之練習程序，逐步進行。

Ⅱ. 由陳述或圖示之摘舉詞語，在當時僅以板書使讀之，再次練習，則製爲字片，與上列準備字片，参合用之。

六、關於兒歌誦習，當在一個月教學以後，或在第三綱進行後，可與字片教學參用，其方式另有專論。

七、關於計算與量度，應在觀察或發表段內，純以當時學習方便爲主。

以下列舉初步教學之預定單元，係大花園學校試教班所用，錄以示例。

甲、環境的適應

（一）我的學校

1. 看標示

觀察

　　　　學校內各處懸牌

　　　　學校內各處標貼

　　　　簡要佈告

　　　　各種標示的式樣及顏色

　　聯想

　　　　各種標示所在地方之功用

　　　　各種標示文字的意義

　　發表

　　　　明了必須理解標示之方式

　　　　爲再認的預備

　　　　不識字故事的書圖指示或講述

　2. 貼名條

　　觀察

　　　　本班同學熟識與否

　　　　本班同學的人數

　　　　本班同學的形像

　　　　本班同學的年歲比較和高低比較

　　聯想

　　　　同學和老師關係及其意義

　　　　怎樣和同學說話玩耍

　　發表

　　　　認識自己的姓名　認識同學的姓名

　　　　貼自己的名條在自己坐的位置上

　3. 了解教室的事物及活動

　　觀察

　　　　教室的標貼

　　　　教室的用具及布置

　　　　參觀較高年級的上下課及作業情形

聯想
  　　教室做什麼用
  　　怎樣使用各種教具
  　　應該怎樣上課下課及怎樣作業
  　　了解教室的活動規則
發表
  　　認識教室裏的一切標示
  　　標示教室的工具並練習運用
  　　教學中適當的活動態度
  　　指示挂圖的問答
  　　預備一張國旗片令學生作色（在觀察及聯想中須使對國旗十分明了此時並須指示鉛筆顏料之用法）
4. 認識校內各場所及活動的實際（分項活動）
觀察
  　　運動場　園地　廚房　廁所　其他
  　　各場所的設備及需要
聯想
  　　怎樣在運動場遊戲　在園地工作　在廚房做飯　在廁所大小便
  　　各場所和我們的關係
  　　各場所應守之規則
  　　各場所缺少之標示
發表
  　　認識各場所的標示
  　　標示各場所的器物
  　　在各場所應有的適當活動
  　　唱讀關於學校活動之兒歌（斟酌當時學習情形而定，且須字片經過相當練習始適用之）

(二) 我的家庭

1. 親屬及鄰戚的稱呼與禮儀

觀察

　　我家有些什麼人　共幾人　有些什麼親戚　有些什麼鄰居

家人相處的情狀

　　親屬及鄰戚的稱呼　相見的情狀

聯想

　　親屬及鄰戚各和我的關係

　　我怎樣去親愛他們

發表

　　禮儀的練習

　　稱呼的認識

　　家中常唱的兒歌及其玩具

2. 住處及來往路綫

觀察

　　住房所在地方　是怎樣的住屋　有幾間甚麼屋子　房子方向　自己的屋與租賃的屋　租賃的屋價

　　在學校的那一方　經那些處所　走那些路　並轉那些彎

　　（提上列問題使之注意觀察，並於教學時間內看教師所示之地圖，細察自己住處及來往路綫。）

　　居住不遠者可以步量其與學校之距離　或量由校達到經過某處所之距離

聯想

　　房屋是用甚麼做成的

　　爲什麼要有各別的房子

　　房子要怎樣纔整潔

　　和學校房子的比較

　　了解自己的屋子與租賃之區別

發表

  認識做屋的材料及房子名稱

  關於住處及往來路綫所應認識的字

  畫一條從家庭到學校的路綫

  用預備之豆與籤做一間房屋

3. 食品及衣料

觀察

  家中所吃的飯菜　吃幾餐

  家中各個所穿的有些怎樣的衣服

  家中常買的是什麼

聯想

  食品是那裏來的

  知道那些飲食的做法

  衣料是那裏來的

  男女的衣服式樣有何不同

發表

  認識食品和衣服的名稱及其簡略用法

  摺一件衣服

  預備一件衣服式樣記點的圖片令其以鉛筆畫綫連之並作色

4. 操作及用具

觀察

  父母兄姊在家做什麼事情怎樣工作

  家庭有什麼工作用具

  自家田裏種的有些什麼

  家中自做的有些什麼用具

  那些用具是買的

聯想

  家中靠甚麼生活

　　　　為什麼要作工
　　　　如何才會使用這些操作用具
　　　　我應該幫助家庭做些什麼事情
　發表
　　　　報告家庭日常操作的情況
　　　　認識收穫及家庭用具的名稱
　　　　勤儉家庭的故事
　　　　補足圖片上幾件用具所缺乏之某處
（三）我的身體及養護
1. 身體各部分的名稱及動作
　觀察
　　　　手和腳的活動
　　　　身體和內臟的活動
　　　　頭和五官的活動
　聯想
　　　　人的生活及生長
　　　　怎樣保護和培養我的身體
　發表
　　　　認識身體各部分名稱及作用
　　　　重量的比較　長度的比較　視力的比較　聽力的比較　跑的速率之比較　觸覺的比較
　　　　上下左右的辨認
　　　　人體模型的圖示及問答
　　　　人形的畫或泥製人形
　　　　遊戲的練習（參考兒童國語教科書第一冊第二十課點鼻子）
2. 我的食物
　觀察
　　　　每日正餐常吃的是什麼　各在什麼時候　最喜歡吃的是什

麼　吃零食否　零食有些什麼

　　　小販叫賣的是些什麼

　　　四季吃的食物不同的是甚麼　調味的是什麼　喝的是什
麼　代售處食品及價目

聯想

　　　飲食何以必需

　　　何以飲食不當即生病

　　　吃零食的害處

發表

　　　認識各種食物的名稱及作用

　　　食物進化的圖示及問答

　　　幾種飲食作法的陳述

　　　味覺的辨別

　　　食品價目的計算

3. 我的衣服

觀察

　　　衣服的各種類　衣服的各部分

　　　各時令的衣服

　　　衣服長寬的量度

　　　冠履及帶鈕等

　　　衣服的縫紉和洗濯

　　　各種衣料及顏色

聯想

　　　衣服的作用　棉衣為什麼暖

　　　衣服與身體各部分之適應

　　　衣服與時令之適應

　　　衣料及製作方法

　　　衣服的清潔整齊

發表
  認識衣服種類及各部分的名稱及作用
  衣料及顏色的辨別
  衣服的整理
  （上二行參考蒙特梭利之教育用具）
  衣服進化圖示的問答
4. 保衛及合群
觀察
  整潔的檢查
  運動的鍛鍊
  休息的活動
  各種工作的配置
聯想
  健康與清潔
  需要與供給
  個人與團體
  人與動物之別
4. 發表
  健康圖解的說明
  合群故事的講述及重要語句的摘認
（四）我的鄉村
1. 房舍
觀察
  草房和瓦房
  公用的房屋和私人的住宅
  各房屋所在場所及其方向
  各房屋所有標貼
  各房屋的形式

聯想
　　　　房屋是怎樣建造的
　　　　公物的用處
　　　　注意光綫和空氣
　　　　原人的住所
　　　　貧富不同的住所
　　發表
　　　　記載房舍數目
　　　　認識各種房屋的名稱及標貼
　　　　分組用瓦片及泥土造一間小房子
　　　　人類居住進化的圖示問答
　　　　指方向的遊戲
　2. 牲畜
　　觀察
　　　　村裏所有牲畜
　　　　牲畜各種的形狀及毛羽的顏色
　　　　四隻腿兩隻腿　有翅無翅的辨認
　　　　飼養的食物及處所
　　聯想
　　　　各種牲畜的功用
　　　　各種牲畜的特點
　　　　怎樣飼養牲畜
　　發表
　　　　認識牲畜及飼養的名稱和功用
　　　　牲畜音聲的仿傚
　　　　呼喚牲畜的特別言語
　　　　補充幾種牲畜形體圖上的空缺
　3. 道路

觀察

  本村東西有幾條路　南北有幾條路

  步量以上各路距離及與本校距離

  與他村及他場所往來的路

  附近的官道

  通省城的道路

  道路上來往的車　車上載運的東西

聯想

  道路與本村的關係

  道路應有的修理及設置

發表

  認識車的名稱及關係路的字

  依指迷圖紙數字次序以綫連之成路綫

4. 樹木

觀察

  本村現時所見樹木的枝、幹、根、葉、花、果之狀態及形式與顏色

  古樹之特徵

  嫩樹之特徵

  棲止樹木之鳥類

聯想

  各樹木之功用

  樹木生長之經過

  怎樣種植及保護樹木

發表

  認識樹木及鳥的名稱及功用

  搜集各樹的木片及果實並分類記載

  畫一棵樹

各種不同顏色的辨認（用蒙氏教具）
5. 田野
觀察
　　　現時靠村田野的農作物
　　　現時農人的工作情況
　　　農畝與園圃
　　　灌溉與肥料
　　　農具的辨識
　　　種子的搜集
聯想
　　　農作物和人的關係
　　　工作的勤惰和收穫的多少
發表
　　　認識農產農具及工作
　　　種子容積及輕重的量度
　　　陳述並理解農歌
　　　畫一張田野圖畫
6. 自衛
觀察
　　　保甲的名目
　　　自衛的用具
　　　盜賊及乞丐
　　　（恐小學生不易了解暫從略）
(五) 旅行參觀
1. 天主堂
觀察
　　　天主堂房屋之建築設備及其風景
　　　天主堂外國人之儀狀動作與其生活

　　　　天主堂之標貼與懸挂
　　　　由學校到天主堂之路綫與距離及經過地方之景物
　　聯想
　　　　為何有天主堂
　　　　天主堂與地方關係
　　　　教堂與普通房屋之比較
　　　　外國人與中國人之比較
　　發表
　　　　參觀經過的問答
　　　　認識參觀所見的文字
　　　　關於天主教畫片的摘示並說明
　2. 佛塔及回教墓
　　觀察
　　　　佛塔及回教墓的高低大小
　　　　周圍的樹木及碑石
　　　　量度墳墓及碑塔
　　　　沿途的其他墳墓
　　聯想
　　　　佛教及回教的生活情形和死後的葬儀
　　　　漢人普通的葬儀
　　　　立墳墓之意義
　　　　墳墓不同之意義
　　發表
　　　　參觀經過的問答
　　　　畫佛塔及回教墓的圖畫
　　　　摘識所見文字
　3. 磚瓦窰
　　觀察

　　　　磚瓦窯的數目大小內外
　　　　做磚瓦的坯和燒窯的情形
　　　　由學校到窯的路綫與距離以及經過地方之景物
聯想
　　　　磚瓦等之功用
　　　　製造的程序
發表
　　　　認識各種陶器的名稱及其功用
　　　　做幾種陶器的模型
　　　　各種方圓形的視覺練習（蒙氏教具）
4. 農林試驗場
觀察
　　　　到農林試驗場經過：惠濟河　鐵路
　　　　農林試驗場裏有：花區　農圃　暖室　假山　茅亭　小河　古吹台　動物園　碑區　三賢祠
　　　　由學校到試驗場之路綫與距離及經過地方之景物（須由教師事先預備圖樣）
聯想
　　　　河流和鐵路在交通上的重要
　　　　農林試驗場與農作物的改良
　　　　試驗場與本校農圃之比較
發表
　　　　分別部分報告參觀經過
　　　　認識所見的文字
5. 城裏（此宜分兩次旅行）
觀察
　　　　龍亭附近：午朝門、潘陽湖、龍亭、體育場等
　　　　相國寺：實業館、美術館、自然科學館、遊藝場等，以上

各處景物及其標貼
  由學校至某城門再至觀察地點之路綫，及其距離沿途經過之街道、商店等
聯想
  重要史事的概略
  風景及陳設的特徵
發表
  認識所見的重要事物之文字及其標貼
  分部報告所見
  畫旅行所見的記憶畫

（六）開闢農場　（此單元僅規定大體，爲全期之農圃工作實施得間斷的分若干次，每次依下之三個步驟爲適宜工作。）

觀察
  農場的設置
  各種作物的認識
  參觀年長者工作
  春夏適宜種那幾種植物
聯想
  計劃分園地的工作
  計劃本園栽培的作物
  規定長期各日工作的程序
發表
  量度本團劃分的園地
  實行分配的工作
  認識各種作物及工具的名稱
  標示自己種植的作物及其他標語
  計算每組或每人分配的東西
  討論本園的工作

（七）整理教室　係統合每日灑掃布置以及定期之裝飾工作而定。實施時適應全期進程，分為若干單元設計，或每週成一小設計，於週之始日作設計教學，餘日作例做工作，總以由動作中發見應守規則為主。其工作事項，得因習慣訓練之目的與程序而隨時變通，不必於開始即期取得全部之部署與秩序也。

觀察
　　參考較高年級教室之清潔與布置及其裝飾
　　本團教室現在清潔狀況
　　教室布置是否與學習事物相應
　　本團教室現在布置狀況
　　本團現在工作在教室應有的預備
　　本團教室應有的裝飾

聯想
　　如何清潔與布置
　　如何裝飾
　　以上工作時所需的物品及工具
　　工作如何分配
　　日常怎樣整理教室

發表
　　實行整理教室的工作及品物計算
　　工作後的報告批評
　　認識在整理教室活動中所學習事物的文字
　　唱整理教室的歌

乙、時令的適應

1. 植樹節　　　　　　三月十二日
2. 總理逝世紀念日　　三月十二日
3. 兒童節　　　　　　四月四日
4. 清明節　　　　　　四月五日

5. 國恥紀念日　　　五月九日
6. 端陽節　　　　　六月十六日
7. 放風箏
8. 捕蠅
9. 防疫

（以上各單元係全校的共同活動，雖然各團有本身的特別工作，然最低級祇知做參加工作，須俟某單元正籌備時酌量全校之共同活動，酌定本團工作，先期預擬教案。並且此項工作亦取簡略，其形式亦當如前七種單元之形式。不過此除準備與整理均在隨團體共同活動而擔任本團分配之工作耳。又此各單元可在前七種單元進行中適應時令抽出一部分時間作之。）

丙、偶發時項

1. 本村婚喪及公共聚會之事
2. 本村或環境臨時發生之要事
3. 學校臨時發生之要事

（以上各事無一定時間，但均可于臨時作為教學單元。）

丁、日常現象的注意和觀察

（須每日注意觀察的記號*）

第一學月

1. 天氣晴陰的注意*
2. 風沙的觀察
3. 室內溫度的觀察*
4. 日影的觀測
5. 注意學校和社會的新聞*

第二學月

1. 雪和露的觀察
2. 風向的注意*

3. 晝長夜短的體驗*
4. 注意最先萌芽的樹和花草
5. 雁的注意

第三學月
1. 樹葉和枝的生長
2. 注意最先開的花
3. 雨天的觀察
4. 鳥類生活觀察
5. 天氣漸暖的注意*
6. 孵小雞的觀察*

第四學月
1. 新果實的觀察
2. 注意電光及雷聲
3. 蜂蝶生活的觀察
4. 陽光强烈的注意
5. 注意夏日特有的鳥

第五學月
1. 牛羊脫毛的觀察
2. 暴雨的觀察
3. 注意强閃及霹靂
4. 虹的注意
5. 一日間溫度最高時間的觀察

（以上各月所列事項係分月特別注意觀察之點，并不限於某月專以所規定者爲限。因有許多事項須繼續不斷的觀察，又上列各事項觀察與移轉於教室學習爲時均短，且無一定時間，應於前面各單元進行中每日任就某次授課之始，提數分鐘先作此種練習。）

第三　言語教學

　　爲適合第二之條件起見，談話實爲本論中心方式。現今幼稚園課程，多有列談話爲科目；小學國語課程，則有特定談話時間者。部定小學課程標准，國語之作業要項及教法要點，對談話亦有分別規定。是談話在國語教學中之重要，已爲一般人所共認。茲惟就開始側重之點，撮要論列。閱者運用前論之綱要與方式。參照本論提出事項，融會貫通，於小學全部課程之革新，當可得其體要矣。

　　一、如何使兒童皆有話可説

　　語言教學，不是在設談話科目，或特定談話時間，由談話之目的而取材料。固然在教學活動中，爲探詢請求磋商説明等形式，必須説話。一切教學所需提示發問説明等之內容，皆爲談話最好資料。然而心目中一限於國語教材，則談話之資料已狹。學習一限於偶發機會，將矜持而失常度。尤其未培養説話習慣以前，要使兒童由探詢請求説明而發言，實屬難能。現今小學説話所以成爲具文者，一、祇在國語學科裏面學習語言，喪失其他學習一切機會。二、專爲談話而取語言材料，不適應學習生活之整個活動。三、談話時間內，皆依照教師所講説者而復述。在如此情況之下，任從如何形式方面。求合兒童心理與實際應用——如所謂看圖講述、故事講述、日常會話、有組織的語言材料等，決難連續引起一般興趣。所以本課程之學習單元，混合常識與國語爲一，由實際整個觀察，形成具體學習。其進行步驟，每個單元開始，必依環境而爲適當布置，其在教室部署，凡非當時所需要，概不陳列。務使兒童目前所接觸者，皆爲當時學習之準備。尤其目的所在之觀察場所及其事物，必預定計畫，列爲教案之一個步驟，於領導觀察時，常予暗示，俾其注意。在觀察中對於國語學習工具，雖可特別注重，然不可因此而拋却整個觀察。觀察後之談話，爲整理整個觀察之觀念，由此分演，始進於國語工具之練習。茲將談話主要步驟列於後：

1. 談話開始，必使兒童就所觀察者分別陳述。

2. 每個陳述後，其有須修正或補充者，須設法使其他兒童表示。非必須教師表示時，教師勿貿然爲之。

3. 觀察後之談話，有關常識之主要事項，應設法引起兒童發問。教師在說明中，得搜集主要事物提示，並板書主要文字示之。但練習文字與文字所表示事物的斷片說明，應在談話後國語課程學習時間內行之。

外此，尚有一種不須觀察而可爲談話資料者，如兒童在家庭之日常生活經驗，在學校之學習活動情狀，依預定學習單元之進行，由教師分別覓適當動機而提出，與直接察觀者亦有同樣效力。不過談話而純以此種爲主體，必易演成現今小學之普通習弊也。

二、如何使兒童皆肯説話

置兒童於有話可說之環境中，於肯説話之準備，即已立其基礎。茲更進而論列其要點：

1. 在領導觀察時，應留心某兒童特別注目於某事物，而鼓舞其興趣；或對一般兒童，提醒其注意某事物之要點。尤以對頑劣或羞怯之兒童，分別各給以暗示。因爲親切有味或較清楚之經驗，最爲兒童所樂道。使事前有充分預備，一至開始談話，雖羞怯者，亦不致終安緘默。

2. 在觀察後談話，必須不拘形式，一如日常或家庭間自由談話之情形。有時即在觀察場所，圍繞交談，分別問答，參以說明。如其須移於教室而談話，亦不當如普通教學，依桌椅行列之序，正襟危坐，無形中感覺拘束。不過與日常自由談話有別者，亦有二點：

A. 須在教師指導之下，陳述聞見，以爲教師補充說明之基礎。

B. 必須在大家團聚中，陳述公同參加之經驗。

(三) 如何培養談話之基本態度

如復述、講説、問答、表演、報告、辨論等，可以構成語言之各種形式。入學始期之語言學習，固不必備具各種形式，然實可由談話而立其始基，茲惟論列其特別重要之點。

1. 表述之基本動作　所謂表述者，在說話之中，時參以擬勢語之方式也。表述之基本動作，即擬勢語之動作，如何表現其方式也。擬勢語含有手勢身勢兩種動作，原爲言語未完成時之一種言語代表，言語既發達以後，如演戲之做工，擬勢語即占其一部分；鼓書之動作，則純爲擬勢語之表現也。因此現代社會之擬勢語，在身勢手勢之中，均表現二種功用。其一爲扶助，言語雖已表出，更作勢使言語有力或更明了。其二爲補充，言語所不及形容，由擬勢以表出其情狀。兒童陳述事實，言語不備，仍多藉助於擬勢。並且因注意言語中之動作姿態，則吐音發語，自必從容不苟，力求簡要，由擬勢之輔助，以求合於所欲表現之意義，而容易得到矯正機會，尤其現今中高年級一般兒童出席講演，趨向流行之示威榜樣，操拳踱脚，與言語不相呼應。推其原由，實以幼時語言練習，未曾留意擬勢，故一旦登台說話，摹仿流行榜樣，遂益顯其故意做作之體態。其於故事表演，因爲平時談話，缺乏擬勢之素養，故分節摹擬，多費練習時間而仍欠自然。爲矯正此種缺點起見，擬勢語言之訓練，更宜注重。茲就最重要者論列于左：

A. 每遇談話，凡關於形象比方或動作說明，惟使其言語有力或情狀活躍者，何處應參以身勢，何語應附以手勢，語言與動作必須合拍。當其開始，不得不有賴教師在說明中，妥爲示範。至于手勢與身勢之運用與方式，當於各個單元教學中，逐日記載，彙案整理，另輯專篇，以餉讀者。

B. 依預定學習單元之各個旨趣，選取適於動作表演之兒歌，使在國語適當練習期間，隨唱隨演。此在出版之兒童歌集及讀本中，不少可採作品，後當詳論之。

2. 一般之秩序　此自然須積漸而成，而且必須於發生事故時培養之，其理由《開學與管理》一書中言之甚詳盡。茲惟舉開始學習期間應注意者數則，惟屬普通事項，然實爲基本條件，且必須初學培養其習慣也。

A. 勿論由教師談話或同學談話，凡聽者之視綫，必須惟集注於其人。但不可對之有任何神情表示，亦不可不顧而有任何言動。

B. 不可攙在他人談話未畢時而發言。

C. 欲發言者應照規定之式而表示（例如舉手）。未得教師或主席許可，不得發言。

D. 問答時應離席起立。

3. 應對必須注意之事項　此之指導，與2同。

A. 用語　如"請你""謝謝""請原諒""請指教""是的""不會"等，應於適當時機，隨時指示并矯正之。

B. 禮節　如在途中，或普通場所，問必鞠躬，答必立正。如在任工作或職務之場所，應否起立，則視對方身分或本身當時情形而定。尤其他人有事或與商論時，必得許可而後發言，回答必待其說話已畢。

第三篇　環境活動之補充與調節

第一　如何完成正式閱讀前之準備

　　首論國語初步課程方案，未盡教學上必需之方式。所以如是開端者，蓋以形意文字，與拼音文字構造不同。拼音字之基本字形，皆出於音母之符號，義則與形無關。形意字之部首與音系。所以構成字之原素者爲例較繁，因之由形可以推音義。二者學習難易之度，不可執一以論。講小學國語教學者，惟泥守拼音字之進程與式例，任取如何良好方法，收效終屬有限。蓋彼以辨字音爲讀文之基，開始需助于視覺練習者爲時無多。此則以辨字形爲讀文字之基，欲期其自由閱讀與自由綴文，非多□字不爲功。且非經適當之視覺練習。無由保持其記憶。詳言之，即須由事物與動作之接觸，認識其所以成詞之字，積累較多，斯讀文之扞格較少。否則惟有待于教師授讀而已。首論在防止一味勦襲式例之誤，並集注于開始教學之點，僅于綱要內第五綱提出附麗之表現，方式內看口令與演字片提出語句教學旨趣，固足以示例。所慮教者習慣于形式教學，對此簡單示例，不加推闡，則閱讀態度與讀文興趣，未能充實培養，或至形成變相的看圖識字之窠臼。茲更廣其說，於小學第一期國語教學，庶幾完成其功用矣。關於本論所以補足前二篇未盡者，約有三個原則：

　　一、以板書補紙片之不足或爲其準備　向來一般教學上之提示，無有不用板書者。茲之所用，其旨稍殊。于此當知本方案紙片之功用，所以代替書本授課者，非僅取其適用於實際觀察，尤在集中兒童注意，與清理其觀念單位，惟此逐項揭示，始爲明確。凡字片與圖片兩相對照者，固可無藉于板書，然應習詞語，不能盡以圖表示之。並且預備不足，或臨時發見者，亦惟板書最便。尤其可用動作表演之詞語，更無取乎圖示。不過板書之後，仍須依所習者製成字片句片，以資練習。善用板書者，以後紙片練習，當更有效。蓋指引視覺之具，愈不取同一途徑。斯印象愈深也。

二、由學習動境與其進程而提示新詞語　應用之字，以事物的名字最多，範圍與數目亦不易限量。本方案以環境觀察爲立場，則認識名字之範圍與數目，自有適當標准。應用固不以事物的名字爲限，然使所觀察之事物，先不識其名字，而指認具有關形性與功用之字，對此事物仍須預爲解釋，未免累贅。使僅認事物之名字，則對事物之觀念，必嫌空漠。事物既須説明，斯摘示旨要，一方可資爲理解工具，一方又增進其傳達能力。由名字進而認形性與功用之字，此屬于進程者也。此形性與功用之字，必在認識事物名字以後，由兒童所表見之活動，適應情境而分別指認，此屬於學習動境者也。不但此也，字片爲名字者，皆爲實體字之詞，大率與圖片對照而提示。屬于非名字者。不能單獨成爲圖片。若聯字構成之語句，祇能以圖片表現語句所含之意義，不能如單詞之字具體表現。首論所列方式，於語句之學習，固未詳也。

三、由摘讀而進于讀文綴文之準備　本方案課程由整體生活而組織，在觀察聯想兩個進程，皆屬於全部活動，至發表則結束於國語進程，故以摘讀爲學習之主要目的。此種摘讀，當然以單詞單語爲適合。於此有兩個要點，當爲吾人所注意者：

1. 專從事於了解現在生活，而不培養其想像力，必使兒童形成一種乾燥寡味之人生觀，此宜調節者一。

2. 以識字爲自由讀文綴文之梯，自以多習單詞單語爲主。然使全個學期，惟此是務，或不免減損興趣。並且養成正確態度，僅此準備，不能完其成基礎，此宜推廣者又一。

準此以來，補充前論所未及，一以讀故事畫開綴文之途徑；一以讀兒歌確立正式閱讀之基。讀故事畫與兒歌，占初步國語課程之一部分，固一般論教材者所見及。惟應讀如何之故事畫與兒歌，以及應如何而學習，則爲茲所唯一研究之問題，以下當詳論之。至於讀故事畫與兒歌，或隨各單元而附及，或獨占一部分時間（每類不得超過前列綱要時數四分之一）由教者斟酌施行可也。

第二　單詞單語如何補充

根據上之三個原則，補充前論所未備，先從單詞單語方面言之。

一、補充單元開始之摘示　前論所及，各個實施單元，均預備有一定字片。至真正實施時，所需於臨時補充者，有兩個機會：

1. 由教師說明或兒童表述中，產生應摘示之詞或語，爲預備字片所未有者，惟以板書示之爲便。

2. 因主要用詞之解釋，涉及當有的動作：如鈴必涉及搖鈴，黑板必涉及抹黑板。涉及可有的表象：如"尺"而涉及"長""短""手"而涉及"左""右"。似此"搖""抹"之動作字，"長""短""左""右"之表象字等，有可預計者，有從偶發而出者，有預計而臨時須增損者，皆視當時情境如何，而以板書示之。

如1例，每個小單元所摘示者，不當超過預備字片之半數，以便補充詞語製成字片，與預備字片參合練習，對此無圖片對照之詞語，容易回憶。其提示方式，即照普通教法進行可也。

如2例，以動作的字爲主。動作的字，有動態、動聲兩種不同表現。在一種表現動態之字。由擬勢之動作聲音，可以推測其動態者，最適於以遊戲方式而識字。派克 Parker 所著教學法第十五章第二節記述哈代（Hardy）教學實況，可爲範例，茲摘記如下：

閱讀開始教學，課文含有"跳""跑"等動作字，先摘示此類字，然後以遊戲方式演之。譬如學習"跳"字，一個兒童站在屋角，另一個兒童在黑板前，手指跳字，口附教師之耳輕輕讀音，隨即擬勢跳到本人位上，說道"好了"。在屋角兒童說"我聽得你在跳"，便到黑板前，指"跳"字以告。對否由公同訂正之。又在繼續上課之始，離黑板較近處，全班排成半圓形教師書示跳字，兒童均跳到本人位上。此類動作，兒童不時擬勢演習，極所樂爲。

上舉範例，可以依動作字狀態類推演習。其僅表現動態者，如"聽""看""拿"等字，在認識某種事物名字時，如有摘示此等字之必要，可先由教師擬勢書示其字，隨用種種不同事物，插入已示之動作字，令兒童以動作表示之。試以拿字爲例，教師由拿粉筆，拿字片，示拿字意義，使之認識。練習時，即配置已識之字，如誰拿抹布來，拿圖片看等，使兒童以動作表示。僅表現動聲者，如"丁當""唉啞""嗚嗚""轟轟"等字，惟連屬於有關事物之詞語下，效其聲音而使識字。但此類之字，以用注音字母書示較爲適合。總之動作字之認識，必以擬勢爲進行學習之方式。在兒童本身方面，可由活潑而簡單之動作，取得精神上與身體上之愉快。在學習工具方面，不特由視形聽音而注意字之意義，並且必了解其意義，始能表示動作，誠開始最適當之學習也。

二、補充單元練習階段之摘示　凡主要用詞，練習達於讀字片時，就其形性與功用等，由兒童回憶復述過去經驗，摘示在提示時所未及之詞語。此在第三綱以後，每個小單元可擇取一二種主要事物，分別研究。例如我的家庭單元，就已認識之食品衣服各取一種，於練習段中摘示新詞語。然亦有小單元不必進行此項補充者，例如親屬及鄰戚的稱呼與禮儀，保衛及合群，依本章一之1補充新詞，即無須更有如此演進之練習。如此分配，每單元開始學習，遇有內容豐富之主要事物，在提示中補充時（即一之1）識字分量不致過重，一也。練習之中，兼有增加新知之進度，二也。對事物之觀念，因識新字而回憶，有集中目的，三也。其方式則《得可樂利 Decroly 新教育法》第六章第三段，可爲最好範例，茲撮述如左：

就圖片所表見之事物，撮記觀察研究所得要點於其下，另以字片分書同樣詞語。練習法先對照圖片下所記詞語，在字片中尋覓相同者並依序排列。次掩蔽圖片下之詞語，在字片中對圖而覓其事物應有之詞語，尋覓既畢，始揭開掩蔽而對照之。

依本方案所準備，此等主要用詞，皆有對照之圖片字片。運用上之範例，當分爲兩個步驟：

1. 開始演進練習，就各個小單元，如前論分別摘示，隨即用問答法，令復述摘示之詞語。

2. 綜合練習，則就大單元所有小單元之此等補充詞語，製成字片，懸繫于實物下或放置於圖片下，進行德氏範例之練習。

第三　以讀兒歌確立正式閱讀之基

語言文字之最基本興趣，充分表現於兒歌唱誦之中。因爲大自然現象，均以律動表現，日月循環，寒暑遞更，時時與生活相接觸。兒童生長於律動環境中，愛律動爲其天性。所以催眠之歌唱與搖撼，兒童不自覺而起反應。由此演或兒歌，唱誦者足蹈手舞，與音節合拍，開人類文學的教育之途徑。是兒歌之最適於始期唱讀，實已公認。惟如何使其自讀歌詞，在開始教學上，却爲重要問題。據哈代氏教學經驗，分爲五個步驟：

1. 先學會全首兒歌
2. 兒童唸歌詞　由教師寫於黑板上
3. 兒歌讀全文
4. 兒歌認識單句
5. 認識并記憶單子

吾國各地流行之兒歌，僅憑流傳。其記錄者率經文人杜撰，有失原意。茲爲便於初步教學起見，規定選擇兒歌，有兩個標准：

1. 在形式方面，每首語句不多，句子不長，以三四句或四五句爲主。過此者，必爲重叠或複見之詞語，積累而成。

2. 在實際方面，歌詞意義之表現，必適於以一種手勢或身勢之單純動作，隨歌唱而表演，所表演者又與兒童生活相應。

教學方式，以哈代氏教學實例，最爲適當。愈子夷盪秋千之例，似從此脫胎而出。茲撮錄哈代氏開始教學之一個實例：

第一日——兒童入學第四日

第一步介紹兒歌　（左兒歌一首照哈代書示行列錄入）

　　杰克，巧，
　　杰克，快，
　　杰克跳過——
　　蠟燭台。

第二步在實物上跳唱　預備蠟燭台一個，兒童依序在台上跳過去，並唱上所介紹歌詞。

第三步自畫自唱　教者指示一種變換方法之遊戲，用粉筆在黑板上自由畫一個燭台，其上畫一曲綫表示跳過之狀，兒童隨畫隨唱。

第四步依兒童念詞而書示文字　教者說明要在黑板上書示歌詞後，即問兒童先寫何語，照念詞無誤者而寫，以下逐句如式書示。

派克氏記至此處，附記兩個要點：其一為哈代逐句書示，必如上所排之行列；其二留心授課時限，當逐句寫畢，已屆下課時間，哈代另書"不要抹去"，以便下次接續學習。

第二日

第五步開始學習讀文之指引

讀文前準備　先計算出席人數，計算坐位。次書文中主要動作之跳字，兒童依書示跳到坐位。再次提起昨天所唱兒歌，問明行列，並指告不要抹去之揭示。至此始懸示挂圖，附歌詞全文，令與板書對照，隨即抹去。

讀全文　首由教者範讀全文，兒童隨聲齊讀。讀時用硬紙所製之指引籤，置於所讀行列之左，每讀單一行，即順序下移。次兒童輪讀全文，依指引籤所指行列而讀之。

第六步指認句子　教者就已習歌詞，任讀一句，令兒童在圖上指其句子，指時用指引籤置於是句行列之左。

第七步對照找句子　先由教者持示僅有歌詞之另一張新挂圖，令兒童與有畫挂圖之句子行列相對照。次將新挂圖剪成四條，令兒童持與有畫挂圖之行列，逐句對照。依序句置於插袋內。至此開始找句子，令兒童閉其眼睛，教者任在插袋中取出一條，由兒童辨認，即從舉手中指令一人唸所取之條為何文，並將取出之條，持與有畫挂圖相同之句，對照示衆，經公同訂正後，隨即還置於插袋內。當指令兒童念句對句時，如有誤者，應指導其讀全文數遍，並特別注意其錯誤之句。以下四個句子。每句至少必尋覓一次。

第八步聽音找句子　此係進一步的遊戲，分組輪次練習。其式將四個條子，分給兒童，教者讀某句時，兒童分得是句之條者，即到黑板前，持與有畫挂圖之相同句子對照，然後還置於插袋內。

第九步用試驗方式指認單字　教室另懸示挂圖，開首一句為"這是杰克"。教者念出"杰克"一詞，令兒童以指引籤指之，兒童僅有字位觀念，無字形觀念者，竟指這是為"杰克"。哈代在如此情形下，示以前所剪之句條，令其仔細與此挂圖對照，尋覓相同之字。

第三日以下，改授他首兒歌，大致一如前首之學習方式，茲順序摘錄其可資參考之點：

1. 由溫習前首兒歌而授新歌　先由兒童移指引籤讀全文，次插句片，隨插隨令兒童讀之，再令兒童當先生，做找句子的遊戲。又次在數塊黑板上，分結許多畫的地位，令兒童隨讀隨畫，並注意不知用右手拿粉筆者，加以指示。至此始介紹新授兒歌，先將歌中主要物□如山，與前首以蠟燭台為主要物同，令兒童畫之，次即同讀新歌詞□隨由兒童念，教者書示之，再讀全文數遍。

2. 如前首教學方式練習而增加注意手續　在如式練習中，稱贊最優者，對不注意的兒童，則加以溫和之責勉，並使其必真了解始舉手。又插字條時，告以注意插置有無錯誤，即於插置中故意誤插一句，試驗兒童能否發見。

  3. 注重單字分析　預備本文字片，有單字之詞，有單字之詞，其中參有前歌之字。告以句片可與行列對，字片只能與行中之單字對。於是指定行列，分給兒童對字，即持何行字片，向挂圖何行對字，並讀字音。先指令優生對字，其有對準字而音讀誤或不能讀者，即令從是行之首，逐字點讀。經此對照，再錯綜所有字片，用閃爍練習，與插片練習，使由準確而達於迅速。如有重複之字，則指令兒童持字片逐行對照，報告數目。字形相似者，則特別提出練習。又兒童持字片時，乘機告以字片不可放在口邊或貼在面上，保存清潔。此項字片練習，經過相當練習後，與讀全文找句子分次相間行之。

由上述範例，有足資效法者，有須活用者，茲分別說明如左：
一、足資效法之點
1. 矯正一字一讀之弊　派克論教法，譏當代小學之國語教學，兒童手持書，眼釘字，大聲喊道"這──是──一──隻──猫"，即所爲一字一讀之弊。吾國小學讀文，幾成通病，余於二十年來，屢經痛論。繼思其所以然之故，蓋以初習讀本，讀文與識字並進，必須逐字點讀，積久遂成習慣，牢不可破。哈代由唱誦兒歌入手，未識其字，先已熟誦其文。及至提出文字，如書示，如行例辨認，皆以分句爲基本練習。經此訓練，進於正式讀書，自不致有一字一讀之弊。

2. 矯正不對準文字而信口唱誦之弊　此與上之情形適相反，然而一般小學，則二者並犯。前者發見於授讀之時，後者發見於複習之時。哈代導以用指引籤，使兒童讀文向一定目標，集中注意。習之既久，自成爲一種正當的閱書態度。

3. 矯正不用思想而祇讀字音之弊　有心得的閱讀，非表見於識零散之個別字，而在由每串之字上，搜取其意義的單位。此非從初步學習，培養其辨別成語（仂語）之能力，不易臻於斯境。哈代所授歌詞，分行排列，如"杰克跳過蠟燭臺"，以兩行排列，即爲辨別兩個成語之指引。然使用書本授讀，兒童是否一一注意及之，無由發見。哈代藉助於板書與句片，每項活動，皆有一個單純的注意中心，使兒童直接對之，產生活潑而且深切之注意，並可以清理其觀念。

4. 學習程序之推進　例如開始授兒歌一首，雖具列學習方法，不求詳盡。及授第二首，如練習在開始對不注意之兒童，責其了解；並故意搜置誤句，確實其辨認能力。單字分析，開始一首僅大略爲辨字形之試驗，至第二首則逐一分析。凡此推進程序，皆可想見其運用適當。

二、應活用之點

1. 挂圖之運用　本方案所定課程，以環境事物與動作爲基礎。文字摘習，皆從實際觀察，移轉爲符號認識，且大部分與圖片對照。兒歌與故事畫，僅占課程之一部分。故事畫自憑藉圖畫，爲構成學習文字之資料。兒歌則重在由表演動作，取得歌詞之完全意義，無須再以圖表明之。使開始學習，專用兒歌，藉圖以助學習興趣，自無不可。惟本方案之大部分課程，已用及圖片，正不必每項學習皆輔以圖畫，並且兒歌亦有非盡圖畫所能表明其意義也。在哈代所用之兩張挂圖，一張有畫，一張無畫。本方案用兩張挂圖皆不用畫，並無不便之處。如此則哈代之第六步，可從省略。

2. 上列每步與教學每節或每次不同　上分九步，係作者以己意析定，每節應進行或二步以上，可因應實際情形而定。教學可依其步驟之序而進行，不必以其所分之日爲限也。

3. 課首溫習應與需要相應　哈代授第二首兒歌，運用前首整個練習方式。此因方式僅經學習一次，故以如此溫習，作爲練習新課之預備。若方式運用已久，此種溫習之例，不適用也。

兒歌全合於前所定二個條件，頗不易得。茲擇錄若干首。於適用上述之教學，尚無不便，如僅從歌詞形式以求評價，未足以語此也。

1. 拍手，拍手，起來拍手。繞圈走，拍手拍手。繞圈走，拍手拍手。

2. 大家來，搭個圈，搭圈要搭圓。圓的圈，跳跳看，口裏還要唱。拉拉拉拉拉拉拉，拉拉拉拉拉拉，大家來，搭個圈，搭圈要搭圓。

3. 馬兒真正好，不喝水，也不吃草。我要他跑，就跑；我要他跳，就跳。跑得快，跳得高。跑，跑，跑；跳，跳，跳。

4. 小老鼠，上燈台，偷油吃，下不來，叫媽媽，媽不睬，骨嚕，骨嚕，滾下來。

5. 排排坐，吃果果。我吃小個，請哥哥吃大個。

6. 一籮麥，二籮麥，三籮開手打蕎麥。劈劈拍，拍拍劈。劈拍，劈拍。

7. 一隻哈叭狗，坐在大門口。眼睛黑溜溜，想吃肉骨頭。

8. 我們來掃地，怎樣洒洒水，這樣洒洒水，這樣掃掃，這樣再掃掃，這樣再掃掃，這樣畚在畚箕裏。

9. 身穿花粉衣，看來很美麗。飛，飛，飛，飛到花朵裏。

10. 小螞蟻，找東西。找到一粒米，搬進小洞裏。

11. 螢火蟲，夜夜紅。飛到西，飛到東，好像一個小燈籠。

12. 時辰鐘，走起來，的答的答；敲起來，丁冬丁冬。

13. 一片一片又一片，二片三片四五片，六片七片八九片，飛入河裏看不見。

14. 雞不叫，狗不咬，北風冷悄悄。清早起來，水上蓋着一層玻璃罩。

15. 風也大，雨也大，我們雨傘沒有帶。大風，大雨，息息吧，讓我們好回家。

16. 孩子笑，像一朵花，哈哈哈。笑紅了面孔，像一朵芙蓉。孩子笑，像一個果，呵呵呵。笑開了口，像一個石榴。

17. 說你獸，你很獸，鬍子一把，樣子像小孩。說你獸，你不獸，把你一打你一歪；要你睡下去，你又立起來。

18. 小寶寶，睡覺覺，明天街上跑，買餅餅，買糕糕。小寶寶，睡覺覺。

19. 老黃牛，兩角尖。我給你的吃，你替我耕田。老黃牛，來耕田，耕好東邊，耕西邊。

20. 滿天星，亮晶晶，好像青石板上釘銅釘，一顆一顆數不清。

21. 列拉，列拉，列列拉，列列，拉拉，吹到小山下。山上小白馬，跑來吧，跑來聽我吹喇叭。

22. 小狗，你靠著牆，我替你量一量，看有多少長。小猫，你不要響，量好小狗，再替你量。

23. 一個大胖子來了，他這麼大的肚，他這麼粗的腿。哎呀，你慢慢的走，哎呀，你慢慢的走。

24. 楊家有隻羊，黃家有堵牆。楊家的羊，撞倒黃家的牆；黃家的牆，壓死楊家的羊。楊家要黃家賠羊，黃家要楊家賠牆。

關於兒童文字之復習，上述方式，已盡其用。惟介紹兒歌，如何使之初讀，茲尚須申論者，在普通的教學上，授歌詞有二個例式。其一爲讀本教學，韻文與散文之教學歷程，雖不無稍別，然給予觀念，認識文字，了解意義，大抵均爲靜的學習，其一爲唱歌教學，先習譜，次習唱，再次表情演唱。本課程爲國語教學，採前之例式，不惟開始即汩沒其興味；而且進行演唱，在動作毫無準備，更須示範說明。由後之式例，由唱歌教學而達於國語教學，太費時間。因此兒歌教學，可分爲兩種程式。其取已習之遊戲或唱歌作文字學習者，則介紹兒歌時，可就兒童所最喜者決定一首，即行演唱之過程。或其兒童可作唱歌學程，則介紹兒歌逕由唱歌學程中爲之。其爲國語教學中專授歌詞，介紹時由教者示範演唱，或說明動作而唱之。對於表情動作，其目的純在擬勢，但取足以表明歌詞意義，藉作文字解釋之提示；不必如唱歌之手勢身勢，依歌舞規律一一須與節奏合拍，以加重其動作的演習，並淆亂其認識文學之觀念也。

第四　以讀故事畫開綴文之途徑

　　故事爲兒童所喜聽，圖畫爲兒童所樂觀，結合二者而爲故事畫，用作初步國語教材，自屬相宜。其成爲問題者，如下所述：

　　一、故事固爲兒童所喜聽，不必盡故事而皆所喜聽。圖畫固兒童所樂觀，不必盡圖畫而皆所樂觀。在初步教學，當用如何的故事與圖畫，成爲問題者一。

　　二、故事內容，多有非圖畫所能盡量表出者。必取如何喜聽之故事，始爲樂觀之圖畫，結合而爲故事畫，成爲問題者又一。

　　三、用圖畫表出故事，則看圖目的，即爲欣賞故事內容，如何由看圖而欣賞其故事，成爲問題者又一。

　　四、故事畫所以能增進讀者興趣，與成爲正式閱讀的準備者，必由其看圖探索故事內容，有移轉於讀書之功用，並且由此發見文字認識，確爲需要工具。此在讀故事書中以如何方式取得之，或爲問題者又一。

　　由上之四個問題，求解決途徑，先就關於故事畫之我國出版圖書分類批評，庶於問題之解決，可以得其體要，茲分論如下：

　　一、坊間單行本之圖畫故事

　　從前《初等教育》雜誌上國語教材，曾有數冊登圖故事若干篇。近則各書坊出版圖書，不少此類小冊，其式每圖畫一幅，即附課文一則。此可稱圖文對照的故事讀本，非正式閱讀前的故事畫。至於兒童對圖畫所發生之興趣，是否同樣表見於文字學習上，仍視事實之內容與其構造如何。讀本之故事文，因爲限於生字數目，常有極好故事，經改造而失其精采；或者文字冗長，難於卒讀。如此之類，往往兒童看圖時，或眉飛色舞，及強其讀文，便昏昏欲睡。甚有因故事內容貧乏，並圖畫而亦不樂觀。蓋故事已進於複雜，不似看圖識字之單純，必使對照圖畫而讀課文，未有不損興趣者矣。

　　二、各雜誌上所登之圖畫故事

《小朋友》（中華出版）登入之故事畫，雖不盡如上之圖文對照，其語句較多，非初識字所能自讀者，不在評論範圍之列。如《兒童畫報》（商務出版）、《兒童雜誌》（兒童書局出版）等，每册均有許多連續畫，有標名故事者，有不標名故事可作故事看者，此類每幅圖畫，插入單語，取材較善者，頗適於作初步國語教材。惟如何閱讀尚待討論，何也，吾國字體複雜，非如拼音字之略曉拼音，便能自認。初識字時，純令兒童自讀，不能由看圖而遂得識未曾讀過之文字。因文字之不盡識，於是圖中文字，難盡了解。然使圖畫祇於平鋪直寫，則事實必索然寡味。所以初步國語教學，不另闢新途，使兒童識字較多，並於較早時期識注音字母，難使兒童由圖畫而引起識字之興趣，或由所注語句而理解圖畫表出之重要意義者也。現今各幼稚及初小班無從提倡自讀，以及初級兒童讀物不易發達者，職此之故。

三、課本卷首之故事畫

兒童書局《初小國語讀本》，第一册卷首列看圖識字一幅。世界之《國語新讀本》、商務之《國語基本教科書》、中華之《新課程標准讀本》等第一册，卷首均附圖畫若干幅。世界、中華有圖無字，世界標出課目，並以封面圖畫作開始課程。茲參據其教授書說明，提出幾個要點論之：

1. 當知應用此種故事畫，為正式閱讀之準備者，其目的在引起讀書之興趣。初步讀書之功用，有兩個主要學習：一為文字的認識，一為語言發表的練習，二者缺一，則讀書之功用不全。所以故事畫之功用，在以悅耳之故事，悅目之圖畫，結合而引致於語言發表與文字認識，惟語言發表，必須使兒童由圖之觀察，逐項說明。若必待教師講述，不惟有損於發達，抑置圖畫表出於無用。然而圖畫上之表出，兒童如何而能擒其重要意義，勢不能不需教師暗示。此種暗示，又以採取看口令之旨趣，插入簡要語句於圖上，使看圖者必先識此語句之文字，而後易理解圖畫所有意義。如此則插入文字，成為了解其他事物之工具，兒童得以感覺其需要，以後讀書，自以注意認識文字為主矣。各課本之用故事畫作教材，圖上不分注任何文字，其有在講述中摘寫者，祇於單獨名詞，或在單元之首，標一課目。教學時，看圖與講故事分爲兩截，圖畫之用祇於美觀，即觀察亦視與普通之插圖同科，其教學目的，純以講故事爲中心，因之歷程有所謂引起動機問答復述深究表演等，完全爲舊時階段教式所貽留之形式。雖在復述中有謂以變通可語句及情節，並可自編故事，似乎兒童有運用圖畫之機會。然此爲事實所絕對不許，一則自動習慣毫未培養，徒以空言責其變更聽講，決不可能。二則，看圖皆爲零碎支節之問答，摘示文字亦無關於理解圖畫之意義，所憑藉者惟有教師講述，可資回憶。是此教案僅足爲講故事之示例，於讀故事畫而引起讀書興趣無與也。圖書僅足使對此書本引起美感，未可爲讀書興趣之張本也。尤其對文字認識，不能給予若何助力，徒使學習多經一歷程，興味即多減一分，即本單元開始興趣，且難保其維持到底，更何論以後讀書興趣之引起也。

2. 當知用故事畫作教材，所以異於課本上插圖者，插圖僅爲課文某部分或某方面之輔助或補充，故事畫則以畫分別表出整個故事之意義，不需另有材料爲教學上之輔助與補充。其所以分注文字者，蓋爲讀者方便，給予搜求圖上意義之目標，或者爲其觀察事物之綫索。讀者欲有說明，惟有依據此目標或其綫索，觀察圖上所有表現，進而就所表現者推演其情狀。即偶需教師提示，亦以此爲範圍。斷不能於圖上表現所無之外，任意增入種種名稱以及莫須有語句，使兒童觸及聽覺，在想像方面，在記憶方面，皆無實在印像，可以引起注意。然而各課本教案，皆以教師講述，爲提示整個故事之主體。其所講述者，在圖畫表現所無之外，增入種種名稱以及莫須有的語句，幾於成爲通例。而故事本身，反無精采，圖畫所表出者，竟無意義上可觀。綜計所見，不外兩種形式：一爲平凡事實，演進故事屬之；一爲反復語句，反復故事屬之。前者取從來編制課文字之通例，後者取近來童話之慣體。此種式例，大抵限於用文字記述，事必平凡而始爲習用之字，語必反復而始無過多之生字。若用圖畫表出故事，固無文字記述之約束，而取此爲例，以敷衍其講述，於文字學習無補，徒使故事失其精采而已。常見各種雜誌與畫報，所有漫畫，圖繪新穎，插語寥寥數字，耐人尋味，爲一切兒童畫報所不逮，課本之故事抑又遜之。夫故事誠兒童所樂聽，惟樂聽之故事，其表出也以口述。用圖畫表出故事，在能激動其視覺。刺激與反應不同其方式，斯二者取材不盡一致。故前之故事，重曲折，而程歷不可失之過簡，過簡則聽難詳審，後之故事，重歷程分明，而情境不可複雜，複雜則圖難表出。觀於部定教學要點"開始用演進法連續的圖畫故事次用半圖半文的故事"各課本於其開始教材，多採反復故事，其教學又不從圖畫表出而求之。其次則係圖文各占本書篇幅之半面，與故事本身無關。故其圖畫在教學方面，不如普通書籍之插圖，取以印證課文或補充其不逮，尚能相助爲用。此以知用故事畫或圖畫故事教學者，尚未了解故事畫與講故事之區別何在也。

3. 各課本用故事畫開始教學，所給予於正式閱讀者，其功用何在。所貴乎閱讀前之準備者，原爲閱讀之習慣培養其基礎。《國語基本教科書教學法》第三編養成良好習慣列有五項：一有正當的拿書方法；二有正當的眼動習慣；三有正當的朗讀方法；四有正當的默讀方法；五有愛護書籍的習慣。所立原則，頗具體而切要。惟其開始實施教案，僅取普通講故事之程序。新課程標准教科書教學法竟於課前文字練習，專注重單字分析。如此則眼動、朗讀、默讀三項，完全未立如何基礎。拿書與愛讀書籍，雖不無開始練習機會，亦未有明確示例。從初步國語教學整體而論，培養眼動、朗讀、默讀三者之基礎習慣，當以兒童誦習爲中心；培養拿書愛讀書籍之基礎習慣，當以用圖片字片爲中心。僅以讀故事畫爲準備，誠然不能啓示閱讀應有之一切態度；不過各課本既標榜新法教學，而以此爲閱讀前唯一準備，即當在此準備中，確立相當基礎。即如所謂準備者，初非將正式閱讀之態度與方法，一一如式培養，而係由此相當之範例，推移而漸進於完成。若始基不立，必待正式閱讀，始有如何態度如何方法之培養，則閱讀前之準備，所爲何事。或者開始教學，而一一以正式閱讀之式例行之，是準備又不成爲開始之一個步驟矣。

總之，各課本之閱讀前教學，係就故事教學與文字教學之普通教法混合而列，並無特殊方式，表現其準備功用。茲更取趙欲仁論低年級國語教學，加以批評，以補足前意未盡之處。趙氏論低年級國語教學分三個步驟。第一步驟取置畫片畫書供給兒童閱讀。進而由圖畫意義到文字意義，其例子於圖上插簡單之文，有多至四短句者。第二步驟由暗示使發生文字需要，舉例爲標示用具及使用法，記載天氣及出席人數，摘示談話或故事之重要詞句等。第三步驟用較長故事講述表演並練習句詞字等，分爲十個歷程。此步驟及其方式，用於實際教學，殊有慎重考慮之必要，茲論如後：

（一）第一步驟所言，用畫片畫書引起閱覽興趣，祇是引起動機之一種方法，可用於某種單元預備之開始，不能成爲整個教學之一個步驟。至進一步由圖畫意義到文字意義，所舉例子，圖文對照，乃與上舉一之圖畫故事相類。謂文字教學，不強求認識了解，固無不合。惟文字不了解認識，則由圖畫意義到文字意義，不能達其目的。祇計及文字如何認識，不計及如何利用圖畫以學習文字，未爲得也。

（二）第二步驟所言，以發生文字需要爲主。就所舉例，除摘示外，較之圖文對照，更適於初步，何以定爲第二步驟。且摘示與記載，並不能占整個教學歷程之領域，更未可劃爲一個步驟也。

（三）第三步驟所言，依其教學方式，似取哈代氏誦習兒歌之進程，惟以此進程用於讀故事，殊成問題。

1. 哈代氏開始教學之兒歌，文字無多。此則故事分爲五節，每節短語在六句以上，雖中間數句多反復語句，不同之字，自屬不少。以讀故事全文爲學習文字的初步，其成爲問題者一。

2. 哈代氏授兒歌程序，由唱誦而表演，由表演而讀文字，良以歌詞適於唱誦，內容含有表情動作。且爲極單純的動作。故表演爲了解意義之初步，由此進於認識文字，在在皆與唱誦之音節相應。故事則情節複雜，講述易而表演難。非澈底了解不能表演，並非因表演而了解其意義，與歌詞演唱之成爲一定進程者不同。表演故事爲讀故事的預備，似未適合，其成爲問題者又一。

3. 哈代氏單字分析，必在第二個兒歌練習之。其授第一個兒歌時，僅擇舉數字測驗其辨別字形與否。此不惟盡量揀單字，並且以組成新句爲應用練習，舉凡讀書應有一切練習，幾於開始一課而俱備，其成爲問題者又一。

4. 讀書以故事爲最易，讀反復故事較適於初步。惟以此爲讀書準備，是否可資爲認識文字之階梯，其成爲問題者又一。

5. 直接用書本以前，必須多識文字，爲趙氏所主張。乃其所舉較長故事，依其歷程行之，需時四五百分鐘。若一個故事而生字過多，勿論分若干節，不便學習。習一故事而需過多時間，多讀亦不可能。似此學習，如何而多識文字，其成爲問題者又一。

6. 以用較長故事，爲直接用書本之準備，而直接用書本仍爲一種故事，並不利用圖畫以助進學習。是此之學習，與直接用書本初無甚區別，其成爲問題者又一。

新課程標准教科書以圖畫故事開始，其教學法引趙說爲依據，仰歧之又歧矣。

兒童國語教科書卷首圖畫，純屬於看圖識字之例。然圖上所注之字，如"我""我的妹妹""我的先生""我的父親""小花猫""小黃狗""我的小朋友""我的哥哥""我的姑母""我的外婆""賣玩具"等，與其圖畫對照，如何能確實指定。又如"我的父親""我的姑母""我的外婆"等，均以上下兩字對排，其形體、行列、大小均等，似亦未合。

由以上之論斷，決定所讀故事畫，當具如何原素，再論於左：

一、應爲如何的故事　先從應避免之形式論之。

1. 不是專以動聽爲主　凡預備講述之故事，勿論取如何最小限度，其情節必須較長而稍複雜，其意義必由言語而形容盡致。凡此而用圖畫表出，或難顯其狀態，當如非文字測驗之旨趣，專選其適於視覺之教材。

2. 不是便於復習文字　反復故事，所以異於演進法而採取重複語言，以變換主詞賓詞構成各段爲其主要關鍵者，原爲便於讀文復習起見。

此不能以圖畫表出之語言，雖復述有趣，不適於故事畫之用。

　　3. 不在知識或道德之注入　純文藝作品，與自然、歷史、公民等之記述，截然異趣。在讀文中參入此類成分，便易流於板重。但使事實不違反道德，即不求在便於文字學習之外。有何理解也。

　　4. 忌平凡　因爲教育目的，重在合於實際生活，又須爲兒童所能了解，於是誤認者乃以淺近爲平凡，產生許多毫無意義之兒童讀物；或者徒鶩新奇，毫無文學意味，不能於心情有所啓示。本課程主要學習，由環境認識而取得工具，字片教學即以此爲據者也。故事畫與兒歌，皆屬於想像生活之教材，俾於了解實際生活中，時有調節之學習，激發其農厚興味。例如"三隻熊"故事，兒童對於椅床碗均發生興趣者，正以此種日常用具，屬於非人之熊，故感覺新奇也。舉此一端可以類推。

　　前二者爲故事畫特有之點，後二者爲一般故事公同之點。準此四個理由，定故事必具之原素，亦有四項：

　　1. 短　故事既以圖畫表出，必由觀察而搜求內容，太長則費時過久，易損興趣。但所謂短者，非不具體或省略事實之謂。而生整個故事，節目不可太多；每個段落之內容，不過繁重。

　　2. 單純　事實與意義過於複雜，均不易由圖畫表出。單純雖對複雜而言，但所謂單純者，一係容易了解而非無甚意義之謂。一係情節不雜而非簡略之謂。

　　3. 連續演進　事實逐層演進，斯分幕描繪，各有獨立之鮮明表現。惟須附帶說明者有二：

　　ㄅ 反復故事，亦適於初步，其主要之重復語句，非圖所能表出者，當然不選爲教材。不過演進故事之以言語傳達其動態之意義者，不在此限。

　　ㄆ 單張之畫片，其內容表現，可爲兒童初步自編故事之憑藉者，亦當參用。

　　4. 有趣味　兒童有興味的故事，在含有童話或笑話之旨趣。取童話旨趣者，不僅屬兒童心理問題，抑以世人每誤以兒童所能理解者必爲淺近，所謂淺近者，必從通常或平凡之事情而產生，故以此矯正之也。取笑話旨趣者，在故事情節，必具刺激性，由其結果，可使人喜不自禁也。

二、應為如何圖畫　此以各雜誌上之漫畫最為得解，如各課本之故事畫，專重色彩，不甚講究動作神情，僅有美感而缺乏刺激性，不易引致探索興趣。茲提出二點如下：

1. 圖畫須按進程段落而表出動態，凡無關於學習上之必要指示，不必繪入。

2. 圖畫之表出，在與加入文字兩相呼應，非如看圖識字以兩相對照為主。

三、如何加入文字　此亦以漫畫所加入者為得體，惟語句較長或較多者，仍非故事畫所宜。茲提出三個原則，每圖惟用其一，加入文字時，可因應圖畫內容而適宜用之。

1. 可作搜求內容之啟示者，此種標題，等於一個教學階段之總問題。

2. 產生一個歷程的動作之主要語言，與圖上表出動態相呼應。

3. 標示一個歷程之中心動作或其結果。

四、應如何作教學的準備　本課程以兒歌故事畫二種，與認識環境之標示摘示，為初步學習文字之基礎，亦即正式閱讀前之準備課程。其應用故事畫，自與各課本在卷首插入數幅者不同旨趣。因此應有預備，當如下所述：

1. 故事畫占準備課程之一部分，當數倍於其他課本所用。

2. 教材之預備　關於故事畫，應依據上之三種規定，就年來兒童畫報、兒童雜誌之連續畫，採取較合適者用之，或略加修正。其連續畫不以標明故事者為限，蓋聞見之事物，凡有具體的活動或表象可述者，皆可名為故事。原書標明故事外之連續畫，適用者亦較多也。惟擇取材料，須較需用者較多，應便選用。

關於畫片，就各書坊出版之美術畫、風景畫，或書籍上插圖，或地方古蹟名勝之照片等，選擇用之。

3. 教具之預備，故事畫不作兒童自讀課本，惟取爲教學上懸示挂圖。每一故事，製全圖一幅，備概覽及與分圖對照之用。視故事分段，製分圖若干幅，備分析觀察及與句片對照之用。每幅圖上加注文字全圖，分圖均同。照圖上加入文字，製句片詞片，供文字練習之用。

五、應如何而教學　分爲六步説明之：

第一步概覽全圖　懸示預備本課教學之全圖，令兒童觀察，並板書本課課目文字，使之認識，此文字亦可注於圖上。如其教材係選自其他出版物，可將原圖剪下，在課前置於教室陳列處。任其自由觀察，至懸示挂圖時，令其對照是否一致，如有異點，須暗示使之注意。

各課本教學法，皆有引起動機一項，此在吾國教學上久以習於形式誤用原理。夫所謂動機者，不外由事物之激引，使兒童觀聽，全傾向於所預備學習之功課上。動機之引起，自以從環境設置使之觀察爲最要。若應授教材，由所預備之挂圖，可使集中觀察，又無選擇餘地，而不從實際準備者啓示之，乃多方繞道取無謂問答爲動機，是之謂舍近就遠，舍實就虛，非真正動機也。況教材業經固定，乃由無謂問答後，作決定之空文，亦近虛僞。本論重在預備充分，教學則取單刀直入，一掃從來空虛裝飾之習弊。

第二步分讀各圖　在概覽後，即取去全圖，懸示分圖第一幅，提出加注文字，令其認識，由此所指示者，分析觀察所表出狀態，而探取意義。隨就全體中選定或指定兒童説明之；如説明有誤或不足，則令其他兒童修正或補充之。以下各幅，均依此進行。惟開始教一二個故事，兒童對故事畫的觀察與説明之正確習慣，缺乏素養，不妨用問答式逐項發問，令其據圖説明，最後由教師綜合説明之，由此進於最後由兒童綜合説明，再進由兒童據文字所指示者，分析觀察，而説明圖幅之全部分。

此步驟有三個要旨：一、由教師講故事移轉於兒童閱讀故事之文字，惟有拼音字之國語讀法，經數周準備即可從事。吾國文字教學而採此程序，在兒童能直接用書本閱讀，固無不可。若未識文字，聽講所得，不能助其自讀。所以本方案加注文字，不爲圖的內容之對照，而爲指示看圖之依據，則文字成爲了解其他事物的工具，自感覺其需要而必須認識。二、依教師所講者復述，僅足以測知其記憶；加以表演，亦祇增進其想像；凡此皆不足以培養兒童用思考之習慣。蓋讀故事畫而以口語講授與指圖問答爲引綫，則兒童惟反應於教師所講所問，以求其了解。故本方案由認識加注之文字，而觀察，而探索，而說明，正其在開始學習，啓示用思考之途徑，並以資綴文之準備。三、故事畫印於課本上，兒童惟就所喜者而觀，或祇於泛覽，不能使其依當時學習目的物而集中注意。本方案分圖挂示，使兒童視綫與思想，集注於正在讀看的目的之下，久之遂成習慣。

　　第三步講述故事　首由教師講整個故事，次令兒童復述。除分段或分組講述外，並可視故事所含人物內容，略採表演形式，分配復述人數，用口述、啞述兩種方式行之。口述演故事中應有的語言，啞述演故事中應有的動作及其狀態。

　　此用講述之旨趣　係由分析觀察之結果，而整理其對故事畫之整個觀念與明確思想。並因範講而示以講演方式及態度，爲達到此後表演進程之準備。

　　第四步對圖注練習文字　將全圖懸挂，並另以字袋分插所有句片，令其對照圖注，由文字辨認而進於讀音認字。

　　1. 對照文字　任指圖注之某一句子，使就插置句片，覓相同句子與之對照。或任取某一句片，令置於圖注相同之句上。對準以後，均須讀其文字，此爲認識文字最先之練習。

　　2. 讀音認字　任取圖注之某一句子或逗句（即句中短語），使其讀文字。或任讀某一句子。使就圖注用指引籤指出相同之句子。此種練習，須與前式接連，以便記憶。

　　當分圖觀察時，注重了解內容，雖有指示語句之認讀，不能阻遏其急欲探索之興趣，故其對於文字認識不限於取得深切印象。此爲新授文字之開始練習，以圖注對照而辨認文字形體，由認形而讀音。繼則離開形體對照，由讀音而認字。其歷程步步相關，推演而進，使回憶皆有聯想可憑。

　　第五步句片練習　用一般之閃爍練習方式與本方案讀字片比賽式，視第四步練習所得結果，斟酌採用。雖方式宜於變換，但不取各方式在一個故事歷程中全用之也。

　　此爲離開圖片專從事於符號練習，在以有趣方式，彌補無意義的練習之缺陷。因而使讀音辨形，漸達於明確地位。

　　第六步詞片練習　方式與第五步同中，惟係從句中摘出可以獨立之詞，分析練習。

　　練習結束於此，不及單字分析者，獨立詞多係字與字相屬，有相互聯想，可以助其認識之交通，在初步爲較當，一也。機械練習不過重，則故事畫之興趣，可以始終維持，二也。練習減少一個獨立步驟，則單元教學時間縮短，因此可以達到多識文字之目的，三也。

　　單張畫片教學，適用讀故事畫之程序，稍得省略。惟故事畫係由確定事實而表出，教師暗示自有根據。畫片則純視觀察者之觀感何如，教師惟當就畫片所表出者，引起如何注意，不可有目的之暗示。但使兒童各個說明，可以由畫推想而得，其說明之語言與意義，不求一致。此爲以語言發表，作此後自由綴文之準備，不可忽也。

　　初小第一學期國語課程及方式，如上所論，應用之能事已畢。最後尚須申言者，即兒歌故事畫二者與字片相互運用，不宜偏廢。其有因教師之興趣與才能，對兒歌或故事畫之教學，各有特長，即偏重某方面之教學，無施不可。不過上列認識環境之各個單元，不可因此而任意省略也。第二期以下方案，容再續論。

民國文庫

改造小學國語
課程二期方案

據開封教育實驗區出版部 1935 年初版整理。

序　言

　　第一期方案，業經實驗完成，悉如預期。第二期在由識字進於讀書，即以取得自學工具爲標准。關於文字本身，必須從體與用兩方面，澈底求通。吾國文字，非故藉之古音古訓，無取乎窮源溯委。因此文字學成爲專家之業，而字之所由孳乳，在音素、筆畫、整形三方面，各自有其統攝之本來面目，不盡爲淺人所通曉。自有科舉以來，童年讀書，質之淺深與量之多寡，皆由成篇之文而定，不涉及字之本身問題。及學校分立科目，書不得而多讀，而認字之法，習非成是。至於學者工具，日益趨下，國人不揣其本，反之於蒙塾教法而不可通，於是研究國語學習者乞靈於拼音字之教法；研究國語文學者更進一步惟改造漢字是務。今之人競言中國本位教育，顧此國民工具，不求甚解，乃欲以科學方法之形式，變更根本標准，寧有當耶？夫文字學習，非以無師自通與盡量發表，能策效於最短期間，爲最大之希望乎，此而可求，固不必舍己而芸人之田也。不佞志此凡三十年，對於小學教育之研究，以了解文字爲先決問題。尤以教學方式之成立，必基於教育見解而產生；學習進程之分布，必適度而盡其變化之用。舉中西已有程式，兼收並蓄，竭慮審度，苟協本旨，不矜自創。如其未合，必返而求之，逐一體訴於經驗，另立規範，每有所獲，寢食爲廢。荏苒一年，續成斯編，以餉國人。閱者如不爲斷章取義或望文生義之吹求，其有就中訂正一式或片段質疑者，無不馨香禱祀求之。刊竟，爰弁言於卷首。

　　中華民國二十四年二月京山李步青廉方寫於開封教育實驗區

目　　錄

第一篇　課程組織……………………………………1179
 第一　繼續前期而完成閱讀前的準備…………………1179
 第二　組織本課程之根據………………………………1180
 第三　本期課程之單元活動……………………………1181

第二篇　教學程式……………………………………1188
 第一　教學之基本問題…………………………………1188
 第二　產生練習之提示資料……………………………1189
 第三　提示………………………………………………1192
 第四　練習之分布………………………………………1194
 第五　試習………………………………………………1196
 第六　復習………………………………………………1204
 第七　綜合練習…………………………………………1213
 第八　補充練習…………………………………………1215

第三篇　正式開始習字………………………………1219
 第一　正式用鉛筆開始習字的意義……………………1219
 第二　特殊練習與附隨練習……………………………1220
 第三　筆畫與筆順………………………………………1221
 第四　整形研究…………………………………………1225
 第五　練習簿之研究……………………………………1229
 第六　鉛筆使用…………………………………………1234

第四篇　自由閱讀之基本工具………………………1240
 第一　概論………………………………………………1240
 第二　注音符號…………………………………………1241

第三　部首與音系……………………………………… 1243
第五篇　**自由閱讀之初步教材**……………………………… 1255
　　第一　通論教材之選擇………………………………… 1255
　　第二　試讀教材………………………………………… 1255
　　第三　開始閱讀教材…………………………………… 1258
第六篇　**表述**………………………………………………… 1273

第一篇　課程組織

第一　繼續前期而完成閱讀前的準備

　　第一期方案所論課程，關於認識環境，列七個單元。其五六七之三個單元，與乙之時令適應，丙之偶發事項，丁之日常觀察，多為散列學習，原方案不過特別提出，以備選用。關於正式閱讀前之整個準備，則有單詞單語之補充，與兒童故事畫之調節，於教學若干月以後行之。環境單元屬於課程之主要活動，散列學習屬於課程之臨時活動，尤其偏重國語方面。茲不再申論課程組織之旨趣，惟分期規定與其進行方向，究不可不說明也。

　　其一，本方案建立課程，在使兒童從實際上接觸社會生活，一如德可樂利之教育見解。惟德氏以兒童為立場，此以環境為立場。所以然者，小學課程標準，皆謂為習得基本之知識技能。至求其何謂基本，迄無明確答案。如從環境出發，則在必須學習方面有一定範圍，在可能學習方面有一定準則。並且分割環境而取材，教者有明確之途徑可尋，不致茫無涯涘，或專憑意向，而發生若何流弊。

　　其二，環境事物雖有一定，非一時所能悉數了解探究，自以分期聯屬體驗為宜。故本期課程，學習內容雖異，而進行方向同出一途，則推演增益，具有着落，且印象益能固結。

　　其三，開始學習，文字實為一種障礙。必使文字學習，貫澈教育見解，而後課程綜合，可以進行無滯。此中相互關係，最宜認明者有兩點：

1. 離開一切學習活動，無從產生切合實際需要的文字教材。
2. 文字為進行一切學習活動工具，尤其常識算術，最為密切。

惟其然也，工具知識技能，必須統一以進行活動。此種統一，又須建築在環境上面，始得貫澈其教育見解。所以本方案分國語課程爲三期，即爲整個課程統一進行之根據。

第一期　爲正式閱讀前準備期，即認字學習期，將常識、算術、遊戲、勞作等，統合在觀察、聯想、發表三個階段裏面。

第二期　爲取得自學應有技能期，即由認字過渡於讀書期，以熟習注音符號及部首與音系爲途徑。常識、算術、遊戲、勞作雖仍爲統合學習，不過得有少許的特定時間練習之規定。

第三期　爲完成自學功用期，即正式讀書期，使兒童個別盡量發展其自學能力。此期依期限長短，而伸縮學習內容，在第一第二兩期各約一個學期，此則可延展於三個或四個學期。即使第三期僅學習一個學期，離開學校，亦取得相當的自修學力。部定短期義務教育，以一年爲限，勿論如何，不足以完成其目標之期望也。

第二　組織本課程之根據

分期標准，已如上之規定，茲專就本期分析言之。

一、前期實施，就大花園小學第一團經過，祇及於我的學校、我的家庭、我的身體三個大單元，此在本期爲繼續活動。其開始活動之單元，當以我的鄉村爲主要活動。

二、分類學習課程，如勞作，如算術，如習字，如國音，本期開始活動，有須在單元活動以外，特定時間練習。其調節活動，得於兒歌外，參加謎語，或因應學習教材，在練習中組成有韻之文練習之。補充活動之語句，已成本期發表段之主要練習片，與前期以詞片爲主不同。

三、前期爲秋冬季，本期爲春夏季，所有環境事物，多隨時令而發見或轉變。因此本期學習事項，適應時令，亦爲主要條件。

四、兒童經一學期之學習，對於環境事物，已有相當認識。則本期之環境活動，自當確立標准。

1. 人爲上之新增事物，此當視內容與數量如何，爲成立單元之注意條件。
　　2. 推廣範圍，此又分爲四方面：
　　甲　屬於內容，即前期學習所未及或其省略者。
　　乙　屬於空間，即由環境所接觸，而推及於他處。
　　丙　屬於時間，即由現在所接觸之情境，而引致於已往人事經驗。
　　丁　學習程式，當適應兒童心力之發展，而不純以類別爲單元範圍，申言之，即單元形式，當酌採設計式之組織，由興味中心之活動，而取得控制環境之能力是也。
　　五、獨立單元之擴充，因爲時令方面，人事方面，與學習情境，皆不無變動。爲便於適應活動起見，就前期所立大單元，分析而爲若干獨立單元，或融納乙、丁事項爲單元中之一種要素，亦爲當然事實。

第三　本期課程之單元活動

　　依上所論列，本期之單元劃分與其進行方向，已有適當根據。至於依照單元而教學，由前期經過與其疏略情事，教者可參考德可樂利新教育第三章、第四章、第五章、第八章，而預計歷程，不再詳論。惟教者當知國語課程，所以建立於整體活動之上，而爲整個課程統一進行之根據，無另授常識之必要者，完全由每個單元之觀察聯想二個階段，而達到教育目的。如其僅恃第二篇創立之教學方式，進行其國語活動，是仍本舊時之授課觀念，以字片代課本，抹煞本方案組織課程之根本旨趣。即因方式變化甚多，在練習方面，極有興趣，取得顯著成績。而知能與工具，不相統一；所得工具，純爲形式，無復含有教育意義。抑且常識不完，或技能失其統馭，一切學習，皆成爲片面發展。所改造者不過舊時讀寫算之變相，仍無與於現代生活之要求，此則不可不審慮者也。茲將各個單元及其主要事項，次第列左：

第一、我們的學校

此爲繼續前期活動，適應本期情境，分爲以下之三個小單元。

（一）開學——應注意事項：

1. 升旗敬禮　第一次舉行，在行禮前講述國旗黨旗之意義與製作，並說明本區規定每星期一朝會行升旗禮與講演，屆時由全體教師以嚴肅態度，領導行注目禮。以後升旗行禮時，並唱升旗歌，使由敬禮中，培養其愛國心，勿使稍有玩忽。

2. 舉行開學儀式

3. 領導本團觀察校內場所　結合前期已習者，由觀察而提問，使印象更加深切，並使注意新有設備，與前期相比較。

4. 觀察本校四周景物　使就季節之自然表現與人爲表現，陳述環境景物，並與前期所見相比較。

5. 同學互相認識　無新生者可省。

6. 寒假中生活談話

7. 各種例行記載之啓示　如風向、日影、晴雨、寒暑、考勤等示例記載。

8. 提示本期集中訓練之新目標

本單元算術注意於同學人數、高度、重量並與前期相比較，圖畫注意於國旗描繪，音樂注意於升旗歌，習慣注意於禮儀演戲。

（二）玩新教具　此因本期添設大批教具，關於每種之玩法與意義，應於玩中分別加以指導說明，固結其活動規律之觀念，使能逐漸形成習慣，並對各種品物之原料形式顏色等，皆須辨認。

本單元算術注意於品物計數及其價值，圖畫注意於簡易品物描繪或輪廓着色，習慣注意於活動規律之認識，使用教具之技能，與愛護公物之德性。

（三）整理教室　此分兩方面說明之：

1. 開始之準備工作　注意於一般清潔與布置，以及放置個人品物與公用品物之處理，黏貼名條標籤，尤爲主要工作。

2. 長期活動之規定　本方案教室内之教學，備極活動，與普通學校純爲靜的作業者不同。其布置品物及程式，隨教材與教法而時有不同。兒童業經一期訓練，本期教室整理陳設，自以隨時在教師指示或高級領導之下，由兒童處理爲宜。但輪值與計畫，開始應有相當規定，俾長期活動次第實現。

本單元算術注意於品物分類數目與布置所需量度或所占面積以及輪值人數分配；圖案注意於布置圖案，音樂注意於選授清潔歌詞之表演，黨歌、校歌、朝會歌亦宜分配於本大單元中練習之；習慣注意於勤勞與整潔考查。

第二、我們的校園

此爲來年農場勞作之準備，在校中隙地分割一隅，培養最易生長之花草，以資實習，茲分兩方面說明其注意事項。

(一) 開始之工作

1. 整理分割園地並參觀農場。
2. 選擇栽培。
3. 花草的蘇甦及樹木發芽。
4. 太陽與雨水。
5. 氣候與植物的關係。

(二) 長期活動之規定

1. 計畫春夏季先後栽培的花草。
2. 規定長期日常工作的事項。
3. 參觀農場高年級的工作。

本單元算術注意於園地度量、本校花草種類；圖畫注意於分地栽培的圖案，以及農場景物的記憶或自由畫；習慣注意於使用工具的技能以及互助愛惜勤謹等德性。

本區幹事陳壽山規定第二團以上本期的普通栽培工作，本團兒童暫不從事。然就高級育苗、播種、移栽等定期工作，每月隨同參觀一二次，或酌予以較輕易之勞作，使對於農作發生觀感，兼供給其知識上工具上之教材，亦甚有益。茲附錄所規定者，以便參考。

（甲）省略

（乙）二月內普通栽培工作

1. 育苗——茄子，蕃椒，胡瓜，筍，鷄冠，日日草，翠菊等。（以上育苗皆施行於溫室內）

2. 播種——莧菜，茼蒿，萵苣，春蘿蔔，大蒜，春葱，韭菜，紫羅蘭，石鹹草等。

3. 整地——此由第三團學生擔任。

4. 移栽——芹菜，筍菜，五色石竹等。

5. 施肥——此項特設幾種試驗，由學生施行。

（丙）三月內普通栽培工作

1. 播種——春菠菜，春蘿蔔，大蒜頭，春芫荽，雛蘭，牽牛，桂竹香，散鷄冠等。

2. 移栽——胡瓜苗，蕃椒苗，黃蒿苗，茄子苗，金錢菊，蜀葵等。

（丁）四月內普通栽培工作

1. 作畦——第三團學習之。

2. 播種——藕，越瓜，絲瓜，北瓜，甜瓜，南瓜，蔦蘿等。

3. 移栽——葱，補瓜苗等。

（戊）五月內普通栽培工作

1. 疏苗——疏間瓜苗。

2. 捉蟲——捉黃□。

3. 播種——薑，芹菜，鳳仙花等。

4. 移栽——黃蒿等。

5. 壓條——米竹桃，木香等。

（己）六月內普通栽培工作

1. 播種——慈姑，夏葱，夏芫荽等。
2. 插芽——寶香，刺梅等。
3. 嫁接——菊花，月菊等。

（庚）七月間普通栽培工作

1. 播種——胡蘿蔔，香薰葉，香豌豆等。
2. 移栽——菊花，大葱等。

第三、我們的田野

此在前期本列於我的鄉村內之一個小單元，茲因春夏季爲農作物最適宜之時期，而田野又爲鄉村最富之自然教材，故提出特設大單元，以資學習，分爲三個小單元，列舉重要事項。

（一）春季的田野

1. 早春與晚春之自然現象。
2. 農產與農具。
3. 候鳥與鳥類生活。
4. 蜂與蝶。
5. 風沙與柳圍。

（二）田野與墳墓

1. 清明掃墓。
2. 僧塔與回教墓。
3. 烈士墓。
4. 墓地荒廢與生產關係。

（三）麥假

1. 麥子生長與收穫。
2. 農忙工作的情況。
3. 農產與生活關係。

4. 各地麥子產額比較與運輸交易。

本單元算術注意農產每畝收入數量及價目產額，墳墓、碑塔所占面積及高度；圖畫應注意風景與勞作的記憶或自由畫；音樂注意於本地農歌搜集與演唱；習慣注意於農家生活與民風之正當觀念的培養。

第四、我們的鄉村

此係第一期方案所列而實施未及之單元，除田野已獨立成一大單元外，其餘如房舍、牲畜、道路、樹木、自衛等，本期仍適用之，而注意於適應時令，不另詳。

第五、我們的家庭

此係繼續前期活動，分爲四個小單元。

（一）家庭調查　應與前期活動相比較，並了解公安局戶口調查表填寫及意義。

（二）收集家中收穫的物產　此與家庭調查均適用普通設計法之研究程式，如討論手續、規定表格、分類歸納等。

（三）機織參觀　分組附入第二團實習中，參觀本村機織合作工廠之工作，陳述其狀況。

（四）懇親會　此亦適用設計法程式教學。

本單元算術注意收穫及人口的統計；習慣注意於個人與家庭的關係。

第六、我們的身體

此係繼續前期活動，特別注重於夏令衛生。

（一）身體測量與健康檢查　此宜利用衛委會實施而組成教學活動。

（二）撲蠅　此宜與高級聯合，組成社會工作，可參考已有的教學設計，取其適於環境活動者行之。

（三）熱天的飲食

本單元算術注意於測量與檢查之統計並與前期相比較；圖畫注意於

撲蠅自由畫；習慣注意於部定衛生標准。

國語課程，依教學方式而定各單元之進程，故上列注意事項，均不之及。其特定時間之練習活動，以及調節活動，亦占全部課程之一小部分，另有專篇論之。

關於總理逝世紀念、植樹節、兒童節、國恥紀念、本團屆時參與活動，參照教材部所編教學綱領行之。

附帶聲明者，第一期方案，原擬上年春季實施。以當時學校任事者有意延誤，故第二篇論列課程，將季節活動，列爲乙、丁兩類，別於單元以外，便實施時不受限制。事至秋季始解決，於九月中進行實驗。第二期方案，爲繼續前期實驗而作，故單元中關於季節，與第一期方案乙、丁兩類同，係教學延期，非矛盾也。誌此不勝餘慨。

第二篇　教學程式

第一　教學之基本問題

　　關於基本問題，必須了解下之三個要點：

　　一、專從文字本身定學習需要，在兒童未有自由閱讀能力，如不由接觸事物而學習，即需要亦不屬於當時活動，則學習必感困難。

　　二、僅從練習方面談材料，不問材料所從出，則方式不過供最後復習之用，將成為一種點綴品，不能改善整個學習問題。

　　三、僅談練習方式，而不問整個學習進程，即備列多種新奇方式，運用難期適應。

　　本方案之課程組織，已如前論。關於國語學習，係依環境配置之各個單元，由其觀察聯想所及，而構成發表之部分活動。在前期由兒童所接觸之事物與動作，採其詞語而使識文字，本期則進而採活動中所有語句，撮要而使識文字。其旨趣在仍循觀念視覺之原則，進於單字分析，以達到進一步的閱讀前準備。雖所習者祇於語句與詞之簡單文字，然以附隨於觀察與聯想之既得觀念，則意義並不孤立。又應學習進程與語句形式，附以有興趣之活動，循步驟而熟習之。一方避免舊時授課文之機械的誦習與乾燥的深究，一方不有意的求興趣以拋荒其基本練習。故與德可樂利第三階段用簡單語句同一意義，而途徑稍殊者，則以拼音字開始誦習較易，其閱讀前準備，僅數周或三四月即可完成其功用。吾國文字，非經一二學期之識字學習，進而取得文字工具之工具，不能以開始正式讀書。因此閱讀前準備之練習方式。亦須多方變換，使各單元練習，不盡出於同一方式，而後興趣可歷久不渝。彼初級用課文授讀者，任編如何新式讀本，終見其徒勞罔功也。其詳當於下分別論列之。

第二　產生練習之提示資料

討論此問題前，可就吾國小學讀本，在實際教學上，一探其究竟。如兒童書局出版之兒童國語教科書，在體式上頗盡編制之能事，比現有任何讀本皆較進步。茲不論各校不甚採用之故，而專就此書在教學上價值論之。開始以一二幅圖畫，即進行課文之授讀，非熟習其課文，無由進行練習。其熟習非依慣例之蛙叫雷鳴，即為無精打采之默誦，仍以熟讀為唯一記憶之門，別無方法。其提示課文，又必指圖作慣例之問答，始得示以意義。是學習文字，初非接觸事物應活動之需要而取得學習情境，乃由斷片圖書之詔示，而附加許多無關真實情境之文字，強其認識。又其練習固附隨課文，每次練習祇能用一個方式，練習已成問題。雖有若干方式，包含其他活動，不無興趣。然其興趣惟存於其他活動之本身上，並不因有其他活動，而使練習文字之興趣，繼續存在（參看本書第六"復習之命題練習"）。依此編制而學習，與讀一般讀本，初無二致。不然，教者當不以課文過長，而認為初學不易讀也。至謂全册為一大單元，然非如連環圖之銜接演進，與章回小說之看下文分解，而僅取其前後課語氣相屬，與設計教學歷程，前節為後節之工作準備者異趣，似未可附於設計大單元之形式以自重也。余於十年前為中華編高級《國語文學讀本》，曾用此式，初不見於教學有若何效率也。

總之，中國文字開始學習，須經一二期閱讀前準備，非求之於讀本可以解決者也。蓋課文必須在大體上為兒童可以自讀，其少數生字，能自查字典識之，所待於教者提示者，為數甚微；斯有趣之課文，能為兒童探索而欣賞。否則兒童所喜者，惟在附加之圖畫或動作，於文字本身，殊少發生關係也。即如文納特卡制故事鑰之附屬故事，不過成為一種練習材料。但使練習多方活動，正不必每課如此鉤心鬥角，而編此興趣難期濃厚之附屬故事也。若中國文字，僅用二三幅圖畫之閱讀前準備，即用故事鑰編制體式，亦無法可使自讀正文。兒童書局最近出版之南中北分部讀本，較初編之國語教科書，分量減少，形式亦力求整齊，亦可想見其求合流俗不得不爾矣。

試再求之國語教學實際，可以促吾人猛省者略論如下：

其一，課文授讀　此當知舊時學校教育，隔離實際生活，分科以求知識技能，文字工具遂亦獨立而占分科中一個位置。雖單字宜從整個語句而分析，學習內容必切日常生活，皆成爲重要理論，無知教學者不求之於真實活動，惟趨重文字形式，專以編制備有文章體式之課文，作爲國語讀本，關於各課之語句與內容，認爲從實際生活出發者，皆成爲推想之辭，其實無當於教學實際也。

其二，說話練習　部定課程標准之二三四各作業要項，在課文誦習之下，不易得此練習機會，其專賴讀寫以認識生字，幾占全部學習時間。若單獨練習，亦頗乏趣。蓋兒童非不會語言，而在不識文字。不識者強其練習，雖乏趣而不得不習；已會者而有意練習，則事實上所不容也。

其三，練習分布　此在學習上爲最重要問題，尤其在熟習進程中如何漸進而達到此境。彼專以讀講爲唯一方法者，練習固覺機械。即如近今介紹之各種練習方式，分別以觀，各有意義。若應用於一個單元以內，如何取散見之式，分布於適當進程中，無可依據。而且一個練習方式，單習則效微，增量延時又損興味，此則不可不審慮者也。

因此，返於上所論列之三個要點，適應吾國文字以關學習上新路徑，而提出以下之二個問題：

一、如何產生此新文字之國語教材

二、如何分布練習而熟習此新文字

茲先就第一個問題討論之，此在論教學基本問題，業已說明其意義，即取德可樂利教育法第三階段學習之意義，而演進於一個全學期中。就外形而論，不成課文，似零碎而無意義。惟以附隨於環境分配之單元活動，由觀察聯想所表出之事項與談話，教者以預定計劃之引誘，促使兒童講述，而攝記其語句，作爲新授文字，具有整理觀念之進程，與舊時之會話練習，成爲孤立情境者不同。吾國流行之設計教學，循分科教學之歧途，往往每一單元必編課文。其實設計教學，關於言語文字之練習，應散見於各個歷程中，即遇有特別學習文字之作業，亦不必定以讀課文出之，而以在當時情境應習何項文字爲宜。本方案之旨趣，在使知識材料與文字工具統一，而歸宿于發表，即以文字爲想象發表之最後歷程。故撮要提出語句，無編制課文之繁難，而應當前需要，由經驗以取得工具，開各種活動練習之路，實甚便也。

吾人當知兒童之學語言，係從簡單語句開始。所以能習得語句者，則由於接觸事物，應活動之需要而來。由此推及於學習文字，以語句爲主，自無不當。德可樂利教育法謂具體的簡單的語句，自兒童觀之，最爲事物之最具體最實在者是也。惟適應環境之單元，所接觸的事物頗多，則構成語句自亦不少；而語句之文字，又便於接觸事物後而練習之。若僅取短時間之學習，引進於讀書，而不問取得工具達到如何進程，未有能完成其功用者也。本方案所以演進於一個學期，職此之故。

茲爲撮要與練習方便起見，分爲二個形式。

一、問答語　問語不外於以"甚麼"或"怎樣"以及"何故"之語氣而構成語句；答語無一定形式，隨問語内容如何與其繁簡而定。

二、説明語　此亦可稱述語，與答語形式往往同。不過答語必與問語對立，此則隨觀察與聯想之結果，而構成實證或解釋之語言，可由教者於預計或活動中產生之。

文法分析，在初級國語教學中誠非必要。然文法上所有種種不同性質之字，構成種種不同形式之語句，必須由讀文而自然體會。此在初級成文之課，爲篇章形式所限，頗難具備。若散見於撮要之語句中，無課文形式之拘束，較易分布。惟不臚列示例，或不免重叠脱漏耳。名詞、動詞、形容詞、歎詞之字，有形有象者，隨單元内容及其活動而產生，此可不論。若同動字、助動字、介字、助字、以及形容詞中不定與約略之字，或者析爲副詞，吾國舊時稱爲虛字者，爲數既有限度，又於構成語句之關鍵極爲重要。茲撮取此類最通用之字，分別於後，以便參考。

教者可於每一單元結束，查其已用何字，以後逐漸補充其未用之字，用時不拘程式，亦可增損變換。茲之所舉，即有疏漏，固無礙也。

代名字——誰，某，這，那。

同動字——有，無，是，非，爲，未，像，不是，沒有。

助動字——可，足，配，夠，會，欲，肯，當，能，要，著，可以，打算，應該，一定，或許。

形容字

數量方面——幾，每，各，剩，又，屢，再，復，許多，若干，有些，一切。

時間方面——早，將，完，從前，已經，剛才，現在，以後，時常，永遠，不久，即刻，暫且。

性質方面——特，偏，更，比，極，太，祇，相，都，共，不，也，却，全，還是，仿佛。

介字——在，從，向，到，和，因，於，的，被，把，替，除，就是。

助字——呢，嗎，吧，哩，的，了，啦，呀，阿。

第三　提示

提示教材，已如前論。如何提示，仍爲一個重要問題。在用讀本教學，則以指圖問答，或聯絡前課，進而授新文字之音讀。似此讀文預備，大率浪費時間。余嘗謂吾國流行之預備問答，號爲啓發式者，皆猜謎或說廢話是也。本方案係就單元之觀察與聯想中，所有事項與談話，誘致兒童講述，而撮要提出語句，自不致犯上述讀文之弊。不過撮要語句，非如兒歌之有律動價值，可由唱誦而認識文字。若循普通講述慣例，未免乏趣。所以當視單元之内容如何，由其提示計畫，定準備各種練習活動之方向。例如我們的家庭，以用家常談話，爲達到發表過程。同時選取書報之故事與畫片，補充知識，增益興趣，以爲談話資料，兼作發表工具。如我們的身體，各個兒童所表出者，不少可取資料。然必益以兒童可識的人體與衛生之模型標本圖畫等，而後學習有系統有興趣，此在各書坊與衛生署之出版物，可資參考者頗多。即原物之文字標識，亦多可用。稍加增損，必有助於學習也。如"我們的田野"，臨時極多可以採集之品物，亦有日用品物可以搜集。又搜集品物，在我們的家庭之單元中，尤爲適用。以此作爲教材，兼及於來源、形狀、性質、價值、功用等，如填調查表，如歸類標識，可以取得文字工具，亦即整理常識之歸宿。尤其單元關於校外事物，由有目的有計劃之觀察，各個兒童各有其集中注意者，歸校後，可令其作記憶畫，或給以印就之輪廓畫，而令其着色，或補充內容，即選其最佳或適用者，作教學資料。又提出語句後，亦可選取語句，令就其意義作記憶畫，但此則爲適於練習之用耳。上舉四類，不限於所指範圍，教者僅可因實施而斟酌活用。但使準備愈充分，提示愈感興趣，即練習亦得到各種活動之資料。否則僅注意於練習方式之資料，而開始教學活動，索然寡味，必有妨於練習矣。

關於記憶畫之指示，趙欲仁譯、銳特威爾瑪斯鄉村學校教學法《默讀練習材料》，可作參考，茲摘錄於下。惟各式標題，在提示中採用，當不用文字而用語言示之，因此係指示兒童作記憶畫，非練習文字也。

（一）《進修半月刊》第二卷第十一期之4。
畫你頭上戴的東西
畫你腿上紮的東西
畫你腳上穿的東西
畫你袋裏藏的東西
（二）同前第十五期之11
畫小雲出遊
他的衣服是紅的
他的褲子是藍的
他的傘是綠的

他的鞋是黑的
　　畫一雙小狗拖着他的褲子
　　畫一雙小猫啃着他的傘
　　（三）同前第十五期之 14
　　在研究甘蔗田以後
　　畫甘蔗田
　　把甘蔗的莖畫成紅而大的
　　畫許多草在甘蔗的下面

　　由上舉之四類教學，有故事與畫片，有模型標本與圖畫，有採集與搜集之品物，有兒童製作之記憶畫，用以輔助開始語句之提示者，任何單元至少當有其一，可與單元之事項與談話相結合。由教者注意於新事物與其關係，誘起兒童講述，撮要提出語句，加以修正，作爲授新文字之張本，亦即常識既得觀念之整理。以此板書授讀，其有圖片或實物對照之字，以及可以動作擬勢之動字，可以準備指象（如方圖形顏色紙）比較指象（如上下左右）之形容字，更特別抽出示範。如時間有餘，更指定優生數人，由指引籤所指，領導逐句讀之，並可作對片擬勢之練習。

　　抑有言者，各單元應提出語句，不限於一次提示，而視單元之内容繁簡如何。如單元較繁，則可分數次提示，分別試習，至於復習則可合全單元而行之。不然者，往時生字較多之課文，幾於接續二三節皆爲生字講解，索然寡味，不可不避免之也。

第四　練習之分布

　　分布學習，在心理學上已成公認原則。惟文字符號之熟識，惟賴印象之多次反復，固結於神經路綫上，其變化在運用而不在本身。若以講讀爲唯一方法，則授讀與練習，皆出於同一途徑，屢習自感厭倦。現今關於練習方式之介紹，有兩個新途徑，頗堪注意：

其一，爲文納特卡制之附屬故事，由故事鑰之已有文字重組之。

其二，爲銳特威爾瑪斯之《低級默讀練習材料》，以命題產生有趣之工作，使就了解命題而練習文字。

本方案國語學習，由單元之整個活動而產生，不適用固定讀本。而且中西文字異趣，初學無法可以讀較長之課文。前者練習方式，自不適用。後者趙欲仁摘譯登載《進修半月刊》，第二卷第十一期、第十二期列三十五式，第十五期列二十式，頗足供本方案練習進程之參考。惟原書例子雖多，大率爲材料之別，非盡方式之殊。又散列不成系統，只可供教學上偶爾翻新花樣之用。於國語課程之全部練習與其進程，殊有未盡。

以此之故。本方案之分布練習，依學習進行程式，適當分配，其方式分別以次論列，茲先就類別論其旨趣。

一、爲試習　此接續於提示後行之，分爲初步練習與命題練習二類。

初步練習　此爲試習開始，立於觀念視覺之基礎上，使於新文字之字形字音，由語句而體會明確，因此進於分析或重組，較易熟習。

題片練習　此含有看口令之意義，其功用在於熟習新文字，惟試習爲練習文字之開端，雖經初步練習，不能必其一一確認。又因初步練習之方式，比較單調，不可不變換方式，作稍進一步的練習。故此進程中命題，在利用提示語句，重組爲問片答片，取前方案查眉標對圖片讀字片之旨趣行之。

二、爲復習　試習之經過，兒童所再認者，僅爲短時間之反復，則抽出練習，與單字分析，不能不有待於復習。如復習仍循試習方式，即能把持其記憶力，學習亦減興趣，兒童對於屢次之反復練習，縱不爲苦，必覺寡味。所以本方案之復習方式，從各種方面推盡其用，分爲抽出練習、單字分析、命題練習三類。在命題練習中，無文納特卡制編制附屬故事之繁難而得其同等功用。

三、爲綜合練習　此用於一個大單元完成以後，或數個小單元結束時，覺有綜合練習之必要，亦用之。蓋試習與復習，雖爲練習之分布，惟時日係繼續進行，且内容限於一個小單元。於結合歸納，爲一種有目的之練習，考驗其記憶是否永住，猶未盡也，故以綜合練習完成之。

練習進程之配置，已論列於上。惟練習方式之運用，僅祇於引起興趣，猶未足也，必更注意於以下之條件。

一、練習方式之分配

1. 勿論如何方式，延時太長，易生厭倦。故在每一次學習時間以內，必須變換數種方式而練習之。

2. 任何方式，在先後小單元內連續屢用，兒童習爲故常，久必漫不經意。故每一方式，以隔離若干小單元用之爲宜。必不得已，亦必在各個小單元進行中，有若干小單元變換其他方式。

3. 在練習進程中往往用個別對答，全體訂正，而多數兒童率不注意。或有若干兒童，因對答久不輪值其本身，益形散漫。故配置練習，在每一次學習時間內，必使每個兒童，相間若干分鐘，取得主要活動之練習，全體亦相間而同時有一致活動。

二、方式本身的價值

1. 全體兒童在同時間內均得到活動，或同時有多數人活動者。
2. 由一個活動引起其他活動，而使人人注意者。
3. 在四五分鐘內能全體輪習全部者。
4. 能適應特殊情形，以完成個別適當之練習者。
5. 所需準備能適應普遍練習之用，而不嫌過費者。

第五　試習

試習用具，除提示已有準備外，再就提示語句製全部句片一幅（亦可用板書），每個句片各一張，此爲任何單元所不可缺者，其題目片答案片，各就本單元所需者製成句片、語片、詞片。如題目答案係取提示之整個語句，則不另製片子。

初步練習分爲以下之方式：

一、齊讀揭帖或板書全幅語句，由教者或優生領導，就指引籤所指，齊讀二三遍，聲音不可過高。在注音符號已有相當熟習後，亦得在漢字旁注音而令兒童讀之。

二、對字片

1. 將所有句片，顛倒次序，分組給兒童各一張，令同時或分別持片對照所揭帖或板書之同語句而置於其上。

2. 將所有句片，顛倒次序，分組給兒童各一張，教者用指引籤任指揭帖或板書之一句，兒童持同語句片者，即高舉以示眾。

3. 教者用指引籤置於揭帖或板書之某行左方，兒童依次向儲字片處，取同語句之字片，置於某行之上。

4. 教者舉示某字片，兒童依次將指引籤置於揭帖或板書的同語句之左方。

5. 教者就全部語句，任掩蓋所揭帖或板書之一句，令兒童在儲字片處尋覓同語句之字片置於其上。

1、2之分組，就全體兒童分次進行；3、4、5之依次，就兒童坐次順序或逆序進行，均須每人輪次不同之若干片。如未用3或4而逕用5，必係開始進行1或2而無甚誤者。

三、讀字片

6. 將全部字片用閃爍方式持示，依坐次分令每兒童讀一片，分次輪讀，以至每兒童讀完全片而止。

7. 同前法，但不用閃爍方式，而以指引籤指揭帖或板書之語句，令讀之。如係板書，亦可於漢字旁注音使讀之。

8. 將全片顛倒次序，分組給兒童各一張，教者照揭帖或板書任讀一片，持同語句片者即高舉示眾。

9. 將全體兒童分甲乙二組，以字片任給一組，每兒童一片，持字片者順序各以字片對準揭帖或板書之同語句。每對一片，另一組對立者，即照對準之語句而讀之。對誤或讀誤者，由本組之次一人照對或照讀。

10. 同前法，一組每兒童順序照所持字片讀語句後，交給另一組對立之一人，其人即向揭帖或板書之同語句而對準之。

11. 教者任意將全片分給兒童，得片者各以其片上語句，對置同語句之揭帖或板書。每對準一句，全體照所對語句而讀之。

9、10 分二組進行，得於全組作畢，變換其學習方式。

以上十一個例式，每單元不限於完全使用，1 與 2，3 與 4，6、7 與 8，9、10 與 11，共爲四類，每類可任用一個例式。

四、題片練習　此在避免筆述口述之形式而找答案，雖有時或用讀，然必在取得答案以後。其方式基於問題與答案，由問題形成之答案，不外兩種形式。

（一）爲斷定語，大抵爲名與形容之詞，或含有補充字，如"我的""你的""在門內""在樹上""有山""有水"之類是也。

（二）爲說明語，大抵爲複合語句，因問語而種種不同。

由斷定之形式，問語必有"甚麼""那些""那裏""那個"等詞。由說明之形式，問語必爲"怎樣""何故"之詞。所謂怎樣者，或屬形色，或屬情狀，或屬性質，或屬功用，或屬用法，或屬來源，或屬要點等。其所屬範圍，二者皆有人或物或事或地之別。其問答形式，以從提示語句，或從動作，或從品物，或從圖畫四種分合之運用，因應答案的斷定或說明之二種形式，而取不同方式。概括言之，又可歸納爲合合看，讀讀看二種。在合合看中有字片對圖或圖對字片，又有分語相合之字片對字片；讀讀看，則用於取得題目或取得答案之字片也。茲分別舉例如下：

斷定答案之例，趙譯《默讀練習材料》，可作參考，茲將散見之例子，分類歸納如下，教者由此可以類推也。

1. 以名詞作答者三式

原書方式之 1（《進修半月刊》第一卷第十一期）

　　用來量衣服的是甚麼
　　用來掃地的是甚麼
　　⋯⋯⋯⋯⋯⋯⋯⋯

右可用詞片或圖片或實物作答，不限如原書僅用圖片也。

原書方式之 31（同前第十二期）
羊給我們甚麼……………（羊毛）
牛給我們甚麼……………（牛乳）
雞給我們甚麼……………（雞蛋）
右用下面答案之詞片作答。

2. 以形容詞作答者二式
原書方式之 26（同前）

那是母雞說的……………（咯，咯，咯）
那是鴨說的………………（呷，呷，呷）
作答同上。
原書方式之 28（同前）
蘋果是甚麼顏色
蛙是甚麼顏色
炭是甚麼顏色
右用句片作答。（句片之一面可塗以同答案之顏色）

　　說明答案之例，問題並無複雜形式，可以怎樣，何故括之。所不同者惟其實質，即如上論範圍有屬人、屬事、屬物、屬地之別，內容有形色、情狀、性質、功用、同法、來源、要點之殊。教者依本單元提出語句含有說明形式者，取其句或語為答案，再由答案而定問題可也。
　　趙譯《默讀練習材料》，尚有適於試讀中題片練習之用者，摘錄如下：
3. 對圖者二式
原書方式之 6（第十一期）

一隻鳥躲在窠裏

一個女孩拿着小泥人

　　一個男孩打鼓

　　原書方式之 23（第十二期）

　　這是一隻鳥

　　這是一間屋子

　　這是一個女孩子

　　右之提問與作答，字片圖片可互用。

4. 拼句者三式

原書方式之 13（第十一期）

　　我們刷…………（我們的牙齒）

　　我們剪…………（我們的指甲）

　　原書方式之 17（同前）

　　才生出來的貓叫…………（小貓）

　　才生出來的馬叫…………（小馬）

　　………………………………

　　原書方式之 35（第十二期）

　　捉老鼠的是…………（貓）

　　喜歡吃魚的是…………（貓）

　　愛清潔的是…………（貓）

　　右取下面詞片作答。

5. 混合斷定說明而爲成套片者一式

原書方式之 18（第二卷第十五期）

　　三隻熊到那裏去…………（到樹裏去）

　　誰走到熊的家裏…………（金絲髮）

金絲髮吃了甚麼……………………（粥）
他把小熊的椅子怎樣…………………（坐破）
他再走到甚麼地方……………………（走到樓上）
於是他做些甚麼………………………（走到床上睡覺）
誰看見他睡着…………………………（小熊）
金絲髮最好怎樣………………………（逃走）

右係就三隻熊整個故事，製成一套的題目片、答案片。由命題片找答案片，替代口述筆述，必須記憶故事而後能知其内容，不僅識文字已也。此例與上之四例，僅由命題形式歸爲一類，與各片各自獨立者不同。本方案提示語句，非如故事文之有一定程序，惟在某單元内對某事須有系統提示者，或可採用。

以下再論做做看之例，本方案第一期之看口令，即取此旨爲之。趙欲仁於介紹幾種識字遊戲法稱爲啞戲，所說頗爲明確，文載《進修半月刊》第一卷第二期，茲錄如下：

把讀過的單字、詞、句可用動作表演的，如走、跳、立、坐、舉手、搖頭、拿書、洗面、向窗前走去、把書翻開來等，做成字片。練習時，或由教師揭示字片，令兒童不出聲做成種種動作；或由教師不出聲做成種種動作，令兒童揀認字片。

趙譯《默讀練習材料方式》19、20，亦可參考。茲取《兒童國語教科書》第一册第九課練習一，稍爲變通示例。

　　　　向左轉
　　走　向右轉　停
　　　　向後轉

右可製爲成套之片，令全體於一次動作中行之。本方案由單元提示語句而摘出動作之字，雖可集合此類之字作爲一次練習，但參加於他種方式練習之始或末，分合練習，均可從便。

　　總上所言，練習所資以活動者，不外下之三種：

　　一、字片與字片合（字片包括句片、語片、詞片）

　　二、字片與圖合（圖亦用片）

　　三、字片與動作合

　　其方式則分爲下之四類：

　　一、對問　前列斷定式中，1 以名詞作答之例子，2 以形容詞作答之例子，5 混合斷定説明而爲成套片子之例子，以及説明式之問題與答案，皆屬之。

　　二、對照　前列 3 對圖之例子屬之。

　　三、對拼　前列 4 拼句之例子屬之。

　　四、對演　前列做做看之例子屬之。

　　對問爲此進程中練習之主要部分，其答案由斷定、説明二種形式而構成，問題則由答案形式而決定之。關於斷定與説明之答案，間亦可以圖片作答。對照則圖片與字片可以交互取置，惟此係字片語句之意義，與圖所表出之意義相合，非由問答語之形式成爲命題答案者也。對拼係二個字片之語，可以合成一個整語句，亦非由問答語之形式而構成。除做做看之答案，係以動作表示外，餘皆須就教者預備片子而找答案，所謂合合看是也。然而三者之命題，皆不同形式：對問命題，爲完全語句之問題；對照命題，雖爲完全語句而非問題；對拼命題則爲不完全語句。至於答案，則對問惟視命題語氣而找作答之片子；對照以了解命題本身意義，而找同意義之片子作答；對拼在就命題已有部分，而找其相接連部分之片子作答。從進行步驟言，此種找答案之練習，雖不外於取置片子，然字片與字片合，由對文字而進於求答案；字片與圖片合，由象形而進於會意，已不專憑觀念視覺，而有需於記憶事實與聯念思想。此本方案排列例子之特殊精神，爲一般研究方式所未見及者也。

於此當進論習題配置，各種例子，既統攝於上分四類之下，關於練習手續，各有需乎不同之説明。爲減少教學時間之例話計，當就本單元已提出語句，依上之四類，就命題形式相同或解答方式取同一手續者，分類歸納，將答案分四處排別，每類於同時間內練習，或分組各練習一類。如此則彙集同類之各個片子，各成一套，在練習中祇需一次説明而已足；而且答案存放有一定範圍，兒童惟在有範圍的片子之混合中，尋覓其應取之片子，較易發見而又省時間。

　　配置練習之方分爲二種：

　　一、指名練習　每一類片子，於説明練習手續或用看口令片指示，即分示各個片子，指名練習。此又可分二式：

　　1. 依坐次順序或逆序爲之，雖教者不呼名，而等於指名。

　　2. 教者取全體之各個名片，練習時，持示其名片，兒童見爲己名者，即依式練習。

　　此在每單元內可任用一式：

　　二、機會練習　此用換片式或抽片式，依上之 1 或 2 在命題袋內，每兒童每次自取一題目，如式練習。此又可分二式：

　　3. 分類練習　由教者説明某類練習手續或用看口令片指示，即進行某類之換片或抽片練習。此可與上之二式並行，而任用其一式。

　　4. 混合練習　此在用 1 或 2 進行分類練習後而加演之，（用 3 式者即不再演此式）當如以下之部署：

　　A. 答案片子仍分類放置，惟命題片子混合放在換片袋內或抽片筒裏。

　　B. 混合練習係練習單元全部之句片、語片、詞片，需時較長，應於正練習片外，加入三張合讀片子，使於各別活動之中，偶一參入多數人活動，以預防兒童之坐久散漫。其有本單元之動作語句，適於多數人齊演者，亦可用之。茲就合讀片子示例：

全體齊讀揭貼（板書）的全幅語句一遍

　前。排（左。行或左半邊）齊讀揭貼（板書）後。行的語句一遍

　　後。排（左。行或右半邊）齊讀揭貼（板書）前。行的語句一遍

C. 爲引起人人屬意起見，在摸練習片子袋外，附設一命令袋，內貯各種不同命令片。摸練習片的人，同時換命令片一張，依照命令作事，並宣讀練習片語句一遍，然後被命令之人，依式找答案或照演。（此可合稱作答案）茲就命令片子示例：

請你的坐位前面（後面）一位同學來作答案
請你的坐位左邊（右邊）一位同學來作答案
請一位年長的同學來作答案
請一位年幼的同學來作答案
你自己作答案
請老師作答案
在坐中間（左邊或右邊）的同學請一位來作答案

由以上題片練習，當於本章開始所言試習用具之外，爲如下之預備：
一、排列四類答案袋，此應放置於全幅語句之下或旁，每類排列一處，並加標識，如這是對問的答案片子，這是對照的答案片子，這是對拼的答案片子是。第一期方案之字袋不適用，當另製之。
二、摸命題袋或抽命題筒。
三、命令片子袋。
四、兒童全體名片。
五、指令合讀及命令片子。

第六　復習

復習分抽出練習、單字分析、命題練習三類，茲分別論列於下：
一、抽出練習　方式任取試習中之初步練習或題片練習之式例，惟依以下之兩種情形而行練習。
1. 試習中多數常誤之語句文字，當抽出此類字片，由全體輪習。

2. 試習中個別兒童常誤之語句文字，當抽出此類字片，指定練習而以全體訂正之。

二、單字分析　由試習之經過，兒童對於整個語句文字，已經熟習，將使達到自由閱讀，則單字之形音義分析，頗爲必要，茲分別論列於後。

1. 辨字形　爲學習經濟起見，以單形字爲主，注重基本練習。所謂單形字者，就各個單元中之文字，見有部首與音系字者，提出練習。音系字以時氏聲譜爲主，惟當注意以下之說明：

A. 單字分析，從本期開始，其選取之字，不限於新文字，凡已讀過之字，見於提出語句中者均可用。

B. 音系字不成爲單形者，例與"轟""肘""杏""雙"等字，則舍而不加練習。

C. 省聲之字，不便在合體字中作拼字練習，例如"徽""爲""微"省聲，"盡""爲""聿"省聲等，可附於此項練習中行之。

練習式例，采測驗之選答式，就本單元選取之字，彙印一紙。每字列三個，一個正寫，二個誤寫，含有增損或顛倒筆畫。練習時，每兒童分給一紙，令在對的字上畫一圈。《兒童國語教科書》第三冊 32 頁十個頭練習二，可作參考。（本期方案前後示例，常引《兒童國語教科書》《進修半月刊》所列例子。其中有許多例子，早經散見國人著譯中，即早年拙著亦多論及。茲以二刊物彙輯較多，故以爲據，示不掠美也。附此聲明。）

　　下面十行中每一行有三個字，其中兩個錯的，一個對的，把對的字畫一個圈。

1	掌	㝬	掌	2	壁	壁	壁
3	倒	倒	倒	4	帕	帕	帕
5	紀	紀	紀	6	指	指	指
7	得	得	得	8	無	無	無
9	哑	碰	碰	10	拚	拚	拼

2. 拼字　將本單元提示語句中之合體字，每個就部首音系分寫小片，並將各個合體字，依部首或者音系從類排列，橫書一紙。練習時，揭此橫書之紙於黑板上，另將拼字之小片混合排列一處。即分兒童爲若干組，每組同時令取相合小片對橫書之本字，拼置於下。或將小片分給兒童每人若干張，教者揭示一字，持同形部分之片者即以拼字之小片，貼置於揭示下。其當注意之點，説明如下：

A. 分析之部首音系，應注意其已習未習之形。凡未習而新取以拼字者，以及非通用字，如"楊"字之"昜"，"樹"字之"尌"等，同時應在書寫練習時特別指示。

B. 省聲字可以拼字者，如"配"爲肥省聲，"怯"爲卻省聲等之已去；以及不成通用字，如"覺"爲學省聲，其"與"仍自成體而統攝多字者，可以拼合。

C. 此項練習，須在書寫練習已進至合體字時行之。又分形之部首音系，可以供多數位之用，所有預備小片，應分部首音系分類保存，前單元練習用者，後單元遇有同形之部首音系，即可取而用之。

3. 排句　將本單元提示語句之新文字，照兒童全體所需之數（第一個小單元須就完全語句之字印之，以下各單元所印之字必爲前所未有者），印成單字塊。依本單元語句數量，分若干束，每一束含有二個以上語句之字。練習時，分給兒童，令排成本單元所提出語句。第一束排畢，再給第二束，以至給完所預備之單字塊。教者巡視一周，無誤者由其收藏保存，誤者指令再排，並指令優生數人分別訂正。第二單元以下，除給新字塊外，並令查已發字塊爲當時排句所需之字取而排成全句。

4. 拼音符　此須在認識注音符號後行之，每小單元選定數個代表字，依序將拼音之各個例子，製爲音符片。教者於開始若干單元練習拼音時，持示音符片，令舉手者拼讀，然後將同音讀之字片或板書示之。俟經過若干單元練習後，即以字片與音符片相互對照練習。惟注音符號，必須附屬於課文練習以求純熟，然後開始自動閲讀，兒童可逕依音符而自讀。如此準備工作，教者勿稍忽視也。

5. 綴寫　此須在書寫練習之筆順經過初步練習以後行之，將準備印成之紙，分給兒童填寫。惟題目用字，須為已讀過之字；填綴字須為本單元新授字。茲舉四個例式，由教者視本單元學習情形，分別選用若干式可也。

A. 用選答式列舉若干語句，每句有空格，在下面列舉三個，選一個對的寫入空格內。《兒童國語教科書》第二冊第六課練習例子可參考：

　　1. 小雞要吃＿＿＿＿。（米，奶，蛋）
　　2. ＿＿＿＿要吃小雞。（母雞，小朋友，老鷹）
　　3. ＿＿＿＿保護小雞。（母雞，公雞，老鷹）

B. 在語句前面分列若干本單元提示單字，為下之各語句所含有者。每句有空格，令兒童分別選取應含之字寫入空格內。《兒童國語教科書》第三冊第六課練習可參考：

　　把下面的字填進句子裏去。
　　補，布，蓋，棚，涼，種。
　　1. 紡織娘乘風＿＿＿＿。
　　2. 我在葡萄＿＿＿＿下織布。
　　3. 那個去賣＿＿＿＿。
　　4. 褲子破了，誰來＿＿＿＿。
　　5. 路旁＿＿＿＿了許多柳樹。
　　6. 他＿＿＿＿了三間屋。

C. 列若干語句，每句有空格，令兒童分別想應填入之字，寫在空格內。《兒童國語教科書》第二冊第十三課練習可參考。

下面空的地方，應當填甚麼字？
1. 有的像_____蝶。
2. 這些書都是很_____怪的。
3. 母_____做麵給我們吃。
4. 我去拿一_____墨水來。

D. 列若干語句，每句多一個字，令兒童逐句圈去，所多之字。《兒童國語教科書》第二冊第八課"到鄉下去"練習可作參考。

下面的句子，句句多一個字，把多的字圈掉。
1. 稻麥磨成粉可以做麵吃。
2. 蛙一刻兒鑽沉進水裏。
3. 有幾個人蹲游在池塘邊。
4. 菜花是紅金黃的。

三、命題練習　上之單字分析，雖爲基本練習，且同時能及於全體，惟與抽出練習，皆近於繁重形式，如練習時間過久，或感乾燥，故以此種練習調節之，與單字分析各式錯綜進行。其旨趣在以命題產生短時間活動之新工作，由命題練習新識文字而不覺厭倦。命題必取提出語句之較繁難的文字，或試習中屢誤的文字，可以補抽出練習之不足，亦即抽出練習之改換方式。一也。試習中題片練習，從取置字片蛻化而出，惟分割提出語句，以構成命題之字片，爲進一步練習。此之命題，則取其新文字加以重組，而爲產生新工作之說明，可作讀文之引渡。二也。文納特卡制之附屬故事，雖同爲練習新文字之方法，但限於本單元之文字而重組故事，本身未易有趣。若重組語句而爲新工作之說明，不難得有趣之工作。三也。因此本方案採取各書練習材料之例子，就復習中適用者，分爲三類歸納，教者可依本單元學習情形審酌用之。

甲、與描畫相連

（1）填色　印給每兒童一張圖案，令照說明填色。

自由填色者，《兒童國語教科書》第一册第二十一課買玩具七輕氣球着色，參考原書圖案。

指令分別填色者，《兒童國語教科書》第二册第七課老鷹捉小鷄練習塗紅綠黃三色，參考原書圖案。惟圖案不以原式爲限，可就具體物各部分或各別物體分別填色。

又趙譯《默讀練習材料方式》之 3（見《進修半月刊》第二卷第十一期）：

照讀過的句子之意在紙上分別着色：

畫一種和窗戶一樣的顏色

畫一種和沙箱一樣的顏色

畫一種和窗簾一樣的顏色

上之窗戶、沙箱、窗簾等及其顏色，必爲本單元觀察所及者。

（2）畫不同記號　印給每兒童一張如下附有說明之紙，令如式作記號，見《進修半月刊》第二卷第十五期趙譯《默讀練習材料方式》之 3。

2	7	短
太陽	黃	5
小雲	3	藍

畫一條綫在小雲二字旁邊

畫一條綫在 3 字上面

畫一條綫在藍字下面

畫一條綫環繞太陽二字

畫一條綫環繞黃字

（3）接連點綫　此項圖案，用數位表明接連之次序，印給每兒童一紙，令照説明填色。《兒童國語教科書》第一册第五課《我上學去》七，及第二册第五課《畫猪尾巴》練習之圖式與説明均可參考。

（4）補缺　印一具體人物，缺餘一部分，給每兒童一紙，令照説明補畫之。《兒童國語教科書》第一册第四課《拍皮球》練習二，及第二十二課《媽媽講故事》八之圖式與説明均可參考。

（5）畫簡易的具體事物　印説明題紙給每兒童一張，令如式畫之。《兒童國語教科書》第一册第十三課練習一，及《進修半月刊》二卷第十一期趙譯《默讀練習材料方式》之 4、15，與第十五期方式之 10、20，均屬此類。惟本《方案》以命題産生新工作，在調節活動，如其工作較繁或需時較久，不免違反練習主要目的。故録較便參考者三個例子如下：

《默讀練習材料方式》之 2（《進修半月刊》二卷十五期），取讀過句子中之新文字，重組語句如下之題目，即給每兒童一紙，如式練習。

　　　　畫一條短的藍色綫
　　　　畫一條比藍綫稍長的棕色綫
　　　　畫一個小的藍色圓圈
　　　　畫一個大的黑色圓圈
　　　　在黑色圓圈裏畫緑的顔色

同方式之 5

　　　　畫三個圖形，加緑的顔色
　　　　畫一個正方形，加紅的顔色
　　　　畫一個三角形，加黑的顔色
　　　　寫你的名字

同前方式之 7，取讀過句子中之新文字，重組語句如下之題目，印給每兒童一紙，令拿尺在紙上畫之。

畫一條四寸長的綫

　　畫兩條三寸長的綫

　　畫三條一寸長的綫

　　綫上的背面畫六條二寸長的綫

乙、與計算相聯

　　此須與算術教學聯絡，就本單元內容有練習此類文字機會而爲之，茲摘錄《默讀練習材料》之三個例子：

方式之2（十一期）

　　你有幾個手指

　　一匹馬有幾隻腿

　　銀元一角是幾分

　　一個星期有幾天

　　一年有幾個月

　　上式不用卡片挖洞輪次作答，即用紙印上之題目，給每兒童一張，令在題目下寫答數。

　　方式之8（同上）就本單元之新文字，重組如下之歌詞，空出填數之格，印給每兒童一紙，令其填數。

　　四個小蘋果，

　　懸挂在樹上。

　　一個掉下來，

　　樹上剩＿＿＿個。

四隻小鴨子，
走路成一行。
五隻加進來，
這裏共＿＿＿隻。

一隻母鷄，
九個鷄子。
鷄子孵出，
共有＿＿＿隻。

五個小孩子，
坐在門旁邊。
＿＿＿加進來，
一齊共八個。

方式之 42（十二期）

用若干錢買一口箱子
用若干錢買一張床
用若干錢買一把椅子
用若干錢買一枚洋燭

上式稍變更原來問法，就學習家具或玩具之文字後，或觀察商店後，提出問題，用紙印之，給每兒童一張，令其作答。

丙、與製作相聯

此就本單元練習材料，可應用一種簡易事物之製作，以助練習文字興趣，即取其文字命題說明，印給每兒童一紙，令其如式爲之。第十五期《默讀練習材料》1、6、15、16、19，均屬此類，茲選録一個例子。

方式之 6

　　畫一條晒衣用的繩
　　剪一件衣服粘在繩上
　　剪一件裙子粘在繩上
　　剪一條鞋帶挂在繩上
　　剪一條褲子挂在繩上

第七　綜合練習

　　此用於一個大單元完成以後，或數個小單元結束時，覺有綜合練習之必要，亦用之。惟本方案本期國語學習，係由整個課程活動，經過觀察聯想之進程，取得學習工具。所有單元内容之表出，亦非成篇章之文。在復習與綜合練習時，均無需乎另求單元概念。即考驗其記憶力，亦不必結合事實之種種關係而求之。其有歸類，惟在形式方面而不在内容，因此規定以下之方式。

　　一、啞戲　凡應練習之各單元文字，在試習、復習中所用片子，有形有象，可以動作表現出者，悉數取置一處。練習時，即抽示片子令其照演，所謂做做看是也。

　　二、對照

　　1. 畫片對照　凡所練習之各單元片子，在試習、復習中所用畫片，及與畫片對照之字片悉數分別各置一處。練習時，即令抽取字片而找相對之畫片。或抽取畫片而找相對之字片，如對照之片較多，可任以全部之字片或畫片分給兒童，教者抽示畫片或字片，持對照之片者，即舉以示衆。

　　2. 音符片對照　用音符與漢字對照，方式同上。

　　以上二式，可分開各爲成套之練習，亦可二者混合練習。或順坐次由兒童抽取片字對照；或由教者持示片子，令兒童找對照之片子，或將全體人名片另置一處，一面取練習片子，一面取人名片，以行練習，均可任意。

三、看圖填寫　開始數月，選取各單元可以圖表出之詞，彙印一紙，令兒童對圖逐一填字。進而參以表短語之圖，對圖綴成語句。此種方式，在測驗中常用之，綜合練習，每期不過數次，雖需圖繪印刷，固不甚費也。

四、散片閃爍　凡應練習之各單元片子，除去上一二已用片子，尚有其他片子亦需練習者，即將此類片子另置一處，由教者作閃爍練習。練習時，或先練習上二式之片子，或先練習此式之片子，均可從便。

五、集字練習　以下各式，皆由教者提出例子，印給每兒童一紙，令就練習單元所有文字，依類集之，寫於紙上。此在未練習前，當有適當示例；最初練習，尤當詳細說明。不過復習中業經有拼字拼音之練習，書寫練習又有部首音系之練習，則綜合中集字練習，自不困難。各式或合習，或分習，由教者斟酌情形而定。

1. 集同部首字　選取各單元附隨練習之部首，令其以記憶集寫同部首之字（不許對照練習簿）。

2. 集同音系字　方式同1。

3. 用音符集字　此可將音符依聲母分別排列，以備兒童檢查。練習時，由教者分聲母、介母、韻母，或音符全同者提例子，令兒童將各單元之漢字，彙書於下，或將音符片混置一處，分組依次任取音符片若干張而板書漢字。

4. 集形相似字　此所集之字，不以所練習之各單元爲限，凡已讀過之字，與提出之字形相似者，盡量集寫。例如教者提出所練習單元中之禾字，如已讀之字，有"木""本""末""未""來"等，皆當集寫。

5. 集音同形異字　方式同3，例如提出所練習單元中之徒字，如已讀之字，有頭圖等，皆當集寫。

以上各式，教者須預計有若干字，兒童可以查出集寫，而後舉例，不可任意爲之。4、5集字可令兒童查取字片集之。

第八　補充練習

補充練習者，非在復習或綜合練習之後，有所補充，乃于原列方式之外，另列練習方式，以調節其活動，或資變換方式之參考。雖不限其必用或全用，然教者亦不可忽視也。

上所論列之試習、復習，最注意者惟普遍的練習。所謂普遍者有二個方面：一、兒童本身，即每次學習時間，所用各種方式，時常輪及於全體，並且間有同時一齊活動。二、文字本身，即每次學習時間，每兒童須有機會練習其全部文字。舊時以誦讀爲唯一方法，此事不成問題。惟以整個時間齊讀全部文字，方式過於單調，故本方案注重活動練習，並變換多種方式行之。不過如此練習，興趣固較濃厚。其弊也往往分別爲單獨活動，而全體時立於旁觀地位。爲矯正此弊起見，如以極迅速時間進行輪值練習；以同時作一致練習或多數練習，當勻配於學習時間之各方式以內。此外，當注意之點：一爲□片或抽片，雖爲個別活動而人人屬意。二爲分給全部片子於多數兒童，教者示片或讀片，兒童持對照之片者舉以示衆。此在逐片對照時，雖祇於個別片子，而分得片子者，對於任何片，無不注目。三爲照演片子，與他種方式練習相參，俾多數兒童同時依式表演，以調節活動；皆可由上列方式，多方運用。蓋整個學習，既長期作片子練習，方式任如何變換，久習亦將視爲故常。雖然前後單元，可以運用不同方式。究竟分類之基本練習頗多，有時亦覺繁重，不可不審察學習情境，更謀調節之方。因此再從遊戲立場，練習文字，採取他書介紹較善方式，臚列備用。教者在試習、復習中，如覺多數兒童興趣銳減，或精神疲乏，即可取而行之。其式可在教室內用者，行於學習時之中間；宜在教室外用者，則行於學習最後若干時內。

在《第一期方案》內，曾列舉設計練習之四個方式，合遊戲與練習爲一，本期仍可用之。惟此類方式，係因應教材性質，作整個計畫，爲一個整時間之練習，非有適當準備，則進行必不完善，下所論列，亦有與之同者，教者不可不注意也。

茲就張若南介紹低級兒童最喜歡幾種讀法遊戲（《教育研究彙刊》第二集），趙欲仁介紹幾種識字教學法（《進修半月刊》第一卷第二期）稍加增損彙列於後：

一、換位　兒童坐成一個圓圈或站成一個圓圈，公推一人爲領袖，或由教者指定亦可。每人拿一張已讀過之字片，例如領袖說："豬和羊換位置"則拿豬字片的人與拿羊字片的人，同時出來換位，否則退出圈外。

二、圈字　教者板書新字與新詞句，例如"弟""書""新""讀書""坐着"等，由一位兒童讀一遍給大家聽，然後指定另一位兒童說"請你找'書'字，找着即用粉筆圈出"，一位圈過，再換一位。

三、猜字　板書許多新字與新詞句，令一位兒童閉眼，另一位兒童任指板書之一字，指過後即回到自己原位，然後令閉眼者放開眼睛，猜說所指之字，直到猜對爲止。一位猜對畢，再換一位，如式爲之。

四、送信　取練習中之句片、語片、詞片，放在一個書包內，請一位兒童作郵差，分送各兒童，收信者即起立讀所得片子之文。

五、賣票　由教者指定一人爲賣票人，一人爲查票人，一人爲收票人，其餘兒童爲買票人。每人買票後，讀其文字。誤者由查票人訂正，查票人不能訂正，另換查票人。讀後，由收票人逐一收回。

六、比賽　此在第一期方案中，業已論列。茲更錄趙君介紹之方式。

1. 替換　兒童分作兩行，每行每人依次往取字片一張讀之，讀誤者由其次一人代讀，以讀片最多之組爲勝。

2. 圓周　黑板上揭貼或畫一圓周，沿周書應練習之字。兒童兩人背道指讀沿周所書之字，誰先到出發點並無誤或誤少者勝。

3. 交替　黑板上書數目同之字兩行，兩組兒童每人依次各讀一字，讀對者拭之，以先拭畢及拭完或未拭之字少者爲勝。

此外，補充試習、復習之不足，而可因應學習情形，附加練習，雖不限於每小單元皆附加此項練習，但亦可酌量用之，茲論列於下：

一、命令語　表命令動作之短句，其動作顯而易見，可以於理解文字中，兼作筋肉運動；並由運動之表現，而覘其理解如何。此與看口令同趣而異用者，看口令在以文字代語言，其資料不屬於單元本身之內容，而在給予進行之手續，此則同於照演，而以成套片行之，一面照命令語而動作，一面於動作申讀其語句，教者應注意於實際活動，勿空讀或虛擬也。在《德可樂利教育法》第一階段，列有例子，茲錄如下：

　　給我一個梨
　　放這個梨在桌上
　　剖開這個梨為兩塊
　　吃這個梨一半
　　給一半梨與安民

又《進修半月刊》二卷第十三期節譯《鄉村學校教學法》第四章亦有例子，摘錄如下：

　　　　　　（1）
　　跳到門那邊，跳到書桌那邊。
　　走到窗那邊，到黑板那邊去。
　　輕輕地跳到椅子那邊，
　　用腳趾跳到我這裏來。

　　　　　　（2）
　　拿那把椅子，
　　拿那口小箱子，
　　拿那本書。
　　拿一把椅子，
　　拿一張地圖給我。
　　拿一本書給我。

二、演進語　作一種動作之自然次序，其動作顯而易見者，編成一套連續語句，與命令語形式不同，而結合動作則同一功用，用法亦同。部定課程標准列爲低級作業要項，復於教學要點說明："每套要有個題目，每套要單說動作一步但不可太繁瑣，要從主位說起，並且要容易看容易做，每套句子不可太多。"十八年頒布課程標准載"我開門"一套例子。照錄如下：

　　我走過去，
　　我站在門後邊，
　　我用手轉動門把，
　　我拉開門來。

第三篇　正式開始習字

第一　正式用鉛筆開始習字的意義

最近頒布小學課程標準，教學要點習字綱下"初學寫字應用鉛筆以便操縱；至二年級除鉛筆字仍須練習外，開始注意毛筆的訓練；至五、六年級得兼課鋼筆字的訓練"。依此旨趣，寫字教學，有兩個原則爲教師所當注意。

其一，毛筆訓練，絕對不可施之於小學一年級，且須經過鉛筆書寫一個時期。

其二，鋼筆訓練，五、六年級得兼課之，謂爲得兼課，是小學仍以不用鋼筆訓練爲主。

於此必須申論者，即初學正式習字用鉛筆，究竟宜在一年級何時書寫，如何書寫，課程標準未有説明，不無缺陷。其流行之國語教學法，大抵缺乏書寫漢字之素養，而祇以抄襲西洋習字方式，自詡達用，疵謬層出，茲不暇一一駁斥，惟就小學習字應由之方向，分別論列。

其一　何時正式開始習字問題　入學之始，即取讀寫聯絡，不惟進行太緩，妨礙自動讀書之從早實現；抑且兒童筋肉尚未圓滿發達，指腕運用，殊難靈活。即令特別練習，兒童於文字形體，普通印象不深，而從事書寫練習必致浪費時間。所以從教育理論言，大抵以第二學年以後爲宜。惟吾國字形各自獨立，習字太遲，亦非所宜。權衡正式習字開始，必備以下之二個條件：

一、必爲筋肉之較粗大的活動。

二、對於識字，必經過較長期間有系統之視覺練習。

由一之條件，則開始習字以鉛筆爲宜。由二之條件，則鉛筆習字可於第二學期正式開始。所謂正式開始者，即以一定之指導方式，與有步驟之練習材料，並規定書寫時機，而非偶發之教學也。申言之，在第二學期前，可以指導兒童偶然寫字，惟不得爲正式課程耳。

二、用鉛筆如何書寫問題　此關於詳細程式，當於以下專章論之。茲所欲言者，開始用鉛筆書寫，係爲毛筆寫字之準備，即毛筆書寫對於字形與筆畫應具之知識，執筆運筆應具之技術，一字書寫，兼顧每感困難。鉛筆書寫較爲簡易，於此種知識與技術，實可抽出要點爲初步預習。若於此中關鍵，毫無抉擇，即使先用鉛筆，而基礎疏誤，一方於預備上雖得少許幫助；一方則於基本習慣多貽以惡影響。此在現在一般小學教學實已形成通弊，無如世人不之察也。

第二　特殊練習與附隨練習

習字之特殊練習，係在正式授課時間内，特定習字時間在教室内作示範練習，違此則失其意義。附隨練習，係在讀書過程内，以書寫補助誦讀之熟習，完全擇取當時所讀文字，作爲書寫材料。二者不可偏廢，不過在開始習字時，必須特殊練習，經過一初步有系統之結束，而後附隨練習，可以相並進行。否則特殊練習所期之主要目的，以正確整齊爲標准，將易爲附隨練習所破壞，相並適以相妨也。因此各初小普通習弊，有關於本問題之參究者，一一論列於左。

一、第一學期即開始習字，以毛筆於特定時間内練習，鉛筆則於附隨練習中用之。

二、習字雖以鉛筆（或石筆）開始，不爲示範練習，僅以書空示筆順。

由一之所指，非以鉛筆練習爲毛筆書寫之預備，則特定時間練習，已無意義。若僅求取攜與使用便利，亦非特殊練習與附隨練習所以區別之義。

由二之所指，鉛筆固較便操縱，使不爲示範練習，則習字之基本習慣必不能確立，或至產生不良影響。

　　此外，尚有通行理論，根據學習心理立言，謂書寫材料，宜用有意義之語句。此則舉行一種測驗，或附屬練習，或進至用毛筆習字時期，未嘗不可以此爲據。若開始在特定時間習字，以每字連續複寫爲宜。一經複寫，則有意義之觀念已不成立。而況示範練習，在寫某字時專注於其字之形體與筆畫，其涉及聯想，亦惟相近相似字之形體與筆畫，與上下文毫無關係。是所謂文之有意義，在範書時正無需乎此。此在舊時臨帖練習，確有如是經驗。僅憑主觀上學習心理之見解，而不問客觀上學習事實之情況，所以理論每每違反事實也。

　　附隨練習隨讀文而進行，關於時間材料方式程序等，均無規定必要。惟視教者所取教學方針，善於運用。其練習簿任取通常所用形式，或用石筆書於石板，亦無不便。特殊練習行於特定時間，又無毛筆磨墨之煩，每次以十分至十五分爲宜，即在國語作業分割某時間行之。每次時間既少，則每周至少當以四次爲度。

　　示範練習字數，據本區小楷速寫測驗，每十分鐘書寫最少者爲四十九字。開始練習以十五分爲限，除去三分之一的時間爲示範說明，每字復寫五個至十個，多可八字，少則四字，假定以二個月爲初步示範以習字之筆畫與整形；餘爲應用示範以習通用之部首與音系字，基礎當可確立矣。至其採用資料，當取新讀與前期已識之字，依下章論列標准，分類歸納。

第三　筆畫與筆順

　　筆畫研究　自"永字八法"通行，推演頗多，極運筆之功用。鉛筆習字，只須從字形所表見者，分別示以形式與趨向，不必講論筆勢。其名稱亦以通常易明之義爲主，不用八法原來名稱。

　　一、橫畫如 一（1）八法稱爲"勒"。

二、直畫如 丨（2）八法稱爲"努"。

三、撇畫分爲二

　　長撇如 丿（3）八法稱爲"掠"。

　　短撇 丿（4）八法稱爲"啄"。

四、捺畫分爲二　八法稱爲"磔"。

　　斜捺如木 ㇏（5）

　　底捺如 ⌒（6）

五、點畫分爲三

　　正點如 、（7）

　　左側點如 ，（8）

　　右側點如 、（9）

六、挑畫分爲二　八法稱爲"策"。

　　平挑如 ‐（10）

　　上挑如 ╱（11）

七、鈎畫分爲六

　　直鈎如 亅（12）

　　斜鈎如 ㇂（13）

　　俯鈎如 ⌒（14）

　　曲鈎如 ）（15）、⌒（16）

八、折畫分爲八

　　折鈎如 し（17）、㇈（18）、乁（19）

　　直連橫折如 ㄴ（20）、㇆（21）

　　直連挑折如 〔（22）

　　橫連撇折如 ㇀（23）

　　撇連挑折如 ∠（24）

筆順研究　此在民五以前，頗爲注重，如京師學務局、長沙學務局均有通行各校之規定，江蘇亦有聯合會規定。自歐美語文教法流傳漸廣，有人宣傳廢除漢字，各小學漸不注意於此，浸成風氣。在從前授課，每課提一生字，即授筆順，連筆畫而口說，誠不免過重機械練習，浪費時間。然完全廢除，或隨意偶授，以致兒童顛倒筆畫，妨及運筆之助勢與因應，害亦甚大。杜定友所主張之筆順，只求排列簡便，於書寫不宜也。茲斟酌已往利弊，與書寫必須了解之過程，規定如下：

一、筆順練習，惟於初用鉛筆習字之特定時間內行之。其附隨課文而練習書寫，則不授筆順。

二、特定時間內之授筆順，限於單形字範書練習行之，同時兼示筆畫，作書空練習。並在練習簿之範書用雙鉤表示使循序填寫之。至於合體字範書練習，只在辨別部位布置而已。

筆順之程序，應注意者有三方面：

一、筆畫進行之方向

1. 為左右行與上下行　橫如一，由左而右；直如丨，點如丶，由上而下。撇如丿，點如丶，皆由上而下。因筆勢所向而分左右。挑向右㇀，由下而上。鉤向下者如㇀，接橫畫之終點左行；向上者如乚上行，如亅隨直畫所向而左行或右行。

2. 折畫之轉角，宜接連而寫；筆畫為承接者，各自成畫。例如口字起筆末筆皆各自成畫，第二筆則為接連而寫也。

二、起筆　此於筆順亦甚重要，因字形起首之上下左右，遇有部位不分明者，何為起筆，何為承筆，每易混淆。今分筆畫與部位二方面說明之：

A. 筆畫

1. 以點起者，在中例如"立"；在左例如"米""火"。合體字依此類推。

2. 以橫起者，例如"工""土""大""共"，合體字依此類推。

3. 以撇起者，在中例如"禾"；在左例如"先""久""成"，合體字依此類推。

4. 以直起者，在中例如"上""小"；在左例如"北""門"。

鉤挑捺無作起筆者，有之則為鉤挑連於橫直之畫，如"水""以"

"承"是，其實仍以橫直起也。

　　B. 部位　兼上左兩個部位者勿論矣，部位在中而覆蓋一切者由上而下，部位在左而成獨立部分者由左而右，此爲必然之例。其發生混淆者，筆畫雖在上，而貫叉於他筆畫之下，筆順必在他畫之後，如"中""土""大""共""戈"，突出之直與撇皆非起筆。筆畫雖在左而爲承載或拱向之筆畫，如"水"之フ爲拱向。"山"之乚，"北"之ノ，"己"之乚，爲承載，亦不爲起筆。如其筆畫貫叉成左右勢者，則當先寫左上筆，例如"九""爻"是，"女"字亦同此例。杜定友稱起筆只有十三種，茲錄於下，以供練習選用範字之參考。

　　丶一フ刀乀フ丨乚丨ノフ乚乙

（三）筆畫承接之先後

　　1. 由上而下　字之筆畫以上下而配置者，例如"二""工"。二形合體字分上下者，依此類推。

　　2. 由左而右　字之筆畫以左右而配置者，例如"几""仁"，二形合體字分左右者，依此類推。

　　3. 由外而內　字之筆畫有內外者，例如"日""月"，合體字之爲包含形者，依此類推。

　　4. 由中而兩旁　字之筆畫或形體分中、左、右者，單形例如"水""必"；合體例如"學""變"。但合體字三形各不相同，仍由左而右，例如"謝""鄉"。

　　5. 以形勢之便利而爲次序　此僅以單形字爲例，如"刀""己"不由左畫而進於右畫，"女"於最後寫橫畫，"心"不於最後寫曲鈎是。

　　筆畫較多，則一字之筆順，常兼數例，變化甚多，5例即融合前四例而取形勢便利，不能執一以論也。至於示範練習，應在單形字全部中，將上列之二十四種筆畫，分別歸納於各個範書字以內，其筆順自隨字而見。於此當中論者，授筆畫筆順，爲漢字絕對不可少之教學。往時教法，不知擇取基本字特殊提示，而附隨於課文授之，既感煩苦，又雜糅不便記憶。本論下章所列單形字，初步所習，無過十畫者。筆畫筆順，盡括其中，故需時其少，而且條理分明，可於分類依序之書寫中，自然領會。至於運筆方法與技術，當俟毛筆練習，此時不必詳論也。

第四　整形研究

整形者，即每個字所構成之形體，雖各具有一定筆畫，然筆畫非構形之成分，而爲各個成分中所具之點綫，點綫視成分而取需，非成分由點綫面構成。譬如造屋者必需磚瓦木石，而磚瓦木石，必依室院牆戶之定型而建置，始成爲屋。字猶屋也，構字之部分猶室院牆戶也，筆畫則磚瓦木石也。今之所謂教育學者，誤于拼音字之筆畫與其字母一致，又不解古人之論筆畫，爲讀字以後之運筆法，竟妄談所謂習字教法，中西雜陳，至有誤稱筆畫爲字母者，於是愈講筆畫，愈離漢字真義，尤與小學練習不合。日本人關於小學書寫，論漢字整形，頗有造述，杜定友取其意作漢字形位元排檢法，定基本八種，專釋形而忽于布置與運筆之意，尚非書寫所宜。茲以己見就鉛筆習字論整形，原則有二：

一、示以構形之各個具體部分，使與單字分析教學相應。

二、在毛筆習字間架結構之運筆前，使了解各單形字部位排列與并合之體要。

依上之原則，分爲兩部言之：

甲、單形字　此所謂單形字，非全取字畫之獨體字爲範圍，惟從筆畫結合之形而定，所以使筆順結合筆畫之基本示範也。

一、筆畫承接字

A. 相承字之例四　此例中又各分若干小例，不可忽略。

1. 橫起　以橫承例如"二"，以直承例如"工""下"，以撇承例如"不"。

2. 直起　以直承例如"止"，以點承例如"卜""光"，以橫折承例如"口"。

3. 點起　以點承例如"沙"，以橫承例如"立"，以折鈎承例如"心"，以平挑承例如"之"。

4. 撇起　以橫承例如"乞"，以點承例如"乏"，以捺承例如"人"，以直承例如"仁""白"，以撇承例如"斤"。

B. 相向字之例"四"

5. 同向者例如"刀""勿"。

6. 相對者例如"日""高"。

7. 左右分者例如"八""以""門""北"。

8. 有中心者例如"小""水"。

C. 相包字之例"六"

9. 周圍包者例如"四""囚"。

10. 上包者例如"今""穴""同"。

11. 下包者例"如""凶"。

12. 左包者例如"巨"。

13. 右包者例如"句"。

14. 半包者例如"近""仄"。

15. 交相包者例如"包"。

二、筆畫直貫字

A. 以直畫貫之例二

16. 通貫例如"十""巾"。

17. 上貫例如"土"。

18. 中貫例如"王"。

19. 下貫例如"干"。

20. 雙貫例如"甘"。

B. 以鈎畫貫之例三

21. 以直鈎貫者例如"寸"。

22. 微曲之直鈎貫者例如"子"。

23. 折鈎貫者例如"毛"。

三、筆畫交叉者

24. 以撇捺交叉者例如"又""丈""各"。

25. 以橫撇交叉者例如"大""老"。

26. 以鈎撇交叉者例如"必""民"。

27. 以折與撇叉者例如"九""力""肉""身""爲"。

28. 複叉者例如"成""女""母"。

單形之字不一，其筆畫錯綜，不外承接、貫叉兩種，筆順亦隸屬其中。於此而分類作基本練習，自較經濟而且易記憶。又教者如以已識字難得如上之適當的單形字，而注音符號業經練習，亦可採取其字以備單形字之數。

乙、合體字　此即各個單形字并合而構成之字，上之所列。雖未臚列一切單形字，而筆畫與筆順，與字之構形，已盡其變化之用。故習合體字惟求單形部位之如何排列，於習字初步之正確整齊，即已建立基礎。茲分別類列如左：

A. 左右合體字

1. 左右形相等字　凡筆畫繁簡相差不遠，除少數例外，其形之幅度亦必相等。例如：▯▯（1）願孔杖妒欣。

2. 左短右長字　例如：▯▯（2）叮；▯▯（3）吱、坊、玲、晴、略、竭等。

3. 右長左短字　例如：▯▯（4）和；▯▯（5）紅、效、初、取、私。

4. 左寬右窄字　例如：▯▯（6）削、郊、對、影。

5. 右寬左窄字　例如：▯▯（7）代、地、河、烘、族、往、帳、楊、陡、祠、袖、怕、胖、挑、牲、妹、秧、跟。並形同上例如朋、林。

B. 上下合體字

1. 上下相等字　此與左右形相等字同義，例如：▯（8）吉、裳、票。

2. 上短下長字　例如：吕（9）員、星、筒、芋、肖、家。

3. 上長下短字　例如：吕（10）尊、夏、集。

4. 上寬下窄字　例如：吕（11）寺、香、昏、背。

5. 上窄下寬字　例如：吕（12）志、朵、泉、界、邑。

2至5之例，試以2言之，有上短而窄，下長而寬者，亦有上短而寬，下長而窄者。此則在教者斟酌歸類，不必限於所列之定形也。

叠形同上，例如"圭""爻"。

C. 三形合體字

1. 三形相並字　例如：𝄁𝄁𝄁（13）樹，行字分爲偏旁者同，如"術"；𝄁𝄁𝄁（14）辨。

2. 三形相叠字　例如：㠭（15）意、算、業；㠭（16）蕃、棄、曇；㠭（17）竈、賣、靈；㠭（18）分"衣"爲上下者如"裏"。

3. 三形錯綜字　凡兩形對立，另一形在其上下或左右者，概爲部首，下僅舉例明之。吊（19）罰、霜；凹（20）繁、壁；吅（21）煤、棉；印（22）類、鄭。

相並與相叠之合體字，其配合變化概如上列，此外之形，可依下之二個原則類推之。

（一）三形以上之字，可依三形錯綜，參与相並之式而類推。

（二）字之有內外形者，可依單形字相包式而類推。

兹再就合體字部位之左右上下外五種，取其常見部首，分別揭舉如左，藉資教者參考。

一、部位在上之部首　宀十口土士大小匕厶山夕日曰止生白立𥫗禾艹羊聿四雨氏宀田

二、部位在下之部首　儿兀几十厶口夂又匕大罒女夕小寸山工巾干心日王木止灬（同火）曰土貝廿皿手水刀衣示

三、部位在左之部首　冫江土女子山口巾弓彳扌（同手）犭（同犬）氵（同水）阝忄（同心）方日月目木火歹爿片牙牛王生田白

矢石礻衤禾立米糸缶羊耳舟虫言豆豸貝卄車角镸革食馬骨魚鹿

　　四、部位在右之部首　刀(同刂)力卩卜厶又口寸工阝支攵斗斤欠殳皮艮見里隹鳥頁

　　五、部位在外之部首　囗凵八人冖冂大宀夊㓁門鬥勹戈匸厂尸文广戶疒广虍夂廴走辶毛

　　開始習字時，單形字二十八例，合體字二十二例，各取數字，作爲初步示範練習。此種示範練習畢，即取新讀與前識之字，盡量彙輯，將不同之音系字與部首，分別歸類練習。

　　音系亦適用左右上下內外之形而提示，王篛友《説文釋例》卷一分析甚明。其言曰："江河之類，左形右聲。鳩鴿之類，右形左聲。草藻之類，上形下聲。婆娑之類，上聲下形。囿國之類，外形內聲。聞問衡銜之類，外聲內形。"此所謂形，指部首而言。準此類推，參考時氏聲譜，於音系之提示，即可于應用練習而通其要矣。

第五　練習簿之研究

　　此所言之練習簿，係示範練習所用，凡示範之範圍與程式，皆可由用簿中而表出，與通常所用之習字紙不同。惟書寫練習，應否用簿，實際從事教學者，各本其經驗，發表意見，主張殊不一致。主張用簿練習者，謂其可保存整個成績，便於查考各人進境，又無發紙之煩瑣與耽誤。反對用簿者，則謂邊緣相叠，有礙書寫，並且容易汙損，不如臨時發習字紙或習字片爲宜。若取二者之長而去其短，則練習簿當如以下之規定：

　　一、簿之練習紙，用單片不用雙頁，每練習一次，以寫成一片爲度。

　　二、邊緣裝訂，用鬆結，寫時可以鋪平。另以硬紙鋪於所寫之紙下，將寫就之片，揭於左方，勿使兩片邊緣相叠。

　　三、簿不過厚，每月用一册，其片數與示範所需之數適合，每片上印明號數，使不得隨意撕去。簿須放置校內，於預備寫字時各自取用。

惟每周得携回一次，以便家長查閱。

每張練習片，須將當時應練習之字，將各個範書，分配印于練習之行格左方，俾臨寫便于觀察，免致無意識的隨意亂寫，而且每一範書字，照樣於練習行格上，依規定之數，充分練習多次，可以循序求進。

示範練習之材料，就新讀與前期已識之字，依照前章單形字、合體字之式例，分別歸納，循序適當分配。每練習一片，即取得一定限度之標准。

初步示範，每練習一片，將範書之字，分二回提示。一則中間稍停，指腕活動可以稍稍休息。二則每回提示之字較少，易於回憶。提示時在單形字，先詢其音讀與意義；次分析形體，示以筆畫及筆順，並書空練習一二次；然後依範書先描筆順之雙鈎畫，繼以連續臨寫。合體字因已經過單形字之練習，不授筆畫筆順。於詢音讀與意義後，即分析形體而授部首與音系；再示以字形之部位次序，然後依左方範書臨寫。

應用示範練習，亦依前章單形字、合體字之式例，分類練習。除不授筆畫筆順外，如爲初步未經練習之字，應給以同樣提示。如其字之部首音系，係分取已練習字之一部分而配合者，應提問之。又應用練習單形字時，教者應注意巡視，查其書寫筆順有無錯誤。至其不同之點，則應用練習簿範書之配置，分爲三類：一、相反相似字之連類配置；二、同部首不同音系與同音系不同部首之連類配置，連類之字必以未經練習之字爲主；三、前二者所不及之補充練習，此皆可於下列簿式見之。

在應用練習中，教者應注意于書寫時數之計算，一如測驗之例。蓋應用練習，每次所寫字數同，應逐漸促進其速度，使其書寫由正確而達於敏捷。每次書寫時數，教者應記入日誌內，每周公布其速度進率，而最後統計之。

初步練習與應用練習，所以分爲兩個時期，其旨趣有三：

一、附隨練習，必須經過有系統之示範練習，而後進行有良好效果。如示範練習過久，則本期讀法中不能及早輔以書寫。故以極經濟之書寫練習，求一結束，即在書寫上亦得相互復習之益。

二、取分佈學習之旨，周而復始，不致因某例式遲滯過久，或生厭倦。

三、應用練習雖依初步練習之步驟，而內容增進，有溫故知新之效。

初步示範練習之分配，在單形字中，須將二十四種筆劃，分見於範書字中。每種筆劃，至少亦須見二三次。合體字二十二例不能盡舉所有之部首音系，每一式須列不同部首與音系之字若干。計承接字十五例，可分六次練習，加綜合練習一次。直貫字交叉中共十三例，可分四次練習，加綜合練習一次。各種筆劃未見於承接字範書者，應一一於此類範書見之。合體字二形左右相並上下相疊為一類，三形左右相並上下相疊為一類，三形以上及外包字為一類，可各分四次練習，各加綜合練習一次。合計示範練習二十二次，綜合練習五次，共二十七次，每週四次，需時七周。經此練習以後，即可同時進行附隨練習。其特定時間之示範，則以應用練習行之。舉凡已讀識之字，為部首或音系者，部首則查上列之五類常見部首；音系在本區基本字典未刊行以前暫照時氏聲譜，依上之所論，盡量練習。其有不備，則於後期習之。

初步示範練習片式樣，橫六格至八格，直八格至十二格，每格長闊，以容印刷所用之頭號鉛字為度，應用練習亦然。經此一學期之練習，以後即進行毛筆練習，以少許特定時間，完成未授部首音系之示範工作。其練習片則取印刷所用之二號鉛字之幅度。

單形字示範練習片，每片範書四字，每字占二行，示例如左：

二	二		
工	工	工	

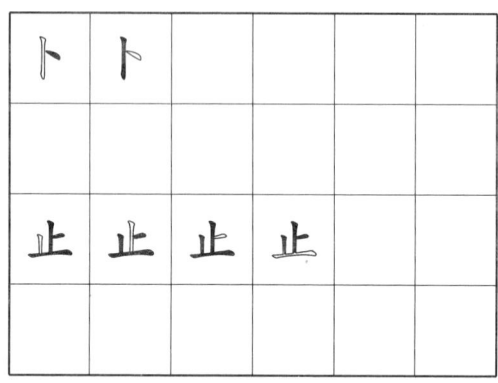

此片之使用法，應注意者三點：

一、用橫行由左向右寫，在便於對照範書臨寫，字亦不爲手或衣袖所擦污。

二、先填雙鈎畫，在於摹寫每個筆畫，助其記憶筆順，以下在空格照樣臨寫。

三、注意每回提示二個字，已提示之字臨寫已完，待第二回提示，再寫下面之字。

綜合練習片行格同，但純爲練習前所提示之字，故每字僅照範書臨寫二個，示例如左：

二	工	卜	口	止	人	仁	斤	乞	立	心	並
之	月	日	认	囚	四	穴	凶	巨	句	近	包

合體字練習，不授筆畫筆順，惟就不同部首音系，每例摘習數字。練習片亦同前式，每行首格列範書字，使之臨寫。示例如左：

願	杖	叮	晴	和	初	削	河

　　此之綜合練習片，同單形字練習所用。

　　應用示範練習，係就初步已習之式例，分類選取已識已讀而未練習之字，以近似或同部首或同音系分次練習，不必加綜合練習。練習片亦同前式，示二例如左：

人	犬	夫	士	土	玉	烏	鳥
大	太	木	工	王	五	馬	鳥

代	個	旗	於	情	晴	揚	陽
何	似	族	施	請	晴	楊	腸

第六　鉛筆使用

鉛筆只用以寫小字，不似毛筆之講求運筆方式，變換多端，在初學寫字，只求書寫之清楚勻稱，惟此爲宜。於此使用得當，將來用毛筆寫字，亦得相當準備。若因鉛筆用法簡易，任其隨意使用，習慣既壞，必貽不良影響。茲分別說明於左：

關於姿勢方面，雖不似用毛筆時之精神貫注，絲毫不能苟且，然如兒童普通易犯習慣，如兩足直伸，開兩腿交叉，上體左頃，寫字紙片距□過近，不可不先事矯正。故鉛筆書寫時，下肢稍開成銳角形，舉踵以足尖着地，臀部托着體重，腰部稍空浮，下腹不皺，將全副精神提運於丹田內，與用毛筆時無二致也。

下腹不皺，當然上體較直，腹部亦挺張。惟鉛筆所書，近於小字，當使上體略向前屈，頭略向前傾，使所寫之字在右目之下。又字雖用右手書寫，左手亦必成相支之勢，而放在左乳前方桌面上或所練習紙片上。練習紙片與眼之距離，約以一尺爲度。

小學普通所置桌椅，往往相連，或二人共一桌椅，皆此不適於寫字，最好桌椅各自分用，即共桌而椅亦以獨立爲宜，使各依自己動作，將椅與桌較相靠近。

執筆以拇指食指中指聯合挾着筆軸，即拇指之尖端至第一關節壓於軸之左方；以中指之爪根橫托於軸之下方；食指之尖端壓於軸之右上方。在食指作下筆運動，同時拇指中指只為引導食指之運動，即向內向外，不似毛筆之書成字畫，有運用穗尖與穗腹之別，而惟取同一方向以進行也。毛筆寫字，分懸腕、提腕、枕腕三種，小字惟用枕腕，但提腕、懸腕仍為寫字不可不注重之練習。鉛筆所寫之字雖為小字，但字形較大，且初寫執筆非經相當練習，不能穩定，正不如開始即以提腕為主。在初寫練習不加重若何困難，而給予毛筆寫中字大字，殊有重大幫助。所謂提腕者，即以右手之肘輕托於桌上，便於臂之自由運用，不專靠手之動作以書寫也。初寫時或較困難，練習稍久，則運用自較靈便。否則用力易在拇指與食指之尖端，其筆軸常傾于拇指與食指二者下端之交叉間，則指之運動常不得自由矣。

　　練習片之用紙，中國舊法所製之紙，適用者頗少。其削筆在低級用小刀易生危險，如在教室內置一新式削筆器，以備公共使用，亦甚便也。

　　關於鉛筆與削筆刀之選用，亦頗重要。前為謀選擇課業用品起見，曾將本市各商店所售之鉛筆及削鉛筆刀，盡量搜集，並在滬購置多種，計鉛筆共七十三種，削鉛筆刀十種，委託本區幹事李蔚穠逐件審試，列表說明，茲附錄蔚穠報告以供參考。

　　一、審試說明

　　在審試時，於鉛筆則注意其兩種用途。一為作書，如練習鉛筆書寫抄錄各種筆記及筆答問題是也；所用紙張，以毛邊紙為準。一為繪畫，如作鉛筆畫時鉤綫條塗陰影是也；所用紙張，以一百磅圖畫紙為準。而何者宜於作書，何者宜於繪畫，則依其硬度分之。分之之法，別為 AA AB AC BA BB BC CA CB CC DA DB DC 十二級，以 AA 為最大硬度，依次遞減焉。審試削鉛筆刀時之注意，一為其刀片之銳度，一為其執着時之便利。蓋執着便利則易於用力，刀片犀銳則速於切削，具此兩種條件，始可稱為佳品。惟出品廠所，物品價格，於民國經濟及個人經濟均極有關，故亦注意及之。

二、鉛筆審試表

名稱	色彩	硬度	功用	價目	產地	備註
三鐘牌 6B	黑色	CB	適於作書繪畫稍硬	0.35	德國	價目以每枝爲單位下同
金鐘牌 3B	黑色	BC	作書繪畫均稍硬	1.3	德國	
鐘牌 6B	黑色	CC	作書極合繪畫微硬	1.3	德國	
□牌 HB	黑色	CA	作書微硬繪畫硬	2	德國	
雙馬牌 2B	黑色	DB	作書微軟適於繪畫	0.8	德國	
如意牌 4B	黑色	DC	抄錄稍軟畫畫極合	0.3	德國	
燕牌 103	黑色	BB	作書繪畫均硬	0.2	德國	
燕牌 104	黑色	BC	作書繪畫均稍硬	0.2	德國	
燕牌 105	黑色	CA	作書微硬繪畫硬	0.2	德國	
鐘牌 HB	黑色	BB	作書繪畫均硬	0.4	德國	
鼎新牌 3B	黑色	DC	作書稍軟繪畫極硬	0.5	德國	
鵝牌 9B	黑色	AB	作書繪畫均甚硬	3.0	德國	在作極精細圖稿時用之
鸚牌 3B	黑色	CA	作書微硬繪畫硬	0.5	德國	
高尚牌 NO.2	黑色	CB	適於作書繪畫稍硬	0.8	德國	
鐘牌 4H	黑色	AC	作書繪畫均甚硬	2.3	德國	在作精細圖稿時用之
鐘牌 3B	黑色	BA	作書繪畫均甚硬	1.3	德國	在作較精細圖稿時用之
美女牌 4B	黑色	CC	作書極合繪畫微硬	3.6	美國	
新雞牌 100	黑色	CC	作書極合繪畫微硬	0.35	德國	
飛鹿牌 4B	黑色	DA	作書極軟繪畫稍硬	0.4	德國	
高尚牌 NO.2	黑色	DC	作書繪畫均稍硬	0.8	德國	
鹿牌 4B	黑色	CB	適於作書繪畫稍硬	0.4	德國	
美女牌 6B	黑色	DB	適於繪畫作書稍軟	3.6	美國	
雞牌 6B	黑色	CB	適於作書繪畫稍硬	0.5	德國	
三鐘牌 4B	黑色	CC	作書極合繪畫稍硬	0.35	德國	
高尚牌 NO.2	黑色	CA	作書繪畫均稍硬	0.8	德國	木不易刻鉛條易折
美女牌 4H	黑色	AC	作書繪畫均甚硬	3.6	美國	在作精細圖稿時用之

续表

名稱	色彩	硬度	功用	價目	產地	備註
雞牌 HB	黑色	CA	作書微硬繪畫硬	0.5	德國	
如意牌 6B	黑色	CC	作書極合繪畫微硬	0.3	德國	
雙貓牌	黑色	BA	作書繪畫均硬	5	德國	青桿
雙貓牌	黑色	BB	作書繪畫均稍硬	5	德國	綠桿
雙貓牌	黑色	AC	作書繪畫均甚硬	5	德國	黃桿
雙貓牌	黑色	CB	適於作書繪畫稍硬	5	德國	紫桿
便用鉛筆 201	黑色	AC	作書繪畫均硬	0.15	德國	黃桿
便用鉛筆 201	黑色	BC	作書繪畫均稍硬	0.15	德國	青桿
便用鉛筆 201	黑色	CA	作書繪畫均極硬	0.15	德國	紫桿
便用鉛筆 201	黑色	CB	適於作書繪畫稍硬	0.15	德國	綠桿
百萬牌 4083	黑色	BA	作書繪畫均稍硬	1.2	德國	
鵝牌 2B	黑色	BA	作書繪畫均稍硬	0.5	德國	
勝利牌 6B	黑色	CA	作書繪畫均微硬	0.5	德國	
金馬牌 6B	黑色	DB	適於作書繪畫稍軟	2.3	德國	
鵝牌 4B	黑色	CB	適於作書繪畫稍硬	0.5	德國	
大華牌	黑色	CB	適於作書繪畫稍硬	0.4	中國	鉛質較軟
500HB 牌	黑色	BC	作書繪畫均稍硬	0.3	德國	
蒙古牌 4S2	黑色	BB	作書繪畫均稍硬	1.6	美國	
因子牌 2430	黑色	CC	作書極合繪畫稍硬	0.8	德國	一端帶有橡皮
華文 NO.3 HB	黑色	BA	作書繪畫均硬	2	德國	
美女牌 5H	黑色	AC	作書繪畫均甚硬	2.6	美國	在作精細圖稿時用之
Labor214	黑色	CB	適於作書繪畫稍硬	1	美國	
雞牌 450	黑色	CC	作書極合繪畫稍硬	0.9	德國	
魚牌 HB	黑色	CC	作書極合繪畫稍硬	0.6	美國	
白銅桿水筆式	黑色	BC	作書繪畫均稍硬	2.5	德國	

续表

名称	色彩	硬度	功用	价目	产地	备注
塑胶质杆水笔式	黑色	BB	作书绘画均甚硬	4.5	德国	一端带有橡皮
Labor2794	紫变蓝	BA	作书甚硬	1.6	德国	
铁柽牌982	紫变蓝	BB	作书稍硬	1	德国	
鸡牌740	紫变蓝	BB	作书稍硬	1.5	德国	
鹿牌500	紫色	BC	绘画稍硬	1	德国	
伟茂钟牌	紫色	CB	绘画稍硬	0.6	德国	
伟茂钟牌	蓝色	BC	绘画稍硬	0.6	德国	
伟茂钟牌	□色	CB	绘画稍硬	0.6	德国	
伟茂钟牌	红色	CB	绘画稍硬	0.6	德国	
伟茂钟牌	黄色	DB	适于绘画	0.6	德国	
红□牌	红蓝两用	CB	绘画稍硬	0.5	德国	
百万牌	红蓝两用	DB	适于绘画	0.5	德国	
P.R.B牌	红蓝两用	CB	适于绘画	0.8	德国	铅条极易折损
Labor1003	绿色	CB	绘画稍硬	1.5	德国	
月牌	蓝色	DB	适于绘画	0.8	德国	
伟茂4212	红色	DB	适于绘画	0.5	德国	
Labor1001	红色	DA	绘画稍硬	105	德国	
鹅牌	红色	DA	绘画微硬	1.2	德国	
鹅牌	蓝色	DA	绘画微硬	1.2	德国	
鹅牌	黄色	DA	绘画微硬	1.2	德国	
马牌	六色	DB	适于绘画	2.2	德国	
钟牌	十二色	DB	适于绘画	2.5	德国	铅条易折损
孔雀牌	十二色	DB	适于绘画	6	德国	
附注	特种粗大之铅笔，因不习于用，故从略焉。					

三、削鉛筆刀審試表

名稱	銳度	價目	產地	備註
火車式	AB	3	德國	用時便於着力
汽車式	AC	3	德國	用時便於着力且不飛筆末
輪船式	AC	3	德國	執着時便利程度較遜於火車式
飛機式	BA	3	德國	用時須先將機頭拔出，故易遺失
手槍式	AC	3	德國	用時不便着力
地球儀式	AB	3.6	德國	式樣較精美，惟用時不便着力，且圖中字全係英文，兒童不易領悟
化學質長方式	BC	8	德國	便於攜帶
□質電鍍長方式	BC	1.8	德國	經久即行變色
化學質圓形式	BC	3	中國	便於攜帶，惟按物論價不免昂貴
粗□□□式	CB	2.5	德國	式樣較粗笨

第四篇　自由閱讀之基本工具

第一　概論

　　普通所謂閱讀前準備，大率為讀書興趣與習慣之培養。第一期方案所列，已超過于普通實施，然仍屬閱讀前之普通準備，於資以自由閱讀之工具無與也。

　　此所謂自由閱讀者，係教者審察學習進程，配置新教材，由兒童自己選擇而讀之。非由努力自學所發見之疑難，教者不為解說也。使自學習慣不早為培養，或雖培養而不充實其基本能力，則自學仍為一種空喊之口號而已。從前盛唱之自學輔導法，與道爾頓制之自由作業，易流於形式而無良好結果者，職此之由。

　　尤其漢字各自獨立，初學必須有特殊準備，而後可以自由閱讀。此種準備，即自由閱讀之工具也。工具之用，可分為二方面：

　　1. 如何由自學而誦讀新文字，必藉音符為輔助，其工具為注音符號。

　　2. 如何由自學而了解新文字，仍當求之於文字本身，其工具為部首與音系。

　　2之工具，為漢字比拼音字繁難之處，亦即漢字所以有獨立存在之價值，由形而可以類推其音義者也。世人習於因陋之學習，不從基本求其如何會通，此其所以惟覺繁難也。苟1與2能於閱讀以前，以適當方法建築基礎，則自學之工具已備。凡注入之講解式，與空虛之啓發式，皆可廢置，不患兒童之不能自學也，其詳當於下分論之。

第二　注音符號

一、音符之主要功用　注音符號，原稱注音字母，民八以前，余在北平與東三省視學，雖留心此項教法，但未常詳細研究，故茲不詳論教法，惟從運用方面言之。

於此當先論本期方案注重音符之目的，完全在輔助認識漢字。所以然者，非同於篤古者保存漢字之見解，而認爲非如此即不可以通行，故與以推行音符爲廢漢字之準備者，立場又不相同，試申其說。

其一，爲目前推行計，所以採用音符者，原在使不識字之人容易讀書，決非強已識字者再讀音符字也。如其以此代替漢字，是一方掃除文盲，尚在不可必之數；一方使已識字者亦變爲文盲，烏乎其可。若二者並行，則新識字者與舊識字者無以交通，其障礙當更甚。惟以之輔助認識漢字，此新識字者即不能盡識漢字，而取得認識漢字之工具，可以不爲文盲。至於二者存廢問題，可由文字本身自然轉變，或永久並存，不含強制意義，斯社會不因此而增加紛擾矣。

其二，爲國民上進計，掃除文盲，僅爲普及國民教育之起點設施。若教育程度稍進，由故藉以追尋古代文化，亦一般國民所常有之事。如其用音符翻印故籍，不惟工程過於繁重，勢有不能；抑且未翻印者竟無由而選讀，殊亦太不合理。況且故籍之音讀通假，惟漢字始能探其究竟，僅顧大衆目前初步，而捐棄國民終身上進，未爲得也。

二、音符教學之旨要　目的既明，斯學習注音符號，有一定不易之程序，即注音符號，必須與漢字相結合而學也。即使音符應用，可代漢字，而不當以此爲學習之基礎。惟其如是，音符爲認識漢字之輔助工具，則所資於音符應用者，在對於新教材之生字，能拼讀而已足，初非用爲惟一發表之工具也。

拼音文字之教法，往時先授音符與拼音，再讀課文。近代則開始即用簡易課文，將音符與拼音，分配於課文中而學習，已成公例。本方案應用音符，重在音符之認識，與拼音之通曉，可以短時間單獨學習，其熟練則以後於讀文中取得之。所以主張單獨學習者，其理由如下：

一、兒童業經一學期漢字視讀之訓練，於本期開始訓練發音，正其音讀，較易領會而不感乾燥。

二、開始訓練發音，即結合課文而拼讀，往往因漢字音讀之未清晰，影響於音符之音讀。固然可以先讀音符，再示漢字。然既爲課文，所讀者非語即詞，其音讀之長短高低，時有少許變化，不如單字之音讀純正。

鄙意單授音符，最先授十六韻符，次由韻符而及於二十二結合韻符。蓋韻符皆可以獨成字音，不似聲符之限於"ㄓ、ㄔ、ㄕ、ㄖ、ㄗ、ㄘ、ㄙ"也。而且音不被阻，較易示以口形。韻符既識，又通其結合，於拼法可以了解一部分之作用。再就二十四聲符，分雙脣、脣齒、舌齦、舌後、舌前、舌葉、舌齒七類授之。每授一類之音符，即查取已識漢字，可在此類拼讀者，先讀音符，然後與漢字對照。經此訓練，進而讀書，自無不能讀之文字矣。

三、教音符之參考書籍　部頒《注音符號傳習小册》，民十九年中華書局印行，頗簡要。其例言稱："分兩部分，一注音符號和拼音練習；二課文，可單教一部，或兩部全教，極便教者選擇之用。"可見單授音符，便於短時間學習而以之應用，在以音符爲輔助工具者，正不必由課文而習之。不過原書所編課文，規定兩週學畢，殊甚簡要。民十八年北平文化學社印行《注音符號無師自通》，內載拼音表十六，分列等呼與四聲之字，亦便教者參考。

《國音常用字彙》，民二十一年國語統一會編印，取前頒國音字典，將歷年改訂音符之點，逐一修正。其書依聲攝字，教者檢取同聲之字，殊爲便利，不可不人手一編。

上海書坊關於國音之書，以陸衣言編輯最多。如中華書局印行之《國語注音符號發音法》《國語注音符號使用法》，世界書局印行之《國語注音符號發音圖指導書》，互有詳略，大體相同，均可參考。此外，如蔣鏡芙、彭淑珍等所編，亦無差異，不具詳。

關於兒童用之音符課本，余所見者甚少，舊有陸衣言所編一册，中華書局出版，已忘其名。黎錦暉《小學初級國音讀本》、馬國英《新國音讀本》，書坊均有售本。其實教者能會通上列參考各書，僅可以己意授音符，不必採課本也。

兒童應用音符，當於讀文中熟加練習，第五篇論初步教材，第二篇論教學方式，皆以言及，不具論。

第三　部首與音系

一、論漢字改造問題

自漢字變爲楷體，字多失其原形，而本義又不盡爲今所通用。加以說文淵博，學者不易卒讀；音韻之學，常需口授而始通其解，於是小學乃成爲專家研究。習科舉業者但求對楷體之字，能認能寫，已足應用。不識字（此指不通字之形聲義非謂不能讀也）亦可以能文，蓋自唐宋以來相習久矣。不過往時入學，終日咿哦書本上之文字，積月累年，自能識字作文。其學習經濟與否，非所問也。自改辦學校，科目繁多，兒童不能如往時之專事讀書，經生治小學之法，早不通行。於是修業六年小學，開卷仍多未識之字，下筆則別字連篇。文不從而字不順者，幾於大多數皆然。循是爲教，即使短期義務教育，普及民間，大衆仍去文盲不遠，近數年來一般民衆學校之成績，可以想見，蓋《千字課》《人人讀》等課本所演成之教育，固如是也。因此有人對於漢字發生疑問，而思所以改造之。其改造辦法，計有兩途：

其一，推行簡筆字。

其二，以音符替代漢字。

由前之說，舊有之碑帖板刻與行草之簡筆字，以及世俗流傳之簡筆字，爲數頗不少。尤其各地方大衆讀物刻本如所謂歌本者，簡筆字更多。余於十年前爲中華編初小文學讀本，多在正字下附及簡筆字。此用於隨意書寫，不無便利。若必取所有文字，惟簡筆是務，以爲推行教育工具，不無疑問。蓋止於減少每字筆畫，而字仍各個獨立，於辨認形體，因而了解音義，是否學習上亦比較容易，且在文字整個功用上不生障礙，實爲不可忽視之問題。即就學習而言，兒童易淆誤者，大抵爲筆畫相似之字，或字形中相同之部分。形愈簡則相似相同者必愈多，即淆誤亦將更多，此爲獨立字體無可如何之事，所冀提倡簡筆字者，體驗篆變爲隸，隸變爲楷之成例，彙音系字於注音符號控制之下，省察其何者可省；並釐定字典部首而歸并修正，並剔取其亂例之字。結合而省並。使筆雖省而文字原意不失，或亦有當也。

由後之說，對於全不識字者開始自較易學習。不過四聲識別與拼詞因方音音而易混淆，問題已極嚴重。況且教育之不能普及，並非以文字障礙爲唯一原因；學校教育之無效，亦非文字本身所構成。以不可必之期望，遽將已識字者皆返於重新起頭之一途；已有書籍皆視同廢紙，此在目前發展文化上爲如何不經濟之事。而且固有文化，多存於固有文字上，並此而摧毀之，心所謂危。共黨過去之焚燒殺戮，以爲可以去腐生新，用意未必盡非，顧其結果如何，以此例彼，寧不相類。

中國文字早有變遷，將來變至如何地位，非目前所能臆斷。不過進化必有程式，任意摧毀與有意創造，將愈求統一而愈啓紛歧，愈求簡易而愈增障礙。果真熱心改造，儘可盡發揮其創作，聽人採用，不宜假勢力以推行。鄙意以爲目前識字問題，不宜多生枝節，致妨推廣。其最急之務，莫如就原有漢字，求其如何容易學習，如何學習經濟，使初識字者能在短期以內，取得自修學力，無師可以自讀，區區之愚，即在於此。本篇所言，皆扼重此種關鍵，而部首與音系，尤爲最重要之關鍵，所以不憚煩言之也。

時人動謂中國文字學習最爲繁難，此在初步或爾。若從整個進程而觀，苟知其方，或較拼音字亦有容易會通之處。如有疑余言者，可取兩組學生，一方用漢字之合理教學，一方用時人改造文字教法，至少繼續三個學期，作一比較，事實當勝於雄辯也。

二、論部首

通常稱部首，指字之冠脚偏旁而言，所謂形也。實則部首僅爲整形之一部分，不過習稱已久，可不深論。惟部首有說文與字典之不同，從字原而言，當了解者爲說明文部首。從檢字而言，則字典部首，較切於應用。自字體變爲楷書，初學識字，必一一反求之說文，似可不必，亦不可能。但教者對於說文部首，仍有了解之必要。說文部首五百四十，字典部首二百一十四，改者三，增者四，省者三百三十三，其中因襲增損之迹，亦教者所當知也。余童年時，曾將所用字典總目對照說文部首，記其增損之文，兹附錄於下，以便參考。

子集上省乚乁乚く，改上爲一

子集下省凵ナ几乃㔾厶马匕巜厂匚七九丁了，增冫又

丑集上省刃㐄亼夂才毛冂丸互矢□勺巳开，增廿，改川爲巛

卯集上省收□予癶丰井之巿母凶木月从王尺旡□勿犬亢穴夫夂不六巴壬㐬丑午，增大爿，改歺爲歹，同歩

午集上省半正只句古史聿丯左可另去出術旦北丘兄司卮印卯包户本夰永民氏戊它且四宁甲丙未巾

未集上省叩此册卉辛共丝受死凸韌旨叕㫃有多朿朿仆冎咒先后由屾危亦交凶辰西𠃊曲弜茻开厽戌亥

酉集上省告步延冏臼華奴巫皀旻弟束囧克呂雨㒳尾兒禿沃豐㐱囱谷我系卯男非

戌集上省玨臤叕叀放虎京宀來東林朙彔林臥采易炊炎炙奉幸林甾弦自叕亞庚

戌集下省是品昇眉盾首豈高畐鹵㞑電県苟兔思泉垚癸耒酉

亥集上省哭辛舁朋烏冓崇蒼桀巫員㪔冥東玆能天素畕

亥集中省殺教奪巢瓠豚率堇寅

亥集下省舜品業異畫皕蓓筋琞喜舜華晶毳須爲象寬焱壺壹奢磊雲絲蚰豐虞會嗇裘辟菟寫尊詰農當箕㮯覞熊竽竽稽履歡鼾罥弼錐麃壺殺頻燕

龍犇瞿豊蟲鱻趙監蟲興響麞

　　字形無不具有部首者，部首即歸納所有字形而分類者也。每一部首，除極少例外，皆攝甚多之字。以中國字形之各自獨立，依歸類之部首而檢字，實爲不易原則。時人所以認檢字爲繁難者，不外下之兩種原因：

　　其一，自其幼時爲庸師所誤，在未用字典以前，學習上毫無準備，不辨部首爲何事。成年以後，翻閱字典，仍不熟習，由此種錯誤經驗，自易構成不正確之見解。

　　其二，震於拼音字之檢字簡易，而忘本國文字之根本不同，惟斤斤於用科學方法之形式，以求其所謂簡易之途，即使形式已趨簡易，而功用不備，得失不足以相償。

　　吾人當知字典之用，必在識字已有相當程度以後。假使一字不識，即使檢字之簡易方式，盡人可用，用之仍于識字無所補助。今不於識字之始，在單字分析時取得檢字之適當工具，而專在檢字本身上以求簡易，是之謂舍本逐末。如其目的在廢漢字，則此類字典即無所用。非然者，由部首本身與字之歸類，依本國字形之所以構成，固不無簡易之途也。

　　中國文字之起筆，不外點橫直撇四種。如循音系字變演之例，分類歸納。試以點爲例，由、而及於亠，由亠而及於方、立、玄、衣、言、辛、音、高、齊，此一類也。由、而及於广、戶，由广而及於疒、鹿、囗，此二類也。由、而及於宀冖，由宀而及於穴，此三類也。由、而及於氵冫，因之而推及於水，此四類也。由、而及於斗、火、米、羊、首，因之而推及於火灬米羊，此五類也。由此五類，分列、之二十五部首，橫直撇準此例推，於檢字當甚便也。

　　用部首以檢字，較拼音字以聲母分類較繁，固爲中國文字無可如何之事，然其功用尚有助於學習。何也，拼音字不含意義，依聲母檢字，純爲機械手續。漢字之字形拼合，以部首與音系而構成，依部首檢字必須以構此字形之意義，審辨其應屬何部。字之成分，本具有一定部首。如其平素對於原字分析稍有素養，審辨或不至多誤。雖有少數字部分不明以及字典歸類之字或不免庸人攙入，根本已誤，然此亦事出偶然，不足爲病。蓋部首占字形之一部分，與字義具有相當關係，經此推敲，雖稍費時間，亦有所得，固不浪費也。不過世俗習於庸師教法，不了解中國文字應如何基本學習，固未足以語此也。

字典部首之變形有二例，其一爲某部某同，其二爲附下某同某，二者實爲同一變形字，茲併合列入，以作參考。

亻同人　刂同刀　㔾同卩　尢兀允允同尢　く同巜　彐彑同彐　忄小同心　扌同手　氵氷同水　犭同犬　阝在右同邑，在左同阜　攵同支　灬同火　爫同爪　旡同无　歺同歹　牜同牛　𤣩同玉　四罒冂　冈同网　月同肉　艹同艸　辶同辵　目同目　礻同示　衤同衣　覀同西　隹同鳥

其有本非變形，因二形以上相合成字，而稍省其筆畫者，即偏旁之形，如木作朩，火作㶰，足作𧾷，食作飠，長作镸，糸作糹等，亦附此例。

正形字之部首，自以通行楷書爲主，其部首在通用上不爲獨立字，而仍附於通用字以成其形者，特別提出如下：

一　丶　丿　亅　工　几　冂　宀　冫　囗　勹　匚　匸　卩　厂　厶　夂　夊　宀　尢　屮　巛　幺　广　廴　廾　彐　彡　彳　攴　气　爿　疒　癶　内　网　糸　虍　襾　辵　髟

部首檢字，依筆畫分集，如子丑寅卯等，往時會有歌訣，茲錄如下：

一二子中行，三筆在丑寅，四筆卯辰巳，五向午中行，六筆申未用，七八酉戌行，畫多在亥中。

一般檢字發生之困難問題，誠如趙欲仁君所謂三種缺陷：第一謂查不到字，除常用的字，字典不列係另一問題外，至謂字難檢查欲以時人之號碼檢查法與四角檢查法救濟之，是不免流俗之見解，由前所論，可破其謎。第二謂查不出音以注音字母補救之，本方案於用字典以前，先習音符，不成問題。第三謂查不出義，因字典釋義的方法，多非兒童所能了解，此在大花園村小學，已有相當解決方法。當感到此種困難時，即委託于君詳文就出版之四十餘種字典選定較便初學用者八種，發給該

校第三團全級學生輪次使用，最後公同決定何種查出字義較易了解。于君並將各字典解義式例，如當某某講，同某字，如某某等，逐一提出，傳教者於用某種字典時，即就該字典解義式例，舉例説明。如此查不出義之困難，確已減少。于君所選字典，爲中華書局《中華注音國語字典》《國語學生字典》，世界書局《新式中華字典》，大衆書局《大衆字典》，樂毅書局《標准國語字典》，會文堂《國語新字典》《標准國語新字典》，商務印書館《白話詞典》。經試用決定者爲《標准國語新字典》《國語新字典》《國語學生字典》，尤以《國語學生字典》找字最易。但該校兼顧經濟，採用《標准國語新字典》。因此字典經折扣後，只需二角七分一部也。

部首與音系，相合而成字之整形，如何而提示練習，實爲重要問題。往時學習生字，不外下之兩種教法：

其一，預習生字，於讀文時提出訂正，加以講解。

其二，讀講課文以後，再作生字之分析研究。

自小學改國文爲國語以後，解釋字義，已大半成爲浪費時間之學習，師生皆不感如何意味。何也，生字所代表之事物或動作，如非其聞見所及，雖解釋而不易明，否則無待於解釋。蓋初學課文，原期其明白易曉，無取乎以語言解釋語言也。然課文既有生字，僅爲囫圇之音讀，教學殊無意義。如依前之二種方式，將單字之部首與音系，詳加分析，又將阻礙其誦習興趣。近編讀本，漸知注音練習，然以僅爲方法上之點綴，未盡其用。

總之拼音字之字義，與字形不發生關係，其教學進程與所用方法，不盡適於授中國文字之用。僅從形式上以衡論其簡易與經濟，鮮有不入於歧途者。國人仿效歐美之種種失敗，原因皆繫於此。漢字之形聲義既結合一致以成字，國語教學又如前所論述，審此則文字學習，初步惟以認讀詞句爲度，其涉及意義之表出，亦屬於整個詞句之意義。至於字形字義之各別分辨，當分布於練習進程中，由種種之變化活動，自然達到綜合結果，絶不採固定的提示階段，亦不同時統合於一次習之。所以本方案單字分析，分配於練習中。單字片練習，純爲認讀；詞片句片之練習，則於認讀中時含有意義之追求；字形之分析辨認，則結合於書寫練習中。

在書寫練習中，有特定時間練習與附隨練習二種：特定時間之練習，每字在提問中須加以相當說明；在應用練習中，分部首與音系，選取練習字。惟音系則從已識之字中，選取同類代表字，不能舉所有字而練習之，其有說明，不過加重認識之印象而已。附隨練習，每字皆須練習，在每個小單元學習進程之試習後復習始，將新字分部首與音系，爲數分鐘的書寫練習。當特定時間之初步練習，即單形字的筆順練習，尚未完成時，每提一新字之部首或音系，由教者板書，略加說明，即令兒童查本單元所發字片，舉出同類之字，報告無誤，再行示範齊寫，其有遺漏，由教者補示。至書寫初步練習業已完成，則於提示並板書新部首或新音系後，即令兒童查所發字片，報告同類之字，由教者板書訂正，然後由兒童彙類書之，不必每字個別示範也。

上之書寫練習，須用練習簿，一爲部首歸類簿，一爲音系歸類簿，每提一新部首或新音系，由兒童將本單元之同類字，彙書於其行下。繼續單元之新字，其部首或音系，爲前單元所已見者，即在原有行格內接寫之；新見者另立行格，一如最先單元立部首或音系之例。簿約寬十行，長十六格。攝字較多之部首，占二行以至四行，音系占二行，最少者皆占一行。每簿四十頁，當敷一學期用，如有不敷，補發數頁可也。茲以部首爲例示簿式如下：

部首	字別
入	內 兩
人 亻 同	何 他 你 住 做 個 作 令 低
木 朩	桌 椅 杏 李 楊 柳 木 材 果 架 柱 根
一	上 下
丨	中 串
刀 刂 同	切 別 利 刃

三、論音系

音系與部首同一重要，部首以形與義相結合，音系以聲與形相結合，二者缺一，不成整形。惟部首因字典之用，人所共知。音系則以屬音韻學部分，書雖不少，而一般人不審其與形相關，鮮知其用，茲當進而論之。

第一期認識文字，由事物之形象與其動作，以進行觀念視覺之練習，業具基礎。故本期由符號之形體與構成，爲進一步的觀念視覺之練習；即在單字分析之中培養其認識之正確觀念，於此而依據學習心理與時間經濟二方面，新闢學習中國文字之唯一途徑，惟有從部首與音系之基本字以求解決，尤其音系字爲一切字滋乳之源，每字字形皆包含於音系字之中，而且認識一字，可類推而通無數字之音義，雖其字比拼音之字母較多，然以由形而見音義，而此形又在少數字統攝之中，可以助其他多數字之理解記憶爲拼音字所無，此則不可不知也。

象形、指事、會意之字，爲數極少，諧聲字占字之總數約十之八九。如非單形字，則字體構成，一部分爲義，一部分爲聲，可由字形而分析之。任取一字，先提出其部首之部分，所餘者必爲聲之部分。偶有增畫，實爲例外，其減畫則爲省聲。音系之字，舊多專書臚列，惟其用意在通聲之轉變，至由此而作一切字形之基本認識，固古來治文字學者所不省及也。茲據時庸勱《聲譜》所列，音系字共一千八十三字，間有系屬之字，未列部目，分載於各部音系字下。其中孤文二百零七字，非孤文而所攝之字甚少，或本字今已不用，或所攝之字亦不通用，近於孤文者數又過之。音系千餘字，《說文》部首五百餘字大部分在內。除去孤文與近於孤文之字不計外，不過六七百字。所攝之字愈多，即此形爲最通用字體，在任何讀物行間，時有接觸機會，較之從普通書報統計發見次數而規定者，標准實爲正確。孤文字及近於孤文字多以本字爲限，或且不通用，雖數量占音系字十分之三四，而占《說文》九千餘字已不及二十分之一，以《康熙字典》衡之，不過百分之一矣。故此音系字爲滋乳一切字之基本字,每字所攝,多者數十,少亦數字。外此一切字,皆由音系字之所有字形,加偏旁冠脚之部首而變化。即認識一音系字,凡同攝之字,皆可由此而再認其形,並推其音義。擴大言之,即習熟此六七百字,一切字皆可循文自讀而通其大意也。如此學習,即置樹立將來研究文字學之基礎於不論,而在初學由觀念視覺之認識原則,執簡取繁,極盡類化之功用,固無逾於此也。

聲譜分音系字爲二十部,茲舉第一部示例,專取通用字。其轉聲字不另注明,異形仍提作母,因此以構成字形之基本字爲標目也。

第一部　陽
音系字　所攝字(專列通用字)

易	楊腸瘍碭煬湯揚場錫蕩鷊傷盪陽	14
方	旁芳訪枋放仿舫魴房妨鈁坊徬謗膀榜滂	17
亡	芒盲邙忘妄䁕罔吁罔荒謊忙慌	13
良	琅莨筤郎狼閬蜋粮娘廊	10
爿	壯牆牀妝戕將裝獎獎漿蔣鏘藏	14
尚	鎬尙敞嘗棠賞倘常裳黨掌堂當氅償攩(擋)讜鐺螳鐺墻	21
羊	祥詳翔羌養庠痒恙洋姜癢樣漾	13
襄	讓儴禳曩穰驤攘壤釀纕	10
王	皇篁煌蝗鳳逞惶往枉狂匡汪旺望筐框眶	17
光	桄晃愰觥恍	5
黃	璜簧廣磺潢橫曠獷纊壙擴	11
京	諒景黥涼鯨掠憬	7
亢	頏秔伉抗杭	5
庚	唐康穅賡糖塘瑭	7
丙	柄邴病炳	4
更	哽骾梗埂緪	5
章	璋彰漳障麞	5

皀	鄉饗響薌嚮	5
倉	蒼蹌鶬愴滄鎗（槍）創搶	8
央	英鞅鴦殃秧怏泱映瑛	9
長	萇棖帳賬倀悵張	7
畺	彊（強）疆僵繮薑礓	6
相	箱想湘霜廂緗	6
昌	唱倡猖娼閶	5
皿	孟猛蜢	3
卬	迎仰昂	3
永	詠咏泳昶	4
兩	輛	1
象	橡像	2
竟	鏡境	2
桑	顙	1
丈	杖仗	2
罔	岡剛綱	3
刃	（創）剏梁樑	3
冏	明（朙）盟萌	3
行	珩衡茾桁	4
兄	況貺	2

近於孤文

啎兢

爽彭杏竝

孤文

匠秉尢兵亨（同亯）香弜爪卬宕卝

由上舉之例，可得以下觀點，試列於左：

一、音系字所攝之字愈多，其形必愈爲通用字構成之字體。

二、孤文字及近於孤文字，無所攝字或所攝非通用字，其字與其他字不發生聯想關係，則此字之應用完全視其需要而定，與字體之本身無涉。

三、孤文字及近於孤文字，如䇄、竝、兂、弜、爪、卯、卝等已成廢字者幾占半數。

四、音系字除罔已有代形刅已不用外，共三十五字，所攝字即屬通用已有二百五十二字。平均每識一字，即可進而再認七字之形而推其音義。使盡列所有字，當數倍於此。

五、音系字除原為單形字外，其非單形字，而在由此構成其他之字體占獨立部分，同於單形字，易於作分析單字之辨認。欲識其何為音系之部分，先查出部首之部分，所餘者即為音系部分。惟極少數之象形指事會意之字，有在例外而已。

六、在音系所攝字外，如字之部分，有與音系字同，而不攝入者，必為其字的義之所出，而非聲之所出；或不為音系而為部首者。例如羊之音系，所攝字之外尚有其字之一部分為羊字構成者，則以所攝之字，為羊聲而非從羊也。

七、音系字于書寫練習時，提出彙集同類之字，即在今為廢字，而所攝字為通用字，例如易之楊、腸等，在彙集時說明易聲。以表明音系，固不繁難也。

在小學或民眾教育中，如此認識文字，其必然結果如左：

1. 在一定學習期限中，可以由認識少數之基本字，對於一切字或大多數字，皆可望文而推測其音義。

2. 由所識之一個通用字，即攝字最多之音系字，可以再認無數同形部分之字。

3. 在形似音近之字，因觀念視覺之練習，可避免從來別字或誤筆之弊。

4. 對於高深教育之文字工具，樹立真實基礎。

5. 學習方式，建立於觀念視覺之基礎上，不致初學缺乏興味，或且可以補救機械練習之弊。

6. 基本字既有一定數目，爲數既無多，而且再期簡易可減而不可增，以視世俗無正確標准之選字與震駭漢字太多之成見，於此可以一齊打破。

於此必有人曰，舊時一般學習文字，且未盡循此而進，以今之視重科學，而學習文字乃從根本上求之，毋乃太迂。抑知古之求學，可分二方面言之：其一爲深究小學者，對於音韻與訓詁之書，皆求澈底，無取捷徑，故不以識少數文字，爲通一切字之道。其二爲習科舉業者，但讀應世之書與文若干，求其文從字順，即可弋取功名，從不以文字學爲根本研究。今之一般人自詡能文，實不識字者，皆此流毒所致。此而不辨，而任淺薄者矜奇立異，斤斤以科學方法相標榜，而基本標准已誤，則方法必愈趨於歧途，故余從根本上求解決之方，以期合於學習經濟之原則，非篤古也。

現爲便於教學起見，將音系字依國音從新整理，編成國語基本字彙，茲不詳論。

第五篇　自由閱讀之初步教材

第一　通論教材之選擇

現在從事小學教育改造者，莫不感於現行教科書之不適用，而從事自編。現行教科書不適用則誠然矣，自編者果愈於現行教科書乎？使以客觀批評，或分兩組試教，一用現行教科書，一用自編本，探求其最後結果，吾知必啞然失笑者矣。何也？固定讀本之成式不打破，採用與自編，猶之二五與一十也。使主要教材，求之於環境中之大自然與大社會；其誦習教材，則依自定之教學標準與程序，選用已出版之兒童讀物，或略加改造，費力不勞，而取材較廣，便於自讀。雖間有不適應之處，固愈於固定讀本也。

本方案依據此旨，選取閱讀材料，供給自讀之用。凡流行之兒童讀物，在教學標準與程序之下，任何刊物，無不取捨自便。然亦惟依本方案教學，而後可以進行無阻，如以往所謂篇幅長短，生字多少難易，課文前後銜接等，一切形式限制，不成若何問題，不探其本，不足以言解放。惟組織教材，仍囿於傳統觀念，而惟襲取歐美學習拼音文字之形式是務，終不能使教學改進也。

關於選取閱讀材料，本區實驗小學依據方案實施，事前皆有適當準備。作者雖竭力助其搜集，然未盡之處尚多。故本方案未將備用材料，逐一羅列。將來擬將閱讀材料，另編小冊，閱者可與實驗報告合觀也。

第二　試讀教材

試讀教材之用，係在基本工具已有準備與自由閱讀將開始之間，先就基本工具之最爲自讀所需要者，練習其應用能力。故試讀仍由教者給予同一教材，字旁注音，令兒童讀之，此其意義有二：

一、音符認識及拼音示例，需時無多。如何達到熟習，必須由讀課文而練習之，始不乾燥。此種練習，尤以自讀有興趣之文字必要。

二、檢查字典，於分辨部首與檢字示例，在初識字時期內，不宜進行太急。如使檢查出新字以後，而注音拼讀，或未純熟，則音讀必易乖誤。發見較難，而且訂正或致浪費時間。故先以注音試讀，爲開始自學之引導。

在普通教學之下，試讀爲教讀本的過程中間之極短過程。此則因應試讀需要而選用教材，其試讀不爲了解教材之一段過程，而爲一種教材之整個教學程式。各書坊所出兒童讀物，亦間有字旁注音者，不盡適於作試讀教材；而專授注音之讀本，課文又偏重拼音之系統排列，缺乏趣味。故本方案之注音練習教材，由前方案調節教材而演進。

兒歌由唱演而進於認識文字，其分句板書，即依兒童背誦之語句而書示，無需以注音讀之。其與兒歌同爲有韻之文，便於兒童誦習者，厥惟謎語。各讀本第二三冊皆採有此類文字，進步書局輯謎語數冊，字旁注音，書雖不佳，亦可參考。

謎語所以適於作試讀教材者，其旨趣如下：

一、語句簡要，自具首尾，且富有興味。

二、必自讀文而完全了解其意義，始得向同學宣讀之。

三、聽者無不注音全文，自求了解。

謎語教材之試讀，或逕取書坊輯印之冊，分五人以上爲一組，每組給同樣之冊，各自默讀十五分鐘，由每組輪值一人宣讀一個謎語，經全體齊讀後，由本組以外之兒童猜之，誤者由本組訂正。或選印謎語，每一節時間，發給一紙，內有謎語五個以上，於默讀十五分鐘後，選舉手者自擇謎語宣讀，全體齊讀後猜之。以上宣讀，均須先向教者細聲讀文並答對無誤，然後向同學宣讀。

凡經猜過之謎語，由教者分句製片，於下次練習。其有誤讀字，並須提出作單字分析之練習。因此謎語試讀歷程如下：

一、發給謎語教材

二、默讀

三、說謎猜謎

四、字片（包含句片單字片）練習

　　故事畫之圖注，本可旁注音符而試讀，不過故事畫之圖注，純為啓示圖畫意義之綫索。如因試讀文字，發生停滯，必須減損看圖興趣。所以故事畫之教學，仍循前方案的程式。其作為試讀教材者，則為單張畫片與圖注之演進。

　　前方案所論之故事畫，關於圖畫與圖注之原則，現有出版的故事畫，殊無適合如此原則者，選用時頗感困難，大花園開始故事書之一課，教者未依方案原則選材，教學即以失敗。其後所選，大率稍加改造，尤其圖注幾於全改，改造愈適合原則者，教學成效即愈顯。本期繼續選材，如《麗麗的夢》（《兒童雜誌》藝術專號）、《謝謝你們》（《兒童畫報》五十二號）、《一袋餅》（《兒童畫報》五十三號）、《老鼠釣金魚》（《小朋友畫報》第十一期）、《夏布是怎樣做成的》（《我的畫報》三卷六期），均經改造。蓋教材稍不適當，任有如何良善教法，固無自而實施。如果教學無澈底經驗，亦斷不能組成適當教材也。現今之弊，講教育者甚至講教學法者，毫無實際教學經驗；而實際教學者，其經驗又非從學問中得來。而曉曉然標新立異，或自翊經驗，妄自造述。出版物之不適于教材者，職此之由。

　　單張畫片與圖注之演進，在畫片方面，如出版之雜誌書報，頗多廢物可以利用，而教者往往交臂失之。此固定課本教學之下，固當養成如此積習也。圖注則須語句可以唱誦，其文為描寫圖中涵義，由圖可以助識字之興趣，由文可以增進看圖之欣賞觀念。非若以往圖文對照，不在意義而在形式，或圖僅為一種點綴品也。近出《教師之友》，已出二冊，每冊卷首登載二個低級圖說教材，圖明淨而意味深厚，說亦適於兒童唱誦，以之作為試讀教材，殊極相宜。據編後云圖說可以按月發表，本方案需此類教材不多，自可敷用。

試讀採用此類教材，可將原圖展大數倍，附說之字旁加注音符。兒童看過圖而讀文，讀過文再看圖，務使圖幫助認識字，字幫助欣賞圖，並收其效。其教學步驟如下：

一、看圖說
二、指名讀
三、指圖問答
四、分組讀
五、字片練習

第三　開始閱讀教材

論及開始閱讀，即須了解閱讀功用與其開始意義。先從閱讀功用言之，分爲兩點：

一、開始正式讀書　在正式閱讀以前，屬於單元發表段，純在文字認識。即兒歌謎語圖說等，雖爲成文之誦習，不過爲閱讀而準備。故以識字爲目的時，專重視覺練習。至於正式閱讀，則字片練習完全不用，而在體味紀述之內容，能了解正確而且閱讀量多時效亦速。

二、開始自讀　識字必須經教者授讀而後可以練習。至進於讀書，自學之基本工具，業已具有相當基礎。即有不識之字，可自檢字典而通其音讀與意義。使教材一致，分量相等，則無以各別發展其興趣與能力。故進於自讀，即在使各別之興趣與能力，各得適度之發展。

進而論其開始意義，在使兒童能由自讀取得興趣而知所努力，更由努力而增進閱讀興趣。夫閱讀前之準備，於養成其自讀的習慣與能力，固以備具基礎。不過初識文字時期，方案所改造者，只能多方給予以活動方向，不能全廢其授讀程序。由授讀而進於自讀，實爲學習生活之一大轉變關鍵。此轉變中所需之新興趣新習慣，孕育於固有之經驗上，其興趣能否濃厚，習慣能否順應，純視新學習的難易之度而定。如其情境過於複雜，質量過於繁難，未有不發生停滯意象者也。

因此而閱讀之開始教材，爲最宜討論之主要問題。蓋書在自讀，課文單簡，便乏意味；若檢字太多，又繁重太勝。近來盛唱之反復故事，以少數文字，構成長幅課文；段落分割甚多，內容逐段變換，而主要文字則逐段重疊，最爲初學所易讀而又樂於讀者也。

文納特卡制之故事鑰，誠可以開自學之途徑。顧其困難之點，如故事鑰中之新字，必須可以重組若干故事，則新字數量不能太少，是第一步誦習已成問題。其重組之附屬故事，必分別依故事鑰所有文字而造作，在事實上又感困難。即此二點，自讀教材，不當仿傚文納特卡制，顯然易見。反復故事已出版之資料頗多，分篇選讀，即分篇反復練習，目前自讀教材，實無便於此者。

余於十年前作《小學教材之商榷》（見《新教育》）與《國語兒童文學之研究》（中華書局出版），對反復故事已析論之。商務書館著編《兒童文學讀本》，悉用斯體。近來各書坊讀本及其讀物，關於反復故事，多復演其式，僅圖裝翻新，內容殊不逮焉。不過斯體雖適用於開始讀書，然使採爲讀物，不分析式例，錯綜配置，屢讀同一形式之文，或亦生厭。嘗論反復故事，以重疊與聯屬兩例，變換其詞語，爲申言互言重言之反復，格調則有記叙、獨語、對語三種之別，其變換之方，最單純者止於換主賓詞，或換係屬詞，或換述語。稍進則爲係屬詞或述語，隨主賓詞而變換。更進則爲係屬詞或述語之內容增多，形式亦轉繁複。論其結構體要，約分四類：

一、平疊　其中主賓變換，或係屬詞變換，無先後輕重可言。此又分爲二式：

1. 散列式　或換賓或兼換係屬詞而述語不變；或換係屬詞或兼換述語而賓不變，此爲反復故事中常見之例，茲舉簡單者三例：

A. 獨語例　獨語有屬於主者，有屬於賓者。茲取沈百英反復故事研究一種示例。

沈氏之同句反復例，係換賓不換係屬詞及述語者。

小牛没有角，老牛说他不好看。
小牛向小鳥討角。小鳥说："我没有角。"
小牛向公雞討角。公雞说："我没有角。"
小牛向白貓討角。白貓说："我没有角。"
小牛向黃狗討角。黃狗说："我没有角。"
小牛向老牛討角。老牛说："你大了，角會長出來的。"

沈氏之夾歌反復例，係換係屬詞而主賓及述語不變者。

一隻惡狼，剛走到村莊裏，就被雄雞看見了，雄雞大叫道："喔喔喔，狼來了，快快捉。"狼把雄雞拋在井裏，那雄雞喝乾了井水，飛出井外，又追上去大叫道："喔喔喔，狼來了，快快捉。"

狼把雄雞丟作火堆裏，那雄雞吐出井水，熄了爐火，又追出去大叫道："喔喔喔，狼來了，快快捉。"

狼把雄雞關在籠子裏，那雄雞用刀打破籠子，飛出來大叫道："喔喔喔，狼來了，快快捉。"

狼把雄雞捉住了，帶着雄雞躲在屋子裏，那雄雞不能脫身，又大叫道："喔喔喔，屋裏有狼，快來捉，捉捉捉，用條繩子縛。"

許多農夫聽見雞叫，就趕來把狼捉住。

沈氏之同句反復例，亦係換係屬詞而主賓不變者，但構成係屬詞之語句，與上之格調不同耳。首段雖有問答，然以下皆爲獨語，非以對語而反復也。

老貓害了病，叫小貓去捉老鼠，小貓说："我没有看見過老鼠，怎麼好捉老鼠呢。"

老貓说："你記好，老鼠有四隻腳的。"小貓去拖了一張小椅子來。老貓說："呀，笨貓，你弄錯了。"

老貓說："你記好，老鼠的尾巴細的。"小貓去拿一條綫來。老貓說："呀，笨貓，你弄錯了。"

老貓說："你記好，老鼠的頭尖的。"小貓去拿了一枝筆來。老貓說："呀，笨貓，你弄錯了。"

老貓說："你記好，老鼠的毛黑的。"小貓去拿了一隻黑鞋子來。老貓說："呀，笨貓，你弄錯了。"

老貓說："你記好，老鼠會叫的。"小貓去找會叫的東西，聽得呼呼呼叫，嚇得逃回來了。

B. 對語例　對語有一主一賓者，有一主數賓者，有數主一賓者，茲但就後者示例。

大老鼠，中老鼠，小老鼠，同去看貓，遇見了狗。

狗見了大老鼠，問道："你到那裏去？"大老鼠說："我去看貓伯伯"。狗說："你去不得，他要吃你的。"

狗見了中老鼠，問道："你到那裏去？"中老鼠說："我去看貓伯伯"。狗說："你去不得，他要吃你的。"

狗見了小老鼠，問道："你到那裏去？"小老鼠說："我去看貓伯伯"。狗說："你去不得，他要吃你的。"

大老鼠，中老鼠，小老鼠，聽了狗的話，都不去看貓了。

C. 記敘例　不由問答語句而反復者，其變換在由賓與係屬詞而出，茲亦僅舉簡單者示例。

一個螞蟻在家裏打掃，拾到三個錢。

螞蟻要買桃子，他想桃子有核的，不要買桃子了。

螞蟻要買魚，他想魚有骨的，不要買魚了。

螞蟻要買穀，他想穀有壳的，不要買穀了。
螞蟻要買香蕉，他想香蕉有皮的，不要買香蕉了。
螞蟻要買毛豆，他想毛豆有毛的，不要買毛豆了。
螞蟻要買衣服，他想衣服好穿的，買一件衣服罷。
螞蟻買了一件紅衣服，穿在身上，變了一個紅螞蟻。

2. 聯屬式　此與演進類之連瑣同一形式，但連瑣從程式而產生，此則止於前後相接，非有必然程序，蓋平叠本不以輕重先後而進也。茲仍舉簡單者示例。

一隻白雞和一隻鴨吃穀，白雞不留心，踏痛了鴨的腳。
鴨要去打白雞，打痛了鵝的頭。
鵝要去打鴨，打痛了貓的尾巴。
貓要去打鵝，打痛了羊的眼睛。
羊要去打貓，打痛了狗的耳朵。
狗要去打羊，打痛了牛的鼻子。
牛要去打狗，打痛了馬的嘴。
馬要去打牛，打痛了小孩的手。
小孩恨極了，把白雞、鴨、鵝、貓、羊、狗、牛、馬，都關在棚子裏。

二、演進　此舉平叠不同者，在依事物固有之程序，作爲分段根據以反復之，非如平叠之由反復而覓取事物也。其換質與格調，與平叠無異。沈氏分爲順次、連瑣、循環三式，茲將循環另列一類，而加入承接一式。承轉可合數個主體，以同一事情而演進，順次、連瑣則爲個體之事物而演進者也。

A. 承轉式　此式之最爲明者爲以反正而形成反復；其次則因動境轉變，或因空間，或因時間，其程序可由意想而增損之，非如順序之反復有一定不可移易之歷程也。其形式有取平叠之結構者，但步驟加多，已成演進，不可不辨也。茲舉二例如左：

以反正演進爲承轉者

小女孩，要找一位小朋友。

白鵝碰見小娃娃，白鵝説："我做你的朋友好嗎？"小女孩説："不好，你的聲音太鬧。"

黑猪碰見小娃娃，黑猪説："我做你的朋友好嗎？"小女孩説："不好，你的身上太髒。"

猴子碰見小娃娃，猴子説："我做你的朋友好嗎？"小女孩説："不好，你的性子太燥。"

老牛碰見小娃娃，老牛説："我做你的朋友好嗎？"小女孩説："不好，你的舉動太慢。"

小女孩找不到好朋友，唱起歌來了：

"好朋友呀好朋友，

"你的聲音輕清，你的身體潔淨，你的性子和平，你的舉動靈敏。

"你來呀，來呀，

"我和你握手，點頭，請請請。"

小鳥兒飛來，聽見了，小鳥兒也唱歌：

"小女孩呀小女孩，

"我的聲音輕清，我的身體潔淨，我的性子和平，我的舉動靈敏。

"我來了，來了，

"你可和我握手，點頭，請請請。"

小女孩聽見了，唱道：

"小鳥兒呀小鳥兒，

"你的聲音輕清，你的身體潔淨，你的性子和平，你的舉動靈敏。

"你飛來，就來，和我握手，點頭，請請請。"

小鳥兒來了，和小女孩一起唱歌：

"小女孩，小鳥兒，
"我的聲音輕清，你也輕清；
"我的身體潔淨，你也潔淨；
"我的性子和平，你也和平；
"我的舉動靈敏，你也靈敏；
"好朋友呀，我們一起玩，大家握手，點頭，請請請。"

以動境轉變爲轉承者：

牧羊老人有三隻羊，一隻大羊，一隻中羊，一隻小羊。
三隻羊在山上吃草，一隻羊從山上走來。
狼要吃老羊，牧羊老人去救老羊；
狼要吃中羊，牧羊老人去救中羊；
狼要吃小羊，牧羊老人去救小羊；
牧羊老人追去打狼，狼逃走了；
牧羊老人趕回來找羊，羊逃散了。
牧羊老人吹簫，老羊回來了，中羊回來了，小羊回來了。

B. 順次式

豆種在泥裏，鷄要吃豆。豆說："等我長大了，給你吃。"
豆出芽了，鷄要吃豆。豆說："等我長大了，給你吃。"
豆生莖了，鷄要吃豆。豆說："等我長大了，給你吃。"
豆開花了，鷄要吃豆。豆說："等我長大了，給你吃。"
豆結莢了，鷄要吃豆。豆說："等我長大了，給你吃。"
豆枯了，鷄要吃豆。豆說："枯豆不好吃了，請你吃別的東西吧。"

C. 連瑣式

老鼠要嫁女兒，他想"太陽高高在天上，又大又亮，我把女兒嫁給他吧。"

老鼠要把女兒嫁給太陽，太陽說："我不行，只要雲一來，就把我遮沒了。"

老鼠想還是雲好，我把女兒嫁給雲吧。老鼠把女兒嫁給雲，雲說："我不行，只要風一來，就把我吹散了。"

老鼠想還是風好，我把女兒嫁給風吧。老鼠把女兒嫁給風，風說："我不行，只要有垛牆，就把我擋住了。"

老鼠想還是牆好，我把女兒嫁給牆吧。老鼠把女兒嫁給牆，牆說："我不行，只要碰着老鼠，就把我打穿了。"

老鼠想還是老鼠好，就把女兒嫁給老鼠吧。

三、循環　此類由平叠與演進，皆可以演成式例，茲分別各舉一例。

A. 平叠的循環式

一隻兔兒，在青草跑過。

牧童看見兔兒跑過，放了牛去追兔兒。

漁翁看見牧童追兔兒，放了網去追兔兒。

農夫看見牧童漁翁追兔兒，放了種子去追兔兒。

送飯的女孩看見牧童、漁翁、農夫追兔兒，放了飯籮去追兔兒。

斫柴的樵夫看見牧童、漁翁、農夫送飯的女孩追兔兒，放了柴去追兔兒。

兔兒逃掉了，牧童、漁翁、農夫、送飯的女孩、斫柴的樵夫都回來。

牧童回來找牛，牛逃去了。

漁翁回來找網，網沉在水裏了。

農夫回來找種子，種子給小麻雀吃掉了。

送飯的女孩回來找飯籮，飯籮給狗打翻了。

斫柴的樵夫回來找柴，柴給風吹散了。

牧童哇哇哇哇哇哭，漁翁也哭，農夫也哭，送飯的女孩也哭，斫柴的樵夫也哭，大家都哭。

B. 演進的循環式

老太太放羊吃草，羊到田裏去吃菜了。

老太太喊羊出來，羊說："不來。"

老太太喊狗咬羊，狗說："不來。"

老太太喊棒打狗，棒說："不來。"

老太太喊火燒棒，火說："不來。"

老太太喊水澆火，水說："不來。"

老太太喊牛喝水，牛說："不來。"

老太太喊繩縛牛，繩說："不來。"

老太太喊老鼠咬繩，老鼠說："不來。"

老太太喊貓捉老鼠，貓說："你把魚給我吃，我就去捉老鼠。"

老太太走到河邊，捉了一條魚給貓吃。

貓吃了魚，就去捉老鼠，老鼠說："我就去咬繩。"

老鼠要咬繩，繩說："我就去縛牛。"

繩要縛牛，牛說："我就去喝水。"

牛要喝水，水說："我就去澆火。"

水要澆火，火說："我就去燒棒。"

火要燒棒，棒說："我就去打狗。"

棒要打狗，狗說："我就去咬羊。"

狗去咬羊，羊說："我不吃菜了。"

老太太就牽了羊回去。

四、遞加　此亦可稱爲累積，即前段提出後段之主詞或主語，每加一段，將以上各段之主詞或主語，必反復之。其格調與前不同，茲舉一例如左：

麻雀揹了一袋米，走不動了，坐在老鼠背上。
老鼠揹了麻雀，走不動了，坐在母鷄背上。
母鷄揹了麻雀、老鼠，走不動了，坐在黃狗背上。
黃狗揹了麻雀、老鼠、母鷄，走不動了，坐在驢子背上。
驢子揹了麻雀、老鼠、母鷄、黃狗，走不動了，坐在船上。
船上載了麻雀、老鼠、母鷄、黃狗、驢子，行不動了，停在河邊。

上舉式例，皆就較簡單者舉例。開始選材，自當取其形式純一，內容亦不甚複雜者。如《兒童文學讀本》前四册，以及各《國語讀本》前數册，有此類教材者，多可採用。惟《兒童文學讀本》，僅有從前刊本，各國語讀本更爲散見，皆須拆散裝訂。兒童覓取閱讀書册，每擇其圖畫美觀，內容如何，非所問也。此在大花園學校第三團實施經過，開始情形，大率如是。所以選用之教材，如須裝訂，封面不可不求美觀也。

小朋友書局《連續圖畫故事》、商務印書館《幼童文庫》第一集故事類，亦近於反復故事，式例不盡純一，內容更遜于兒童文學讀本。惟分裝小册，便於購置，圖書亦尚可觀，連續圖書故事並於册之下端附有拼音，均可酌採備用。

開始選用之教材，具如上述，閱讀經數周後，反復故事即可逐漸取其複雜以及形式不必純一者，如商務印書館《兒童文學讀本》後四册及《乙種故事讀本》之類均可用之。更進一步，並得次第參以故事讀物及自然社會讀物，如本區《兒童讀物審查》中級甲乙等書目，可以備選。大花園學校第三團自動閱讀實驗報告，所列書目，因年齡程度不齊，不盡適用於本期自讀也。惟敎者配置書册，應於進程大致相等之中，稍參二三種較繁難者，以備試驗兒童閱讀能力之用。

在開始閱讀時，所有調節教材，均可不用。惟環境單元之活動，仍照常進行，但其發表段之文字練習，不必如以前嚴重耳。

本方案所以異於道爾頓制，而能實施於低年級者，其精神全在閱讀前之作業準備與教材支配，將識字與讀書，劃爲兩個明顯階段。自入學之始，所以多方謀識字活動者，皆爲自由閱讀而準備。及於基本工具已備，自由閱讀，自可開始進行。而慮其驟進也，則先之以試讀。慮其繁重也，則以反復故事入手。凡此歷程不同之教材，步步爲營，前者無一不爲後來之準備。從來論教材與教法者，固未有如此詳審者也。

道爾頓制易於失敗之最重要原因，在取通常教科書爲閱讀的基本教材。夫教科書（讀本）原備授讀，變爲自讀，自有難盡體會之處，如其易讀，非陷於言中無物之形式，即分量不足供用。道爾頓制另選參考資料救濟之，已有缺陷。況如吾國出版界，極少兒童之適當參考書，此以往所以形成專抄教授書之弊也。尤其閱讀的基本教材，兒童無選擇餘地。是個別發展，惟在量而不在質，則發展仍爲一種形式，而不能發見其真正興趣矣。固知兒童之辨別力極爲薄弱，然不給予選擇機會，則辨別力即無自而培養，而況習之既久，自感覺辨別之需要乎。如大花園學校第三團實施工作，兒童開始對於學校裝訂之本，不及購置書册之美，多不取閱，點者又挑閱薄本以取巧。其後教者極言裝訂本內容有趣，並於每周公布閱讀數量，以册數與字數合計，風氣遂爲之一變。可見選擇閱書實於培養辨別力有深切影響。

關於處理閱讀方法，道爾頓制已有經過，殊可參考。惟本方案之供給教材與閱讀程序，隨進程而有差異，自有其特殊之點。茲就初步所需，分爲三部分說明之。

一、教者必需之準備

1. 根據上所論列，分類選定初步應閱讀之書册，大約單純之反復故事需二十餘種；較複之反復故事需十餘種；普通故事及常識讀物各十種以内。照所選定者，每種購三册至五册，並預計配置陳列之次第，分別記載。

2. 製指引片，片上記號碼、書名、指引提要。每種書製一個指引片，立一個號碼。

指引片在以標誌之語句，即指引提要，引起兒童選閱此書觀念。標誌之語，必須以簡單語句，抓住要點，活躍顯示之。王子和依據此旨，規定提要示例，如吃一半提要"喂吃了一半剩下的一半呢"，走不動提要"唉！走不動想個甚麼法子"。閱讀反復故事之指引片式如下：

正　　面	背　　面
書名	
號數	
指引提要	閱讀次數

3. 教室須置有適于排列書册之桌案或吊板，能平置書册十六種以上。非同一書册，不得叠置一處，每種書册，懸一號碼。

此須預爲布置，但書册陳列，必須恰在開始閱讀之日，且由教者指導兒童布置之。如此則兒童由服務練習，兼知各書所在位置，並有求了解閱讀規則之需要。若陳列過早，兒童任意翻閱，在閱讀規則未實施以前，即給予不良影響。

4. 訂立閱讀規則，以適于初步閱讀爲要，於開始閱讀時揭示。

二、學生應有之手續

1. 開始閱讀，須將閱讀應有手續，於教者逐條解釋規則之下，試演一次。

2. 取書時，先看指引片提要，略翻書册，以決定自己閱讀之書。

3. 取書後，須持書向教者報告號數，得其許可，然後持以歸坐。

4. 取書歸坐，即在閱書筆記簿上，寫明書名號碼及取書月日。

5. 遇有疑難之字，自檢字典。必須經檢字自讀後，猶有未了解之處，始得請教者指導，或就正於同學。

6. 凡檢出之字，須寫於筆記簿上，加注音符，並得酌量摘寫字義。

7. 所閱之書，必須讀述完全而且敏捷，始得換書。並於簿上寫明本書字數，閱讀所占時數，還書時日。如教者令其重讀，並加寫續讀時數與還書時日。

8. 閱書已畢，須報告教者，並交筆記簿，經其核閱考問並令試讀，許可換書，然後將已閱之書，放置原處，另選新書。

9. 閱讀時不得抄他人筆記；不得交換閱讀；更不得有何損污。如非許可換書時，不得在陳書之處，瀏覽他書。又取書還書，均不得變更原來陳列位置。

三、教者應有之手續

1. 取書固聽兒童自擇，但加書以後，難易參差。教者應估計兒童各別閱讀能力，如覺所取之書，不甚適合，應促其考慮。

2. 第一次陳列册數，應比本團人數超過二分之一。

3. 加書循序而進，凡陳列册數，過有一個兒童閱書號數，達到原有號數三分之一；或有三分之一的兒童，皆閱至原有號數三分之一，教者即應斟酌情形，添入新書。

4. 添入新書號數，已相當於前次陳列號數，而原書仍無人取閱，即略加提問而取去之；或留一空號，而叠至於其下。

5. 兒童閱讀時，教者應注視兒童閱讀情形，勿使違犯閱讀規則；尤其開始閱讀之一二週間，不得稍忽。

6. 兒童質問疑難，必先儘自力可以解悟者促進之。如其質問之事項或文字，有需普通注意者，應隨時板書示之。其書示之字，於每週最後之日抹去。

7. 兒童還書時，應分別訂正其筆記；並因應情形，擇取原書若干段或全文，令其輕聲讀述，必須完全無誤而後換書，否則令其重讀一次。

8. 對於程度過差之兒童，或特別指導，或利用優生輔導，逐漸誘進之。

9. 每週應規定一次公開表述時間，就讀同一書者中，指令一個人朗讀。每一個月內，每人至少須有二次表述機會。

10. 教者須備閱讀檢查表，將各個兒童取書還書日期以及核閱考問之評點，依表填明○月○日之格，上欄記取書月日，下欄記還書月日。斜綫之格左邊記核閱評點，右邊記考問評點。無誤者作○有誤者作×。如退還重讀，則在斜綫上橫叉一綫。表式如下：

姓名＼月日評估＼號數				
	月　日		月　日	
	月　日		月　日	
	月　日		月　日	
	月　日		月　日	
	月　日		月　日	
	月　日		月　日	
	月　日		月　日	
	月　日		月　日	

右表姓名欄印於硬紙上，其格數以團之人數爲準；左邊直綫外留空白，約可容五個號數之記載。月日及評點印成另紙多張，與姓名欄相切合，如考勤簿式。

11. 各個兒童已閱書數及其字數，每一周畢，應列統計表公布。有時得對閱書數量最多者加以鼓勵；最少者加以激勸。

第六篇　表述

　　表述分講述與表演二種，講述之最高階段爲演說，表演之最高階段爲演劇，而以說故事、演故事爲二者進階。普通所謂表述練習，大抵爲講述而練習講述，爲表演而練習表演，並對於姿勢與方式，預爲說明。如此練習，僅爲應付當前之成規，無與於習慣之培養，殊鮮教育價値。茲之論表述，則由國語初步教學之進程中，在發表方面，須取資于表述形式者，因應學習事項，需如何之姿勢與方式，分別培養其習慣。及應用于表述時，基礎已有準備，不必逐一預習，多費時間也。不過講述與表演分別論列，係爲形式之研究方便起見。其實在實際活動中，往往講述中涉及動作，表演中涉及說話，教者不可不會通以觀也。

　　本期學習，雖進於自由閱讀；但初步教材，尙不足供給說故事、演故事之充分使用。已往教學，往往爲兒童說一故事，或演一故事，費許多時間以練習之。卒之所說所演，祇及於極少數兒童，不足以驗普通訓練如何。而況故事業經教者口授，重述已減興趣；述而又述，其不感覺乏味者殊少。如其爲課外所得，則正課不述而且不演，未免輕重倒置矣。若用以補充正課之不足，又無如許之練習時間也。蓋必兒童日常所自讀之故事，而使之講述，斯人人皆得而講述。大家所欣賞者而使之表演，斯人人皆樂于表演。故事應如何而講述而表演，固自有其獨占式例，即各個故事亦時有本身之特例。惟講述與表演，非從說故事、演故事而開始。則前此普通學習中，含有如此情境者，審量其應有學習，培養習慣，亦即學習之準備也。本篇專爲此問題而研究，試分論之。

一、單元活動中可作表述準備者

1. 涉及講述者　前方案第二篇第三言語教學，論及觀察後之談話有

云"在教師指導之下陳述聞見,在大家團聚中陳述公同參加之經驗"。本期仍繼續進行單元活動,而推廣增進之,應了解者如左:

  A. 前期練習字片,大部分爲教者審察環境而預備,其臨時補充之詞語,依表述中而書示者,成分較少。本期提出語句,全依觀察後之陳述而定。雖可預備若干,然與陳述相結合,其表出者須多取兒童言語中所有語句。較之詞完全存於事物本身者,多可逕由實物或圖片而示之者不同。兒童所練習之文字,既注重由其所構成之言語而來,則練習説話,自比前期爲重要。

  B. 前期之言語教學,其目的在使兒童皆有話可説與皆肯説話。經此一期訓練,兒童於其應當説話之時機,自己知所準備。進而求其語音清楚、言有條理、聲調合拍、姿勢安詳以及矯正方音與俗語,自應逐漸訓練。

  2. 涉及表演者　前《方案》第三篇第二論單詞單語之補充,所謂 2 例以動作字爲主,取派克氏《教學法》第十五章第二節記述"哈代教學"實況,而類推於動態動聲之兩種表現,雖爲最有興趣之遊戲,實即擬勢語之特殊練習。又第一篇第三"方式七"演字片論及動作表示有一致動作及個別或相互動作之二例。是爲推廣看口令之功用,凡命令語與演進語之資料,皆可由此而構成學習。本期練習分四大類,對演實占一主要成份。其範圍由單詞而進於語句,在練習中時常參合行之。是擬勢語之基本動作,可於此而盡其用;亦即表演中手勢身勢之應有方式,預立其基礎也。

二、讀故事畫可作表述準備者

  此在前方案業已詳其旨趣與方式,茲論表述準備,仍兼及故事畫教學者,則以表述占故事畫教學中之一個階段,非整體了解,或難領會此階段也。茲分別申論如左:

  1. 用故事畫教學,必須對前《方案》第三篇第四開始論現有故事畫之教材與教學,細心體會。如其所用圖畫與圖注,逕取出版材料,不加改造,則所論習弊一切存在,教學即根本失敗,此論表述而先當了解方案的故事畫之本身者也。

2. 讀故事畫所以爲將來讀故事之準備者，其關鍵全在第二步分讀各圖與第三步講述故事。前者爲第三步講述之準備，後者爲第四步練習文字之準備。表述之基本習慣，於其分讀時開其端，於其講述時達其用。吾人當知通常低年級之講故事，其材料與言語，完全得之成人口授而依式復述，去古代背誦之意義僅有間耳。本方案第二步爲講述準備者，在使從圖畫所表出者，各自揣測其意義而發表之。即從分圖之整體，說明其所發見之各個事項，與模仿之教學不同。第三步講述則繼續前步之零碎發見，由整段之講述而整理其綜合觀念，與機械復述不同。

3. 根據上之原理，在分讀各圖中，學習可取不同之方式。其一，先示圖注齊讀後，使由圖注所得之概念，而尋求圖之內容，以言語發表之。其一，使兒童看圖而陳述其所探取之意義，如不得要領，或由誤會，即提示圖注而使再尋求之。或者兒童開始即能理解圖意，於陳述後齊讀圖注，以整理一致之觀念。在講述故事中，須使對故事畫之連續情節，依圖之次第說明，而得到綜合觀念。如其言語零雜或綜合無力，教者不妨爲示範說明，再令復述，此之示範，在謀學習之經濟；其復述則謀綜合觀念之一致明瞭。由此進程而練習言語，練習擬勢動作，斯所得不陷於形式也。

三、讀兒歌可作表述準備者

前方案以讀兒歌與故事畫，皆于相當時期，獨立教學，與單元活動相間而行。此不僅用哈代教學法，可矯正吾國小學讀書之三種習慣，尤以歌詞便於唱誦，兼習表演之活動。惟唱歌須與音樂相結合，斯音調與動作，皆協節奏。此於訓練兒童有規律的活潑之姿態，最爲重要。一般學校之樂歌，往往忽於部定歌詞的視唱表演，以致樂歌學習，不發生教育上若何影響，此不可不力圖矯正者也。兒童經前期之樂歌教學，進於本期，如表情與表演法，應盡其可能範圍，在唱歌中培養基本習慣。尤以當歌校歌、朝會歌、遊戲會歌、運動會歌等，更宜有充分的合拍之練習。一方在樂歌中習唱演，一方在國語課中認文字，二者相需爲用，同時並進，使他課關於文字工具之取得，皆由國語課而授予；而國語課亦利用他課所習教材，減少其說明解釋，此爲課程之自然結合，亦即綜合課程之運用精神也。

四、自由閱讀可作表述準備者

本期自由閱讀之初步教材，爲反復故事，進一步爲略含有反復語句之故事，其考核方法則有摘記與口述二種。摘記無關於表述，其足爲表述準備者爲口述，在個別陳請換書時，專向教者讀述，不取若何形式。至於公開口述，爲全體觀聽所集注，已具說故事之雛形，而又非可逕取說故事之方式進行者也，試分論之。

1. 口述純粹的反復故事　普通故事之復述，重在說明事情，不必完全依照原文字句。反復故事之內容與語句，均甚單純，稍一增損，並非本來面目。故此種公開復述，當以朗讀式行之。字讀國音，段落分明，以及語調之抑揚疾徐，語氣之連屬停頓，均須體味。在公開定期之前，可分令各個兒童就本周內自讀之書，在課外練習，讀時即持書朗讀。讀畢後，指令讀同一書者訂正之，或教者範讀一篇。

2. 口述略含反復語句的故事　此不用朗讀式而用講演式，上所體味之點，在此仍屬重要，有時並須以手勢、身勢之動作，扶助語勢，補充語意，引起聽者注目。其講述之語言，可以增損原文字句，惟不可失之錯誤或遺漏。準備與訂正，一如前例。

第二期國語課程，大體具如上之六篇。惟教學運用，須綜合進行，所謂運用之妙，存乎一心也。至關於自由閱讀，歷程較多，當於第三期方案論之。

荊楚文庫

改造小學國語課程三期方案

（上卷）

據開封教育實驗區教材部 1935 年初版整理。

目　　錄

第一篇　自由閱讀與選文讀……………………………………… 1284
　第一　自由閱讀所占課程之領域……………………………… 1284
　第二　創立自由閱讀之新意義………………………………… 1285
　第三　自由閱讀與選文讀之分界……………………………… 1288
　第四　選文讀之教學標准……………………………………… 1289

第二篇　自由閱讀與兒童文學…………………………………… 1297
　第一　讀文與讀書之別………………………………………… 1297
　第二　朗讀與默讀之無謂的爭論……………………………… 1299
　第三　何謂兒童文學…………………………………………… 1299
　第四　閱讀興趣之進程………………………………………… 1309

第三篇　讀物的目標……………………………………………… 1314

第四篇　自由閱讀的讀物及其選擇編配………………………… 1318
　第一　讀物的選擇編配之旨趣………………………………… 1318
　第二　自由閱讀的進程及其讀物……………………………… 1320
　第三　各種讀物之評價………………………………………… 1327
　第四　讀物的實驗之反應……………………………………… 1364

第五篇　自由閱讀的教學………………………………………… 1381
　第一　教學基本上應有之認識………………………………… 1381
　第二　略論自習法……………………………………………… 1382
　第三　略論道爾頓制…………………………………………… 1384
　第四　自由閱讀與教學過程…………………………………… 1388
　第五　學習指引………………………………………………… 1395

第六　準備……………………………………………………1415
　　第七　直接指導………………………………………………1416
　　第八　考核……………………………………………………1420
　　第九　餘論……………………………………………………1423

序　言

　　余草前兩期方案，將及兩載。茲作又將一年，至屢廢寢食以赴之，僅成上卷。其所爲者不過小學初級，又未完成課程全部。嗟乎，何其難也！蓋教育本非可策效於苟且，而改造又非空論可以制勝。今之教育已瀕破産，不改造將日即頹廢，欲改造即當自基礎始。顧國人皆知小學教育之重要與當普及，鮮有知其當改造者。即言改造，亦迷罔於仿襲與傳統之途，惟浮華膚泛是務。所以然者，緣於不知方法爲達到目的之手段，二者非有二致。未有方法而談目的，則目的爲空言；不依據目的而講方法，方法雖妙，不過等於幻術之掩人耳目耳。即以方法論，非方法從教材而出，而係教材依方法之目的與程序而組成。程序不必詳論，獨此所謂方法之目的者，則係由教育之目的，演爲教學之目的，始確立教學法，教材即此教學法所含有之一方面，非可以獨立研究者也。若逕從教育目的以編制教材，勿論實質如何，決不能使所用教材，得由教學以期達其教育目的者也。統制教育而欲取途於部編教科書，標榜新式教學而以自編教材相誇，其蔽一也。至於縮短年限，不從教學法入手，斤斤焉誇其自編教材完善，甚至美其辭曰可作通用善本，則更欺人之談矣。抑今之學者，著論教育學與教學法，内容多未溝通。論教育學者率爲理論，其言每每可喜，教學法則必推本於實際，雖亦嘗有驚人之言，顧一涉及教學方式，鮮有超於傳統的授課式以外者矣。設計教學雖足以改善學習課程，而根本未脱離授課之學習形式。道爾頓制改變其學習形式矣，而課程未有改進，欲以同時間開放作業室，企求學習之自由，重增教師煩苦。文納特卡制亦有優點，然止于修正道爾頓制求進步耳。其他小問題實驗與編制改進，在教學上不無相當貢獻，究無與於整體改造也。巴必德氏分課程爲七種，以第七種今尚未有實現其理想者，是誠然矣。不佞優遊於小學教育之研究逾三十年，每知一新法，無不孳孳求之，終未足遂其企圖。其重感於一般小學現狀，計有三點：一、學習浪費時間；二、學習無興趣；三、學習不適應生活。由此反感，竭思以求，而知此後改造，不澈底打破授課式之教學，所企圖者仍歸泡影。固然授課不能全廢，然立於授課式下圖改造，未由求得出路也。三年以來，整理心得，一反歷來學者之議論與方式，另闢新途，期以一般小學學齡兒童二年半學習時間，修完部定四年課程，自信爲絕對可能之事。蓋出發點不在縮短義務教育年限，而以如何學習敏速、學習有實用、學習有興趣之三個原則，除舊佈新，由學習經濟的立場，建設新實驗；與世之變更學齡，以估定之硬性課程，削足就履，自鳴其縮短年限，實則抹煞兒童教育者不同。此在二十二年已製訂綱要，並發表最初段一部分之方案，登載本區月刊。人事覊遲，迄二十三年秋季大花園村小學方開始實驗，杏花園鎮小學亦於本年春季推行，賴同人努力，頓改舊觀。然方案未盡實現，而圓滿結果已出臆想以外。計以二年半修完部定四年課程，雖未結束，殊無問題。尤其學生作業之活躍，知能之正確，與夫程度參差相助而不相妨之表現，實爲授課式所未有。雖以事實所限，未能完成巴氏第七種活動課程之理想；然改變學習態度，澈底改造主要課程，即巴氏理想，得由此植立之基礎，繼續擴充，無須以後之改弦易轍，固本方案所預籌及之者也。於此有不能已於言者，國家託命於國民，培養基本國民，惟賴小學教育。然而小學教育爲盡人視爲可能之事；從事小學教育者，又盡人視爲環境所迫之職業；其傳習者不過舉師之所授，攟拾數種出版物而損益之，應付便已裕如。取巧者飾爲浮辭，以紫奪朱，且有足以蒙惑衆聽者矣。此種積習，充滿國內。如有竭畢生之力，幸而有成，亦不足見重於今日功利之世界。小學教育之乏專家，有由來矣。余誠不解其迂拙，樂此不疲，皇皇然奮勉於舉國認爲無足輕重之研究，勞精敝神，遭非笑而不以爲侮，對貌聽而不憚其煩。凡足爲改造之障礙者，皆辭而闢之；可資改造之參證者，皆疏而理之。本楚人篳路藍縷之成訓，作愚者千慮一得之企圖，初不自量其力之不逮也。嗟乎，培因未製成電話以前，其著名之電氣工程師，哂其不解電氣學；華虛朋初創文納特卡制，數被擯於地方督學；以及盧梭之顛沛潦倒，貝斯達祿之奔走流離，何嘗不極人事之艱虞。爲時代所輕蔑之數君子者，違異時流，獨伸己見，夫豈計及功成名顯，而後毅然不顧一切而爲之哉！其所發見，不惜卑躬折節，委曲以求人之共喻，或相助者，固無絲毫爲己之心也。末學如余，得藉一枝之棲，進行其微末之實驗，斯亦至可幸也已。編既竟，發其凡於此，非敢希梨洲著《明夷待訪錄》之企想，庶幾寧人纂《日知錄》之志也夫。

　　注：巴氏論課程一文載 The Elementary School Journal 譯文見本區季刊第三期。

京山李步青廉方識於開封教育實驗區
中華民國兒童年第六月

第一篇　自由閱讀與選文讀

第一　自由閱讀所占課程之領域

　　實驗課程，分文藝、勞作、特殊練習、遊藝四系。遊藝包含體育、樂歌二門；勞作分服務、實習二門，服務分整潔、登記、傳習三類，實習分技能訓練與科學實驗二類；特殊練習，如選讀、習字、作文、計算、圖書、體育等，得應需要而提出練習或特定時間習之。

　　文藝包括國語、常識、圖書、算數四科目而為一系，與其他三系對待，易言之，即讀書與非讀書分為課程之二大類是也。不過其中相混之點，必須分別加以說明。

　　一、在文藝中之國語學習外，另有所謂選讀習字作文之特殊練習，此係第三期自由閱讀外之作業，須特定時間習之。其特定時間之習字作文，指不係屬於讀法者而言，故第二期亦得進行此項練習。

　　二、在特殊練習中規定計算一門者，以算術進度，其本身之性質與系統，不能盡與單元活動相應，故從第二期起，即規定特殊練習，逐漸增加時間。雖教材必取其盡量聯絡，而學習則不拘守單元活動之程序。不過單元活動中，苟有便於計算取材，亦不可失時機也。

　　三、常識包括於文藝以內者，因為學習生活，凡有文字工具之接受，即附帶而輸入知識。而事物之具有空間性或時間性，為直觀所不及者，尤須藉語言文字為介紹。其實各種科目，莫不含有常識成分，即各自具有事物之某種關係是也。勞作課程雖偏重實行，究不能與知識相分離，故輔之以講演，使學習生活，能躋于充實地位。總而言之，文藝與勞作，皆為綜合課程之一體，在文藝方面重知的學習；在勞作方面重行的學習而已。

　　第一期課程，不分科目，全以單元活動爲中心。勞作不重實習，亦不設特殊練習，關於數數認數，應文藝進程之需要而行之。遊藝除一部分之圖畫樂歌運動外，無一不與文藝結合，蓋文藝固統一知識與工具，而建築於遊戲之基礎上也。第二期同，惟計算與習字，得酌定特殊練習時間。

　　第三期課程，以自由閱讀占文藝方面主要課程，與勞作及特殊練習並進，而輔之以單元活動。在勞作方面則逐漸加重科學實驗，並以講演補助之。

　　本實驗課程分爲二大類，至第三期而始明顯。蓋其時期進於自由閱讀，採非授課式而學習，非此則仍以授課式行之。即授課式亦非惟事接受，不過在學習中，教者時居於指導之地位耳。非授課式所以完成自學自動之理想者也，在普通教學方式中，此理想實無由而實現。複式教學，配置自學教材，可謂稍知其意矣。然而支離割裂，僅取資於配置功課之便利，非以自學爲目的而求效率者也。設計法雖全改授課式之面目，而單元中之活動，稍流於形式，學習之效率便減。道爾頓制又止於形式改善，實質仍成問題。茲所創立之非授課式，建於自由閱讀之上，又以授課式補救自由閱讀所不及之課程，足以矯正已往各法之失。而且由此配置，班級加多，便於實施二重制之編制。以視文特納卡制課程之分二類，用意實不相同。

第二　創立自由閱讀之新意義

　　本方案第三期何以重自由閱讀，其與普通見解，有何不同之處，自以通覽本篇全文，自能得其旨趣。惟現今小學課程之學習，其根本出發點，頗有需於澈底辨明之處。蓋自教學法依據心理學之發見，學習程序日益分明。惟心理之實驗，必從感官入手，如知覺、觀念、記憶、想像、思考等，無一不原本感官所獲取者而引進。使小學課程，完全建築於直接經驗之基礎上，此種學習心理，自無扞格。無如事實上不能舉全部課程，取途於直接經驗。尤其兒童學習，進至相當學程時，如國語及常識，頗有逕行採用讀物，以獲取應增進之智識或工具，而不由事物直接感覺之印象而來。且不如此，將使應增進之智識或工具，非受限制，即多耗時間者也。雖論教法者，有所謂符號與間接知識之特殊教式，而以祇從科目立言，任如何涉及關係方面，一出發於固定與劃一之學習，一切旨趣皆失其效。心理學上論及智識獲得，亦嘗分感官與理解爲二途，然不過略論性質之類別，至於必須如何由理解而獲得，初未如感官作用之分析詳明也。教學出發點，惟循感官之學習歷程，故教學易流於形式，進程亦難盡與思想相應。如用課本教學者，其接受智識，木①不產生於感覺之印象，而有意的搜取引動感覺之實物或近似實物者，支離破碎以附益課本之文。此種附益之實物或近似實物者，以作教學進程中之例證或助興趣，未始無補。顧其用於開始教學之目的，實□於心理之形式歷程，以爲如此即可產生感覺之作用，而不悟資助學習之源，根本不同，其結果必有增教學上之枝節，而虛耗其準備者矣。

夫所貴乎感覺印象者，以其非接受的而爲獲取的，詳言之，即從實在事物之現象，在質與量的兩方面，業經發生適當反應，可以引進而成爲知覺、記憶、想像、思考等，亦即感覺之再生觀念所推演者也。如使實在事物之質或量，不能使之感，則不能有所覺；或感而有限，則覺亦有限；由此進而形成思想歷程，亦必在所感覺之範圍的可能性內。以若夫不由直接感覺而來者，其在知覺與觀念之間，根本無印象可言；進而爲想像或思考，雖有觀念再生，而非如感覺之再生觀念，有許多實在情境，由回憶而起補充作用。在如此獲取智識的進程中，求所以學習之趨向，當注意以下之三點：

一、如何而成爲兒童自己獲取之資料，如印象然。

二、上之資料，非如實在事物之本身，具有反應之刺激力，而在符

---

① 木，疑有误。

號之內容與形式，以及輔助符號與指引學習者，如何喚起知覺，構成觀念。

三、不由感覺而獲取智識或工具，如其非連屬單元活動而學習者，必須使兒童自覺此項學習為豐富生活之泉源，或適應其迫切需要。

彼用課本授讀者，兒童對於給予資料，純為接受的，開始即無自產生具體之印象。徒藉助他方面之推行，以構成學習歷程，決無由發展其適量之想像力或思考力者也。

在舊式教學中，所謂自由閱讀者，就性質言，大抵屬於課外作業或非直接授課之謂。前者顯見於普通教學，後者顯見於複式教學。其所資教材，大抵屬於純文藝之讀物，亦可云消遣讀物；屬於參考材料者，已為不常見之事，總之非正課讀物或基本教材也。複式教學固為正課，則以讀不出聲為限，其意惟在不妨礙他組之直接授課，不得不有如此分別配置之課程，初非課程本身，必須如此分組學習也。

本方案之自由閱讀，為構成第三期教學法則之唯一方向，占課程主要部分。凡所以發展閱讀能力，並考驗其進步如何，而達到小學國語課程讀書標准者，必於此求之。其讀物則純文藝與常識分別序列，凡空間與時間之事物及其關係，苟為小學所必需經驗，而直觀不及者，亦藉此而滿足其欲望。是與普通教學所循路徑，適得其反，而效率則遠過之。不過所以能臻斯境者，實係於所以為閱讀準備者，業經前期適當給予以閱讀工具；與夫循序取得閱讀教材，左宜右有；而發表又合乎度。固非僅僅依自由閱讀之道，即可以倖致也。

於此當就兩種類似之方式，比較論之。

其一，文納特卡制附屬故事之閱讀，所用文字，從故事鑰而出，功用止於復習，則由自由閱讀所產生之效率，亦已僅矣。而且課文皆須編造，易一校而變更其誦習之文，費力亦大。本方案以閱讀工具為論，於其相當準備以後，凡有兒童讀物，苟適應目標與進程，皆為我用，且隨每種讀物而增進其認識新文字之能力，及實驗工作完成，據以仿行，極便實施。至於文納特卡制之自學三個特點，所謂無上課背誦，無降級學生，不限年期畢業，當然是本方案所同有的事實。

其二，道爾頓制之指定作業，打破功課時間表與班級定性之束縛，較前者活動伸縮之力更大。惟實施必在中級以後，又其正式教材仍襲用普通教科書；閱讀時殊乏興趣。本方案則以一年級之下期，準備其閱讀之工具；及於開始閱讀，即得運用工具，循序以取得適合興趣之教材，則非指定作業之方法能企及也。

準上所論，本方案自由閱讀之新意義，當具有如下之條件。

一、各個兒童閱讀，能以自己興趣，取得豐富生活的讀物。

二、能自己克伐困難而了解整體讀物之内容，並逐漸熟練其閱讀工具，日益敏捷。

三、能各別以自己要求，得到先生適宜之指導。

四、同時間集兒童於一室内閱讀，能各以力所能及，為適如分量之學習，不受任何牽制，而得到相互觀摩之益。

五、因興趣能力各適其度，與夫時間不致浪費，其學習進步，超過於普通教學。

第三　自由閱讀與選文讀之分界

選文讀與自由閱讀，普通教學中均有之。自由閱讀已如上所說，選文讀自與授讀本課文無異。本方案雖二者並用，然與普通教學之情事特殊，茲析論其要點如下：

一、普通教學以讀課文為正課，計日授課，於規定時間内行之。自由閱讀為課外作業，充其量不過介紹若干書册，聽其自閱。此則自由閱讀為主課，就所指引者而選擇讀物，非授課而計日閱讀。選文讀為輔課，應當時需要而伸縮其授課之時間，與自由閱讀同為正課。

二、自由閱讀與普通教學根本不同。從範圍言，在常識方面，凡直觀所不及，其已往經驗，可於書籍中求者，以此而取得之。在國語方面，以充實工具之内容為目的，應發表所必需而熟練工具之技術為手段。從程序方面言，讀物雖由兒童選閱，但其目標與進程，教者就小學整體課程，配置加倍之讀物，頗需充分準備。

三、選文讀雖與普通教學之讀課文同其形式，但普通課文不限於皆爲範文，選文讀則以範文爲限。普通讀課文用固定讀本，選文讀雖爲同一教材，但不授以固定讀本，而須由偶發事項，或預定計畫，於兒童確有活動傾向時，介紹適宜需要之文，作爲範本。

蓋閱讀之所以重要，在知識方面，能增益其豐富生活；在工具方面，能介紹必需之語文法則。二者表見於文字上，本無十分明顯之分界，但其構成的成分，却各自有其本色；混而一之以爲學習，便足以減損其閱讀興趣，並擾亂其求了解之注意力。自由閱讀重在集注於知識之了解，不僅以所給予知識，具綜合課程一方面之功用也。實則在工具上開發其發表能力，非有多量之事物觀念，不能擷其菁華，即初學作文亦莫不然。而此事物觀念，非取資於人類過去經驗，則難使由直觀所得之知識，融會貫通，直言之即生活不能企於豐富也。選文讀重在集注於語文法則之啓示。自世俗以歐化之九品詞爲文法直解，於是文法教學已成此路不通之門，效顰者祇益其繁苦。而讀本體式，又爲字彙與雜貨寫真之合奏，所謂欣賞，所謂仿作，不過循例敷衍而已。本方案力矯其弊，應兒童作文進程，而給以適應一切需要之啓示，非只如一般人提倡實用文之見解已也。

第四　選文讀之教學標準

自由閱讀另有專篇詳論，茲就選文讀言其概要，先須討論者，爲舊式教授課本之缺陷。

一、兒童對讀本之課文多不感覺興趣。內容貧乏，或欠生動者勿論矣，而以拘於固定與劃一之形式，任在欣賞或求知之一方面，頗難使兒童得達相當的滿足。假使同時放置讀本或其他兒童讀物各一種，聽其自由取閱，未有不舍讀本者也。

二、依讀本授課，不能隨時應兒童需要，習得模範文。凡事項之本身無興趣可言，當其未發生需要，而僅因其屬於當然需要，強迫以爲之，鮮有樂於努力者也。讀本排列之範文，但以爲當然需要，非因當時有此需要，故讀之每覺無味。

三、不在讀本外附加練習不能使兒童領會工具的法則，並增進其工具之技術。讀本之作用，究竟在增進閱讀能力，抑詔示文范，如其作用止於前者，則無取乎講授。若以後者爲作用，則讀本範文只足供實際示範時之採用，非由讀範文即有應用練習附隨而產生也。使應用練習，附隨讀範文而產生，則應用皆爲假設，能否由此而領會工具的法則，並增進其技術，恐尚成爲疑問也。

以上原因之構成，當然基於從來之國語教學法，試再論之。

一、以課文分布之進程爲達到識字限度之標准。在義務年限中，關於應有詞彙，認識自應有相當限度。不過提及詞彙，已涉及常識範圍。如爲綜合課程，誠有合併討論之必要。若課程分科，由國語教學規定應用詞彙，殊爲夢囈之談。至舍詞而言字，必了解中國文字之爲語源，而後可以討論字彙問題。漢字之不可廢，此實爲主要原因。顧倡議用字者絲毫不解此旨，貿貿然效顰而爲之，如以此種選定之應用字，作通俗字典之資，誠不無益。若施諸國語教學，則根本錯誤。蓋中國文字之本身如動字、靜字、他字、助字、介字、歎字，占極少數量，應有之數，尚有相當限度。若最大多數之名字，何者適爲應用字，固極難言矣。誠然識字數量，隨教育程度而增進，勢所必至。多讀一書，必須使其認識文字之量加多，亦理所當然。惟當知加多認識文字之量，在如何增進讀書之量。欲增進讀書之量，首在如何從早培養其識字的工具，即以運用注音符號與字典爲主。而運用此種工具之準備，又在培養其識字的基本能力，即對於字之認識，具有辨別概念也。舍正當而且簡易之途徑不求，惟斤斤期於若干年限中，完成認識所謂用字之限度，徒使國語教材受配置文字之威脅，選擇與組織，並啓糾紛，從來讀本之不佳，由於勻配生字之障礙，固爲重要原因也。

二、以固定時間授固定之劃一教材，而另求動機之引起與方法之應用。時間固定而教材不固定或不劃一，或教材固定而不劃一，劃一而不固定，皆足以減少教學上之困難。舊式讀本授課，開始亟亟於動機之引起，多費時間，所視為動機者皆用外鑠，非真正之動機也。及於範文誦習，不應需要而產生，強附以應用練習與實際不發生密切關係，應用之效亦甚微矣。

三、每一課文必分實質與形式兩方面學習，以完成其一定教式之過程。文字所表出之成分，本兼具實質與形式兩方面，自宜適當了解。惟提示者如非範文，分析形式，易使學習流於枝節之弊；且不應需要而示範，則練習亦成具文。至於實質分析，又於常識之書本教學無別。試體察教學經過，分析愈密，學習愈乾燥寡味；然而教學之階段確立，實有加重分析之必要。此種矛盾現象，固有待於吾人尋繹者也。

因此編造讀本，對於心理方面、實質方面、體裁方面、藝術方面，必須兼顧。具藝術之長者，為前二方面所厄而不能盡其長。有教育之識者，不甚解後二方面而強相效顰。所以從來讀本，惟以形式勻整，為世俗所尚，其實勻整與否，僅與學習難易，稍有關係，於效率之大小遲速無與也。故讀本之難佳，多受普通教法所尋途徑之影響，而國語課程無法改進教學，又因取用讀本所限制，二者關係實互相因果。明乎此，則選文讀應取之途徑，可由下列各問題而解決之。

一、應選如何之文而讀之之問題

普通論讀本課文，從實質分，則以文藝某某門，常識某某門，各占全書若干分；從形式分，則有文體文式之別。前者在編輯小學讀本幾成為配列課文必循之定則，後者則一般選文所屬意。若其論及文法，則又變一形式，以詞句章篇，依序而進。凡此種種，皆歷來文字教學，依次傳統之定型，相與增損，以構成示範工具，余所欲一掃而空者也。余固非以形式分之讀本，絕對無需用之必要，惟其意無取乎敘述、說明、議論等體之分類授課，而在應學程選輯兒童閱讀之文，足供學習需要時之選讀，非以課文之編次，爲教學進程也。夫文章固各自有其體式，然如敘述、說明、議論等體，實無嚴格分明界限，惟日用文具有一定格式，或有備列之必要而已。不過具有格式之文，讀之最不感興趣。使惟就成人主觀之見解，以爲國民教育之必當學習與學習應有進程，如讀本中所謂模範文者然。在形式上之排列配置雖極合適，而實際上計日授課，實不勝其誨爾諄諄聽爾藐藐之歎。苟從事國語教課，而能深切體會者，吾知其必有同感也。所以本方案之選文讀，不先論文之如何選，與選文之如何讀；而推索兒童日常之學習活動，必在如何情境中，始有選文讀之必要。凡人當實在情境之需要，自覺其應付無方，有需乎示範者，苟非其力所必不能爲，未有不樂於學習者也，以下所言，悉循斯旨。

1. 依自由閱讀之需要而選文讀　此當參考本卷第四篇，茲就關於選讀之需要者，言其概要。

（1）關於標點之示範。此之區分語句，於讀文作文兩方面均有幫助，在前期對讀之句片上，早有標識，俾資讀句時之語氣，何者停頓，何者連接，知所注意。進於自由閱讀，文皆成篇而讀，需標點之用更大，且分號、引號、折號等，見於閱讀之讀物上者，亦須了解其標識意義。惟標點符號，係表出文的語氣之一種標識，與文之本身無關，必與讀法結合，而後可由選讀之文示之，故合 II 項而授以選文。

（2）關於讀法之選讀示範。此項示範，大概在自由閱讀的初步用之。蓋自由閱讀開始，兒童筆記，無力摘要，大率只於記生字美句而已，則所以考核其閱讀者，非復述不可。而開始閱讀教材，全用純粹之反復故事，此種復述，又無取乎摘要，而以依原文逐句讀之爲宜。於此訓練閱讀，默讀與朗讀均極重要。即其一爲閱書的默讀示範；依前期指引讀式，持適於閱書用之小引讀尺（前作指引籤，以與指引片易混，因改今名），置於行之左首，循逗點句點，移置而讀，讀不出聲。遇有不識之字，書於簿上，逐一檢查音義。俟全文確能成誦，然後依閱書規定手續，請求換書。其一爲復述的朗讀示範：換書時之復述爲輕聲讀；定期報告時之復述爲說話式的讀，輕聲讀一如說話式，惟不重音調耳。朗讀示範，除韻文屬於例外，完全用説話式。於語句之抑揚斷續，字音之輕重疾徐；段落之停頓，皆須合拍。標點之逗、讀、分、折、引等，與此有相關度，尤宜注意。其示範時，須在自由閱讀開始一時後，教者提出如何表見閱讀能力的問題，稍爲討論，然後任抽取準備之反復故事一册，作爲範讀。依本團兒童高矮分爲前後若干排，令其圍立於教者坐席，静聽示範。示範後，亦可指令一二優生試讀之。同時將標點用法，就範讀之册所有者，指説其用法，如有未盡，再於兒童閱書中發見時，特別提示可也。如果經一次示範，而兒童復述猶多缺陷，亦可再作一次之選讀示範。或者閱讀進程已高，文藝中採及優美之文，有需乎朗讀示範者，亦得酌用此項選讀示範之例。

（3）關於表述之選讀示範。此之示範，不在表述本身，而在讀準備表述之文。其涉及筆記，須合下段所言而推求之。大抵兒童閱讀反復故事若干週，有進而閱淺近文藝讀物之力，筆記亦得爲粗略之摘要；其報告所閱讀之讀物，又須漸進而以摘要復述之。於此有需乎示範者，其一，如何由閱讀中之領會，而作爲提要表述之準備。當兒童領取讀物後，即粗閱一遍。如認爲力所能讀者，即查出生字難句，先求了解，再詳讀一遍。原書分割數段落者，應各依段落而領會其主要人物之事實及其動作與語言。未分割數段落者，尤須先審查全文應分析之歷程。經此詳讀，然後分段記其要點於筆記簿，並綜全文而撮要以輕聲述之。如有未透澈之處，則抽出細閱。其二，如何而撮要復述，當其自由閱讀時，無從爲表述之預習，使此種讀物之定期表述，毫無示範。即能撮記内容大要，而表述或難合式，訂正亦無標準可循。此種讀物之表述，約可分爲二式：屬於故事類者，可取普通論故事表演之式例，作爲準則。不屬於故事類者，則當以報告之式例爲之。故開始陳列此種讀物時，教者須就二類之讀物，各選取一册，依上之二個條件，妥爲示範。

（4）關於筆記之示範。筆記依自由閱讀之進程與讀物種類，顯有不同，後當專章詳言之。茲所論者，惟説明每一種類之讀物開始閱讀，必選讀一册示範。除（2）（3）已如上論。此外，較繁複之文藝以及常識等讀物，僅需書面報告者，當依自由閱讀之進程所示者，作綱要記述；或讀物之原書後提出練習問題者，亦當如式作答，此須於開始陳列此類讀物時，選一冊示範讀之。

2. 應作文之需要而選文讀　此當參考論作文專篇，茲所論者，則在作文需要，業已構成適當情境，兒童頗感覺有示範之必要，因就當時所需如何示範之文而選示若干例式。惟根本旨趣，非如世俗教授應用文之例，以仿作爲目的，而係指引解決困難之途徑，由此而得達滿意之適應，不致虛耗精力與時間者也。

關於此種必需之選文，約可分爲二類：

（1）屬於學校活動必需之文類。標籤、記載、報告、遊記、規約及新聞等。

（2）屬於應付日常生活必需之文類。如書信、籤帖、契約等。

（1）類必須選兒童之真正作品，如《幼稚園一年級溝通教學法》《德可樂利教育法》《語言與綴法》等所登載之例子，最爲適合。且可藉外國兒童作品，以鼓舞兒童學習向上之心情。

書信亦以選兒童作品爲上，本國刊物登載兒童作品，多出僞造，取其近似兒童心情之文可也。本區旬刊載二小書位訓練實施專號，其訓練方法，頗足參考。籤貼契約之式，任取世俗關於日用文之單行本，擇其文較便兒童學習者用之。

關於選讀示範，亦分爲左之二個時機。

（1）從偶發事項中，見有需要如此作文時，即授以適應需要之選讀文。

（2）從日常學習活動中，以設計方式構成有此作文之需要時，而授以同式之選讀文。惟此不可稍涉牽強，致形成依範文而練習式例之弊習。

3. 應單元活動之需要而選文讀　此當參考本方案單元活動論點。茲惟就選文讀與單元活動之關係，論其旨趣。

（1）單元活動中有需乎發表練習者。本方案之單元活動。必循觀察、聯想、發表之三段歷程。前兩期方案所論者，惟及於初步的文字學習。

至學習要項之記述與整理，以及各自心得，尚無以文字發表之力。進至第三期，則活動歷程中，時有需乎文字發表。如上論之 2，或有某項文式，在單元活動中已有需要，而未於他種活動中選讀示範者，當就討論如何發表之後，特定時間授以此類選文，俾資模範。

（2）可資單元活動之參考資料。此在季節、紀念、古蹟名勝等單元活動中極爲重要，可分爲二：其一作用在補充，以事實觀察與接觸所不及或不易明了者爲主。其二作用在激引，大抵屬於美感之文。選讀此類作品，或在活動之始，或在活動之中，或在活動之後，由教者審查情境定之。惟資料必與兒童學歷相應，分量繁簡，尤須適當。

二、選讀的進程及其量與時之問題

1. 進程　此又可分二方面論之。

（1）適應需要。普通讀本之排列應用文，不外於成人認爲應有需要之示範，以由易及難、由簡入繁之主觀見解，分期勻配課文。其實非當前之需要，難易簡而不能期其願學，或學亦無實效；且難易繁簡，亦非盡由文之種類而分者也。所以學習之難易繁簡，不能純由學習事項之本身而定進程；而當視當前之有何需要，爲適應指導，由其自爲取捨可也。

（2）顧及學力。適應需要，固其宜已。然世俗教學，對於某種事項之學習，每每涉及全程，以簡易爲全程之縮影，愈簡易即愈無意味。本方案之學習活動，不取固定資料。一方面適應需要而示範；一方面所以爲適應之資者，必審量兒童已獲得之智識與工具。如其一次學習多有未盡，儘可於再有如此需要機會時，爲進一步之選讀也。

2. 量　此由上論進程之旨，已可決定量的問題。不過世俗教學之誤點，如上所云學習事項涉及全程，固爲量不適合之一因。尤其誤解國民教育必須之道德知識技能的一個原則，規定所有需要，勿論所規定者由於主觀見解或科學方法，率多方臚列學習事項，強制學習，而不問需要是否產生於當前活動；即令引起動機，而動機亦由外鑠，無當於實際需要；於是量的問題，竟無真實價值可言。吾人所希望稱量而與者，非僅學習可能的問題，而係對於可能學習之事項，能應付當前之需要，達到圓滿之效用的問題，吾人寧使國民有未盡學習之事項，而不願已學習之事項，皆成爲一知半解。彼止於斷片的口頭紙上試驗及格者，殊不足覘智慧之進展也。至於任何一種事項之學習，皆有以完成其應發展之智慧，其需如何歷程，則爲另一問題。所以討論選讀之量，惟以解決當前需要而力所能及者爲限。近代新興心理學，謂量的變化成爲質的變化或反之，其語深可玩味也。

3. 時　世俗教學，關於時之規定有二：（1）任何科目皆定時上課，（2）每一科目占若干時數。由前之規定，不問當前有無如此學習需要，而依例定時間上課，是爲教學不感興趣之原因。由後之規定，不計學習事項應有需要之量，而以額定時數，配置應有之學習事項，是爲教學不切需要之原因。

本方案之選讀示範，應當前需要而進行學習，其時數亦應學習事項必須之需要，教者惟視實際活動情境以選取教材，以進行學習，則時與應需之量，應需之過程，無一不合，而且無不樂於學習者也。

第二篇　自由閱讀與兒童文學

第一　讀文與讀書之別

　　小學讀本普通文體，通常分爲記敘、說明、議論三類與應用文並列，部定國語課程標準即如此分類。亦有記敘分爲記事、敘事二類者，記事者純爲直述其事，敘事則於直述中間含有說明或議論之語。司馬遷之《史記》，王荊公之傳狀，皆用敘事體，故其文栩栩有生氣。兒童之國語文學習，是否必須分別文體，以及應否如上之分類，姑不深論。惟讀文究竟與讀書有別，讀書爲增進人生經驗之整個工具，讀文則讀書以內一部分的特別學習，所取者爲作文需要之示範教材。魏晉以前，學者誦習詩書日久，自然能文，無所謂範文也。自詞章興而文選始有專書，科舉興而讀文始普遍興士類；八股興而讀文成爲生徒唯一課業，其需讀之書，亦因讀文而涉及者也。然在未改成近代式之學校以前，入學之始，猶以讀書爲唯一課業，其事固其明顯。自學校課程分科編制，國語課程，專取往時作文示範之途徑，編成讀本。在課程全部，固然因各科分習，增加不少新的學習。而文字學習則因憑藉唯一之讀本，任如何從實質方面吸取資料，祇以目的爲讀文而供給，終之所得於人事與物理之養分，根本貧乏，無由充實其工具。又其教法惟循作文示範之途徑，每課必須授讀，即有充分資料，而時間多已浪費，不容多讀。凡此皆世界今日共同之錯誤，不過中國更以特殊情事，瀕於絕境，歧誤尤甚耳。研究教學法者囿於知識淺陋，不探其本，惟從讀本上求改進，而終於不能脫教科書之程式；從教法求改進，而終於不能踰授讀之範圍。其另謀救濟者，拋荒正課而求取償於補充讀物與課外閱覽，抑本末倒置之甚矣。

夫課程固不當以讀書爲唯一目的，而讀書究不可以全廢，不讀書而以讀文爲正當學習，即理論已不可通。往時以讀書爲唯一目的之教育，其教材與教法，誠不適用於今日。然在讀書中所表見自由發展之一點精神，實當更予擴充。今之教學，並此精神而掃蕩無餘，所代替以西洋之心理教式者，祇就往時讀文之授課典型，日謀形式改進，愈改進而效率愈渺茫，所表見者僅爲花樣之塗飾，於實際無補也。此非危詞聳聽，試以同樣讀本同等兒童，一用記誦式講讀，一用啓發式講讀或國內任何新式教法，在適當期間作比較測驗，吾敢斷言記誦級讀書之數量與心得，或猶愈於啓發級及其相類者也。非文字學習之當重記誦也，則以根本不變，惟事形式改進，結果固當如是耳。所以較好的私塾教師，在國語功課，往往比一般公立小學師範生所教成績較優者，職此之故。

抑散文體之分，自姚姬傳分爲十三類，後人稍有增損，不越矩矱，甚實此種文體，純爲文人而設，上之於著述家無與，下之於初學無涉，小學讀本雖非取其體式，實則同此傳統觀念，由讀文所闢之途徑而來。蓋此種體式，出自日本讀本，日本固曾習染於漢學者，吾國書坊作者又展轉而襲其餘緒者也。日本舊曾分譯各國小學讀本，余嘗遍讀一過，實無如此顯明痕迹。即以文論，大都選輯名作，非由自撰。今之《活葉文選》，以國內無兒童文學作家，無如何也。而選者又務名而不求實，如開明《活葉文選》前二册，選余文四篇不注來源；其他非兒童文學之文，多列姓名，可以見已。今姑舍此不論，惟問讀本之功用，果爲作文示範，抑爲培養閱讀能力？如爲示範，安得日日而示之。如爲培養能力，勢必使其易讀多讀且樂讀而後可。如說明與議論，假使整篇皆用此式，兒童未有不生厭倦者也。況初小目的，並非期其爲文人，有分別文體之必要。惟期其對於所聞者而能書意，所見者而能記實，以此推及讀物，亦惟所書之意，所記之實，能充分了解斯可已。是則初小所需乎閱讀者，不在循往時讀文之途徑，而貴以讀書爲培養能力之源，甚彰明矣。況所需乎讀物者，於給予生活上必需之知識，亦當有重要關係耶。

第二　朗讀與默讀之無謂的争論

今之論國語教學，鑒于已往授讀，率用朗讀，極力提倡默讀以矯其弊，並由種種測驗，求出顯明效率。又以朗讀不可全廢，於是分別事項，規定朗讀、默讀之界說，論者頗不一致。其實此種紛歧意見，皆拘牽于被動式教學之立場，與沿襲國語教學爲讀文而非讀書之錯誤，因之朗讀存廢問題無由解決。本方案進於正式讀書，純爲自由閱讀，通常學習，當然傾向於默讀，了無疑義。蓋學習重在搜索意義，了解之字句，一瞬即過；其未盡了解者必須回環探索，至於得解而後已。朗讀惟注意於聲調合拍，疾徐之度，須順自然之語氣。不能與求解之度相應。自習而用朗讀，不惟妨礙他人，抑且浪費時間矣。然有時或取朗讀形式者，則在定時之公開復述與表述之選讀示範。此雖近似朗讀，而有不同之二點：

一、此種出聲讀，完全爲説話之語勢，而以講演方式出之。

二、出聲讀時，在通常學習時間以外，與以往教學所謂試讀、輪讀、背讀參合於授課時間以內者不同。

由上之説，則朗讀與默讀之別，視文體或情境而分，在自由閱讀中不成問題，故不復詳論。

第三　何謂兒童文學

中國雖爲尚文之國，然無兒童文學可述。僅童謠一類，近似今所稱之兒歌，史傳多有記載。《左傳》莊五年杜預注："童齔之子，未有念慮之感，而實成嬉戲之言，似或有憑者，博覽之士，能僂患之入，兼而志之，以爲鑒戒。"此其意旨重在訓世，而不在啓蒙，吕新吾推廣之，作小兒語，據序所言："兒之有知而能言也，皆有歌謠以遂其樂。"又書後云："小兒皆有語，語皆成章……是書誠鄙俚，庶幾乎嬰孩一正傳哉。"又曰："言各有體，爲諸生家言則患其不文，爲兒曹家言則患其不俗。"雖本蒙以養正之旨，點竄原文，不無失真之處。然知兒童讀物宜用兒童言語，視今人提倡小學讀經或禁用童話，以及用生澀語句編譯兒童讀物之作家，其智識尚不可以道里計。至於世俗沿用之課蒙讀物，如《三字經》《百家姓》《千字文》《六言雜字》《龍文鞭影》《幼學瓊林》等，不過供兒童識字記典故之用，無文學藝術可言，然往時固不齒於作家之林矣。其傳說可取爲兒童文學材料者，記載尚非闕如，以無兒童文學家爲之疏理，未可爲兒童讀物也。余於十餘年前，作小學國語文學之研究一書，嘗分聽的、唱的、看的、讀的四種，當時猶有教科書應具一體之觀念，故將看的與讀的分爲二種，實則二者應合爲一體也。今之國語讀本，固所資爲兒童之唯一主要讀物者也。斤斤於筆畫繁簡，生字多少，與夫語句篇幅長短，終於有時自破其例，雖亦嘗雜取兒童文學之材料，顧爲授讀之形式所拘束，往往將原有材料，削足就履，任意剪裁，以致喪失其本來面目。此外之課外讀物，材料較適當矣，而文字草率過甚。余嘗概論今之兒童讀物，除以白話淺文寫成外，即此兒童言語之真諦，已少體會。蓋兒童所喜之語句，非僅以句短與叶韻爲唯一條件也。文人所欣賞之詩詞，雖叶韻而不必爲兒童所能領會。或者因有意求句短或叶韻，而使語意與語氣，均失其自然，皆爲兒童所最忌。余舊論兒童語之研究，曾舉出一般讀本，不便於兒童誦讀者有三點，茲摘錄如下：

一、長語句，尤以數語連續讀之，氣不能接爲甚。

二、不合口味之語句，雖短亦然。所謂不合口味者，大抵語氣緊張而不舒，數語相續，時犯此病，因其注重各語能自獨立，相續之間，每欠自然。

三、記叙文之每一段落，連續之句太多，兒童精神不能貫注。

根據上之情事，用多種方法，體驗兒童談話，發見四個原則，曾爲趙君欲仁所引用（《小學國語科教學法》民十六年出版），但舉例稍與原意不合。茲錄原文於左，並加例釋。

一、兒童所發表之言語，完全從自身活動與對於事物之感覺而出。（此無舉例之必要）

二、兒童之敘述，分項說明，不求銜接，與向來書本上之記敘體連續成文，必用銜接之詞；其意義貫串，必表出顯明之語句者不同。

例如，兒童書局徐譯安徒生《取火匣女巫》說："你看見那根大樹嗎，樹的裏面有個洞，你要爬到樹頂，才看見一個洞；從洞裏可以爬進樹底。我把你的身子，用繩捆住，你喊我，我把你拉出來。"是不用顯明語句貫串意義者也。又如，銀光令自說："他給我鑽個小洞，一根綫穿進了洞，我變成了一個紀念牌，挂在小孩的頸項上，小孩對我笑，吻我。他的頸項，又溫柔，又潔白，我終夜睡在那裏。"是連續成文不多用銜接之詞者也。

三、兒童所說之長句，必用數個短語構成，語氣不斷而可以停頓。其短語之數，除記數事物外，多在三個語以內。每一短語字數，多在五六個字以內。其稍長之語，至多不逾三個名詞。

例如，《取火匣女巫》說："你爬到樹底，便找到一座大廳；這座大廳，十分光亮，有三百盞燈，點在上面。"此在普通小說，必曰你爬到樹底，便找到點三百盞燈的一座光亮大廳。語雖簡明，然兒童讀之便覺吃力矣。

四、狀事物之語言，取譬於說明，不在修飾其辭。用轉折連詞極少。例如，大胖子歌詞有云"他這麼大的肚，他這麼粗的腿"是須另以動作取譬而爲說明者也。如《取火匣女巫》說："坐在錢箱上的狗，一雙眼睛，像圓塔一樣大，他是一隻猛狗。"則仍用文字取譬而說明之者也。此用文字取譬，在加重凶猛意味，非如普通文藝以詞藻爲美，並不含加重形容之意味，甚至語句增多累贅之詞也。

以上四個原則，本不足以盡兒童語之內容。然使兒童讀物，所有語句，皆已體會及此，讀之必琅琅上口矣。

兒童讀物，所以能有文學價值者，非僅取資於兒童言語已也。吾國舊時所謂文學者，大都摒棄兒童之言語與思想，其啓蒙作品，亦純以成人觀念爲主，惟取其語句便於記誦，不足以激引兒童心靈。以往小學讀本之體製，又爲授讀形式所束縛，未由使自由玩味之精神，盡量發展。

審此則自由閱讀應取如何讀物，不可不先研究何者爲兒童文學明矣。若從定義言，則文學定義，尚無定說，兒童文學居文學一部分之地位，歧義自多。所以余論兒童文學，舍定義不論，前爲童報作發刊詞，曾列舉三個條件：一、兒童言語，二、兒童思想，三、兒童生活。思想與生活，產生資料之具也，言語，表出之具也。文學有內外二方面，內爲本質，外爲藝術，上之三者，皆文學之本質也。文學之所以能表現人生意味，而產生悠遠思想，真摯情感，豐富想像者，全在本質，藝術不過組織之手段耳。故不煉之鋼，不可爲鋒刃；卷曲之木，不可作棟梁。設使兒童讀物具有文學價值，而不了解兒童爲何，則貌襲而神離矣。書坊之兒童讀物，率皆貌襲之類也。今試綜覽世界所刊行之兒童讀物，具有上之三個條件者，無如童話。然而國人對此頗多懷疑者，亦自有其特別原因：

一、各書坊讀本，尤其第一二三册之課文，類似童話者，大都純爲斷片的貌襲，非文學的童話，毫無欣賞之價值。

二、國人囿於流行讀文傳統觀念，不解兒童文學爲何物，率以成人見解相衡量。

茲就童話之起源，與所有體制，以及各體相互關係，分別論述。不僅使閱者明其各別之功用，尤在對於分合混淆之點，逐一疏理而釐正之，以清界限。惟童話之成爲文學，自近代始，非限於兒童本身所產生之材料也。其取材與結構，在給讀者於心情愉快之中，兼有裨于人事經驗。此種文學供成人讀者爲小說，供兒童讀者爲童話，童話即由小說之旨趣而分支者也。《漢書·藝文志》謂小說者流，如淳注："王者欲知閭巷風俗，故立稗官使稱說之。"《四庫總目提要》稱其流別有三：一、敘述雜事；二、記錄異聞；三、綴輯瑣語。童話取材之範圍，頗與相同。顧往時視此種文學爲閒書，而藻飾字句之詞章反得宏獎爲作家，傳統觀念如此，宜兒童文學之不振也。茲分爲三種，童話之體式庶幾備矣。

一、由傳說而組成的童話　大抵爲民間流行之軼聞，而以初民紀述爲主，雖非初民紀述，而趣味略同者亦可用。蓋其表出之思想感情，與入世未深之兒童相近；或者事實之情節，足以激引兒童心靈，發生快感。

此又可分爲二類：

1. 神話。爲代表初民思想之傳說，即初民信仰及生活之反映。大抵以自然物爲主，從其重要現象之原動力，推想其種種靈異之變形復活等，凡無從索解者，一一歸之於神；或對於事物原始，如猿無尾之類，往往以荒唐無稽之言，附會其事，實由於知識幼稚使然，與神怪小說之以駭人聽聞爲奇者有別。

2. 世說。爲代表初民習俗之傳說，野蠻民族食人掠婦等事屬之。以其專談人事，與神話有別，常有專稱此類紀聞爲傳説者。異族人生活所以可連類而及者，正由其比較而觀，易引起其想像也。

上之二類傳說，事皆近於荒誕或鄙俚，然非任意編造，而爲構成古代社會之產物，即談民族史事，亦屬必要。人類學派搜集紀聞推衍文化變遷，與發掘古器物同一重視。再從文學立場觀，此類傳說，以質樸之語表出不可思議之信念，或以真摯之情，表出愛戀畏懼之內心，實爲產生文學之真諦，不僅其情節與意味，易爲知識幼稚者所接受也。彼反對神話世說之荒誕，不可爲小學教材者，不知曾體會及此否也。

二、由故事而組成的童話　兒童讀物之稱爲童話或稱故事，內容多不分明。由名析義，童話從語意之趣味而言，故事則自然情節所構成之具體事實也。二者常相混者，則以童話勿論爲記述，爲假託，皆由事實構成，故童話亦可稱爲兒童故事。不過所有故事，不盡爲兒童所能了解而且喜悅。其能了解而且喜悅者，必其具有童話趣味之故事者也。具有童話趣味之故事，斯亦童話已。然而童話非限於以故事組成者也，神話與世說，出於傳說，與故事爲傳說之一者同出一源，尚無嚴格分明界限。若笑話物語，在其趣味引起快感，不限於構成具體事實，再從大體而言，童話之材料與結構，純以想像生活爲出發點；故事則真實性之成分較大，即不真實，亦必歸宿於人事。所以故事不盡爲童話，惟具有組成童話之可能性。所謂由故事組成童話者，係由神話世說之童話而演進，以激引心靈發生快感爲主，亦可由此而取得人事經驗者也。惟其演進係童話之變遷，與閱讀之進度無關。其與傳說對立者，則以傳說傾於初民之思意與情感，故事則以情節新奇可驚可喜爲主。或謂傳說係講半神的英雄，故事則講世間名人，是以傳記爲故事，已軼出童話範圍矣。又以神話傳說故事係人與事並重，童話不重人而重事，亦未盡然。何也，凡爲兒童文學之讀物，除傳記與傳記同材料之故事以外，決不含有重人之觀念者。其有必記其人者，以事必繫於人而表出，有無其人，所不計也。傳說爲產生兒童讀物之原料，或者本身自然具有一種整個讀物之體製，然非傳說即爲兒童文學之一種文體也。若童話則含神話傳說故事之原料，其能構成童話者，抑已僅矣。神話傳說故事不具有構成童話之成分，又烏可以爲兒童讀物耶？

1. 神秘故事。此爲故事組成童話之最有普遍性者，蓋宇宙本一至不可思議之物，自然與日常生活，皆含有不可思議之義蘊。兒童初入世界，非若成人對普通事物，熟習已久，往往淡漠視之。苟能引起想像，即朽腐可化爲神奇，浪漫派之表現真理，不根據於純粹現狀，而以實際構成理想，以及寫意畫家之作品，均能引人入勝者，亦含有幾分之神秘意味者也。故事之種類甚多，嘗有某種特性之事實，最爲兒童所喜，所以故事之前後情節，具有一致特性者，即爲某類故事，如 2 以下皆是。若平常事實，足以增進人事經驗者，雖無引人入勝之特性，如以神秘意味出之，便足以鼓動其急於求知之興趣矣。其與神話不同者，則以非限於取初民思想之傳說，而以其生活反映爲根據，構成事實；或採日常記聞，加以神秘意味之組織。其目的在由想像而有所感動與安慰，雖間有涉及夢幻，如聖誕老人與飛箱之類，與封神傳西遊記之造意不同，斷無引起迷信之慮。蓋本旨在培養想像，而非以說鬼怪聳聽，固適應兒童世界必經之過程也。

2. 滑稽故事。此以供娛樂爲主，大抵分愚騃、刺謬、巧妙三類，可以引人發噱者。有由事實演成者，亦有專用言語表出者。惟語不嫌俗而忌粗鄙，或者言之過謔，有傷忠厚者，亦不宜用。

3. 兒童故事。此專取兒童之行事有趣味者爲原料，約可分爲二類：其一從兒童生活出發，攙入激引心靈之情節，但取其事爲兒童生活中所應有，無須採之紀述者也。外國兒童故事所以易動聽者，即以新奇可喜也。其一從記載或傳述中之名人的幼年故事，採其情節奇特，可以動聽，不專重在示範也。

  4. 勇敢故事。此包括冒險、武俠、偵探、愛國等事實，與兒童好奇好勝之心理相應。雖事不出於兒童，亦兒童所喜者也。初步取其稍含神秘意味者，年齡稍長，則以切近實際人生爲要。愛國屬於此類者則以勇不在力敵萬夫，而在有大無畏之精神。勇不由愛而產生，此匹夫之勇也。愛不由勇而表現，此噢咻之愛也。

  5. 科學故事。此亦可分爲二類：其一爲發明家故事，與傳記不同者，傳記重在表出其人之全人格或兼及有關之史事；此則摘取發明過程中之特殊情狀，足以使人興奮者爲主。其一事物人格化，將無情的變爲生命，靜的呈現活躍，爲物語之變相的故事，雖然亦取日常事物，然重在表出物理之現象與功用；非如物語之以假託而表現人生也。總之此類故事，非閱讀進至適當時期，對事物已有若干經驗，不能讀也。

  三、造作的童話　此不限於取固有之傳說與故事，編爲童話，其實故事組成之童話，已有不盡取固有材料而編者。惟茲所謂造作者，其目的在適應閱讀能力，而給予形式上之便利者也。

  1. 反復故事。分平叠、演進、循環、遞加四類，段落雖變化，而詞多爲反復文字，其體例蓋由詩歌、童言、申言之例蛻化而出，初無義旨可言，而兒童甚好之，爲初步閱讀之唯一讀物。

  2. 物語。此爲一種自然物擬人談話，專從普通生活之現象，表現其習性動作；或將人事經驗，藉物之談話而表現其意義；或仿傚對物戲語之態度，而發抒其情感，總之含有幼年兒童之神情與口吻者也。寓言爲物語進一步之文學，固有紀載不少，與笑話同其趣味，惟目的不在引人發噱，而在誘起想像。其情節或意旨較淺顯者，亦爲兒童所喜；亦滑稽之支流也。

  國人頗有反對小學讀物用物語者，如反對內容，有怪誕太過、迷信太深，或危險性太甚，則不屬於物語文體之本身，不當獨對物語而發。

若以物之擬人爲妄，或所語者非物之本身應有事實，則古來詩文寄託，往往如是。群經諸子，亦多此例。如《詩經·鴟鴞》篇全托鳥語，《碩鼠》篇全托於對鼠說話，《籜兮》篇全托於對樹說話，孔子且不刪之。其實寓言亦物語之變相文學，不反對寓言而反對物語者，大率以兒童讀物，輒爲猫狗之語，其實此正兒童生活習見之狀，試一觀十歲以下兒女嬉戲，可以恍然。

3. 實話。此爲切近實際生活之談話，目的在傳給常識，而體式則與物語爲近。如安徒生之孩子們的閒話，一個母親的故事，已開此例。其以事物爲單位，如法布爾科學故事之文體，可以作范，小朋友常識叢書用此體者不少。茲特立一類者，則以本方案之自由閱讀，占讀書之整個課程，並常識之可由讀書取得者，亦包含在內。若專取純文藝的作品，不足以盡閱讀之用；而科學知識之給予，不宜施之太早，故特立一項，便於初期閱讀，可以補物語之不足，兼可保持物語本來面目，將來兒童文學之進展，庶有取焉。

4. 短篇小說。此爲故事之擴充體，而稍有結構假想之跡，亦即童話進一步的讀物，而進於藝術品質，惟視普通小說之取材於廣泛人生者有別。如安徒生之童話，不少此類作品，其不曰小說而曰短篇小說者，並非如教科書式之課文，僅以篇幅字數爲長短也。蓋短篇小說之結構，在產生單純感想，以確定目的，提練複雜事物，凡與目的無直接或間接關係之材料，悉予擯斥。每一段落，皆能表明其動機。各句各語，皆互爲發明，同以中樞思想爲歸宿。至文之長短，惟視以想像而連貫之事實，能表出其目的與否，故短篇小說，有止於十餘行者，亦有長至數十頁者。安徒生之《幸運的木屐》與《醜小鴨》即其例也。

在上舉三種童話之外，尚有史談、傳記、雜記三種，可爲初小後期讀物。常識屬於社會部分，人物以傳記體表出之，大事以史談體表出之，屬於自然部分，則以雜記體表出之，遊記即包括於雜記體內。此種文體，皆用記敘方式。若必執中國舊文學家之規律，非班馬與八家之章法，不成爲文，則兒童文學之新生命，即無自而產生。茲將傳記、史談、雜記三者之體式，分別略論之。

　　1. 傳記。《四庫全書總目·史部》列有"傳記"一類，所收書目，不以其人之行狀爲限。姚氏文類，標明傳狀，取義較狹，蓋純以文體爲類別也。然其體實原本史例，以史公本紀、世家、列傳爲嚆矢。故錄《毛穎傳》嬉戲之文，而稱爲"其體傳也"。兒童文學則無須拘守其例，然有不能不辨者，傳記與故事之組織材料，體式實有不同，故事純以事爲主，傳記則以人物爲中心。揭其旨趣，尚有兩點：其一，由某人傳記之背景與關係，可以得到時代的認識；其二，由某人傳記所表見之事實，可以激發其志氣。故兒童所讀傳記，在抽取歷史材料，能達上舉兩點之一，編成讀物。一方在個人事實，不求其備，更不必泛述世系，如家傳墓誌之面目；一方兼採有時代或人事的關係之材料，由一個傳記而取得多方重要的知識。尤其所取材料，須如何足以啓發兒童心靈，而加以重組，俾便閱讀，實爲成立結構之原則。

　　2. 史談。《四庫全書总目》有"雜史"一類，但具一事始末，或述一時見聞者即予搜錄。茲之義例，大體相近，但取材非必出於正史以外。其與故事別者，雖同以事爲主，但故事結構，須含有童話意味；史談則必取真實，而與現時代所共感覺之大事，發生聯屬關係，不能參入任何之幻想也。其體式如實話之例，用談話體。如實話有時可由擬人而表述，此亦可由第三者之口説而表述也。

　　3. 雜記。姚氏分古文爲十三類，雜記列爲一類，以雜記之體，大小事殊，取義各異。柳子厚記事小文，如序飲序碁及各篇遊記或謂之序，姚氏並列入此類。茲有取乎雜記者，爲實話進一步之讀物，即以通常記叙之體裁而表述者也。蘇聯童話集白紙黑字爲史談之兒童文學；童子奇遇記室內旅行記爲雜記之兒童文學，殊可爲式。

　　於此歸納討論之究竟，當如下所説。

　　一、不同性質之讀物，如純文藝之讀物，取材結構，體甚分明。若常識讀物，必以童話之體製出之，使常識材料，皆成爲藝術化而後可，易言之，即變板重的爲生動的是也。

二、兒童的整個讀物之體制，可歸納爲談話與記叙二式，或者記叙又分記事叙事之法。每種讀物，或以一種方式爲之，或混二種方式爲之，皆所不拘。總之愈在初步，愈適於用談話式，漸進則參記事法，更進則參叙事法，以至於純用記叙式爲之。如傳記雜記小說，即此二式足以盡用。若夫需用説明與議論，惟從談話或叙事中，表出如此形式之語句，自爲兒童所領會，正無取乎教科書體必備具説明與議論之整篇課文也。試檢閱姚氏十三類之選文，如論辨與序跋，書説與奏議贈序，傳狀與碑誌，又何嘗各有截然分明之式例耶？姚氏有言："夫文無所謂古今也，惟其當而已……知其所以當，則於古雖遠，而於今取法，如衣食之不可釋。"此在論文之作法且然，況兒童讀物，本無取乎專篇説明與議論之文體，徒以因襲錯誤，續非成是，亦當知所以自反矣。

國人關於兒童文學之概論研究，以余所見，大率雜取文學家論點參以己見，或分類選文舉例，非於兒童讀物有真切研究者。陳伯吹《兒童故事研究》，對於兒童讀物間有獨到之見，未盡純也。周作人《兒童文學小論》，亦甚疏略，但頗有精義。其童話評騭一篇，可爲小學中編制或選擇讀物之準則。茲附錄於後，以結束本章所論。

民族童話大抵優劣雜出，不盡合於教育之用，當抉擇取之，今舉其應具之點，約有數端。

1. 優美。以藝術論童話，則美爲重。但其美不在藻飾而重自然，若造作附會，則趣味爲之殺，而俗惡者更無論矣。

2. 新奇。此點凡天然童話大抵有之。

3. 單純。單純原爲童話固有之德，其合於兒童心理者亦以此。如結構之單純，腳色之單純，叙述之單純，皆其特色。若事情複雜，敷叙冗長，又寄意深奧，皆所忌也。

4. 勻齊。謂段落整飭，無所偏倚。若次序凌亂，首尾不稱，皆所不取。故或多用楔子，以足篇幅，徒見雜糅，無所益也。

第四　閱讀興趣之進程

閱讀興趣，爲增加閱讀分量之原動力，寄附於讀物本身之品質上，如上章所言，固可得到一個結論。惟讀物本身與讀者能力，尙有其相關度。二者不適應，興趣仍無自而產生。讀者能力，有與年俱進與經驗俱進之二方面。未開化民族之思想感情，與兒童接近者，主因屬於經驗方面。成人嗜好，不與兒童盡同者，主因屬於年齡方面。不過從年齡方面所測知之心理變化，往往含有若干之經驗成分在內，與智力年齡含有教育成分者同一情事。蓋人類在社會中，由日常之起居動作與聞見，自然增進其經驗；兒童與年俱進之經驗，非自然而成長。亦非全由學校教育而構成，所以心理變化，不絕對附隨於生理之發育程序也。勿論心理如何變化，而與年俱進，自成事實，所以閱讀興趣，與讀物之進程分配，更有密切關係。在教材之有繼續性者，進程固甚分明。然一般的知識讀物，其分明之限度，殊甚微末。教科書式之讀本，莫不自創凡例，而不如課外讀物之足以攫取心靈者，則以所取進程，完全從教材本身而定；所計讀者能力，完全屬于主觀的授讀程式，而對於兒童自然接受之興趣，未有正當之觀察也。茲於確定讀物品質之後，更及於進程分配者，意即在此。

生理發育，在一定期間，常顯示同一之特徵。因此兒童時期，有嬰兒、幼兒、童年少年之分期。各家對於分期年齡，主張不一。茲不討論何者最爲適當，惟以入學實年計，初小之前二年，一稱前期，即七歲至八歲，接近於幼稚時期，無若何劇烈變化。初小之後二年，一稱後期，即九歲至十歲，身長體重及細筋肉，均有顯著之發達，逐漸脫去幼稚態矣。如此分期，僅爲大體，其實八九歲之間，亦非顯判鴻溝者也。兩期之心理特徵，通常所承認者，約如下之所述。

（一）前期特徵

1. 想像最發達，多係無關實際之幻想。
2. 好奇心正盛，心意一部分，由感覺方面而進於意想或觀念的方面。
3. 意志無一定傾向，時彼時此，易受暗示。
4. 聽覺的記憶，比視覺的記憶強。
5. 注意力散漫。

（二）後期特徵

1. 想像漸有控制力，能分辨影像與實際，減少其幻想性。
2. 好奇心漸集注於推理與索解之問題方面。
3. 意志漸傾向實際應用，由流動而趨於穩固。
4. 視覺記憶，比聽覺記憶強。
5. 注意力漸能集中而較持久。

閱讀興趣，分年而顯示其特徵者，教育家已有發見之結論。據《教育研究》二十一期及《兒童教育》四卷七號所譯，摘輯旨要如下：

甲、六七歲的閱讀興趣

1. 童話神話。
2. 神仙故事。
3. 物語。擬人的動物與自然界的故事，其主要之物，必為環境四周所習見者。

關於讀物之形式與其旨趣，亦有數點：

1. 內容短即小書冊。
2. 多插畫。
3. 直接會話體。
4. 多含幻想性，亦可略寓教訓。

5. 對於自然物之寫實，須極生動之致。

乙、八歲的閱讀興趣

1. 童話興趣達最高度。
2. 充滿想像的神仙故事。
3. 寫實的自然故事尤喜動物故事。
4. 開始對于日常生活的故事產生興趣，女生對家庭經驗及幼女故事較有興趣。
5. 寓言興趣甚高。
6. 男生不喜滑稽及幼女的故事，女生不注意英雄小史及聖經的故事。

此外之特徵，亦有數點：

1. 對情節之欣賞，比文辭之欣賞更為重要。
2. 對書中所表出事情，完全立於被動的接受地位。
3. 對現實的世界，不發生批評的態度，完全生活於一個想像世界裏，但其欣賞情形，已進於注意事物之合理的說明。

丙、九歲的閱讀興趣

1. 神仙故事仍有興趣，動物及自然故事亦占重要地位。
2. 日常生活及熟習經驗為興趣中心，男生尤喜讀童子軍及各地幼童故事。
3. 對歷史及聖經的故事微有興趣，女生雖亦喜讀傳記，但對於歷史事實，仍屬於童話領域，不及男生移轉於實際生活之力為大。
4. 寓言興趣減低。
5. 對探險滑稽以及藝術描寫之小說，不甚感興趣。

此外，特徵之點如下：

1. 從幻想移於現實世界，對現實比幻想的成分多，為鼓勵讀真實文字之黃金時期。
2. 可讀百頁以上之書。

丁、十歲的閱讀興趣

1. 童話興趣減低，但喜讀神怪小說。
2. 對日常生活故事同前。
3. 喜讀偉人的簡單故事及其有關的史事，對戰爭記述亦感興趣。
4. 喜讀發明與機械的記述。
5. 對偵探及學校遊戲之小說感興趣。
6. 直接觀察以外的好奇心發展極速，喜讀旅行記述及外國故事。

戊、十一歲的閱讀興趣

1. 動物故事的興趣減低，寓言及聖經故事均不感興趣。
2. 日常生活故事仍通行。
3. 偉人傳英雄故事以及談科學及發明之記述最喜讀。

女生至此亦脫離幻想及童話興趣，於自然及動物故事傳記家事以外，漸涉及言情小說，但仍不甚讀科學及機械的記述。

依上所分別情狀而歸納之如左表：

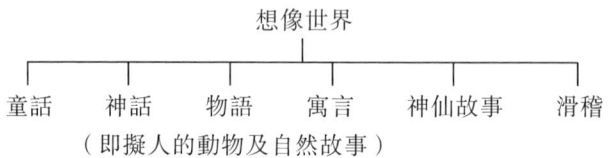

想像世界：童話　神話　物語　寓言　神仙故事　滑稽
（即擬人的動物及自然故事）

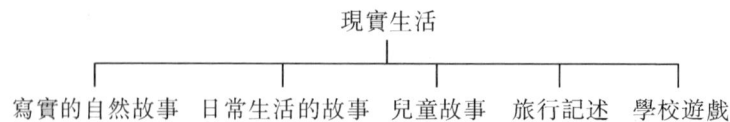

現實生活：寫實的自然故事　日常生活的故事　兒童故事　旅行記述　學校遊戲

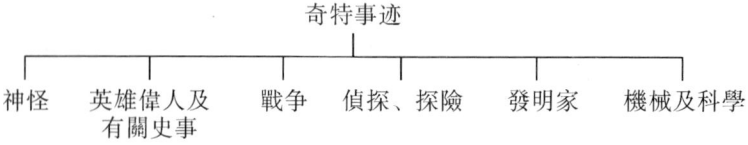

奇特事迹：神怪　英雄偉人及有關史事　戰爭　偵探、探險　發明家　機械及科學

再依閱讀興趣而析其進程,當如下述:

(一)想像世界,至八歲而達最高度,寓言亦在此事極感覺興趣。及九歲漸減低,但仍喜神仙故事。

(二)現實生活,八歲始對日常生活故事發生興趣,寫實的自然故事最所喜讀。至九歲而占中心地位,延續而下,並對史事漸有興趣。迄十一歲惟對動物故事之興趣則減低矣。

(三)奇特事蹟,至十歲而發生興趣,約有二個特點:其一,由幻想之想像而變化,如神怪、英雄、偉人、偵探、探險等。其二,由現實生活之熱烈而演進,如旅行、戰爭、學校遊戲、外國故事、旅行、發明家、機械、科學等。

本方案以二年半修完初小四個學年的課程,第一二兩期爲閱讀準備,占一個學年。自由閱讀爲三期,此期又分三個階段,第一階段爲八歲上半期,第二階段爲八歲下半期,第三階段爲九歲上半期,開始於初小前期之末,完成於初小後期之始。在閱讀準備期內,以一個學年之特殊教學,由觀察聯想所得於環境事物之經驗,由發表所得於文字符號之經驗,超過於一般學校的學習者甚大,而正式閱讀,則比一般學校又較遲。因爲準備業已充實,故開始讀書,即可實行自由閱讀之方式;因爲閱讀純取自由方式,故閱讀之興趣可以充分發展,教學途徑不同,結果亦必殊異。雖生理發育不改其常度,而心理變化,因經驗積累而迅展。故其閱讀進程,不越乎共同程序,而其進度之速,可以超過於普通情事。所以上述之閱讀興趣的結論,七八歲所表見者,施之於第一階段;八九歲所表見者,施之於第二階段;九十歲所表見者,施之於第三階段;十一歲所表見者,則備最進步之用而已。

第三篇　讀物的目標

此所謂讀物的目標，係對於常識讀物而言。本方案以統一知識與工具，爲教學之根本條件。在閱讀準備期內，以單元活動爲主，所有文字學習，在取得知識以後。至進於自由閱讀，大部分之知識，在由閱讀而取得。假使不確立目標，作選擇讀物取捨之的，則對於必需之常識，必多遺漏，或有重複。惟目標如何確立，始爲小學必需常識，殊成問題。茲爲便於通用起見，即以部定課程標准自然、社會、衛生三科目作業要項，可編成讀物者，作爲選取準備讀物之標准。試摘錄於左：

甲、社會作業要項

一、二學年
1. 黨旗國旗
2. 中山先生兒時故事
3. 節日及紀念日
4. 異地生活
5. 原始人生活——裸體、生食、穴居、巢居、取火、漁獵、自衛、禦敵、遷居、娛樂

三、四學年
1. 黨旗國旗
2. 中山先生兒時故事
3. 節日及紀念日
4. 異地生活
5. 原始人生活——裸體、生食、穴居、巢居、取火、漁獵、自衛、禦敵、遷居、娛樂

6. 我國近代歷史重要人物及先進故事
7. 我國革命運動史和中華民國開國史大概
8. 三民主義大要
9. 國恥痛史
10. 不平等條約
11. 人民對於地方、國家的權利義務
12. 我國政治組織大概
13. 食衣住行等日常事物的發明進化
14. 歷史上重要人物和發明家的故事
15. 漁獵畜牧農耕工商各時代人類生活進化大概
16. 家族民族部落國家人類社會政治相繼演進大概
17. 我國地勢氣候物產交通區域等大概
18. 我國首都上海北平漢口廣州等重要都市
19. 地球形狀大洋大洲我國和世界重要各國位置

乙、自然作業要項

一、二學年

自然現象：1. 四時景物；2. 蚊、蠅、蝨子等害蟲和驅除方法；3. 霧、雨、風

生活需要：

一 關於食的：1. 本地主要農作和蔬菜的形態生長情形；2. 家畜家禽的狀態生活；3. 雨水氣候和農作物的關係；4. 魚蝦的狀態生活及捕魚；5. 本地主要水生植物的形態和生長情形

二 關於衣的：10. 絲織物及蠶桑；11. 棉及棉織物；12. 麻及麻布；13. 毛織及綿羊；14. 皮革

三 關於住的：16. 磚瓦、石灰、木材等；17. 水、燃料、燈火、及尺、針等；18. 日光、光綫、空氣等

四 關於行的：21. 築路的材料如石煤屑及路的種類；22. 舟車種類和用途；23. 煤和石油；24. 普通文具和紙筆墨硯等

三、四學年

自然現象：1. 四時景物；2. 蚊、蠅、蝨子等害蟲和驅除方法；3. 霧、雨、風；4. 四時物候（落葉、萌葉、候風、候鳥、梅雨）；5. 植物和日光的關係；6. 有毒的植物；7. 有巢昆蟲——蜂、蟻；8. 晝夜運行和日月蝕；9. 霜露冰雪

生活需要：

一　關於食的：6. 蛤蟆青蛙蚯蚓和農作物的關係；7. 大豆；8. 茶葉；9. 油鹽糖

二　關於衣的：10. 絲織物及蠶桑；11. 棉及棉織物；12. 麻及麻布；13. 毛織及綿羊；14. 皮革；15. 染料及漂白

三　關於住的：19. 花崗石、砂岩石、石灰石、松杉、玻璃；20. 普通木料家具、鐵質家具、習見工具、防火用具

四　關於行的：21. 築路的材料如石煤屑及路的種類；25. 運輸機械如輪船、火車、蒸汽機等；26. 煤和鐵的采掘；27. 印刷器具；28. 遊戲器具

丙、衛生作業要項

一、二學年

個人方面的知能：1. 皮膚及附屬品牙舌耳鼻眼喉各器官的功能和保健；2. 營養睡眠休息及清潔健康；3. 行路防災的方法；4. 傷破傳染中毒的防治

公衆方面的知能：1. 公衆健康；2. 公衆清潔；3. 公衆安全

三、四學年

個人方面的知能：1. 皮膚及附屬品牙舌耳鼻眼喉各器官的功能和保健；2. 營養睡眠休息及清潔健康；3. 行路防災的方法；4. 傷破傳染中毒的防治；5. 肌肉消化骨骼呼吸各器官的功能和保健；6. 營養的食料及適當的食物；7. 避電；8. 醫學史話

公衆方面的知能：1. 公衆健康；2. 公衆清潔；3. 公衆安全

右社會十九目，自然二十八目，衛生十一目，共五十八目。兒童之常識讀物，有一目數冊者；亦有數目一冊者，以及由單元活動取得之常識，包括閱讀準備期活動在內，可不必另選讀物者，大約全目之讀物，計五十冊即可以略備。從第二階段至第三階段，兩學期自由閱讀，純文藝讀物與常識讀物，當平均配置，每學期平均閱二十五冊之常識讀物，即中材亦無不能之。蓋兩週不過三冊也。至如何使兒童閱讀，在自由選書之中，與全部目標不甚相出入，應注意於以下之要點：

1. 陳列讀物，對於純文藝與常識兩種，不可偏於一方面。第一階段稍偏重純文藝的讀物，培養閱讀興趣，第二階段開始陳列常識讀物至第三階段，每種號數必須參半，或稍加重常識部分，其共有號數之冊數（每一號數同書數冊），各須在閱讀人數三分之二以上。至逐次添書，須視取出者屬於何種而添之。

2. 兒童取換讀物，如繼續兩次以上，皆爲純文藝的讀物，應令在常識方面選擇讀物。如爲便於分別起見，純文藝與常識兩種讀物，可分欄陳列。並分計號數，於書目字上分冠甲乙字別之。

3. 每月終揭示各個兒童閱讀統計，須將純文藝與常識分別計數，以便學期完畢，彙計書目，藉知各個兒童已讀若干號之常識讀物。如一學期而有不及預定常識應閱之號數者，當令在下期補足之。

4. 爲便於查考及促進注意起見，教者可製一張常識讀物查考表，揭於作業室內。表之上方橫欄第一格書五十八個目標。第二格各在目標之下書號數及書名，如分本目標之內容爲數冊者，每一讀物爲一號數；如內容相同而選取數書聽其選閱一書者，則於同號之上加ノ、ノノ、ノノノ爲識別。左方直欄書讀者各個姓名。每兒童讀完一書，即在號數下之領格內畫一綫。如此則已讀完若干目標之讀物，教者易於查考，亦可促兒童各自注意矣。

第四篇　自由閱讀的讀物及其選擇編配

第一　讀物的選擇編配之旨趣

讀物及其選擇編配，在原則上一如通常教學法所論，而實際運用，與世俗實施者不同。欲明其旨趣所在，當就過去所感覺各方面之缺陷，略論如下：

一、普通情形所感覺之缺陷

1. 教育行政員及教師，在求學時所講習之教學理論，及其實際教學，大率置諸腦後；惟以依照世俗教科書，能尋章摘句，講授明晰，爲盡教學之能事；兒童反應，非所問也。

2. 各校所規定之課程綱要，表面上或有詳細規畫，而結果與部定課程標准同爲一紙空文，在實際上曾無若何可以印證之處。此種綱要，究竟有何裨益。

3. 號稱優良或新式學校，多以自編課本相誇耀，甚至標榜設計教學者，亦亟亟於自編教材，以及負時譽之教育家，亦以新編小學或民衆讀本爲能事。此種自編者較書坊營利之書，是否在實際上有顯明效率，曾無實證可以自白。

二、道爾頓制實施上所感覺之缺陷

功課指定，必須給予作業要目與問題，其最感之大困難，即爲兒童資以解答之材料。求之教科書本身，在國語爲一篇空文，在常識爲簡要綱領，當然不敷應用。求之參考書物，勿論選取爲難，即令書坊盡量供給，而學生難於購置；或者教師竭力搜輯，學校亦無印刷財力。於是有令學生直抄教授書作答者，雖極滑稽之事，固亦事實有以形成之也。至於國語作業之讀物，有所謂精讀略讀之分。在正課以內，而如此主觀的分劃，以詳略分乎，以優劣分乎，以輕重分乎，殊無分明界限也。

三、設計法實施上所感覺之缺陷

最大的困難，即各個教師，無多方面之知識技能，頗難應付。以及理料手工無適當設備，容易流於形式活動。其次則單元本身程式與學程難於普遍適應。再次則每一個單元活動中，雖使每個學生，各能適如其能力，自然而盡量活動。凡此三點，本非全係於方法本身的問題，然期於普遍實施，則一般事實，固未可概行抹煞也。

由上舉之過去的事實，如一所論，1之問題，小學教學之所以不良，教科書實爲厲階。3之自編課本，亦循同一錯誤方向而進。2之問題，固然爲現今專尚塗飾之風氣，並不期以課前之詳密教案，課後之精確報告，完成其課程綱要。然在現今一般教學情形之下，殊不能發見兒童之如何正當反應也。如二所論，欲使兒童在自由閱讀之下，得到多量而且適如其需要之讀物，當不限於每個兒童自備一分，以及教師勞力與學校財力，不發生如何困難。如果教師拘守照本宣科之惡習，學校不費一文於教學設備，固不可能也。如三所論，吾人固反對以讀書爲唯一目的之教育，然非謂讀書在學校中可廢棄也，所以學生進至於能自由閱讀時，讀書不能全括於單元活動以內。惟舊時用教科書授讀，與作爲課外作業，皆本方案所力欲矯正者也。本上論點，得到如下之結論。

1. 教科書及其同體式之讀物，絕對不可用。莊澤宣君對於現今國語過重形式的教法，已感覺其錯誤，主張大體了解的自讀，頗合鄙意。乃循同一方向自編人人讀一書，對於自讀的準備、需要、發展能力，全未計及，未免視之太簡易矣。

2. 已出版之兒童讀物，世人所視爲補充教材，課外讀物，以及消遣用者，如符合本方案之旨趣，當盡量備置，以供自由閱讀之用。

3. 讀書與單元活動，須相輔相需，各自有其獨立領域，皆建築於興趣之上。

因此本方案之進行，一方將事物爲直接感覺所及者，由單元活動給予工具與常識，一方直接感覺所不及者，由讀物供給或補充之。此種讀物，則盡量選取已出版之書物。雖出版者多未達到理想標準，或不全符各段進程之用。然較之數科書授讀，在興趣方面、進度方面、實用方面、分量方面，事半而功不止於倍，此於本方案之實驗，三學期中所表現各班級之成效，固斑斑可考也。

第二　自由閱讀的進程及其讀物

從來論教材者，莫不分目標、選擇、編配三個問題，詳加研究。此種必然程序，自由閱讀亦不能例外。目標已如第三篇所論。關於選擇、編配，所必須討論者，不在教育上之理論，而在如何運用出版界讀物。不過論及運用，即有確立標準之必要。而確立標準，於閱讀興趣與能力中，須兼顧實際所有讀物。蓋自編教材，事所不許，不顧實際，則標準無由實現。此本篇之微旨，所當鄭重聲明者也。

標準之立，以分段進程爲主要問題。此在向來照本宣科的教學狀態之中，自然不感覺如何問題。編教科書分期取材，未嘗絕無衡量。然亦惟初小開始之一二期，稍有範圍。尤其國語讀本，斤斤於生字多少，筆畫繁簡，語文長短等，嚴格相繩。其實此種限制，在本方案開始讀書段中，毫不相涉。所以，編讀本者自定義例，在三四學年中，率多含混其辭。補充讀物與課外讀物，不受授課限制，惟以初級、中級、高級三種，爲大體之區別。教部審訂，又視此種讀物非正課所必需，對於字體大小，篇章分割，行格排列，語句剪裁，圖畫布置等，不似取締教科書之嚴格。學校雖有分段編配讀物，如某校分作十二段，可謂細密矣。然不過依學期而分割，其配置準備，並無分明界限。又如某大學調查兒童讀物，統計頗爲精密，然亦止於用以證明外人所發見閱讀興趣之傾向，適與相合，於分段編配讀物無與也。

余於進行自由閱讀之前，曾於民國二十二年春初，屬本區同人審查出版之兒童讀物，約千餘種，刊有報告，並綴序言，茲錄如下：

> 在兒童生活裏面，由精神安慰方面和求知方面，相互發生功用，讀物是一種最要的工具。可是這個功用，專靠正式讀本授課，是不容易給予許多很好的機會哪。惟有學校依各級進行步驟，為有目的的部署，使兒童從自然反應中自由閱讀，才能達到目的。
>
> 第一，讀物種類，必須從兒童活動各部分，以及必需知能各方面，分別選擇，而不純是一種文藝讀物。然而任何讀物，必須具有文藝描寫的意味。
>
> 第二，讀物內容，每篇至少必須具看的讀的聽的唱的四種之一的功用，除聽的外，這三種都要用兒童口吻構成文字。
>
> 第三，讀物程度，必須分低級、中級、高級三種編配。
>
> 兒童讀物，近幾年來才為國人所注意。只是注意的原因，未必從兒童本身上着想，這是就一般作品可以想見的。現在且不討論這個問題，只是所感覺的，最近出版千餘種，不是都可以作兒童讀物。然而各小學圖書館所陳列的，因經費限制不能遍購，所購的並不一定是優良作品。即如某雜誌上登載某某學校分年讀物，也不是從全部分的讀物經過了細心檢查來定的。本會所以做這很繁瑣的審查工作，不是甚麼文學批評的見解，也不是甚麼目錄學的方法，只是為各小學選用讀物，多少給一點便利吧。

當時審查，雖含有為自由閱讀的準備之意，顧以實驗尚未進行，審查標准，仍循一般教育上之見解，未有特殊注意。故有認為優良讀物，而不盡適於自由閱讀之用。上季因大杏兩校選擇讀物，曾表示方針，專托王君子和逐册評定，時經一期，僅反復故事稍為詳盡，關於普通讀物，即本區所購置者，大部分尚未覽及，已閱者亦僅列書目，任何階段，皆不敷用，教者頗感準備不足，配置難適如其度。此問題不解決，則本方案自由閱讀之真正旨趣，無由充分表現。蓋所謂自由閱讀者，爲教學上閱讀的學習傾向，使自由閱讀不爲教學目的所控制，必至學習時間，時有浪費或虛費之事。課外作業所以不能代替正課者，關鍵即在於此。而道爾頓制指導作業材料，不變舊時讀教科書之面目，不能發展其真正的閱讀興趣。今以出版讀物代替之，而範圍與歷程，散漫無所歸宿。閱讀進一步，即教者應付更增一層困難。所以讀物之選擇編配，本方案不得不重視之也。

抑本方案之自由閱讀，比普通教學及道爾頓制教學，能加倍顯其成效者，有三個特點。

1. 閱讀前準備。近來編國語讀本者，亦曾提出如此口號，惟止於仿襲外國編輯式例，於開始數課爲之。此不過書面上之花樣翻新。無與於閱讀效率也。本方案之閱讀前準備，係以兩學期之單元活動，充分給予識字能力與自學工具，及開始讀書，完全以自由閱讀行之，即可循級而進。

2. 不讀乾燥之教科書而讀有生趣之讀物。在自由閱讀中，兒童所以能多讀而且樂讀者，讀物爲主要元素，此在第二篇業已發揮盡致。

3. 適應閱讀進程分配讀物。讀物雖佳，而閱讀能力未至其時，則樂趣無由而生，多量更不可能。所以進程應如何而釐定，與如何依進程而編配讀物，極爲重要。

1 之實施，已詳前兩期方案；2、3 之實施，爲本篇主要研究。由上之論點，自由閱讀的進程，第一根據於前論之閱讀興趣；第二適應兒童之閱讀能力；第三衡量已出版之各種讀物。閱讀興趣不必申論，閱讀能力有兩方面：其一，兒童必有如何之閱讀能力，始可讀相當之讀物；其二，閱讀已進至某階段，必由其所閱讀者足以發展其閱讀能力，無其能力，而強迫讀之，是謂苦役。能力已充，而停滯不進，是謂廢時。現今教學上之一般情狀，固無在不爲苦役與費時，世人皆習於自蔽而不覺。而教育學者、心理學者所昭示吾人者，又絕少可資以研究之適當材料。

本實驗爲打破此種難關，愈感其苦，故愈不憚其努力研究也。

此中主要關鍵，第一爲初步閱讀之開始，如何而讀數百字成篇之文，是爲開始閱讀初步階段。富有興趣之短文，爲最難能之事。兒童文學惟不具故事體之寓言笑語，始爲短文，此亦不適於初學。開始讀書，無連續之新奇情節，即文字淺近，仍不足以引起閱讀興趣；或取悅圖畫，附以不成整段之簡單語句，又不足以增進閱讀能力。因此初步閱讀，以反復故事爲主，連續故事以圖輔文者副之。前者段落雖多，而語句常相反復；後者雖不反復語句，而事實逐段相屬，詞多疊見。兒童讀完一篇，無須多查生字，查得一字而有重複誦習機會，自覺有益。經大杏兩校四班之實驗，由此進於讀相當之普通讀物，毫無困難。

其次，則爲緊接反復故事之普通讀物，如何而能適相銜接，是爲普通讀物閱讀第一階段。第一，讀若干反復故事，始可進而讀普通讀物，依實驗經過，約以二十册左右爲合度，其中須有四五册爲較複雜之反復故事。第二，開始之普通讀物，應具如何程式。今所計畫，則以內容大部分須屬於想像生活與反復故事同，篇幅字數須有一部分與反復故事之中等字數相當，一部分與反復故事最多字數相上下，一部分超過於反復故事之最多字數一倍或一倍以上。關於以常識爲中心之讀物，尚不宜讀：一則常識讀物，鮮有用藝術描寫者；二則閱讀能力培養未厚，不便依目標預計之讀物，期其必閱也。此在杏花園小學乙團正在依此實驗，尚未結束，但進行情狀與企想無殊。

再次，則爲繼承開始的普通讀物之後，應讀如何的相當讀物，是爲普通讀物閱讀第二階段。此問題不若第一階段嚴重，因爲兒童讀書滿一學期，所閱讀者已進至二千字一册，檢字漸達於純熟境界，但使讀物內容可期了解，分量若不超越過遠，必能閱讀。不過爲第三階段集注於閱常識讀物起見，以及兒童心理喜新，對於分量較多，內容較繁者，往往舍而不讀。在閱讀中，一方當體驗兒童心理，置相當之書册，俾便換書，一方當逐漸開展其閱長篇書册之心向，使重內容而不計篇幅。如此則外國三四年級可讀百頁以上之書，進至第三段中，即可比量而觀。如其長篇可讀，則內容較繁者自不生厭。況且純文藝的讀物，閱讀已多，對於素未謀面之常識讀物，當亦感覺新奇矣。所以本階段之讀物，純文藝與常識相並陳列。純文藝則稍加重其內容與分量，常識則取敘述生動者，以誘致其延續進求之興趣。普通讀物經此兩個閱讀階段，則第三階段可盡量取各種出版界中級之較豐富的純文藝與常識讀物，爲達到企求標准之階段。惟本方案以二年半完成四年課程標准，即使最聰穎之兒童在自由閱讀第二學期末已達到目的，苟非實年超過學年，程度固可升入他校高小，而年齡過小，或不適宜（現在已有兒童在本實驗學校經過兩學期自由閱讀，逕考升他校五年級者）。故更立第四階段，所取讀物，一以作進一步之閱讀，一以補充前期自由所未及之目標，似較妥適。

分段進程，分爲四個階段，於三個學期完成之。反復故事進程，第二期方案已言之，不贅。茲專言普通讀物，分純文藝、常識兩類，其實實際讀物之內容，並非絕對割分也。惟列入讀物，係就案頭便於取閱者論列，亦有叢書而缺數冊未及閱者，遺珠之憾，知所不免。不過此所選用讀物，係作正課閱讀，較通常消遣，當爲鄭重。雖不重在載道之言，然較易引起不良想像，即爲名作，亦當割愛，此選擇之微旨也。

一、第一段爲緊接反復故事之讀物

篇幅視已讀之較複雜的反復故事，不甚加多，皆爲純文藝讀物。內容亦純屬於想像生活，圖畫與文字參半，字體在三號字以上。惟情節構成，具有自然程序，非以反復文字爲主。

選用書冊：

1. 大東書局《小童話》六冊
2. 大衆書局《二個小寶貝》四冊，《三個小寶貝》九冊亦可酌用。
3. 新中國書局《中級文藝》若干冊，參考評價章。
4. 中華書局《我的畫兒歌》一冊，故事數冊，參考評價章。

右各小學讀物須各選讀若干冊，至少須共讀十五冊已通過者，始得進讀第二段之讀物。

二、第二段爲開展閱讀能力之讀物

篇幅視第一段讀物較多，大部分以純文藝發展其想像生活，小部分參入常識之實話體讀物，插圖亦多。字體在三四號字之間。

選用書册：

1. 新中國書局《我的童話》十一册，《中級自然社會》各若干册，參考評價章。

2. 大衆書局《兒童訓育叢書》十册。

3. 大東書局《看圖講故事》十册。

4. 兒童書局《兒童故事》一册（陳潘合編），《半角叢書看看圖猜猜謎》三册。

5. 良友圖書公司《小童話》二册，參考評價章。

6. 北新書局《中級常識叢書》若干册，參考評價章。

以上各種讀物，雖不限於每種皆讀，至少須在三種中分讀若干册。其中 6 與 1 之中級自然社會，可任讀何種，至少須占本段應讀書數三分之一。合計至少共讀二十册已通過者，始得讀第三段之書。又 6 與 1 之中級自然社會，非全體讀過之書，下次仍須陳列之。又此所列純文藝讀物，自不能全列，如教者認爲學生喜讀之書，在第三段中仍得採用。

三、第三段爲充實閱讀能力之讀物

篇幅大抵比第二段讀物又較多，插圖較少，字體最小以四號字爲限。主要讀物在集注於實際生活，輸入自然社會的常識；以純文藝之童話故事爲調節，參以笑話寓言，並及於陶冶人格之傳記史談。

選用書册：

1. 北新書局《中級常識叢書》《小朋友叢書》，參考評價章。

2. 中華書局《我的書》，參考評價章。

3. 兒童書局《半角叢書講講故事》《發明家故事叢書》《兒童故事叢書》，參考評價章。

4. 大東書局《兒童故事叢書》。

5. 良友圖書公司《自然科學叢書》

本階段須占一個學期以上，關於常識讀物，合前段計須達到目標三分之二，文藝讀物關於故事方面已兼含常識部分，故純文藝如童話一類須慎重選擇，稍長篇幅須多選。如中華之《猩猩姐姐》，大東之《驢子和小孩》《辛巴德奇遇記》等，為不可不讀之書。此與常識讀物並用，合計約在五十冊以上，始進而讀第四段之讀物。惟《小朋友叢書》《兒童故事叢書》等本三四段可以分配閱讀者，本段為列置者，得作第四段之用。

四、第四段為進一步之讀物

即純文藝稍重文學之藝術面目，並進而讀長篇至萬餘字以上之書。常識除完成目標所未及者，並得進而讀較深之書如高小讀物者。

選用書冊，除上列未讀之書外，更選下列書冊讀之：

1. 北新書局《兒童幸福叢書》，參考評價章。
2. 商務印書館《理科叢書》，小朋友文庫。
3. 新中國書局《常識小叢書》。
4. 中華書局《小學生叢書及小朋友文庫》。
5. 良友圖書公司《蘇聯童話集》各冊。
6. 單行本《萬里尋兄記》《法爾布科學故事》《人體旅行記》《潘雪小豬冒險記》《小姑娘》（兒童書局），《阿麗思漫遊奇境記》《瑞士家庭魯濱遜》《大人國和小人國》（商務印書館），《木偶奇遇記》（開明書局），《續木偶奇遇記》《魯濱遜漂流記》《小人國遊記》《大人國遊記》《風先生和雨太太》《十五少年》（世界書局），《兩條腿》（北新書局）。

本階段所占時間，除劣等生須延期補習為另一問題外，大率最優生或占一個學期，普通生須有一個學期二分一的時間閱讀上列之書。

教者對於上列之分段適用書冊，應注意以下數點：

1. 上列書冊雖不甚多，但其數量倍於應需者，應於學期之始，估量是期所進行者爲何段，參考評價章而準備之。

2. 準備後，各書內容間有重複者，先審查用書之去取，次審查篇目之刪減，以資編配。如常識讀物同目標而書之內容互有詳略，可並列，但在學習指引片上應聲明讀此書不讀某書。其同目標而內容深淺詳略不同，較重要者當依階段之進程而編配，史談及人物亦然。純文藝之情節略同或形式全同者，應斟酌刪之。

3. 所列書冊，大體以初小年齡及程度而定，如學生進至閱讀第三段，年齡多有超過十歲者，當在商務之《小學生文庫》中酌選篇幅較長書冊，並注重史地方面讀物，中華《小朋友文庫》之高級用書亦可酌選。

4. 書冊分段，僅列種類，一方非全部分盡用，一方評價章尚有未列入之書，教者應對照評價章編配之。

第三　各種讀物之評價

由選用讀物之需要，不得不取各種讀物，逐冊披覽，因而略加案語，備本區實施諸君參究。有時爲某冊觸動，發抒其對於兒童讀物某方面之意見，亦係爲實施者指示途轍。其論點則以本方案選用範圍爲主，與純粹的文學批評或書目提要之見解不盡同。惟時期不過兩月，所見書冊至數千冊，除大體覺其較高或較低，悉予剔出外，其逐篇披覽者，亦近千冊。由所披覽者提出若干冊加以批評，惟從大體上認爲適用與否，非尺度而量計也。

余嘗論出版界之讀物，有數缺點：

一、用固有材料者，僅將原文改成白話，而不加烘托。稍詳者則敷陳事實，毫無藝術之結構。雖記敘簡要而眞實，而意味蔑如。蓋材料不加提煉，則結構無自而佳，結構不佳，雖有優美語句，不能表出生動之致。若夫材料極佳，而不能激引兒童樂讀者，則由於結構平凡，與文字不足以曲達之也。

二、童話及故事，多爲翻譯之作。即爲名著，而事實非本國所常見，與夫名詞累贅，皆予兒童以不快之感。至於選擇不當，課文晦澀，以及任意點竄，增刪每失原意，更屬出版物之普通缺點。

三、關於常識讀物，記敘多失之平實。誠然常識材料，難如文藝材料之翻新立異，描寫亦不易曲折盡致。然不用藝術描寫，乾燥寡味。兒童多喜讀文藝而舍常識讀物，此種讀物欠佳，實爲主要原因。此於兒童對教科書課文，不及俗本之連續故事反有興趣，可以證明。

四、集中訓育方面，以道德目標命題，採取日常生活事實，敷陳旨趣。衡其内容，無不切實；觀其面目，毫無精采。於是有從敘述方面，插入趣語，用心不謂不苦。此如電影院不放出色之正片，惟插少許有趣之卡通片，終不足以招徠生意。況訓育目標，何等嚴重，是否能由趣語，而誘致其玩昧内容，殊爲疑問。

五、貌襲外國童話之形式，編輯讀物，惟以荒唐取笑，離奇取悦。在童話之作，本可專供娛樂，然亦必適於兒童想像生活，足資欣賞者，始爲童話真正價值。若雜取極惡劣之俗説傳奇，用作童話，則失之遠矣。甚至如某書局編兒童讀物，例言托爲不避神怪，而各篇最上者不過《封神傳》《西遊記》之斷片情節，刺謬百出。此在有名之數家書坊出版物，以及編譯兒童讀物最多之作家，間亦不免，故特揭於此。尤有一種通病，關於情節方面，多以得妻得財致貴顯爲結局。此在外國或因取古時傳説而然，多譯已爲不合，改造之作亦如此，殊與時代相連。關於結構方面，大抵盜掠、吃人、報仇、殺敵、虐待季女、少弟幼妹良善、國王王子公主的遭遇，以及二人對比等組成材料。如其材料非出自固有，似宜另闢新途，即譯述亦不宜層見叠出。關於文字方面，茶必曰加非，酒必曰白蘭地，席必曰大餐，捕人必曰巡捕，無處不爲上海居民之洋習，凡此皆任何家出版物所習見，不宜攙入兒童讀物者也。

六、談話體本適用於兒童讀物，惟用此體者似惟取形式而忽視用此體之旨趣。其一，在物語方面，不顧物的本身之生活習性如何，專藉物而發抒感想，使讀者顯然知爲假託，不感興味，其二，專藉問答取便説明，非問答由結構而產生，且所問者亦非出於自然程序，有此一問而說明更覺清醒，徒以問答敷衍成篇，毫無意味。其三，在問答語中間有野語，如混帳、滾蛋、放屁等，此在話劇中因爲表現某種之身分，不能絕對廢去，然在兒童話劇中，此類材料已不當用。至通常問答，本無絕對必用之必要，甚至某局《岳飛傳》作者亦尚知名，竟有飛對降將，屢出此野語，未免太不倫矣。

七、各種文藝及常識讀物，在材料方面、語句方面、意義方面，均嫌成人氣味太重。文學所貴乎提煉材料者，在與結構相適應，不惟不精采者不取，即不勻稱者亦當摒棄。兒童讀物則更當衡量其與想像生活，是否切合。今之編者，大率發揮感想惟恐不盡，給予知識惟恐不充分，雖甚切要，顧累贅不堪，言者津津而讀者厭倦。況知識無限，稱量而予，已極難言，徒憑主觀，不惟無益。

八、近來新文學之大流弊，不注重情節與結構，惟尚詞句之濃妝豔抹，以爲美觀。此在普通之小文與小說，最爲明顯，近來高小與初小四年級的作品，亦有如此傾向，流毒太甚。往時古文家之作品誠不適于兒童讀物，然關於行文禁忌之見解，雖白話文亦當守其規律。今標榜新文學，舉必當禁忌而犯之，以至掩蔽事實與意義，幾不可解。夫文學作品所需乎形容詞語者，一爲內容意義，必用形容詞語而後明顯，如說話之須用手勢輔助者然。一爲最重要語句中，用適當之形容詞語，可以加重其意味，表現其力量。淺人不解，相率仿效，例如，"坐在綠草地上"一語，本甚簡明，作者偏云"在又軟和又平坦又新鮮像綠絨織成大幅毯子似的上面坐着"，如何累贅。所以，此次選用讀物，頗重此點。不過中級的出版物，尚不成爲問題。至于襲用西式，違反本國語法，例如雖然……或雖是……必置于末句之類，所在皆是。此等句子，經國內號稱新文學家一用，全國風靡，果中國語法應如是改造耶。

此次披覽各種讀物，一如舊所感想，因便論及，後之編譯兒童讀物者，或有取焉。

茲將各種讀物評點，就個人閱覽先後以書局爲次，分別列左。評點本以選用書册爲限，間有不選之書因類論及，以及選用之書，評價不同，教者當分别觀之。

大東書局之兒童讀物

一、《小童話》　共六册，插圖有彩色，文用二號字，圖文相錯，排列勻稱。每册一篇童話，約占十頁至十二頁，每頁約有四十至七十字，内容皆爲想像生活，語句亦順口。以之緊接反復故事而讀之，最爲適宜。每册皆可用，據實驗結果，《象來了》一册較難讀。兹録篇名如下：《大鷄蛋》《甜和苦》《熊舞》《一包禮物》《長頸先生》《象來了》。

二、《看圖講故事》　共十册，插圖。間有整張彩色圖，文用三號字，每册一篇故事，約占二十八頁至四十二頁，每頁約百餘字。内容多描寫人事，而寄託於物語表述之，已成爲記叙體。惟情節構成，仍從物的本身之習性與生活而出發，較直寫人事者，富於想像意味，而且有趣。每篇分若干目。便於從整體中體會事實。普通讀物經過第一段後，此實爲最適當之書，與他種常識讀物參用，可以調節閱讀興趣。分量雖超過《小童話》四五倍，但第一段閱讀，非以《小童話》爲限。此書内容不深，即有切近實際，亦與兒童想像相應。文字雖不優美，却甚清楚，並且譯文與本國生活無甚隔閡，均可讀。

《小熊逃學》，分八目，物語體適于初步讀書者，在以人類生活經驗之自然程式，爲成文的結構，而形容動作，仍從物的本身描寫，小兒童所以喜看動物故事者，原因即在于此。淺人不解，其一寫動物故事，一意發揮其寄託之意義，全不理會物的本身，任换一個物名而皆可以用，使讀者一覽而知其爲假，便損興味，所以愈發揮而愈無趣。其一寫動物故事，純在授予物的本身之習性生活，而不注意特殊之結構，只以問答表出，與直叙有何區别。本書頗有體會，一方可引起興味，一方又取得人事經驗，其他九册略同。第一頁"二英里"之"英"字可删。

《小鼠探險》，分八目，層層出新。與上篇叙生活情節不同結構，雖情節離奇，而表出動作，與兒童思想和應，讀之未有不感興趣者也。語句稍有太長處，後段練習可用。

《小猪驚夢》，分八目，寫普通事物的情狀，以特殊結構表出之，化朽腐爲神奇，於此見之。尤妙在處處體會兒童生活情事，可從閱讀中得到生活經驗的教訓。標點印誤者例如第九頁搖尾有圈，應改正，後附練習可用。

《小兔釣魚》，分九目，就進行情節，表出各角色的個性，勿論好壞，均近幼稚，惟流露其天真面目。種種叙述，不集中示範，而以情節表出者自然給予教訓，其情節又從自然程式而出。如此則意義上之刺激，出發與藝術之自然美感，而非故意的鋪張，惟於閱讀中體會及之，與自然賞閱有同樣效力。此即教育本旨，亦即兒童文學的真正價值，本書能體會及此。後附練習可用。

《小貓遇難》，分八目，此與小熊逃學同一體制，参以小猪驚夢之結構，情節更爲精采，其叙述體會兒童思想，惟妙惟肖，尤其初遇小兔一段談話，與被華甫誘入宅中一段情節，描叙盡致。惟冰淇淋三字非吾國一般兒童所知的食品，宜於學習指引上加以解釋。後附練習可用。

《小狗盡忠》，分八目，標名"小狗盡忠"不恰當。惟叙述從抽取動物習性爲張本，而給予人類經驗的想像，亦爲動物故事之一種良好的結構，其描寫狗的語句，如搖尾，頭放在脚趾中間，尾巴夾在兩腿中間，舔脚掌，短而尖的連續叫聲等，均表現其一種特殊情形，所附練習似尚未體會及此。

《松鼠好義》，分十目，結構爲一種反復故事循環體，但不以文字反復爲目的。情節緊張，與普通反復故事的平叠演進之材料不同。後附練習可用。

《貓鷹失計》，分七目，從動物表出人類的事情，惟情節仍含有物的習性。取人類事情者，使想像易於聯結；取物的習性者，使感到新奇意味。此種擬人方式，本物語之普通體，目的在揀取日常事情，如何述得有趣，關鍵全在情節之構成，不問事之真實與否，然亦非以幻想組成材料也。後附練習可用。

《白兔脱險》，分四目，以貓鷹失計的結構，用小狗盡忠的敘述方式，將狐之狡猾，狼之狠毒，兔之靈巧，描繪盡致。由此體會人事，可以加重其想像。後附練習可用。他處亦有選輯譯本。

《牛馬渡洋》，分十二目，全篇皆系幻想，但種種離奇事情，皆表現愛之無上魔力，足以引起兒童心靈上的愉快，讀之亦甚有益。後附練習可用。

三、《兒童故事叢書》　共六冊，篇幅較長者已近於小說，以在普通讀物第三段讀之爲宜，茲分別列下：

《驢子和小孩》，凡十一章，用物語體，已成小說具體的結構，藉驢子表述以前經過，極盡頑皮之能事，隱含教訓，意味深長。文字明潔流利，生動有致。

《辛巴德奇遇記》，凡八章，由自述每次經過，表出可驚可喜之情節，而歸宿於幸福由辛苦得來，如畫龍點睛，亦兒童文學最佳之結構也。新中國有同樣譯本，名一個冒險的航海家。

《小蘭的伴侶》，凡十一章，以狗爲主角，描寫亦尚有趣。

《空中的阿恰》，凡九章，不直敘飛機，而以日常聞見，在當時行動中所感覺者，分項說明要點，生動有致。

《陸地的阿恰》，凡四章，說明火車之構造及關於火車常識，與空中的阿恰同一結構，而敘次尤切近於兒童生活。

《地球上的客人》，五篇故事，皆適於兒童閱讀，第五篇多見於他書。

附《勞作叢書》兩種：《快樂》爲一册，内容多至二十項，嫌零碎，不甚適用；《人魚》一册凡五篇，皆簡單故事，尚不平板，可用。

四、《兒童知識寶庫》　是叢書凡十一類，茲取其可作選用預備者，在第三段第四段或缺乏讀物時，可酌量採用，但視以上各書固遠遜也。

《兒童故事》，凡四册，有數篇多互見於他書，第二册第五篇有易引入迷信之處。各册目次如下：

第一册凡五篇：1. 白雄鷄和鶴，2. 木工和他的妻子，3. 這回覺悟了，4. 還是做工的安全，5. 王和囚犯。

第二册凡四篇：1. 惡兒和誠兒，2. 凶猛的虎，3. 不可思議的河水，4. 不可思議的鏡子。

　　第三册凡三篇：1. 八哥鳥，2. 黃金鞋，3. 熊皮少年。

　　第四册凡二篇：1. 登高，2. 王子和乞丐。

　　《兒童小說》，凡二册，小說一如童話，以情節與結構爲最要，而提煉材料，較爲廣泛，組織上之藝術，更有進焉。尤其寫實小說，提煉更爲注重。物語因爲擬人，從回答而説明其意義，尚不嫌平凡。小說而只如此，未免平凡矣，本書無多趣味。惟録其篇目如左：

　　第一册凡三篇：1. 風箏店的伯伯，2. 小風爐，3. 草笛。

　　第二册凡三篇：1. 半路，2. 舟遊，3. 編輯所的小使。

兒童書局之兒童讀物

　　一、《兒童訓育故事》　凡五册，在含有訓育意味之中，頗注意於閱讀興趣。雖語意常有成人氣味，而結構尚不平凡，文字亦顯豁。每期兩篇，皆在三十四頁以下，每頁不及二百字，在閱讀普通讀物進至第三段或第二段之末，頗可選用。讀時依每篇分目，製學習指引，不限於需如何訓育而讀之也。惟專以訓育爲目的，編輯兒童讀物，或者一篇讀物，除寓言屬於例外，而集注於訓育某項目標，搜輯材料，皆兒童文學所忌。非兒童文學與訓育之旨不相容也，則以世人一言訓育，往往以爲純屬于道德範圍，在行動則爲道德習慣的訓練，在語文則爲道德觀念的培養。其實品性之成立，由於人類生活的功能之總合。訓育上所謂某項目標，與種種目標多有聯屬關係，非單獨可以成立。其見爲單獨者，僅爲部分或階段之機械作用。若離開事物本身關係之學習活動以求道德，道德即無自而存在。事物的學習活動而不發生道德作用，則所得知識技能，亦爲不健全之學習。高等以下之教育，所以稱爲普通教育者，旨趣即在於此。今之訓育所以勞倍而功不半者，原因亦在於此。兒童讀物所以供給於兒童者，不外發展想像與增進經驗兩事。想像與經驗，皆出發於具體活動之中，不必即爲道德印象，然而常含有道德作用。若必泥訓育某項目標，於整篇讀物求之，即與兒童文學的諧和與單一之旨不能相應。蓋兒童文學所謂諧和者，在情節之起伏或變化，互相照應，又從離奇變幻之情節中，得達必然歸宿，其節奏與語句，均於兒童心理適應。所謂單一者，在情節變化而內容不雜，提煉材料而刪去不能構成美的結構與有趣的情節之事實。非在材料取同一性質，與人物行動無矛盾事實以及給予必要之知識也。故滑稽、武俠、冒險、偵探等，可在讀物上成爲分類，由此分類材料之諧和單一，更足以激動讀者之情緒。若訓育則非以欣賞情節爲已足，即曰觀念培養，而觀念爲各別的，如在整篇中期其前後情節，與一個目標諧和而且單一，即難求材料之新奇而且多變化，將使藝術無所施其伎倆也。本方案選用讀物，對于整篇專以一個訓育目標而取材之出版物，不甚同意。

第一冊，凡二篇：1. 守時，2. 勤學。前篇多用滑稽結構，頗有趣。後篇一二兩段內容均好，三段講演詞成人氣味太重。

第二冊，凡二篇：1. 親愛，2. 禮貌。普通事實，不用特殊結構，惟以人物爲中心而無新奇情節，勿論如何，不免平凡。後篇稱同學之母而加以同學之名於其上，加"也英媽"稱呼不妥。

第三冊，凡二篇：1. 整潔，2. 運動。結構同第二冊，惟前篇用趣事入手，尚有趣。

第四冊，凡二篇：1. 競爭，2. 規律。給予教訓，須由情節表出，不可專賴說明。本書缺點，即在由說明給予教訓，此冊尤甚。

第五冊，凡二篇：1. 勤勞，2. 破除迷信，前篇嫌平實，末段講演詞，十餘句中，列舉十餘人的事，固然是舉爲例證，然亦過繁矣。第一篇末節"買醬油""得""飯"等字均顛倒，用時須改正。後篇以所說故事，表出題旨，頗有意味，即此可了然于專賴說明以爲教訓之無味矣。

二、《世界發明家故事叢書》 凡十冊，兒童在八歲以後，漸喜史談及人物傳記。發明家故事，兼具史談及傳記的材料，選材結構，須極生動，不當如普通記敘體然，此在本方案第二篇論傳記史談，業已發其大凡。此叢書各冊，每人一篇，每篇分若干目爲一冊，舉本方案前論之兩點，皆已體會及之。每冊約二十五頁至六十四頁，叙述科學故事，即供兒童閱讀之發明家傳記。内容警闢，足以啓示兒童心靈。文字明潔流暢，結構醒目，頗具藝術意味。在同性質之出版物中，此爲僅見。普通讀物進至第三段、第四段時讀之，極爲合適。學習指引須另製。

《望遠鏡發明家》，全册三十頁，凡八目。描寫加里雷倭之堅決志願與奮鬥精神，以及貢獻社會的利益，皆從叙事中表出，頗能動人。

《萬有引力發見家》，全册三十六頁，凡十目。前五目叙牛頓早年行事，全不直叙，愈紆徐愈見生動，可使讀者神往。後五目記述明晰，間及軼事，亦足表見學問家的人格。

《電氣發見家》，全册二十五頁，凡九目。結構行文，不及前兩種警策，但内容淺顯。

《蒸汽發明家》，全册二十六頁，凡八目。開端選取日常生活的事實，引人入勝。以後逐段叙述，以表出努力不斷之精神爲目的。

《輪船發明家》，全册二十九頁，凡八目。就發明效率，爲世界所共見者，作爲故事開端，亦爲引起興趣之一種手段，逐段叙述，均生動有致。

《火車發明家》，全册二十八頁，凡十目。描寫史蒂芬孫之困苦艱難，以及最後成功，足使讀者興奮。

《電話發明家》，全册廿八頁，凡八目。抽叙倍爾生平，在得失起伏之中，表現其百折不回之志氣，以及犧牲精神，讀之未有不感動者也。

《飛艇發明家》，全册三十四頁，凡八目。開端從時代所感到大事引起注意，最爲得體，分叙飛艇史、齊柏林歷史、齊柏林飛艇，均簡要明晰。

《無煙火藥發明家》，全册二十六頁，凡七目。叙述諾貝爾工作進行概況，以鐵一般的志趣與堅忍，戰勝困苦艱難，可以激勵來學。

《發明之王》，全册六十四頁，凡十六目。十一目以前，叙愛迪生早年事實，無一段不可使人可驚可喜，雖由固有材料之佳，而記述亦見匠心。篇幅雖較長，但内容顯豁，讀不厭倦。

三、《兒童故事叢書》　凡二十四類，瑕瑜互見，除少數外，大部分可備普通讀物閱讀第四段備選之用，亦有可作第三段用者。

《兒童公民故事》，行文甚佳，惟事實及意義，近於少年動作，如第四段閱讀時，兒童年在十歲以上者可閱。

《兒童義勇故事》，二十四則，分列中外人，提煉材料，極爲精采。如分訂成冊，第三段亦可閱。惟教者預備選用時，須將選用他書（如歷史故事），之人物，與其目次對照，斟酌何者去取。

《兒童生活故事》，二十九則，内容有趣，文字流利，可分訂若干冊，在第三段用之。分冊須冠以生活故事，標明冊之次第，便于接續選閱。讀此可不必再讀異地方人生活同類之書。惟第三冊叙印度孩子的生活，專說早婚，原文未說明熱帶人發育甚早之故，殊不宜讀，選用時可從第一則至第六則分割處删去。

《兒童科學故事》，十八則，皆簡易有趣之試驗，每則構成故事體，説明淺顯，可供第四段閱讀之選用。

《兒童常識故事》，十八則，皆日常生活必具之常識，讀之亦有益，惟文字不甚流利。

《兒童冒險故事》，二十二則，係史略的叙述，非故事的結構，不易引起興趣。

《兒童動物故事》，二十則，雜輯童話寓言等而成，數則互見他書。

《兒童外國遊歷故事》，記叙明晰，取材亦佳，但在初小中非必讀之書。如依常識目標選用讀物，業經完全通過，又看過世界略圖者可閱。

《兒童神童故事》，二十八則，中有若干則，互見他書，亦有專以能文見奇無關宏旨者，選輯若干則，另訂成冊備用可也。

《兒童衛生故事》，凡十五則，包含個人及公衆的衛生常識，結構甚好，語句顯豁流利，平凡的事亦覺有味，適于第三段閱讀。

《兒童神仙故事》，二十二則，可酌選若干則，分訂成冊，在閱讀二、三段中選用。

《兒童自然故事》，十四則，分寫自然界各物，文字清麗，可作常識讀，亦可作純文藝讀，前八則分印，後六則連印，可擇要分訂成册。在第三、四段閱讀中，凡同物者不讀他書，選讀此書可也。

《兒童勤學故事》，十七則，文頗生動，可別去他書已讀材料，作第四段閱讀用。

《兒童發明故事》，凡十八則，第三段閱讀畢有選讀發明故事甚少者可讀此書。

《兒童革命故事》，二十則，前十六則皆本黨革命故事，後四則叙外國故事，均見精采，第四段可讀。

《兒童愛國故事》，二十則，各篇勻□，叙述亦不平板，可作第三、四段用。

四、《滑稽圖畫小童話》　凡五册，是書原備初步閱讀之用，印刷太劣，字體不及四號字，文字排列亦不勻稱，絕不可用。

五、《我們的中心活動叢書》　是叢書低中高級共一百册，頗費經營，惟在本方案自由閱讀之下，全不適用。即就體制而論，中心活動之教學，早爲論教材者所公認。迄設計法盛行，運用中心活動，始有明確途徑，一洗舊時教材聯絡之缺陷。然而教材聯絡，惟取其性質相近者爲之，雖有缺陷，不無相當效率。今標明中心活動，全從書本表出：第一，不問如何單元，皆混合全部科目，一涉牽強，使足以妨害學習內容及學習興趣。第二，每單元各科目皆授語文，是直將不必用讀書式之科目，亦取讀書式途徑，似與混合課程之旨趣相違反。中高級固可指導自讀，假使所讀文字，不能引起興趣，即自讀亦虛費時間，甚至阻滯其正當活動。似此分科授讀，不立於事物的自然程序之上，根本已無興趣可言。即論中心，亦成形式，非設計法中心活動之旨也。

六、《兒童半角叢書》　是書尚未出全，已出者，有一部分可作本方案備選之用。茲分別論列於下：

《看看圖猜猜謎》，已出三册，頗有趣，在普通讀物閱讀第一、二段中參用，與本方案第二期命題練習同一功用，用法亦同。

《講□故事》，已出二十一册，大體均可用，在普通讀物第三段閱讀開始用之最爲適合。

《神仙故事》（第一冊），三篇，就固有材料，加以調整，演成此書，文既生動，語亦流利。惟第三篇稱盧杞有賢良聲譽，似非事實。

《自然故事》（第二冊），八篇，抽取事物習見的情狀，以特殊的結構提供之，蘊含若干常識成分，使閱者不自覺而得到知識，可謂善於寫實矣。内容爲麥、菱、鳳仙花、蒲公英、胡蘿葡、梧桐子、蘿葡根。

《健康故事》（第三冊），七篇，以一個學生爲主角，構成故事，趣味不及前兩種，但屬日常生活，亦易了解。

《滑稽故事》（第四冊），共九個笑話，多採自通俗傳說，加以調整，無過謔過鄙之病。

《自然故事》（第五冊），三篇，第一篇氣候與文明，從直接經驗發生問題，逐漸引伸，讀過地球一類的書，再讀此書，當更了然。第二篇珊瑚筷，物非必要，本身的材料尚有趣。第三篇雷雨，用物語體說明，頗生動。

《歷史故事》（第六冊），共九個故事，多半爲小兒事，文字尚淺顯，不甚有深切意義。

《科學故事》（第七冊），共五篇，多半試驗簡易，且甚有趣。

《家畜故事》（第八冊），八篇，皆用物語體，以寓言意義編成故事，文甚淺顯，惟語句間有過長處，如依截斷處分訂四冊，在普通讀物閱讀第一第二段即可選用。

《昆虫故事》（第九冊），六篇，一二五爲純粹物語體，三四爲故事體，六爲實話，意義均甚淺顯。

《昆蟲故事》（第十冊），共五篇，用童話體描述動物生活，頗生動有趣。内容爲蜜蜂，螞蟻扛螳螂，蚊子和蒼蠅，紡織娘，秋蟲合唱。

《飛禽故事》（第十一冊），六篇，内容爲鳥類飛翔、燕子、烏鴉和青蛙、鴿子、飛去的鴨、遺產、以第二篇爲佳。

《園藝故事》（第十二冊），六篇，第三篇爲寓言，與《我的童話》《貪心的鐵匠》同。餘旨實話，雖係通常問答，頗費匠心。惟不景氣一詞，似非兒童所能了解。

《植物故事》（第十三冊），五篇，一四五近似普通短篇小說的描寫，超過兒童讀物的境界，語句亦間有冗長處。

《走獸故事》（第十五冊），六篇，一二兩篇甚有趣。

《談談自然界》，已出九冊，關於常識讀物，較所選他書較遜，祇可擇取作補充之用。

《做做手工》，此不宜整冊閱讀，只可於做手工時，教者發見此書某篇，與當時製作有參考之必要，指示選某篇閱之。

《研究研究》，在本方案初小課程中可不採用。

《寫寫書信》，寫信須應當時需要，提示範文，並指導方式。僅取一種平凡之書信讀本，難期其自由選閱。

《做做好孩子》，雖編成故事，似多與兒童思想相距較遠。

七、其他

《小姑娘》，一冊，吳曙天著。描寫細膩，文字清新明净，叙次中時參以故事，助閱讀興趣。惟初小年齡欣賞讀物，重在情節而不在意境與文字。是書饒有詩意，固其優點，然非初小所尚耳。可列入第四段選用。

《孩子們的寓言》，一冊，三十九則，白丹甯編。每則皆從有趣的故事中，暗示道德或另一方面的教訓，意義淺近，頗適於兒童閱讀，用作二三段閱讀，應分訂成冊。《賢人的教訓》以前，1至10，11至24，25至36，37至44，印刷天然分割，亦便分訂。

《世界各地兒童生活》，三冊，與新中國書局《異方人的生活》同以兒童為中心，分地叙述，兩種或其他書局本可任選一種讀之。

《小學公民故事選輯》，一冊，以部定三十二個公民規律確立目標，分別選輯故事，但所選者多近於教科書體之文，在教科書中或覺有趣，究嫌平板。至謂由此即可養成習慣，所期未免過奢。好在原書可以分篇另訂，姑以備選。

《兒童物語》，一冊，凡十二則，黃一德編。物語原可將人事寄託於物而描寫，不過離開物之習性與其生活，意味即減。且既非真實，寫得過於露骨，亦不足引起想像。本書雖於體會物語所以成爲兒童文學之旨趣，尚有未盡體會處，但各篇用意甚好，可選擇若干篇讀之。

《巧語》，一册，多有過謔或傷忠厚處，不宜選用。

《萬里尋兄記》，一册，十章，余端餘女士編。敘述一個少年由摯愛之心情，任經如何艱難困苦，百折不回。妙在自然結構，經一番困難，使得達一綫光明；及光明乍現，又瀕失望之境；惟一往前進，無關始終，卒能達到希望。所有經過，無在不覺其可歌可泣，較之可驚可喜之新奇故事，更足以激發心情。文字亦清婉明暢。雖事情不屬於兒童生活，而以情節動人有普遍性，兒童自亦可讀，應作第四段選用。

《法布爾科學故事》，一册，十四章，董純才譯。各篇相連屬而有獨立領域，內含皆有用知識，都甚淺易。可作第三、四段閱讀用。

《蘇格蘭兒童故事》，故事三篇，新奇而有意義，文字亦流暢，三、四段可讀。

《東方故事集》一册，內容豐富，趣味亦佳，譯文流利，可作三、四段用。

《衛國健兒叢書》，所見名人故事叢書數册，不甚適用，此書除生存人暫不必讀外，餘可作第三、四段選用。

《人體旅行記》，一册，藉小石子與各種食品說話，說明人體構造，以及衛生要點。結構新奇，語多滑稽，使讀者不自覺而得到常識，此在科學的兒童讀物中當爲上選。各章前後銜接，不可分開閱讀，雖篇幅占一百頁，但生動醒豁，閱讀進至第三段末或第四段，不可不讀此書。

《兒童故事》，一册，陳潘合編，內容極淺易醒豁，文字亦清適。每篇皆短，與所用反復故事約相等，可依篇章自然分割處，分作四册，備第一段選用。

《太陽與花園》，一册，六篇，林雪清女士譯。由情節表現意味，須細心體味，第四段可讀。

《童年立志成功記》，一册，七篇，林逸之著。選材結構均費經營，文字亦生動有致，可作第三、四段文學讀。

《珍珠□傑克》，一册，大花園小學用作讀物，兒童頗喜讀之。

《苦兒努力記》，二册，大花園小學丙團程度優者爭選讀之，惟字數多至三十余萬字，該團年齡較長，兩周即讀畢，若學齡與實年相差不遠，恐尚不能讀，姑列以備選。

新中國書局之兒童讀物

一、低年級補充讀物　《公民》《衛生》《社會》《自然》等均不適用，惟《圖畫故事》十册，可於讀反復故事段中選用，但印刷不甚美耳。

二、中年級補充讀物　第一集五十册，第二集十八册。此種讀物，一册之中，字體大小不一，有比四號字尚小，惟不多耳。排列不匀稱，印刷不甚美觀。八歲以上兒童讀之，本非所宜。惟緊接反復故事而開始普通讀物之閱讀，頗少適當用書，此讀物之內容及文字，均甚淺顯，整册字數約一千字左右，殊可備選。

常識類，適於閱讀選用者：

《天空中》，一册，結構雖無藝術，但語句淺顯，説明亦切要。

《星》，一册，評同上。

《地球》，一册，評同上。

《小戲法》，分上下册，多係簡單試驗，叙述頗別致，兒童當喜讀。

《我國重要出産》，一册。

《我國人的發明》，以上兩種，叙述均尚簡要。

《熱地方人的生活》，一册。

《冷地方人的生活》，一册。

《最古時候人的生活》，一册。以上三種，文字淺顯，叙述亦當。熱地方人的生活，印刷字體較大，尤適用。

缺適當讀物而備選用者：

《地面上》，一册，形式方面，與天空中同。惟兒童對地面全部，非如天空之有象可指，若無所觀感，而僅閲記叙文字，恐無興趣。

《春夏秋冬》，各一册，每段叙當時景物，文字尚淺顯，但不能引起對時令有若何感覺，且花木非盡爲各地常見者。

《食衣住行》，各一册，叙述亦嫌平實，但較春夏秋冬較佳。

《我國的國恥》，一册，叙述太平，不能激引其興奮情緒，十以下已非現在情形。

《幾個有名人》，一册，叙述嫌平實。

《孫中山先生》，一册，字太小，叙述亦不甚得體要。

《周遊中國》，一册，字體嫌小，如須選用，同時須指引其另看適當地圖，尋覓路綫。

《怎樣做家裏的事》，一册。文字雖淺顯，但平凡的事，以平鋪直叙出之，便無意味，且所述者於實際生活之知識，亦無所增進。

純文藝類，適於閱讀選用者：

《小雨點》，一册，很平常的事情，而寫得甚生動，又含無窮意蘊。如文字再稍修飾，便爲一種最好童話。

《兔子的故事》，一册，確系童話的結構，惟柏油孩子一詞似不易了解。

《貪吃的主人》，一册，略帶寓言意味，從情節上表現，故適於玩味。

《母鴨的故事》，一册。

《愛國的孩子》，一册，以上兩種，文字雖不十分流利，但意義甚顯豁。

《少補了一隻釘》，一册，此以五個小故事合成一册，每篇均有詞語連屬，亦費經營。

《老鼠開會》一册，情節尚佳，惟十一頁記述稍繁碎。

缺適當讀物而備選用者：

《爲小失大》，一册，書亦可看，惟頗有生硬及拖冗之語，如"你何必爲了吝惜□少數的金錢"；"不是多麼謹慎呢"；"把撑在大門的木棒吹斷大門就此吹了開來"等是。

《不快樂的松樹》，一册，此屬於一種反復故事體，情節本屬幻想，惟以夢連繫，反損意味。

《一個有錢人》，一冊，襲取外國故事材料，增損而成，頗失原作意味。

《聰明的小孩》，一冊，亦爲童話，但由構成之情節，不能引起深厚之想像與興趣。

《雪裏的舅舅》，一冊，情節雖不十分緊湊，亦尚動聽。惟既稱爲窮苦孩子，而有皮毛的大衣；既在門前聽到喊聲，何以回時離家不遠，竟不知覺，似有語病。

《說不通的話》，一冊，六個小故事合成一冊，除宋人買酒無意義，餘可看。

《義氣的猴子》，一冊，四個小故事合成一冊，皆係日常生活事情，情節不甚緊湊。

《不知足的松鼠》，一冊，四個小故事合成一冊，均平凡。

《勇敢的山鳥》，一冊，事既不倫，純藉外助以取得結局，不足表見其勇敢氣概。

《七個漁夫》，一冊，四個小故事合爲一冊。黑石一則，避雨之家，何以只有少女一人，竟能主持分傘；又兩個小孩皆貧，圖繪均穿皮鞋，似有破綻。

《可愛的弟弟》，一冊。

《快樂的天使》，一冊，合上兩種，字體太小，不可閱。

三、《我的童話》　十二冊，每冊一篇，間有兩篇，插圖亦多。冊幅如袖珍小日記簿，文字行列無多，雖用四號字，不覺其小。計一冊約三十頁左右，每頁約百字左右，內容皆從想像生活，構成新奇情節。雖不分目次，而情節分明，讀過大東小童話數冊者，可以進讀此書。除《約克與豆梗》須斟酌外，餘均可讀。

《林中魚》（徐調孚譯）二十七頁，兩篇：前篇《林中魚》與後篇《白兔》，皆以無稽之談，由有意味的情節，引起想像，語句自然而且和諧。

《牧鵝女》（徐調孚譯）三十四頁，一篇：略含有反復體之童話，事雖荒誕，而用意在好人無報復心理，自然得到美滿歸宿，於涵養天真的心靈，甚爲有益，語句亦諧和。

《怪鑰匙》（沈志堅譯）二十七頁，一篇：用古代傳說之旨趣，組成故事材料，雖爲荒誕的神怪，但有正當結局，語句亦無雕琢痕跡。5頁"如果你肯做我的妻子"句，將"如果"二字改爲"只要"二字，便合中國語法。

《漁人和他的妻》（沈志堅譯）三十頁，一篇：他書多有選輯，惟題目不同。專印一册，更便取閱。其描寫俗人懼內與其不知足之情態，活躍紙上，譯文亦足以達之。

《幸福人》（徐調孚譯）三十四頁，一篇：用反復故事連鎖體的結構，內容甚有趣，頗便初讀。

《魔鏡》（沈志堅譯）三十二頁，一篇：以繼母虐女，參入妬忌情事，構成童話材料，多含反復語句，情節新奇，文字清暢。此篇他書多選輯。

《金鵝尾》（徐調孚譯）三十二頁，兩篇：前篇《金鵝尾》以一個故事與一個笑話聯綴而組成，談雖無稽，事甚有趣。後篇《狐和馬》新奇而有意義。此篇他書亦多選輯。

《約克與豆梗》（鄭振鐸譯）三十三頁，一篇：雖爲名作，但非必讀之書。惟約克處處表現其幼稚動作，尚不甚覺荒誕而惟覺新奇。此篇譯者甚多。

《貪心的鐵匠》（沈志堅譯）三十頁，兩篇：前篇《貪心的鐵匠》與《漁人妻》同意義而結構不同，後篇《神山》與伊索寓言《金銀斧》同結構而情節不同，含義均甚顯豁。

《林中的屋子》（沈志堅譯）三十頁，一篇：童話中用三個人並敘，最後一人得到良好結果，爲一種普通的結構。惟此書之結果，以慈善心情，消弭一切妖魔，所有離奇情節，皆爲顯出如此歸宿而發，使讀者玩味無窮，此種結構的藝術，亦爲童話成爲兒童文學之獨具的體裁。

《睡美人》（沈志堅譯）三十四頁，兩篇：前篇《睡美人》極其神怪離奇，結局用意與《林中的屋子》寫法同一意味，故不覺荒誕。後篇《萬知博士》爲一個滑稽故事，亦可發笑，兩篇他書多選輯。

《五個奇怪的僕人》（沈志堅譯）三十二頁，一篇：由荒誕之情節，歸宿於意想不到之□□，以得到最後之美滿結果，實際示人事變幻之經驗。

四、《我的故事》　共二册，篇幅同《我的童話》。

《伯南的紙鳶》（沈志堅譯），三十頁，兩篇：前篇《紙鳶》，因有發明的志願，即在尋常事情中，得到驚人的收穫。此種結構，最適於想像生活。後篇《象牙洞》，意味同前篇，惟情節不同。

《聰明的審判官》（顧依仁編）三十四頁，七個判決，雖事皆單純，而各成體系，不相連屬，究嫌複雜，讀之易生厭倦，在普通讀物第二段中尚不宜讀。

五、《常識小叢書》　兩集各十種，每種一册。第一集屬於天文部分，較具體；第二集屬生物部分，皆敘概要。每册分別標題，微嫌瑣碎，但亦足指示要點。內容頗有提煉，大體切於實用。文字明潔流利，無支辭泛義，無生硬語句，頗便閱讀。惜字體用四號字，雖册幅如袖珍小日記簿，不過排列太擠，插圖亦疏略而不鮮明。每册三十一頁至四十六頁，每頁約百字左右，讀小朋友常識讀物後，以此作為補充讀物，亦尚適宜。

第一集共十册，皆適於選用。

《天》，三十四頁，標題十四。就天空現象，分敘概要，尚簡明。

《太陽》，三十五頁，標題十七。分敘太陽體系，以淺易示例證明之，頗便理解。

《月亮》，三十六頁，標題十二。分敘月之體質、形狀、月蝕及與地球關係，多從世俗聞見，引起正確的說明，甚為適當。

《星》，三十五頁，標題十六。分敘行星、彗星、流星等，簡要明晰。

《地球》，四十頁，標題十六。分敘地球之生成、形狀、體質、氣候、晝夜、四時等，頗簡明。

《空氣》，三十六頁，標題十四。分敘空氣的形狀、性質、重量、成分、功用，以及簡單實驗方法，均得體要。

《風》，三十一頁，標題十四。分敘風之來源、方向、速度、力量、種類等，要言不繁。

《雲》，三十七頁，標題十四。對於雲之來源與變化，分叙明晰。

《雨露霜雪》，四十頁，標題十七。標題二至八叙雨之來源、種類、利害及其量計；九至十一叙露之來源及其現象；十二、十三叙霜之來源及其作用；十三至十七叙雪之來源、作用及其現象，均爲人生必具之常識。

《雷電虹》，四十一頁，標題十二。一至八叙雷電之來源與現象，兼及避雷與觸電急救法；九至十二叙虹，從破迷信說起，指示七色以及與暈之辨別，均甚切要。

第二集共十冊，前五種備選用，後五種由以下酌之。

《花》，四十六頁，標題十三。叙次花之構造與生長程序，並略及本國著名花卉，均尚清楚。惟蟲媒風媒，僅言其特徵，未舉花類以證實，似嫌疏略。

《草》，四十五頁，標題九。分食用、藥用、工業用、觀賞用、牧草、毒草、食蟲草及生長，結實等，綱要分明，惟叙毒草欠清晰。

《木》，四十五頁，標題十三。分種類、生長、植林、采伐、製材、用途等，叙述概要，均切實用。

《水》，四十頁，標題十五。就水之存在、成分、性質及試驗法、變化、水蒸氣、净水、飲水及清潔法與微生物，與衣住的關係、比重等，分別叙次，皆爲日用必須的常識。

《泥土》，四十四頁，標題十二。就生成、種類、土層、成分、組織、重量、顏色、水與空氣及微生物、肥料、改良等，分項叙次，亦尚合實用。

《山》，三十頁，標題十三。地理非圖不顯，系統的概述，尤非有整圖對照不可。一叙結構，不甚顯豁，二、三無圖對照，僅爲名詞之記述，殊無味。四、五、六、七、八太空泛，十以下專叙火山，在吾國似非必要。

《獸》，三十四頁，標題十六。分體、毛、爪牙、感覺、性格、智慧、自衛、啼嘯、食性、棲息、窟穴、群居、夜行、求偶、夫婦、生殖等敘述特徵，尚淺顯。惟如此分目，失之瑣碎，敘述亦有過於概括處。

《鳥》，三十六頁，標題十六。分益鳥、害鳥、身體、羽毛、色彩、食物、言語、睡眠、旅行、家族、友侶、仁慈、情愛、智慧、營集、哺育、教育等，敘述特點與《獸》之分目同其瑣碎，例如，色彩屬於羽毛而分二目，友侶、仁慈非普遍性而特立一目，如此分目將不勝其繁矣。以及候鳥頗有關係，反遺漏之。其實鳥獸蟲魚，惟就形體、生活、習性、生殖、及與人類關係，分項敘述，當較明晰。

《魚》，三十六頁，標題十七。分鹹水淡水、體形、大小、鱗片、行動器、沉浮器、呼吸器、視力、觸覺、發育、保護色、群集、洄游、食物、產卵、年齡、奇異魚，敘次特徵，既嫌瑣碎，又過概括，與《鳥》《獸》同。

《虫》，三十六頁，標題十五。分益虫、害虫、食物、口器、感官、發聲、彩色、武裝、自衛、撲火、冬眠、社會生活、慈愛、產卵、變態，敘次特徵，缺點同上。

六、其他

《異方人的生活》，二册，第一册五章，第二册七章。叙述生活，特注重兒童方面，内容尚有趣。惟此類讀物，似不宜專尚奇異，而當注意現代強盛國家之民族生活，如無其他適當讀物，此在第三段中亦可選用。

《模範人物的軼事》，一册，是書每篇插圖，皆屬兒童故事，行文亦生動有致。内列二十二人中□僅中山一人。可分訂四册，即 1 至 20，21 至 44，45 至 64，65 至 81，各為一册，作第二段或第三段選用。

《人類的生活》，衣食住各一册，亦可備選用。

北新書局之兒童讀物（小朋友書目附）

一、《小朋友低級連續圖畫故事》　已見者三十五册，大體為反復故事，每册上圖下文，字數約在二百字左右，字體大小與普通初級同。册後附兩種練習，第一種練習有三個方式：1. 對圖填字，因書係公用，此可省；2. 小作文，換書時令其試讀，可考驗生字是否認識；3. 彙集新詞，令照抄於筆記簿内，並在換書時進行讀講。第二種分答問、選擇答、正負答、填空白四個方式，可照作。

二、《小朋友中級常識叢書》 是書上圖下文，下欄有標題，雖非整段綱要，但亦可作閱讀時注意之標題。後附練習，與《低級連續圖畫故事》第二種練習同。惟普通讀物之閱讀，重在對内容結構之組織與程序，了解其綱要；所讀書的理解與作文的詔示，得其體要。此種啓示，以練習問題爲主要關鍵。一般讀書教學，競從事於零碎問答，求機械記憶與空泛推究，殊爲缺陷。測驗方式之不能表出真實成績，亦在惟注重答案記分之簡便，而忽視問題所得到之理解也。是書練習問題均□零碎，如選用其書，在作指引學習片時，應予矯正。書之文字雖未盡生動，然一律明潔，亦難得也。每册約二十頁左右，每頁約一百字以内。其用物語體者，如爲日常聞見之事物，而内容較易解者，在普通讀物的閱讀第二段中，即可選用，餘當集中於第三段用之。

《雲雨風的話》（盧祝平），用物語體，將微妙之義，以生動之語描出，既甚扼要，又合童心。

《鷄和鴨的話》（沈善芝、王秋浦），從談話中將鷄鴨主要的生理與習性，明白表出，毫不平實。

《魚蝦談話》（褚□），文字明潔，叙述亦生動。有數處能從結構經營，使意義表出格外明顯，尤具匠心。

《眼睛的話》（馬客談、吳穌），文字不浮泛，材料亦切當，惟叙述稍嫌平實。

《耳朵的話》（馬客談、吳穌），評同《眼睛的話》。材料較顯豁。

《火車的話》（馮大朋），評同《雲雨風的話》。

《書的話》（馮大朋），叙述生動有趣。

《霧的話》（周法均），步驟分明，文字及意義亦甚顯豁。

《昆虫的話》（徐學文），非物語體，叙次簡明扼要。

《蜂和蟻的話》（盧冠六），非物語體，叙述扼要，文字亦流利。

《報紙的話》（楊晉豪、費桂芬），敘述扼要而且生動。

《印刷機的話》（倪錫英），評同《報紙的話》。

《郵差的話》（倪錫英），藉郵差送信，說明郵政必需的知識，層次分明，各國種種標示，亦應注意。

《無綫電的話》（張左企），敘述勻稱，意義亦顯豁。

《照相機的話》（倪錫英），用物語體，將呆板事實，皆以淺顯語言表出，文字亦明潔。

《電影的話》（倪錫英），評同《照相機的話》。

《留聲機的話》（高翔），體制同照相機的話，惟文字不及其順口耳。

《雙手萬能》（白桃），文字與意義，均甚淺顯。中有簡單試驗，讀後應先自試作，以便公開回講時表演。

《機器之王》（白桃），評同《雙手萬能》，中有一個試驗，較爲繁難，且需少許之費，如讀者願自作，教者須加以指導。

《毒的植物》（徐礎迖），回答均扼要，13頁先生說上□一王字。此以旅行採集時取讀爲宜，如能將所指之毒的植物，採集一二種試驗更佳。

《外國發明家》（盧冠六），較《新中國幾個有名人》爲佳，開始講牛頓，從經驗的問語引起，尤爲得□。問答似有不一致處。

《美妙的地面》（丁烔培），文字頗美，較《新中國地面上》爲佳，須閱過地球的讀物或能看地圖後閱之，並指導其看簡明的世界地理形勢圖。

《古人生活》（周法均），較《新中國最古時候人的生活》稍詳，可任取一種閱之。

《遊牧人》（陳汝惠），敘述平妥，問答用西式書於節尾，未始不可，惟排列不甚佳。

《蝗蟲和青蛙》（錢達之），從問答中表出實際生活，語意尚明顯。

《中國的農產》（丁烔培），較《新中國我國重要的出產》稍詳明，可選閱此書。

《中國的礦產》（丁烔培），評同《中國的農產》，但敘述較遜。

《苗人生活》（葛承訓），材料本身有趣，敘述亦簡明扼要。

《我的住屋》（孫謀），由對談而表述各自住屋，夾敘事實，不落平實窠臼。

《少機器和老機器》（白桃），就機器說明人體構造，而以老年人與小孩相比較，使讀者興致勃然，頗見描寫的匠心。

《早晨和晚間》（沈育德），藉演說敘次事實，稍嫌平實，但事甚切要，亦可閱也。

《可怕的傳染病》（張漢傑），雖用問答體敘述，仍嫌平實，但事尚切要，於適當時機提出，選讀者必多。

《我的食物》（孫謀），藉演說將食物分三類說明，尚簡明，與《新中國的食》同嫌平實，可任選一種讀之。

《穴居人》（錢達之），文字尚淺顯，排列不及白桃所編。

《樹居人》（錢達之），評同《穴居人》，因排列連屬，有時作他說，更易混淆。

《中國發明家》（徐礎迓），臚列多人，皆爲直敘，不免失之平凡。

《溫補的青菜豆腐》（潘仁、袁監），藉女僕買菜問答，說明功用，尚不板滯。

《中國的故事》（胡嘉），敘述雖尚簡要，但不能激引情緒。他書有較善本，即可不用此書。

《中國重要的都市》（丁烱培），分敘各都市要點，自有編者目的，惟嫌過於平實。

《動物的本領》（趙庸耕），內容尚切要，惟文字不甚流利，且有冗長而不顯豁處。例如"能夠一口咬死他自身差不多大的動物，但是獵人們都認爲獵鹿是一種困難的工作，便把舌頭像閃電似的打過，他們這樣可以免除敵人侵犯他們了"，最爲明顯。

《稻和麥》（楊宗純），敘述尚淺顯，惟 16 以後，稻子未講多話，便說及其他植物，結束殊不分明。

《中國的交通》（丁烱培），敘述簡要，有地圖相輔，惟太小耳。須與其他地圖對照。

《中國的山水》（丁炯培），與《中國的交通》同一體制。凡對兒童說自然地理，以從整幅間指示各地，合中見分，較爲顯豁。又山脈多間斷，不如水流系統分明。分指某處山腰，頗不易明，雖有小圖，亦不爽目。

《人類之友（貓）》（馮大朋），此本非常識讀物必備之書，原書叙述雖不甚精彩，但亦可看。

三、《小朋友叢書》 此叢書大體選材適當，文字亦美，較適於高小之用。惟本方案自由閱讀進至第三段末，兒童雖只兩個學年，讀書已超過他校四個學年，當可閱讀。

《小朋友神話》，一册，凡十四則。優點與例言適合，無篇不佳。編者原以供高小之用，故印刷體式，不甚適宜於初小。惟純粹神話，不宜作閱讀最後階段的讀物。是書用四號字印刷，亦附有圖。前五則分印，分訂成册，可作第二段用。後九則有二則或三則相連，可作第三段用。第二、第三兩則亦可作史談。篇中稱女媧灌漑花木，共工戰爭用槍刀，似與時代未適合，總之神話本荒唐，亦無大礙。

《小朋友史話》，一册，凡四十八則，與《小學生史話》一書互有異同，大體可觀，在第三段末或四段中可任選一種閱之。書之前半，如《天下爲公》《楔子的故事》《中國兩大工程》，可補小學史話之不足。《孔明的妙計》，比《孔明的政策》稍佳。後半《鄭和出洋》，亦爲小學生史話所略。《洪秀全的革命》較《洪秀全革命失敗》叙次較當。餘亦甚可觀。第二十六第三十五有誤字。

《小朋友用書》，一册，二十二節，每節有一個小結束，均甚勻稱，可作第三段末或第四段選用。

《小朋友童話》三册，多係就外國童話，稍加改造，文字清麗，有多篇且含有深長意義，應作第四段閱讀之用。惟與他書不少相似或相同材料，選用時應刪去已讀各篇。

《小朋友名人故事》，二册，上册爲中國名人，下册爲外國名人，選材無一定目的，近於雜記，可酌量選用。

《小朋友故事》，二册，皆短篇故事，趣味頗厚，文字亦美，可分作第三四段用。

《小朋友寓言》，三冊，多取有趣之事，以恢諧出之，文字亦流暢，可選擇供第三四段閱讀之用。

《小朋友小説》，共二冊，上册一長篇分十章，下册十二短篇，每篇以數字標明段落，第四段用。

《小朋友傳説》，共二冊，上册二十七則，周編，下册二十四則，黃編，黃編較佳。

四、《兒童幸福叢書》 此叢書原供高小學之用，惟文字淺近，内容亦不甚複雜。在本方案自由閱讀第四段，尚爲適用。茲擇備選者若干種於下，分別加評。

《自然界的春》一册

《自然界的夏》一册

《自然界的秋》一册

《自然界的冬》一册

《愛國的故事》二册

《革命的故事》一册

《苦學的故事》一册

《明兒成功記》一册

《愛兒苦學記》一册

《鄉村的生活》一册

《健身的娛樂》一册

《幸福的兒童》一册

《幸福的家庭》一册

《優美的作文》四册

中華書局之兒童讀物

一、《小學生叢書》第一集 此叢書四十八册，已脱離童話故事的形式，在文字上力求其美，不尚藻飾；排列力求其醒目。每册分若干題目，每題目有若干段，每段均短，勻稱已極。雖語句間有嫌過長處，但不繁冗。除少數非自由閱讀所必需外，頗適於第四段閱讀。

《我們的地球》，說明力求淺易顯豁，每設適當問答之語引起之。所謂適當者，即談話的當時情境中恰宜有此一問，所問又為兒童經驗所可有者是也。通常的常識讀物，好用問答體，其問題等於試驗命題，不成為讀物的結構，與直敘無別。此書頗費經營，以讀過簡易之地球讀物者，可再讀此書，或逕讀此書亦可。

《可愛的中國》，大致簡明扼要，附圖亦好，較他處之交通山水等讀物為佳。惟記述止於簡明扼要，尚不足誘起閱讀興趣。

《這樣的世界》，同上。

《中華民國的成立》，書分三章，每章標題綱目，便於閱覽，敘述亦簡要。關於失地，如加屬圖及年表則更佳矣。末附用法，可參考，不必全作。

《人類的進化》，記述平妥，文字清楚，語句有嫌過長處。

《各地方的人》，本書優點，在結構的經營，由記述熱地冷地兩節的情事，引渡於地球上五帶的說明，使閱者易於了解。由此進於海洋大陸，而以各地情狀表出之。再進及於地勢的影響，隨即記述各國所在地的情狀，互相印證，皆成為具體的說明。如此記述，較之"地面上""地面上的美妙"等物，純以抽象的表出，看過後仍係模糊影象者，當有霄壤之別。册中如附世界簡明圖更佳。

《四季的花》，就幾種通有的花，描寫景物，以表見時令轉移，尚不失之乾燥。

《雲雨和雪》，敘次得法，扼要提煉，以淺顯之說明表出之，文字亦潔。如第三段以前未看其他雲雨雪之讀物僅看此書可也。後附五個觀察點，應依當時觀察狀況作筆記。

《好人的故事》，共八則，均可看。惟關於人物的故事，除滑稽外，仍以讀較長之故事，庶足以激引其向往之心情，且便於增進閱讀能力。似此許多故事合為一册，只可偶爾參用。

《蜜蜂》，此書體式較特別，文近於詩歌，除首尾兩段係單頁，餘皆雙頁爲一段，每段上標目並附屬。標目的内容，皆以簡要語句表出之，於作文上可得自然示範。

《景陽岡》，此文在小學讀本多選之，第三四段均可閲。惟繪圖欠佳，如武松揪虎之狀，其手足似無一點氣力，且兩腿正對虎頭，似不合理。

《螞蟻的一生》，兒童喜讀的詩歌，必須由記述中表情，記事詩則須具有自然步驟，其情節又合於童心，是書未能及此。

《青蛙的園地》，成人氣味太重，與上同。

《蛙的一生》，雖無甚精采，亦尚平妥。

《水》，從日常生活之事例，發生問題，引人入勝，說明便易了解，此爲編有關科學的兒童讀物之最要方式。是書能見及此，内容扼要，排列匀稱，善本也。"功水""功冰"等詞，初小似可不用。

《家庭裏有害毒物》，雖屬平叙，但甚淺要，於日常生活亦關係密切。

《平常的故事》，用童話體描寫，無甚精采，不能引起興趣。

《八個紀念日》，稍簡，亦可看。

《運動會》，以近似歌詞分項表出，讀之頗有意味。

《鄰里的故事會》，分叙清楚，有條理，且亦扼要。

《模範區》，以簡要語句，分項説明圖形，可看。

《算術遊戲》，在閲讀中偶參此種遊戲讀物，亦頗有趣。第五法《幾時相會》，似乎在最後應證以用公生數演算，即爲相會日數，讀畢，可選數法作遊戲。

《怎樣寫信》，寫信當適應活動需要，進至第三段亦可酌選一二本此類之簡易範本，聽其自由取閲。

《小學生的日記》，在自由閱讀中筆記占重要工作，日記是否必要，不成重要問題，選此可備一格。

《自己做的玩具》，學校如有手工課程，可酌量選用。

《小學生查詞典》，在自由閲讀中，讀反復故事時，已將拼音符，查字典，準備成熟。此書本非必要，以此聽其選閱，再閱一遍，亦不無益。

《小小美術》，分（一）（二）冊須分次陳列。陳列前，須引起繪畫或剪貼或泥塑之動機。閱畢並令如式任作一二種。一冊之 6 頁忽插入《這幾種花》數語，與上文《花非繪畫》似不相屬。

　　二、《我的書》　　中華作中級讀物者不只此一叢書。如分年文學頗嫌雜碎；《兒童文學叢書》關於故事類，就所閱十餘集，頗覺其瑕不掩瑜，多不適用。此叢書各冊文字清暢醒豁，與文學叢書不相上下，而選材較爲精當，可用者占十之八九。茲將所見者分別論列於下：

　　《月媽媽》，兒歌三十一首，同文錯列。末首《花草做衣裳》占兩頁，最佳。其餘每首一頁，亦可讀。但枇杷鸚鵡非常見之物，應剔去。每四頁或六頁分裝一冊，亦可備普通閱讀第一段選用。

　　《小鼠跳繩》，故事畫八則，從 11 頁分割，訂成兩冊，亦可備第一段末期用。

　　《湖水妹妹》

　　《薔薇姐姐》，以上兩冊，內容太零碎，本方案不適用。

　　《兩隻小貓》，長篇圖畫故事共六冊，雖可分閱，但仍不適用。

　　《大蜘蛛》，字太小，不適用。

　　《蝦蟆看畫》，故事畫八則，□了"大禍□""摩托車""巡捕房"等詞，均非內地一般兒童所了解，"葵花人"有幾個長句不好念，可從 10 頁劃去，將前三則合訂一冊，作第一段選用。

　　《兩隻洋狗》，故事畫九則，第一則近似通俗唱本，可刪。其餘均佳，可作第一段閱讀之用。

　　《表的原價》，短篇故事八篇，前兩篇尤佳。第三段可選用。

　　《黃貓》，兒歌十九首，近於詠物詩，無其意義。

　　《和合鏡》，童話五篇，第二篇、第三篇最佳。

　　《金杯》，童話五篇，第二篇較短，第五篇係通常反復故事。第一篇比《金銀斧》及《神山》加一層，更佳。第三篇於含教訓的結構中，插入《百頭牛》反面的結構，亦有趣。第四篇由幻想的情節，歸宿於正當的教訓，亦合童話的結構。可作第三段閱讀。第三篇 19 頁"這兩隻鷄給我就是了","兩隻"二字應刪去,才與以下各節相應。

《蜜蜂困敵》,短篇故事九篇,1、2、3、4、6皆小孩事,第一篇為一個愛國故事,最佳,純以兒童行動,表現為愛國熱誠,情節妙不可言。第三、第四、第六從文字產生結構,頗奇特,第五篇亦有意味。刪去最後三篇(7、8、9)作第三段閱讀之用。

《四個難題》,短篇故事九篇,第四篇雖有所本,但無意味。

《珍珠燈》,短篇故事十篇,第八篇情節不正當,九、十兩篇亦無多意味,宜刪去。

《遊勝山》,童話六篇,均不佳,第一篇尤含有殘忍性。

《奇怪的哨子》,童話六篇,第四篇描寫頗合小兒心情,第六篇已見《我的童話》,可作第三段用。

《吃博士》,故事十篇,莊諧各殊,均可看。可作第三段用。

《雙十節的糖果》,故事九篇,皆有趣味,第一篇捐錢數目較大,宜酌。可作第三段用。

《一個石匠》,童話六篇,第二篇最有趣,且含教訓。第四篇短而意味深長,第六篇在多篇中偶附一作文示範之品亦有益。惟第一篇情節多見他書。可作第三段用。

《大肚猴》,童話六篇,前五篇均佳,第一篇與《勇敢的山鳥》同一布局而結構特殊,便覺有趣。第四篇將固有材料,略加綴飾,與直敘不同。可作第三段用。第六篇無意義,可不讀。

《寶言□》,童話六篇,均可看,第五篇互見他書。

《田鼠們的覺悟》,童話七篇,第二第三篇較佳,最後一篇中粗野罵語,不宜用。

《胡塗先生》,長篇圖畫故事一篇,多結合滑稽之情節,成為結構,文頗有趣。語句精煉而和諧。雖敘青年事,但情節易於了解,初小可讀。2、3頁間有一個句子太長,不好念。

《兩桃殺三士》,故事八篇,除第一篇係固有材料,不十分適用作兒童讀物外,餘均佳。第五篇假設情節,最合童心。第六篇兒童愛國之最佳的舊材料，可作第三段用。

《猫弟弟》，短篇小說七篇，均可作第三段閱讀之用。就格局言，只有第一篇、第三篇、第七篇、第八篇有小說意味。

《鳥獸交戰》，童話七篇，皆爲物語體，每篇由物的本身構成情節，表出其特殊意義，適於第三段閱讀之用。

《狐熊和鷯鶉》，童話五篇，第一篇不及《鳥獸交戰》的結構，第二篇平凡，第四篇此類結構甚多，可不讀。

《傲慢的螃蟹》，童話六篇，第一篇、第二篇同結構的讀物甚多，第三篇易得到爲狡猾者張目的觀念，第六篇有惡劣的罵語。

《仙蘋果》，童話六篇，第三篇、第六篇最佳，第四、第五均見他書，可作三段用。

《表哥的禮物》，故事八篇，第一篇甚佳，第二篇無意義，第三篇絕對不可作兒童讀物，第五篇、第七篇平凡，第六篇爲反復故事循環體，循環體的語句須簡單，取便練習。普通故事完全用其形式，便無味矣。

《懺悔》，故事九篇，均可看，第二篇最佳，可作第三段用。

《虎友》，小說一篇，共十二章，情節新奇，意義深厚，文字亦暢達，惟表現寄託之情事，不免太過處，兒童年齡稍長者當喜閱。可作第四段用。

《三個傻子》，故事十四則，多係笑話。第一則情節不好，應刪去。第二則最佳。三、四、十、十二、十三，多見他書。

《孫猴子理髮店》，故事一篇，十一節，以滑稽之叙述包含知識成分，頗有趣，惟其知識非人生必具之常識，初小讀物不必用。

《萬知博士》，故事十四則，一、四、十四互見他書，五爲《一個石匠》內《魔帚之變形》，十一描寫最合兒童心理，均可作第三段用。

《小貓咪》，故事二十則，僅第十九則新奇，第二十則有變化，其餘雖極力揣摩兒童心理，而以笑話的結構，爲故事的描寫，故皆簡單無味。

《祝你健康》，故事九則，第二篇在情節的自然程序中表出兒童天真，可謂盡致。惟第五則末段情節不妥，作詩更不合理，刪此則可作第三段用。

《笨鸚鵡》，故事十八則，一至五尚可看，六、末段無意義，最後一句易引起不良印象，九之數目十萬元與原處放錢袋，皆不合情理，十、十一、十三皆不好，十七亦無意味。

《獸子國》，小説一册，十五節，情節有趣，意味深長，確是兒童讀的文學。惟第十三節過於無抵抗，感化由哀求而取得，雖幻想亦不當如是。此節關係，易予讀者以錯誤思想。

《猩猩姐姐》，長篇小説，十二節，離奇變幻，處處可以拍案叫絶，此書結構似體會《鏡花緣》及《阿麗思漫遊記》兩書而來，文筆情節新奇，文字清醒，當爲初小喜讀之書，第三段閲讀中，不可不用。

《十個頑童》，長篇小説，内容不必論，但決不適於初小閲讀，列於中級讀物，殊不合。

《仙樹林》，小説十四節，文字清麗，但外披童話之衣，内含《紅樓夢》之意味，即以愛與美論，亦須有明確傾向，始能産生正當想像，否則愛與美亦不足重也。不當作兒童閲讀之用。

《秘密洞》，小説十四節，他書已見。童話結構，多用好壞二人對比，以離奇之事實貫串之。所有貫串事實，皆爲最後結局而設。若其懲罰過於嚴酷，已不免有傷兒童心靈。附加材料演繹爲小説，是否相宜，已屬疑問。作爲小學中級學生讀物，期期以爲不可。

《新少年》，小説十四節，爲數篇童話結合而成，此種情節，在譯品中甚多，如係短篇結構，所讀甚多，偶插數篇，亦足消遣。若作爲長篇小説，殊非所宜。

三、《小朋友文庫》（中級）　現已出版三十七册，多採已出版之《我的書》《文學叢書》《小學生叢書》，整册或分篇不等，茲取其可選用者若干册，分列目次於下，其已見前評者不列。

《圖畫故事》五册。

《小黑球》。

《小獅和野牛》。

《小狗熊》，以上各一冊，均可備第一段選用，《小黑球》文字排列較勻。

《淘氣小偶人》，共二冊，可分用，備第二段選用。

《小寶冒險》，童話一冊，有數篇前書互見，可作第二三段選用。

《三種可愛的東西》，故事共二冊，爲《文學叢書》中最佳本，可作第二三段選用。

《衛生故事》一冊。

《自然故事》二冊。

《三民主義故事》一冊。

《歐洲大戰時的兒童》，以上四種，均備第三段選用。

四、小學中年級副課本　已出版二十冊，查總說明謂一方供兒童自由閱讀，補助正課之不足；一方作教師指導兒童作業之依據，二者是否可用一種體式，各達到預期目的，頗爲疑問。是書因爲運用含有兩種目的，故編法反不如無目的編讀物者較能注意閱讀興趣。本方案之自由閱讀，係學習方式之變更，與是書所謂輔助正課不足之目的不同，故不一一論列，教者應需要而自由參考選用可也。

商務印書館之兒童讀物

一、《幼童文庫》　第一集二百冊，編者擬作初小一二年級用。本方案自由閱讀，已經識字一個階段兩學期，開始閱讀之用書，分量即須與二下年紀及三年級課本相當，故此書大部分不適用。惟初步閱讀反復故事一階段中，此書故事一類，如呂伯攸、沈百英、姜元珍、來雲達四君所編，可以備選，餘可用者甚少，不逐冊加評。

二、《兒童文學叢書》　國難後，此叢書不甚得見，現有兒童故事十四冊，印刷欠美，用四號字擁擠排列，八歲以前兒童閱讀不甚相宜。四冊以前，往往前後兩篇連接，僅於上欄加以標題，式樣亦不鮮明。尤其前篇與《兒童文學叢書》合爲一欄，更覺不妥，書之篇幅，每冊一篇或二篇，間有三篇，頁數約二十頁內外。一冊至六冊，文字簡潔明適，情節亦尚新奇，在普通讀物第二段尚可參用。七册末段不妥。八册至十四册，文字較遜，且多雜湊，有數篇可閱者多見他書。茲錄前六册目次如下：

《故事第一册》二篇：《三隻烏鴉》《貓和鼠的仇恨》。

《故事第二册》二篇：《被騙的田主》《玫瑰花園》。

《故事第三册》三篇：《爭食的朋友》《熊騙狐的計策》《大風雨的蕎麥》。

《故事第四册》三篇：《狐和貓的妙計》《做皮鞋的小魔》《寶箱》。

《故事第五册》二篇：《金貓》《牧童的幸福》。

《故事第六册》一篇：《長鼻太子》。

三、《兒童理科叢書》 此叢書注重理科常識，所選材料，皆日常所有事物，文字用普通記敘體，簡明切要。每種一册，國難後單行者二十三種，現輯入《小學生文庫》。每册十五頁至三十餘頁，每頁不及二百字；分列目次，附圖注明要點，頗便參照。讀過《小朋友中級常識叢書》後，如對照前依部定課程標準之目標，或有未足，以此補足，尚爲適宜。再不足，取《小學生文庫》適於初小閱讀之本補充之，自有餘裕。

《人類的祖先》，六章，二、三、四談人類起源，略見概要，五、六談原人生活，多見他書。

《鐵和鋼》，三十一頁，凡十一目，用圖十一。就歷史、功用、原質、生產、煉治等，爲常識必需者，分別選取材料，頗簡明。

《棉》，十九頁，凡六目，附圖七。將棉之用途、種類、製作、產地、種植、病理等，一一擇要記述，切於實用。

《石灰與水泥》三十二頁，凡九目，附圖十。各段程序，後段即由前段牽引而出，步驟分明，說明亦甚清晰。

《玻璃》，三十一頁，凡八目，附圖十二。分敘用途、歷史、原料、製造、產地等，閱此對於玻璃之常識已具。

《煤》，四十頁，凡九目，附圖十一。就功用、成因、歷史、種類、開採等擇要記述，均甚明晰。

《火柴》，二十二頁，凡七目，附圖十一。前五目敘火之功用及以往各種取火法，後二目叙火柴的原料、種類、製造，均甚切要。

《羊和羊毛》，三十一頁，凡八目，附圖十五。叙羊之形態、種類、飼養、用途及毛織物，甚明晰，即不產羊地方，讀之亦易了然。

《陶器和瓷器》三十六頁，凡八目，附圖十。前四目叙陶器之原料、種類、製法，後三目叙瓷器之原料、種類、製法，大致清楚。最後一目叙發明史，對發明最早之吾國，過於簡略，未免喧賓奪主矣。

《風》，二十二頁，凡四目，附圖七。叙怎樣有風，從日常所感覺者列舉三點引起；繼列舉日常感覺之四點，説明其成因；後舉兩個試驗，亦甚簡易。叙怎樣測風，所舉事例甚顯豁，其餘兩目亦簡要。此在本叢書中尤爲上選，他種常識讀物説風能如此顯明者，殊不易得，單册説風者，只讀此書可也。

《馬》，二十八頁，凡九目，附圖十三。第二目、第四目頗嫌瑣碎。

《船》，二十七頁，凡七目，附圖十二。分目叙次，成爲自然程序，足以引人入勝。惟記述微嫌平實，且櫓與錨，中國本所固有，不宜引外國史事。

《蜜蜂》，二十五頁，凡六目，附圖八。首章從故事入手，甚有興味；叙生活、形態、造巢，尚顯明；最後兩章亦切要。

《蚊》，十六頁，凡五目，附圖八。叙述均簡要，惟首章叙雌蚊雄蚊聲音不同，未説明不同之點。

《蠅》，二十三頁，凡九目，附圖十四。藉故事入手，與蜜蜂同。三、四、五章較短，可併入第二章。

《鼠》，十八頁，凡七目，附圖七。用故事入手，同蜂蜜與蠅。叙形態、生活、害處等，簡明切要。

《蟻》，二十一頁，凡八目，附圖十四。國難前印本，無目次。分三大段叙述，一頁至六頁，叙特別地方之蟻，六頁至十四頁，叙普通之蟻；十四頁以下叙蟻之形狀。

《燈》，二十一頁，附圖十，國難前印本，亦無目次。螢、燭、油燈等本國自有來源，專叙外事，似有未合。

《電話》，二十四頁，凡八目，附圖十七。三、四、五、六章爲電話史，可刪節併爲一章。

《顯微鏡》，二十四頁，凡七目，附圖十六。開端從常識所感覺者引起，頗有趣，以下叙述亦清楚。

《兔》，十五頁，凡四目，附圖九。叙形態、利益、飼養等，尚切要。

四、《孫中山》 一册，分幼年、少年、壯年、晚年四章，每章分若干節，叙次清楚，可在第三、四段中讀之。已列入小學生文庫，因他書少適宜本，故特列入。

五、《小學生文庫》 第一集五百册，内容豐富，有系統的專册讀物頗多，較適於高小以上之用。在本方案自由閲讀進至第三段末，如覺上列書册有不足或不適用時，可就所需要性質，查是書四十六類中書目，擇適用者補充之。分别論列，有俟將來。至分年補充讀本尚未出版。

良友圖書公司之兒童讀物

一、《小童話》 二册，每册爲一集，第一集十一篇，第二集九篇，每篇約五六百字，内容頗合兒童思想。語句間有不修潔處，但尚清楚。文字圖畫排列之匀稱，爲他書所不及。惟皆係譯文，間有詞語及事實，非本國兒童所了解者。其中某篇當略而不讀，或應先加解釋，在學習指引片上注明，普通讀物進至第二段，可作九歲以下兒童閲讀之用。

二、《兒童自然科學叢書》 《小朋友中級常識叢書》《新中國常識小叢書》，關於天文部分，多由本叢書作者所編。此書編輯較遲，取材結構，更爲精當。命題力求引起興趣，每一命題之篇幅，亦甚匀稱。以藝術的文學，描寫科學現象，明潔曉暢。加以圖甚精美，排列得當，無形中給予讀者以美感。六册皆佳，在第三段中可與《中級常識叢書》並用。

《天地》，五十六頁，標題二十二，插圖十七。

《雲雨》，六十五頁，標題二十二，插圖十六。

《日月》，六十六頁，標題二十一，插圖十七。

《山水》，六十六頁，山標題十一，插圖八；水標題十一，插圖七。

《星》，六十頁，標題二十，插圖十五。

《空氣火》，六十頁，火標題十，插圖八，空氣標題十一，插圖七。此冊內容較深，須對照他本斟酌選用。

三、《蘇聯童話集》 原書選材結構，與他國兒童文學稍有不同，其目的於閱讀興趣中，融合消遣與實用為一。而又顧及閱讀分段分量，須求勻稱，蓋已自創新體矣。不過提煉材料，似乎稍忽略兒童本身方面，不免近似硬的教育之旨趣，其藝術未盡洽兒童心靈也。可作第四段選用。

第一集《陽光底下的房子》，一冊，凡 1.《陽光底下的房子》，2.《稻田》，3.《猴子園》，4.《駱駝鸚鵡波麗和小孩》，5.《屋頂上發生的事》，6.《有□□的鴿子》，7.《一場吵架》，8.《第一次飛行》。

第二集《白紙黑字》，一冊，分上下二卷，每卷六目。

第三集《鐘的故事》，一冊，分上下二卷，上卷十六目，下卷十七目。

第四集《童子奇遇記》，一冊，分五十七節。

《室內旅行記》，一冊，分六章，每章若干目。

大眾書局之兒童讀物

一、《小寶貝》 是書分兩類，《二個小寶貝》共四冊，每冊七個故事，四頁一個故事，以弟妹為主角。《三個小寶貝》共九冊，每冊五個故事，六頁一個故事，以弟妹小狗為主角。皆仿連環圖而編，綴以韻文，內容亦饒興趣。每頁字數約在三十字至六十字之間，前四冊約七百字，後九冊約九百字，以此緊接反復故事，與他種讀物參用，亦甚相宜。惟字體為四號字，微嫌其小，以每頁行列無多，尚不甚妨也。

二、《兒童訓育叢書》 是叢書抽取古來名人之一種行事，其有特殊情節者，在結構上略加烘托，組成故事材料。雖亦合教訓意義，然旨趣在情節之能激勵或啟示心靈，與讀其他童話故事無殊。每冊約二十頁，每頁約四五十字至八九十字，描寫生動，文亦流暢，各冊大體相同。在普通讀物閱讀第二段中，與其他讀物參用，頗為相宜。惟印刷字體太小，排列不善，殊欠精美。茲錄冊目於下：

《孫叔敖》（書裏作"傲"，誤）一册

《曹冲》一册

《郭亮》上下册

《奚岡》

《閔子騫》上下册

《年羹堯》

《司馬光》

廣益書局之兒童讀物

《童話故事》四册　除第三册，餘可選用。

《常識故事》一册　較零碎，但多有意義。

《科學故事》二册　均切要。

《寓言故事》二册　尚有趣。

《小學生史話》　是書本備高小用，其實史談體讀物，初小即宜多讀。在教科書授讀之下，讀書無多，故專以歷史爲高小功課。本方案教學，初小讀物，至少當有如此書分量之一二種讀物，惟當注意者，第一是選材料，第二組織材料，第三記叙文字，均須使兒童感到興趣。是書共四十八則，《少女的孝勇》以前二十八則，頗能體會及此。以下提煉材料，殊欠精當。用作第三段閱讀，如以篇幅較多，可分爲三册，即 1 到 46、47 到 108、109 到 185 各爲一册。是書每則分印，頗便去取，宋以後的史事，關於愛國故事，多有他書可讀，此亦可删。

《小學生童話》　三册，文頗暢達，在三段中分讀或整册讀，可備選，惟各篇見他書不少。

第四　讀物的實驗之反應

本區實驗，已進至普通讀物第三階段，兒童對於讀物反應，教者具有報告，兹分別摘要，以供參考。惟有兩點須聲明者：一、在開始實驗，讀物不免有配置未適合之處，頗影響於閱讀進程；二、大花園小學丙團年齡較長，反應情形與他班不無出入，可以驗反應與兒童年齡有相當關係，應加注意。至反復故事選用讀物，此亦可作參考。

反復故事

讀過書目	字數	出版處	實驗團	教者報告反應情形
《孫猴子故事》	一七一		大丙	有趣易讀
《獨角牛》	一八一	商務	大丙	易讀並易復述
《咬斷尾巴的猴子》	二〇〇	商務 文學讀本	大丙 杏丙 杏乙	有趣易讀 滑稽有趣易讀 有趣但有難解詞如"寒喋""一捎"
《貓的功勞》	一一〇	商務	大丙	易讀趣味較差
《螞蟻》	一五二	同上	大丙	同上
《辮東西》	三三〇	同上	大丙	有趣易讀且易復述
《找朋友》	三八七	商務	大丙	易讀且易復述
《拔蘿蔔》	八三六	小朋友	大丙 杏丙	都喜讀 易讀嫌太淺近
《餓貓》	三七七	商務	大丙	易讀少趣味
《貓和蝸牛》	四一三	商務	大丙 杏丙 杏乙	有趣易讀 易讀無趣味
《小燕子找同伴》	五二八	同上	大丙 杏丙 杏乙	有趣易讀 有趣易讀 同上
《馬腳鐵》	七二二	同上	大丙 杏丙 杏乙	選讀者人數僅兩人 易讀不甚感趣味 易讀無大興趣

续表

讀過書目	字數	出版處	實驗園	教者報告反應情形
《馬郎》	一一四八	同上	大丙 杏丙 杏乙	都喜讀，復述時更覺趣味橫生 有趣皆喜讀 程度低者覺有趣，不易讀
《黃鼠狼》	三七八	小朋友	大乙 杏丙	有興趣 有趣易讀閱讀極速
《一個蛋》	三〇〇	小朋友	杏丙 杏乙	有趣易讀 同上
《爲了大家》	二三〇	商務 國語教科書	杏丙 杏乙	有趣易讀 同上
《三蝴蝶》	三三〇	同上	杏丙 杏乙	有趣易讀 同上
《賣老騾子》	四〇〇	同上	杏丙 杏乙	有趣易讀 易讀，不大感興趣
《到小人國去》	三四〇	小朋友	杏丙	最喜讀，富有趣味
《伶俐鼠》	三〇〇	小朋友	大乙 杏丙 杏乙	有興趣 最喜讀 有趣易讀
《大家聯合起來》	二七〇	商務 基本教科書	杏丙	易讀有趣
《兔子拍照》	三〇〇	小朋友	大乙 杏丙	稍有興趣 有趣易讀，閱讀極速
《香孩兒》	九〇〇	商務	杏丙 杏乙	多喜讀 兩個優生覺無大興趣
《中山狼》	一〇〇〇	商務	杏丙 杏乙	最喜讀，並加表演 僅程度差者覺不易讀
《六頓三角》	一一二四	商務 文學讀本	杏丙 杏乙	最有趣易讀 有趣，雖生字較多不覺難讀
《小皮球》	三五〇	小朋友	杏丙	易讀有趣

续表

讀過書目	字數	出版處	實驗園	教者報告反應情形
《好朋友》	三〇〇	小朋友	杏丙	易讀興趣少，但亦有閱讀急速而覺有趣
			杏乙	易讀有趣
《笨孩子》	六〇〇	商務基本教科書	杏丙	有趣易讀
《三問題》	一〇〇〇	商務	杏丙	易讀有趣，但亦有興趣稍差者
《漁翁和月亮》	三五九	小朋友	大乙	有興趣
			杏丙	易讀興趣少
《打》	一三〇	商務文學讀本	大乙	
《牧羊老人》	一二〇	商務	大乙	
《狐狸吃炭》	一三〇	商務	大乙	
《吃了一半》	一六〇	商務	大乙	
《救》	一六〇	商務	大乙	
《笨貓》	二二九	商務	大乙	
《蜻蜓吃尾巴》	二五〇	商務	大乙	
《何九買東西》	一六〇	商務	大乙	
《夢》	一四〇	商務	大乙	
《果子人》	二七七	商務	大乙	
《哭哭笑笑》	三一〇	商務	大乙	
《笨小馬》	三二〇	商務	大乙	
《大傻瓜》	三四〇	商務	大乙	稍有興趣
《小山羊找母親》	三四〇	商務	大乙	
《怪車輪》	四四〇	商務	大乙	
《猴子養雞》	三一〇	商務圖書故事	杏乙	有趣易讀
《燕子過海》	三六四	商務文學讀本	大乙	
《一袋蚌蜘》	五〇五	商務	大乙	

续表

讀過書目	字數	出版處	實驗園	教者報告反應情形
《一個螺螄》	三三〇	商務圖書故事	大乙	有興趣易讀
			杏乙	無大興趣
《老鼠開會》	四一〇	同上	大乙	有趣易讀
			杏丙	
《狡猾狐狸》	七二三	同上	大乙	
《阿大尋快樂》	二四〇	商務	杏乙	易讀無趣
《井裏的妖怪》	二三〇	商務	杏乙	易讀有趣
《牛和馬》	二一〇	商務	杏乙	有趣易讀
《黃狗和金子》	二一〇	商圖書故事	杏乙	有趣易讀
《一粒谷》	四二〇	小朋友	大乙	有興趣
《小白兔》	二六四		大乙	有興趣
《愛國的小孩子》	一〇四六	新中國	大丙	選讀者十五人都喜讀
			杏丙	喜讀
			杏乙	生字稍多有趣易讀
《象和猴子的交情》	六〇〇	商務兒童文學讀本	大丙	選讀者八人，複述情形較上書略差，餘均同上
			杏丙	有趣易讀
《猴子和商人》	四七八	商務兒童文學讀本	大丙	選讀者七人，很適合程度較低兒童趣味
			杏丙	有趣易讀
《好兄弟》	九二八	商務兒童文學讀本	大丙	選讀者二人，成因興趣較差故
《松樹和牽牛》	一五〇	商務文學讀本	大丙	新詩體裁，形容字句，低程度兒童多讀不通，僅有一個程度較高兒童喜讀
《堤上的小孔》	六五五	商務兒童文學讀本	大丙	內容很好，多喜讀，尤適於復述趣味
			杏丙	內容甚好，但多覺詞句難懂，不易讀

续表

讀過書目	字數	出版處	實驗園	教者報告反應情形
《蜘蛛的教訓》	五一一	商務兒童文學讀本	大丙	內容很好，多喜讀，尤有啟發兒童思想處
《燈塔管理人和他的女兒》	一〇二〇	同上	大丙	反應情形同上
《失鞋案》	八五五	商務文學讀本	大丙 杏丙	內容簡單少興趣 內容簡單少興趣
《魯賓遜漂流荒島記》	一〇五七	商務文學讀本	大丙	選讀者四人無特殊反應
《賣火柴的小孩子》	一三八〇	商務文學讀本	大丙	選讀者三人都說好，並作表演示眾
《貪吃的主人》	一五〇三	新中國	大丙 杏丙 杏乙	有趣易讀 有趣易讀 有趣易讀
《雪裏的舅舅》	二三三〇	新中國	大丙 杏丙	有趣易讀，並有激勵兒童勇敢精神處 有趣易讀，並願學故事裏的孩子
《老鼠開會》	一一五八	新中國	大丙 杏丙 杏乙	有趣易讀 易讀有趣 易讀有趣
《打虎記》	八八二	商務兒童文學讀本	大丙	陳列時間很短，選讀者僅兩人無特殊反應
《稱象》	七九〇	同上	大丙	陳列時間同上，尚無人選讀
《為小失大》	一一〇三	新中國	大丙 大乙 杏丙	有趣易讀 興趣濃厚 有趣易讀
《小兔釣魚》	三六三五	大東書局	大丙 大乙	皆喜讀 有興趣

续表

讀過書目	字數	出版處	實驗園	教者報告反應情形
《小貓遇難》	三七四八	大東書局	大丙 大乙 杏丙	皆喜讀 有興趣 皆喜讀
《小熊逃學》	四一五〇	大東書局	大丙 大乙 杏丙	內容曲折多趣，都喜讀，並亦都喜復述 有興趣 皆喜讀
《小鼠探險》	四五八二	大東書局	大丙 大乙	都喜讀 有興趣，但較《小熊逃學》趣味則差
《小豬驚夢》	六〇六七	大東書局	大丙 大乙	有興趣 有興趣
《一個有錢人》	一三四一	新中國	大丙 大乙 杏丙 杏乙	有趣易讀 平淡 有趣不甚易讀 有覺有趣易讀亦有覺不易讀
《聰明的審判官》		新中國	大丙	選讀五人，一人覺難讀，另請換書，四人係優生，經六七節始讀畢
《萬里尋母》		新中國	大丙	易讀但乏興趣
《烏鴉》		兒童書局	大丙	易讀有興趣
《白鴿》			大丙	興趣同《烏鴉》，但筆記較好，與本書優點有關
《傳來的話》	一二三五	新中國	大丙 大乙 杏乙	淺顯易讀但乏興趣 有興趣 有覺易讀，有覺不易讀，但均覺無趣

续表

讀過書目	字數	出版處	實驗園	教者報告反應情形
《說不通的話》	一一七〇	新中國	大丙 大乙 杏乙	有趣易讀 有興趣 對《一樣不盡職》一篇興趣差
《母鴨的故事》		新中國	大丙 大乙 杏乙	有趣易讀 平淡 有趣易讀
《義氣的猴子》		新中國	大丙 大乙 杏乙	易讀乏興趣 平淡 淺顯易讀
《三個苦孩子的日記》		兒童書局	大丙	優生喜讀
《小毛頭》		大東書局	大丙	陳列時間短，選讀者僅一人
《小小的風波》		北新書局	大丙	選讀者甚多皆滿意
《騙子和小孩》		大東書局	大丙	生動有趣都喜讀，且覺能啟發思想
《白兔脫險》		大東書局	大丙	淺顯易讀，無他特長
《貓鷹失計》		大東書局	大丙	淺顯易讀，無他特長
《狡猾的賊》		兒童書局	大丙	三人選讀，有一人覺難讀
《洞裡的家庭》		中華書局	大丙	選讀者皆覺有趣易讀，且能啟發思想
《小狗熊》		中華書局	大丙	有趣易讀
《猴子的心》	一四〇三	兒童書局	杏丙	易讀有趣
《狐狸先生上當》	五九〇		杏丙	易讀有趣
《大象報仇》	四五六		杏丙	易讀有趣
《不聽話的小兔子》	九一七		杏丙	易讀有趣
《貓狸》	一六五九		杏丙	文學意味較重，不易了解

续表

讀過書目	字數	出版處	實驗圍	教者報告反應情形
《猴子臀部爲什麼會紅的》	九五七		杏丙	易讀
《神仙故事》			大乙	有興趣
			杏丙	内容有趣，讀者雖多，但對文字有未盡了解處
《滑稽故事》			大乙	有興趣
			杏丙	内容及文字均有趣，惟一册題目多至九則，久讀生厭
《聰明的孩子》	一二二八	新中國	大丙	有趣易讀
			大乙	平淡
			杏丙	有趣不甚易讀
			杏乙	優生有趣易讀
《勇敢的山鳥》	一三一五	新中國	大丙	有趣易讀尤喜復述
			杏丙	有趣不甚易讀
			杏乙	易讀有趣
《不快樂的松樹》	一三八一	新中國	大丙	選讀者十一人都説有趣易讀
			杏丙	初覺易讀無趣，後經一生複述有趣，選者漸多
《兔子的故事》	一三八二	新中國	大丙	選讀十一人都説有趣易讀
			大乙	平淡
			杏丙	初覺不易讀，後經一生復述有趣，選者漸多
			杏乙	優生有趣易讀
《甜和苦》	四〇〇	大東	大乙	有興趣
			杏乙	有趣易讀
《大難蛋》	四八〇	大東	大乙	有興趣
			杏乙	有趣易讀
《象來了》	五一〇	大東	杏乙	因不甚了解興趣差

续表

讀過書目	字數	出版處	實驗園	教者報告反應情形
《熊舞》	五八〇	大東	大乙 杏乙	興趣濃厚 有趣易讀
《長頭先生》	五四〇	大東	大乙 杏乙	興趣濃厚 有趣易讀
《一包禮物》	五七〇	大東	大乙 杏乙	興趣濃厚 有趣易讀,但不明白雪車何用
《二個小寶貝(一)》	八三四	大衆	杏乙	優生覺有趣易讀
《二個小寶貝(二)》	九三七	大衆	杏乙	同上
《二個小寶貝(三)》	一〇三六	大衆	杏乙	同上
《二個小寶貝(四)》	一〇一四	大衆	杏乙	同上
《兒童故事》	一〇八六五	兒童	大乙	興趣濃厚
《小倭瓜》	二七〇〇	中華	大丙	僅年齡小及程度差者選讀,頗覺其趣味濃厚
《小斑馬》	五二〇〇	中華	大丙	同上
《勃西筆記》	上六〇六〇 下七七〇〇	中華	大丙	無特殊反應
《空中的阿伶》	七五九〇	大東	大丙	無特殊反應
《優美的作文》	一〇三五一	北新	大丙	程度優者皆稱美,並影響其作文日記之進步
《井外仙源》	五六〇〇	中華	大丙	同《小倭瓜》
《辛巴德奇遇記》	一一三〇八	大東	大丙	皆喜讀且皆願復述
《前進》	二一一五〇	大東	大丙	因關於"九一八"事件皆喜讀
《珍珠米傑克》	一八四九〇	兒童	大丙	皆喜讀,讀者並稱書中主人翁真可敬愛
《萬里尋兄記》	一〇七三〇	兒童	大丙	同上但趣味較遜

续表

讀過書目	字數	出版處	實驗園	教者報告反應情形
《苦兒努力記》	約三十余萬	兒童	大丙	選讀極踴躍
《約克和豆梗》		新中國	大乙 杏丙	間有外國習俗，稍有難瞭解處 奇怪有趣
《漁人和他的妻子》	二六四〇	新中國	大乙 杏丙	易讀有趣 易讀
《怪鑰匙》	三二六七	新中國	大乙 杏丙	奇突，很能引起興趣 新奇有趣喜讀
《林中的屋子》		新中國	大乙 杏丙	有興趣 有趣願讀
《很古的故事》			大乙	興趣濃厚
《七個漁夫》		新中國	杏丙	滑稽有趣
《少補了一隻釘》		新中國	杏丙 杏乙	有趣 有趣易讀
《幸福人》		新中國	杏丙	傻得可笑
《五個奇怪的僕人》		新中國	杏丙	奇怪有趣
《貪心的鐵匠》		新中國	杏丙	兩篇均覺新奇易讀易答
《牧鵝女》		新中國	杏丙	奇怪喜讀
《魔鏡》		新中國	杏丙	奇怪喜讀
《金鵝尾》		新中國	杏丙	兩篇均有趣
《睡美人》		新中國	杏丙	兩篇均有趣易讀

普通常識讀物

讀過書目	字數	出版處	實驗園	教者報名反映情形
《自然界的春》 （文藝性讀物）	二〇一四二	北新書局	大丙 杏丙	內容描寫春天景物，僅程度較高一二生喜讀 內容較深，亦有兩個優生能讀，尚有趣

续表

讀過書目	字數	出版處	實驗團	教者報名反映情形
《我的食物》	一六一五	小朋友書局	大丙 大乙 杏丙	都喜讀 易讀惟內容較繁 無興趣
《雲雨風的話》	二〇〇五	小朋友書局	大丙	都喜讀
《植物的本領》	一六七七	小朋友書局	大丙 杏丙	內容很好，因出問題較多，影響讀人數 內容較繁，僅優生覺尚易讀有趣
《動物的本領》	一六七〇	小朋友書局	大丙	所得反應同上
《可怕的傳染病》	一四七〇	小朋友書局	大丙 杏丙	所得反應亦同上 易讀惟覺事項難記，乏興趣
《雙手萬能》	一五〇六	小朋友書局	大丙 大乙 杏丙	選讀者十人都說有趣易讀 稍有興趣 優生讀覺有趣易讀
《機器之王》	九六九	小朋友書局	大丙 杏丙 大乙	有趣易讀，但對蒸汽機之構造則不能使明瞭 有趣易讀 有興趣
《火車的話》	一一六三	小朋友書局	大丙 大乙	同《機器之王》 有興趣
《印刷機的話》	一五三九	小朋友書局	大丙 杏丙	讀者說不甚有趣 內容較複雜但尚易讀
《象的傳說》	二〇〇〇		大丙 大乙	有趣易讀 有興趣
《各樣的生活》	一四四五		大丙	有趣易讀
《周遊中國》	一二〇六	新中國書局	大丙	選讀者十一人都說好，但都不作完全復述

续表

讀過書目	字數	出版處	實驗園	教者報名反映情形
《我們的國恥》	一三〇五	新中國書局	大丙	程度較高兒童都喜讀
			杏丙	內容較深，優生尚覺易讀，讀後頗興奮
《最古時候人的生活》	一一一七		大丙	有趣易讀
《幾個有名人》	一四〇二	新中國書局	大丙	多數兒童喜讀
			杏丙	有趣易讀，最初因學習指引較繁，閱讀較差
《哥倫布航海》	一七九三	商務文學讀本	大丙	同《幾個有名人》
《郵差的話》	一五二七	小朋友書局	大丙	內容很好皆喜讀，惟考察功夫須詳，始能有好的效果
			杏丙	有趣易讀，惟頗以學習事項複雜，不易記憶
《熱地方人的生活》	八四四		大丙	都喜讀
《苗人的生活》	一五〇七		大丙	同上，並且關於苗人婚姻制度等在兒童感想和短評裡寫得不少有意義話
《中國的重要都市》	一六四〇		大丙	選讀者少或因問題較多故
《苦學的故事》	一〇一四二	北新書局	大丙	內容較深，僅一程度高的兒童選讀，無特殊反應
《幾個好孩子》	一三〇六		大丙	都喜讀
			杏丙	有趣易讀
《蒙古人的生活》	七三五八		大丙	內容較深，僅兩人選讀，且費時間很多
《滋補的青菜和豆腐》	一二四九	小朋友書局	大丙	多喜讀且意義都明瞭

续表

讀過書目	字數	出版處	實驗園	教者報名反映情形
《自然界的夏》	八八三九	北新書局	大丙	內容描寫景物，讀者多擇錄其美句
			杏丙	內容較深，只有少數優生能讀，尚有趣
《夏》	一〇一六	新中國	大丙	淺顯易讀
			杏丙	易讀
《古來有功的人》	一三七〇		大丙	選讀者十分之九反應極好
			杏丙	有趣易讀，初因學習指引繁，閱讀較差
《小雨點》	一三四六	新中國	大乙	平淡
			杏丙	有趣易讀適合兒童口吻
			杏乙	有趣易讀
《昆蟲的話》	一四八一	小朋友書局	杏丙	優生讀有趣易讀
《怎樣種蔬菜》	八二八	新中國	大丙	興趣差
			大乙	有興趣
			杏丙	有興趣
《外國的發明》		新中國	大丙	易讀又便摘要，惟測驗記憶結果不及《我國的發明》
《我國的發明》		新中國	大丙	易讀便摘要
			杏丙	喜讀
《我國重要的出產》		新中國	大丙	敘出產銷路漸不如前，讀者頗有慨歎
			大乙	有興趣
			杏丙	易讀易作答案
《地球》		新中國	大丙	選讀者皆以為清楚滿意
			杏丙	有趣
《太陽和月亮》		新中國	大丙	反應情形同《地球》
			杏丙	有趣喜讀

续表

讀過書目	字數	出版處	實驗園	教者報名反映情形
《怎樣種花卉》		新中國	大丙	因時令有關,讀後頗覺興奮
《五月》			大丙	平鋪直敘無趣味
《革命紀念日劇本》			大丙	內容較繁
《桑》		商務	大丙	因時令關係,初選頗興奮,但讀之很失望,請求換他書
《蠶和絲》		商務	大丙	反應情形同《桑》
《衣》		新中國	大丙	淺顯易讀,適於程度較低者
《食》		新中國	大丙	同《衣》敘述,亦嫌平淡
《住》		新中國	大丙	同《衣》《食》
《行》		新中國	大丙	同《衣》《食》《住》
《蚊》		商務	大丙	淺顯易讀不及選讀者深以為憾
《蠅》		商務	大丙	淺顯易讀
《學校的衛生生活》		商務	大丙	內容較繁無人選讀
《防疫方法》		商務	大丙	內容較繁無人選讀
《中國的故事》			大丙	深淺適宜選讀者頗有興趣
《中國的交通》			大丙	選讀者覺有數處不易記憶
《劉永福》		兒童書局	大丙	敘述偏於文言略有難懂處,但讀者很興奮
《戚繼光》		兒童書局	大丙	反應同《劉永福》
《飛機的話》		小朋友書局	大丙 大乙	體裁敘述極合兒童口味 有興趣
《小機器和老機器》		小朋友書局	大丙	體裁敘述極合兒童口味
《自然故事》			杏丙	文字內容淺顯,讀者尚有相當興趣
《健康故事》	一一五三	兒童書局	杏丙	文字內容均淺顯,均能了解

续表

讀過書目	字數	出版處	實驗園	教者報名反映情形
《家畜故事》	四〇三〇	兒童書局	杏丙	內容亦有趣但選讀者少，或因篇幅太長之故
《昆蟲故事》	三六三〇	兒童書局	杏丙	寓意太深不易明瞭
《歷史故事》	二四九七	兒童書局	杏丙	文字淺而內容顯明，篇幅亦長短合度，讀者興味甚濃
《飛禽故事》	三五二〇	兒童書局	杏丙	文字條目清楚，內容深淺合適，頗便記憶
《園藝故事》	一一三七	兒童書局	杏丙	含義隱晦不易探尋，讀者無顯著興趣
《植物故事》	一〇三七	兒童書局	杏丙	同《園藝》
《走獸故事》	一一五〇	兒童書局	杏丙	均稱有趣
《做做好孩子》(1)	一三〇〇	兒童書局	杏丙	文字艱澀，內容隱晦，不甚感興趣
《做做好孩子》(2)	二二五四	兒童書局	杏丙	文字較生動頗感興趣
《做做好孩子》(3)		兒童書局	杏丙	內容較深無人選讀
《做做好孩子》(4)	一一七七	兒童書局	杏丙	文字艱深，內容隱晦，不發生趣味
《自然界的秋》	一〇三八	北新	大丙	程度較優者皆稱美並促進其作文日記之進步
《風雲雨的話》		小朋友	大乙	稍有興趣
《穴居人》		小朋友	大乙	有興趣
《中國的農產》	一〇五〇	新中國	大丙	選讀者皆言簡明易讀
《中國的礦產》	一五四〇	新中國	大丙	同上
《中國的山水》	一三二〇	新中國	大丙	同上
《人類的生活》（衣）	一〇〇四二	新中國	大丙	選讀者皆稱有益並有趣味

续表

讀過書目	字數	出版處	實驗園	教者報名反映情形
《人類的生活》（食）	四六四三	新中國	大丙	同上
《人類的生活》（住）	一一四〇〇	新中國	大丙	同上
《世界各地兒童生活》（上）	九九八〇	兒童	大丙	選讀者皆滿意
《世界各地兒童生活》（中）	九八九八	兒童	大丙	同上
《世界各地兒童生活》（下）	九八九九	兒童	大丙	同上
《天空中》	一八八〇	新中國	大丙	簡明易讀
《地面上》	一〇八〇	新中國	大丙	同上
《煤》	五八〇〇	商務	大丙	讀者皆稱於知識上有增進
《鐵和鋼》	三六九〇	商務	大丙	同上
《鹽》	五九一二	商務	大丙	同上
《空氣與我們》	九九九八	兒童	大丙	問題太多影響於選讀
《美妙的地面》	一五九〇	新中國	大丙	淺顯易讀
《水的變化》	一二九七	新中國	大丙	同上
《司馬光》	一一三九	大眾	大乙	喜讀且皆能表述
《彭修》	一九九八	大眾	大乙	同上
《魚蝦談話》	一六〇二	小朋友	大乙	易讀
《野獸的話》	一〇七五	小朋友	大乙	同上
《耳朵的話》	一六〇〇	小朋友	大乙	大致易讀，惟間有專門名詞較難解

第五篇　自由閱讀的教學

第一　教學基本上應有之認識

在未入正文論列以前，有四個要點，希望讀者注意。

一、心理實驗所得之結果，不經教學實際之調整，不可作學習方式之應用。蓋心理上所發見之規律，與教學法之關係，非如數學公式，可以解晰一切算題。不過等於生理學在醫學上所占地位，習醫者不可不治生理學，僅精究生理學，必不可臨症治病也。知此則徒憑心理學上之見解，進行其小問題的實驗，尚未可以成立教學法。若並心理學而不顧，但以科學方式為外形之表見，則失之更遠矣。

二、教學理論，必須從實際經驗而闡發，始不陷於論理的形式演繹之弊。僅習聞教學法之理論者，而侈談教學法，或評判教學方式，鮮有不入於迷惘者也。

三、不從教學法改造，實現教育之主張，而從形式上改組課程，或從理論上搜集資料。惟藉被教方面成分之變更，企求其學習進度，則成分還原，效率即隨之而消變。

四、教學法改造，是否當以變更學習態度為主要目的。如其然也，惟當問變更學習態度所循之途徑是否完善；以及所立方式，是否未盡。若以舊式教法之立場或觀點，衡量所改造之價值，是鑿枘不相入者也。

因此本方案所論者，多與世之學者所論不盡同，或為其未言之事。惟以往教學，與本方案教學之旨趣有關者，不可不先略論之。

第二　略論自習法

在舊時分科用教科書授課之下，傾向於自學輔導，有所謂自習法，當清季民初，教學上亦有以此稍增效率者。今則各小學規定溫習時間與課外作業，大抵教與學兩方面皆視爲苦役，甚至流爲教師取巧之徑。余於民國七年赴日本調查補習教育，參觀城鄉有名小學數十處，當連帶注意其各科自習實際情事，與彼國學者論著相印證。綜其要點有三：

一、一般課外作業，以在正課時間外，由教師指導之下，在教室內進行其自習工作，始有明確效率。

二、自習與直接教授相補而行。凡學習材料，學習進程，有適於自習者，必盡量使之自習，務期授課所浪費之時間減少，以發展其自學之相當能力。

三、自習進程有適當步驟，初學三四年開始自習，在此以前，必培養其自學之相當基礎。及進行自習，大概有三個步驟：

1. 開始在直接指導下進行自習。
2. 如上經過數月後，使之完全自習。
3. 在高級則於完全自習中，進行較繁複之工作。

自習實際，不外通常教法中所具之三個過程，即預習、練習、復習是也。此種過程，以國語、算術、歷史、地理、理科等科目最爲分明。

國語開始自習過程中關於預習情事：

一、開始在直接指導下之工作

1. 默讀數遍，屬於語體文，用會話式的讀。
2. 默講意義。
3. 描寫新文字及難語句，或並注明音義。

二、完全自習

1. 默讀至完全理解而止。
2. 記不懂及難懂的詞語。

3. 明晰的默講。

4. 默寫難字句（2係求知，此係練習）。

其最要者爲供給預習資料，非固定時間的自習，則延長其授課時間，由教師分給，其時間固定而教師非直接監督時，則輪值兒童分給之。

自習過程中關於練習復習情事：

此以讀寫爲主，讀用默讀，寫於看寫、背寫外並聯絡綴法，令改正通用語爲敬語，以及伸縮某段落中之語句。此種自習，不能逐一檢查或整理，惟抓住要領而考查之。

自習過程中直接教授

此之進行，一方整理預習結果，一方引出練習、復習之資料。惟直接教授，較自習範圍爲廣，有時對不甚需要之部分可省略之。如果所授者不合兒童要求，則不能得到效果。其應授事項，約如左列：

1. 答復兒童質問。

2. 改正已習的錯誤。

3. 補充其不足。

4. 推究課文，作練習中默讀默寫之基礎。

至於史地理科等科目，依國語自習程式以及普通使用文字須與國語進程相應外，凡此等科目特性，如史地在預習中應製綱領片使類輯事實或作表解，地理更須指導看圖與實地觀察；在復習中指導其概括事實或簡要，地理更須描繪地圖。理科在預習中使觀察現象，搜集材料，準備實驗用品；在復習中搜集同類材料，加以推究，或自行實驗練習。其直接教授，以共同討論研究爲主，參合提示而行之。

單級教學固亦直接教授與自習相參合，顧其所以構成自習，由於分組學習，不得不以不出聲之自習資料，爲分配標準，雖由此或亦可培養其自學能力，然其動機固不出發於自學目的也。自習法目的確立而途轍未改，雖參自習，不過直接教學的學習形式之稍有變更，與單級教學之自習方式無異。故經多年使用，惟在無關自學能力之默讀默寫下討生活，所謂減少授課之浪費時間亦成虛語，以致末流而不免弊習叢生者，則以產生於分科用教科書授課之下，結果固當如是。然而其中有效率之經過，抑又改進教學法者，任如何推翻舊式，而不可不體會及之也。

第三　略論道爾頓制

　　道爾頓制誠不無缺陷，然以有計劃之自由閱讀，打破傳統的班級制與授課形式，實歸功於此制之新發見。故實施本方案者，有了解此制之必要，由其異同之點，而求所以致力之途徑。

　　道爾頓制係同年級的兒童，在同時間內，不限於在同一教室修同一課程；以及在同一教室內同時間作業，不限於同年級之兒童。故何時間習何科目，以及某科目指定作業應修若干時間，完全依兒童之興趣與其能力，不受任何牽掣，而結果超過於普通教學的固定劃一下所得成績。其所以達到如此企圖，由於三種辦法。

　　一、作業室部署　合性質相近之科目，分設作業室，凡關於本期課程應用書籍圖表實驗器及成績，均陳列室內。並依作業室性質，從誘起美感與激引學習兩方面，爲適宜布置。室內設教師坐位，課外亦可在此處理教學一切事宜。兒童用長方桌，數人圍坐，不另設自習室。

　　二、功課指定　計劃一學期應作業之科目，分每月作業爲一大段，每大段又分四小段爲每週作業。其材料按各級原有程度而推進，規定最小限度，達到限度者爲及格，優者另給補充材料。大段之作業綱要，須在每月前一周準備齊全，布告室內。並且各種教材，力求聯絡，即製定綱要，由分擔教師共同討論定之。

　　指導作業細目分十項，除第一項外，概以一小段爲單位。

　　1. 導言。係綜括一大段的作業，以極簡要之語句表出，而足以引起作業興趣者，柏克赫司特女士（Miss Elelon Parkhurst）名之曰"興趣囊"。

　　2. 要目。係一週每科目之總題，即每小段一個標題。

　　3. 問題。係每小段應練習研究調查討論之事項。

4. 筆記事項。如國語筆記、理科實驗錄等。

5. 記憶事項。如國語之生字成語、數學理科中之公式、史地之地名人物等。

6. 討論或講述事項。此得由教師斟酌情事，指定時間地點，分別集合兒童行之。

7. 參考書。即指定自閱之參考書。

8. 作業計程。係每段各占一周功課若干份，作完某段，即已修全部功課若干。

9. 臨時布告事項。事前未預定事項而發生于臨時者，書於室內布告板上。

10. 附帶成績。某科成績與他科有關係者，不但可作本科成績，亦可作他科成績之一部分。

三、成績記錄　最通行者有三種表格，格式不適於本方案之用。

1. 日課登記表。教師在室內記各個兒童成績，便於同級核計。

2. 工約表。備兒童日課登記之用，每人各需一張。

3. 週表。此係各科作業的總計，存教務處備查。

道爾頓制所以能表見成績，固由其自由閱讀之學習，能解放班級制之束縛，減除授課形式之浪費。然其進行學習，在教師方面，作業前規畫學習工作，作業中指導與考核；在學生方面，作業前認定每日學習事項，作業中求理解所學習之事項與準備受考核之記錄，二者皆有一定程式，與通常所謂自習或課外作業，散漫無歸宿者固自不同。所以道爾頓制實施之結果如何，當視對於上之三種辦法，是否已盡其用。如果實施止於一二班級，其科目性質依類合併，超過於班級之數，因而議及此制需用教室，比班級制爲多；或者分擔此制之教師，每人尚任其他班級功課，因而議及此制所需指導時間，必須超過班級制授課時間；皆爲不甚澈底之見解。吾國以往實施道爾頓制之失敗，原因殊不純屬此制本身。一般專襲形式者無論矣，即如著名某附中實驗報告，認爲遜於班級制者，關於升級問題，因各班未一律實施，非道爾頓制本身問題。關於教室教師問題，似亦如上所論。尤以所開三個課程，如英文在初中一二年級，未經若何基礎準備，遽然期其完全自修，當然不及直接教授之成績。其國文選用教材，僅其前後各篇配置，形式上頗具匠心，而不知本質與其思想，超過於初中程度，惟有用授課形式，或有極少數人尚能體會。似此實驗組與比較組之學習，早發生根本先決問題，任如何統計精確，皆爲不可靠之分數。近來吾國學者種種實驗之統計，形式上確比往昔進步，頗足以迷惑衆人。惟所資以實驗之材料與成分，根本上頗多疑問，此則吾人所深爲惋惜者也。

一般小學之全班主要課程，由一個教師擔任者，在二年級以上，與其採用單級編制之複式教法，支解其學習事項，爲虛浮的自習。不如改施道爾頓制，學習較有實效，即全日二部制亦然。提倡此制者，謂分科擔任，可按個人所擔分量，共同指導或輪流指導。共同指導，勢所不許；輪流指導，即已隱妨道爾頓制指導之精神，非經驗有得之言也。此種無關本方案之參究，不欲詳論，茲所欲言者有兩點：

一、教師擔負加重問題　此又分三點言之。

1. 指導時間加多。此先當了解者，實施道爾頓制的教學，學生何時習某科，以及某科學若干時間，完全聽其自由。因此不問科目在課程上各占若干時數，但使作業室開放若干時，即須有擔任某科者一人爲指導，而且不能作兩個作業室之指導。此惟全部班級實施道爾頓制，教師皆爲專任，指導始不發生問題。若一部實施，而分科計算所擔鐘點，估量指導時數，根本實不相容。

2. 重複講解。此在道爾頓制爲較嚴重問題：其一，事前未準備自學的習慣與能力之培養，一旦改變學習生活，自易形成如此現象。其二，分組與共同討論，難於措施適當，易加重個別指導之應付。究之非無救濟方法，惟視實施如何耳。

3. 筆記繁重不易檢閱。此當問者，一般小學所有之習字作文及課外作業等，習字作文是否祇於定時學之；授課是否祇以對所讀之書能讀能講爲已足，凡附隨閱讀之作寫，皆不當問，以及課外作業，皆無需乎嚴正處理。如其不然，此問題無討論之必要也。

二、學生偷懶問題　此可分四點言之。

1. 抄襲他人筆記。此其最顯明之原因有三：其一，問題太零碎且多機械答案，抄襲與否，無從分辨。其二，本週同程度者，皆習同一教材，便於抄寫。其三，通過以筆記為主，惰者與鈍者因之生希翼之心。

2. 惰者與鈍者但求通過，不肯深究。此之根本問題，不在學習方式，而在教者引誘鼓舞之熱誠與妙腕何如。總之在自由閱讀之下，比班級制授課，固易促其前進也。

3. 中途退席。此惟實施班與非實施班同在一處，各室啓閉，不能以道爾頓制之規則行之，查覺困難，或生此弊。

4. 在作業室不習應習之功課。此所指者，如為看閒書，則因道爾頓制不從事改造課程，教材之無興趣，與班級制所授者同。如在甲作業室而作乙作業室之功課，果實施道爾頓制而有此現象，尚歸咎於道爾頓制本身缺陷，未免太不合理矣。

依上兩章略論，可以知自習法根本之缺陷，由於建設在用教科書授課之上，無法充分發展其自學能力。道爾頓制根本之缺陷，由於不從事課程改造，而僅改變其學習方式；以及作業室開放之時間必須同一，而教師分科任課之時限不等，因而發生指導問題。至於自習法由三個要點所見之事例，道爾頓制由三種辦法所表見之程式，實有互相參證之必要。

本方案完全改變學習態度，同於道爾頓制自由閱讀之形式，與自習法立於授課之基礎上截然不同。而改造課程，結合常識與工具為一；又採取兒童在課外閱讀物之興趣，絕對廢除教科書體例之書本：以讀書式與非讀書式對立為課程之兩大部分，二者相互之間亦期於適應。並且因機會與情境，而以臨時大單元設計與特殊練習補充之，在道爾頓制以分科擔任時限與作業室開放時限兩相參差，認為最感缺陷者，此則絕對無之。其詳細事宜，分為學習指引、準備、直接指導、考核四項，說明如後。

第四　自由閱讀與教學過程

　　在研究學習指引之前，對於教學過程必須了解。教學過程為授課式下之產物，因為直接教授，必須注意對象反應，故傳統之教學過程，即由心理過程而構成。其實在教學情境中，對象甚多，反應殊不一致。而且變換甚速。心理過程雖可作教學過程之一因素，而不可作唯一定形。美斯滿（Mesmer）解釋精神作業，為合於目的的活動；因認定心理過程非皆具有教學意義，其說誠有見地；顧又改用論理程序，未免玄之又玄矣。不過心理過程之思想分析，一經成為一定順序，未有不含論理形式者也。如啓發式即由過重歸納形式，而以零碎問題。為引起領受知識之動機，形成今日一般教學之習弊者也。道爾頓制因學習方式變更，無用固定過程之必要。然其基本理論，則謂思想進行，先有普通概念，然後就此概念，析為獨立原素，構成普通真理。因之斷定歸納教學法違反心理原則，而以規定功課綱要，分給學生據以學習，為運用演繹法之表現。第就方法形式而論，世俗之算術教法，在具體解釋未表明以前，盡力注入抽象思想，何嘗非演繹歷程之誤用。歸納教法之搜集材料，同時建設臆想，又何嘗不含有普通概念之存在。道爾頓制之導言，即與舊式指示目的同一功用；其搜集材料解答問題，亦須使用歸納歷程，蓋演繹與歸納之分，純繫於搜求假設一個大關鍵，假設一經取得，即無區別。可見純從形式上區別，殊無謂也。設計教學法以思想發達程序，演繹與歸納有相互作用，而反對擴大的概念，注入過早。凡求得之知識，須可用以解決同類問題，使主要思想之連鎖，逐漸擴大，得以繼續改造其經驗。有時單用，亦必前後單元發生關係。如種稻，用歸納法求得生長程式之原則。其次種麥，即用種稻已知原則，以演繹法研究之。凡此種種論點，於教學過程之變遷，可以窺其概要矣。

　　吾國已往教學過程，最初襲用海爾巴特（Herfast）方式即啓發式教學所循之階段。通常所用者，大抵稍加增損，以預備提示整理或應用三段，包含比較總括在內，應知識技能之科目不同，量爲取舍。京師學務局依此規定，影響頗大。其後江蘇小學教授法商榷會之教師，應自學輔導之潮流而修改，分預習、練習、整理、應用各段，每段各附子目，各師範學校教案，各書坊教授書，及學務機關所定，多取此式。迄杜威學說輸入，設計法風行一時。杜氏歸併五段爲三段：（一）認識特別事實，（二）合理的概括，（三）應用與證實，鮮有討論及之。其隨設計法而引出之教學過程，分爲目的、計畫、求結果三段。各段之中，師生各有相當任務，應教材不同而立欣賞、練習、研究、建造四個格式，新式學校莫不奉爲科律，書坊教授書亦以標明設計過程相號召。今之定教學過程者，大都襲設計過程之面目，參以海氏教順之涵義。語其教學實際，幾無一而不流於形式。非五段教順與設計過程之違反心理程序也，則以程序不當爲單元整體之分配。而分類規定，如海氏教順之因科目而分知識與技能，設計過程因學習活動而分四式，實無如此嚴格分明之教材。教者不體會其意義，而徒襲形式，所以流弊百出也。

雖然，教學過程苟無可循軌範，控制其學習，則教師之預備與實際教學，必致散漫無序，其結果較之拘束形式，弊尤甚焉。教部規定教學通則，示以適應教材部分，規定練習、思考、欣賞、發表四個式例，似已稍知已往之弊矣。然猶有未盡者，則以此種學習活動，產生於教材方面，往往不爲單純活動。即外形似屬於某一方面，而活動成分，多由相互而構成作用。談教學法者可以分別析理，如其在實際應用上孤立示例，即易引致淺見者入於歧誤之路。某省教育行政機關規定小學各科教學過程，表明依據教學通則四個方法，分年分科，混合編訂教式，並採最初五段教案之例，分別規定每項應需時數，即其明證也。

本方案之自由閱讀，打破班級制與授課形式，完全改變其學習態度，凡已往授課式下產生之教學過程，自不適用。又鑒於道爾頓制僅以功課綱要與導言之啓示，有開端而缺乏歷程，不足使學習活動，由自學而表現其循序而進之情狀。故其資以爲控制之具者，在學習進行中幾無可言。吾人當知從授課式下言教學過程，惟教而後有學，其主動在教師，勿論過程如何，皆可循例而進，其過程易定。自由閱讀之過程，惟學而後有教，其學習爲兒童自動。使過程不能期其自然遵循，則過程等於虛設；或過程而有賴於教師直接策動，又非自學所必要，而且事實上亦絕不可能。所以本方案規定過程，不從心理或論理之形式方面建設思想歷程，惟從實際活動情境中表出自學之必然的步驟。因此對於分段讀物，在各段進程中，應如何了解內容，而取得常識與工具，以進於達到解決問題，先有研究之必要。

一、讀物的外形　自學中之閱讀，近來頗有趨重於大體了解之傾向。此大體了解，亦可云全文大意之了解，當然由文字領會而進於事情之綜合。但一提及事情綜合，便須抓住要領，始能取得綜合觀念。此在理論易言，而實際殊爲難能。從前授課式以問答與講解給予綜合觀念，亦僅表見於形式，究竟全體兒童，是否取得綜合觀念，頗難證實。即取證於問答，大抵依據教師所授者，由語言文字而復述，並非構成心得之表見。此於舊式教學過程之指示目的與綜括兩段，多有同形式之問答，可以概見。所以從事全文大意之了解，不可不辨明以下各點。

1. 何謂大意，僅指各個語意句之義乎，則於認識文字已取得之。爲整篇大意乎，則等於目的之指示。前者之大意祇於各個觀念，如何進於綜合，成爲問題；後者又易流於空虛。

2. 童話故事，不限於皆含教訓意味。不含教訓，所謂意義者，爲其事情之顯露，而非旨趣之表出也。即含教訓，亦事情所具之活動，隨在表出，而非其全部事情，爲單一之目的所貫澈。蓋文章除論說體外，如記敘之文，本不限于以單一目的，爲組織篇章之綫索。而論說不過傳統上應試文與辨論講演所應需體式，在初小領會常識與取得工具，皆無取乎此。即日常有需乎討論辨難，亦爲斷片之語言文字，非構成篇章也。

3. 綜合事情的觀念。可由了解事實的組織而取得大意，不因取得大意而即具有組織力。而此大意了解，不由學習進程而自然取得，終非真正的了解。然而大意必用語言文字而表出，每有爲成人所難能。所以在教學方面，不得不別求檢驗之方。

欲使閱讀所企求之標准，能在自習中達到限度，又爲兒童初學所能企及，試一體察演劇分幕，即可得其竅要矣。

演劇分幕，第一爲人物的分配，第二人物在每幕中之活動。每幕情節之變換，與其出場人物以及配角雜拌之有無或變換有關；其種種情節，則分繫於各種人物的表現之活動。觀劇者必由在場人物而審其各別活動，由各別活動而了解其具體情節。

童話故事皆具有情節之文，情節皆盡其活動之致，綜其外形，約有三體。

1. 單一體。表一人或一物之事。

2. 對比體。大概以二個或三個人物爲主（亦可云二組或三組），其中必有一個人物成功或爲良好者。其有不分軒輊者，如三個傻子十五少年之類，此或分敘，或互見，分合之迹顯然，亦可附於對比之列。

3. 第三關係體。此有兩式，即一以結束構成第三關係，例如鷸蚌相爭是。一以撮合構成第三關係，例如白兔脫險是。（大東《看圖講故事》第九種）。

對比與第三關係兩體之情節構成，其獨立與相互之部分，極爲分明。單一體讀物最多，其活動由時間或地方或遭遇等，自表出其自然程序。此在每段落中之活動事情，可於主角與配角雜拌之有無或變換而求之。即有配角雜拌無多變換，然有一段之變換，則前後情節之分割顯然，不過配角雜拌有個別群體之別，如姊某、妹某、友人某，是爲個別。群體又有定數與無定數之別，如三個姊姊、五個強盜，是爲定數；姊妹們、強盜們，是爲無定數。配角係於主角立於對等關係，雜拌則爲附屬人物，主角配角下皆得有之。又配角與雜拌，皆可變換。凡配角雜拌之有無或變換，與情節之變換有關。

以上所論，普通讀物第一段第二段鮮有逾其範圍者。由此進論各種普通讀物，當如下之區分。

1. 表事　此可分爲兩類：

（1）表事中的人物。具詳於前所論之三體。

（2）表事的本身。敘一件完整事實之始末或其各部分，由輪廓定形構成事實者，如運動會、遊藝會等是。由活動關係構成事實者，史談所記各篇歷史皆是。此種外形，從縱方面觀，以發生、經過、結果爲自然程序。從橫方面觀，由各部分結合構成事實，輪廓定形構成之事實每每如此。

2. 表物　此亦可分爲兩類：

（1）人格化的敘述。物的人格化而非常識讀物者，大體以人事情節，藉物之習性與活動，而表出人事情節，亦有抽寫物的本身，而含有人事教訓之意義者，此當與表事中的人物同類，如小雨點，小熊逃學等是。若用物語體表出，而内容等於寫實，與Ⅱ項同。

（2）寫實的敘述。爲純粹之常識讀物，雖亦重藝術描寫，但在材料組織之特別與文字表出之生動，不在文體。大體以生長程序，與本身内容，爲外形表見之結構。

3. 表人　此亦分爲兩類：

（1）抽敘人物的特殊事實。此可歸納於表事中的人物之内。

（2）傳記體。專以人物爲中心，與故事以事爲主者不同，其所表見之種種事實，集中於個人的具體人格，並關係於時代影響。讀者思想，當從此兩點注意。

4. 表概狀　係一種集合體事物之靜的描寫，如春夏秋冬衣食住之類，大概分若干方面或若干部分，編成一種讀物者也。寫景文即屬於此類，但不限於全篇皆爲寫景之文字。大抵兒童美感，仍多在動的情節，若靜的成分太重，反足以減少其興趣也。

本方案選用讀物，由上之四種外形，大體備於是矣。

二、閱讀進程　第四篇所論係以讀物爲立場，此則專從學習方面言之。先當討論者，爲工具與常識，當依如何步驟而達到企求之標准。此在本實驗未完成以前，不能作空言的討論。故在工具方面，依部定課程標准之國語作業要項；在常識方面，依其自然、社會、衛生三科目作業要項，排列目標。前者如説話、讀書以及附隨於閱讀之作文、寫字，皆以熟習部定作業要項爲限；後者則以純依讀物取得知識與以讀物爲取得知識之根據，最低限度能讀迄讀物的目標所列讀物五分四以上。標准既明，斯步驟可得而言矣。

1. 在閱讀每段進程之下，兒童當純由自學而讀文，進於內容探究。

2. 開始閱讀，能自抄寫生字難語；在書面指引下摘記主要語句，復述時能依標點符號，爲有節奏之會話式的朗讀。

3. 初讀普通讀物，能摘記喜讀語句；能依書面之段落的指引，解答問答，進而寫出主要人物，了解其活動事情；以及依原文爲簡要之復述或表述。

4. 進讀普通讀物，關於純文藝讀物，於事項外，並能依指引片提出之點，簡要記述事實，寫答文中關鍵；以及擇要表演。關於常識讀物，則以寫答問題與節要記述爲主，並能依指引而進行其附帶作業。

5. 經過以上進程以後，於寫答問題節要記述以外，得進而指引其組織事實，如分項歸納事實，作表解等，並寫讀後感想，但須視讀物內容而定。尤其常識讀物之內容，有須觀察現象或實在事物，以及證驗工作，描繪地圖等，應特別指引而致於實用。

至此而教學過程，所資以爲控制自學之具者，可得而言。前言本方案教學過程，係從活動情境中表出自學之步驟，此活動情境爲何，必然步驟爲何，二者又如何結合而形成過程，由下所論，可以見之。

第一步當如何而讀　凡授課式下之輪讀、齊讀、分組讀、指名讀等，在自由閱讀下一無所用；分段讀、全文讀、精讀、略讀等，在自由閱讀下無需教者指定。每種讀物之學習，必須閱讀若干遍而後能理解，誠非吾人所知，吾人亦不希望從心理學對此有如何發見。因爲此種發見，在實際教學上不惟不能取得正確率，亦且無□期默讀者必如此進行練習也。惟閱讀必需多遍，且須分布。欲使應學習每個歷程中之需要，由閱讀而產生各別之效率，又不浪費或虛耗時間。惟有在每個歷程中，有附隨閱讀而表現成績之適當工作，而後兒童自然必讀，且恰如所應需之閱讀遍數。由此求之，最先閱讀，其歷程在文字之認識與了解，以記生詞難語及其查得音義爲表見的成績。其次歷程爲解答工作，進行第二回閱讀，以答題及摘要爲表見的成績。最後歷程爲表述準備，進行第三回閱讀，在反復故事須照文之標點爲有節奏的默誦；在普通讀物，爲內容及概要的探求，以復述或報告爲表見的成績。此種歷程，皆須逐段而讀。每經一個歷程，皆有進一步之心得。教者惟從所表見之成績而考察，而讀者自然分步練習，此皆從前自習法與道爾頓制所未有完整的規畫者也。抑讀的本身，無變化可言。舊式在試讀中，兒童頗知注意。及於練習復習，仍爲同式讀法，兒童每有不經意而隨讀者，蓋爲練習讀而讀，止於機械的反復。不能表見讀中所得，若爲進行工作之需要，不得不讀，則讀爲求達之目的所策動。爲讀爲看爲想，固無分也。雖讀的本身無變化，而由讀所達到之企求，立刻實現，正無需另求諸變化作用以助興趣也。以視從前論讀法教學，專從讀的本身求方式，並不顯出如何效率，其相去不可以道里計也。

　　第二步當如何作筆記　第一步論如何而讀，分三個歷程，其前兩個歷程之成績，皆表見於筆記。則筆記如何而作，實爲產生讀的工作之起因，茲分別言之。

　　在認讀文字的過程之筆記，應注意以下之條件。

　　一、每篇讀物，必有若干段落起訖表明於書上。依其起訖讀完一個段落，記入其段落中之生詞難語，使所記者由體會整段或整句的文字而出。

　　二、生字非詞爲單字，而係結合二字以上成詞者，必須記入全詞，以便檢查字典恰爲求知之音義。

　　三、兒童閱書，每對於少數生字，不求甚解，含混讀之，略而不記，此種習慣養成，頗妨害於以後讀書進程。教者於開始閱讀時，切宜注意，嚴加訓練。且於交閱筆記時，抽詢未記入之難字若干，令其讀講。如稍有不確，即令補查，記於簿上，務使知取巧與率爾，但期速讀，有妨讀書進程，必不可犯。

　　在指引作答之過程中，其筆記因讀物進程之進展，隨指引而開展其閱讀能力。茲惟揭出通用之點如下：

一、此項筆記，必在全篇的生詞難語記寫以後，依命題順序，由閱讀中取材而答之。

二、此之答案資料，繫於指引要目之範圍以內，每個要目有若干問題，殊無一定。須順要目次序，答完一個要目的問題，以次及於其他要目之問題，不可錯亂。

三、指引中列有命題以外之作業，亦須記錄者，其記錄在作答之前，或作答以後，應依指引之序而完成其工作。

第三步應如何而作表述預備　此過程之進佔情形，與上相等，應在筆記後作預備。惟此項指引，不能如問題之詳明，兒童應於教師分別讀物作示範表述時，注意表述所有動作及姿態，而視指引作何表述而預備之。其要點如左所列：

一、以會話式朗讀原文爲復述，在預備中依示範標准，作輕聲的朗誦。

二、分段述原文概要的復述，於不甚重要的語句，可以自由省略；最生動的情節，則酌參表演方式。

三、表演式的復述，視原文如何而定，不限於每篇皆然，可以單人表演或聯合表演。作此預備，得特定時間，由教師指導行之。

四、報告式的口述或筆述，此有兩種方式：其一依原文的次第而摘記主要事情，其一重組原文分項歸納。

表述之用，不僅由此可資考核，抑可交換知識，使未讀者或讀或否，讀可以容易領會，不讀亦略知其梗概，其益甚大也。

第五　學習指引

由上所論列，歸宿於學習指引。在道爾頓制以功課指定爲自由閱讀的樞紐，規定進行要點十項，使學者明了自己作業的内容及其對作業應負的責任。本方案之自由閱讀，則以讀物支配與學習指引爲教學關鍵。

讀物支配已詳第四篇，茲所欲申論者，道爾頓制之所謂自由，係不限於一定時間習某科目，而教師增加指導之繁重，亦由此而生。尤其班級少而非專任教師包辦，則擔任指導時間更有問題。蓋各科作業室同時啓閉，不問每科規定鐘點若干，在開放時間內，每室均須有專任教師指導，各室學習人數無定，過多則照顧難周，過少亦不能分任他事也。尤其課程科目仍舊，徒使分科授課教師，商定教材聯絡，虛實時間，終不能免除舊時無趣味的學習。僅此學習時間之自由，而期其改變學習態度，似未可爲根本解決辦法也。假令學者對某科目之某項教材，根本不感興趣，終於不得不習，是所給予者亦僅爲形式的自由矣。本方案以讀書式與非讀書式爲對立課程，相互相輔而行；而讀書式則統合常識與工具爲一。課程即混合出於自然，無設計中心單元流於形式之弊；教材又取之前此課外喜讀之讀物，關於常識部分，因適應目標而支配，比教科書更爲完整，所有從前分科與教科書所發生之缺陷，皆已解決。故其自由之表見。在使兒童於教師目的控制之下，自動的選取教材而學習，以適應其真正興趣。且其中含有不限某時讀某種讀物之自由，亦足與道爾頓制作業之自由相當，而無各科作業室同時啓閉所引起之糾紛事實，所以本方案之實施，祇有彌補班級制授課之缺陷，絕無教師在班級制授課所不感到之困難，反由此而發生困難也。

　　論及學習指引，因讀物種類不同，進程不同，結構不同，以及閱讀進度，各有其特殊之點，指引亦異其趣。而且自由閱讀，係以反授課形式爲立場，則指引亦必適應默讀、筆記、表述三項，對作業而確能自負其責任。所以劃出直接指導與考核二事另章專論，茲惟就學習指引言之。

　　一、標示　此與道爾頓制導言同其意義，但彼係介紹一個月課程綱要的大概，此則於每種讀物的開端，提出一個標示，引起讀者選閱之興趣，範圍既不廣泛，觀念又接近於當時閱讀，其興趣單純而且直接，當較有明效也。不過較短的讀物，有時書名等於標示，即不另作標示。

　　二、抽提事項　本方案所用讀物，係選取各書坊編譯的兒童課外讀物。內容之富，範圍之廣，興味之濃，遠非教科書所能及。但選材用詞，間或未審，勢所不免，或不如教科書形式勻稱。原書占如此成分過多者，自棄而不用。如果極細微部分或極少詞語，稍不適當，棄之亦覺可惜。有此抽提事項，明白指示，既不妨礙其學習，而備選分量亦可增加，以吾國出版界之幼稚，不得不然。然以視用教科書者之須增删或補充，固猶便利也。茲將抽出提示之點，分列於下。但一種讀物之抽提事項較多，或提示文字較多者，得另紙揭示。

1. 教者認爲兒童不解之詞語。如譯詞，不常見的事物之詞，較遠而非習聞之地名，不通俗之成語，不明晰之冗長語等，皆加以解釋。

2. 教者認爲可省略之部分。如數篇合爲一册，有某篇不必讀或僅讀某篇，叙雜許多事物，有某事物叙述過繁重或欠明晰者；書中某段無意義或繁瑣可不讀者；應提出令其不必閱讀。

3. 教者認爲與他册有關聯之點。此須就本班選用全部的常識讀物而衡量之，如讀過某書始得讀本書，或讀本書後得進讀某書，以及與他册有相互關係，可以參照等，均應揭出。

4. 教者有補充或修正者。此亦偏重常識讀物，如選用讀物之篇中某段稍有歧義或簡略者以及有誤字者，得提出修正或補充之文字，指引其參合閱之。

三、問題　此爲指引作筆記之主要工作，其功用可促成默讀之練習復習，亦可促成附隨讀書之作寫。不過如何由此各個命題之解答，對全文而取得進一步之整體的體會，且開拓其閱讀能力，則視題目如何引致其解答，由解答而取得聯屬觀念。所以論及此項，對於命題的形式，先有討論必要。

從前一般學校進行道爾頓制，余所見之十餘處及雜誌所登載者，由其問題發生兩種現象：其一，抄別人答案，無從分辨；其二，由解答所得，止于零碎記憶，而世人皆不之知。所以然者，傳統的教學問答，其形式莫不如此。口答與筆答不同，又爲從來教學法所不問。吾人當知啓發式之以問答顯其功用，係插入於授課之中，在如何取得反應而命題，以引起動機或啓示疑難。雖有一定情境，而無一定時間，且時限不可過久。又同時只容一人作答，無搶替抄襲可言。至其用於練習復習，已非啓發本身所必需。故如是否答、選擇答、一問兩答等，皆爲授課發問所禁忌之命題。此種對答，無需看書，時間亦不容許其看書。筆答無引起動機與啓示疑難之作用，其用於考試者，雖亦不許看書，但非時間之不容許，而係禁其看書。其作答時全體同時，且規定相當時間，各選能答之題答之。故命題有兩種方式：其一，試其聽講心得，則命題宜有寬博之內容；其二，試其聽講記憶，必由衆多題目，而後可發見已知成分，不嫌題目零碎。令之測驗命題，專爲統計方便起見，取啓發式禁忌之是否答、選擇答，爲唯一題式，所測知者純屬於記憶成分，而以之爲理解的判定。即從心理分析，基本已生疑問。而標榜者謂其測知數量，較有可靠性。其實可靠者，多屬於機會成分。何也？測驗命題較多，答對之機會因之而多。使題目非授課總量，則所測知者即可靠而亦不完全。教者授課以後，對於平時發見反應情形，覺某種情形尚未十分明了，因而提取部分，由測驗以證明之，其功用自大。若平時不留心反應，專用測驗方式，其測知者殊不足爲教學進行的依據。至於各校教材不同，自製測驗，力有未逮。用通行測驗材料，又有未盡適應之處，猶其餘事也。筆答用於閱讀者，完全在發見看書之心得，往時書院月課常用之。一般學校之筆記日記，非由命題而作。惟自由閱讀之命題作答，由筆記的成績之表見，等於測驗或考試之功用。由解答工作之進行，等於啓發問答之功用。命題不當，功用即無自而見。出版界各種讀物，間有附練習題者，皆用測驗方式，論題目內含則嫌零碎，論解答情事則彼此可以照抄。欲謀矯正，當注意於以下之原則：

1. 由解答一個題目，可以解決一個小問題之疑難。
2. 由解答一個題目，可以構成某部分或某方面之概念。
3. 結合相聯屬之問題，可以了解一大段落之具體情節及其大意。
4. 題目須無需用同一文字作答。
5. 在命題之始，另以文字啓示意義。

爲使上之五個原則達到企圖，當於指引片上，將篇中各大段，順序以一個簡要語句，提出要目，而分繫各個問題於其下。其原書已標分目者，則就原有分目，分提問題，但原分目不當者當修正之。蓋分段與標目，皆兒童所難能，必須教者提出，其功用與道爾頓制之每週要目同，較導言更進一層，此在舊時教學法中，為課首之目的指示。有此分目指引，既便兒童搜尋解答材料，又於形成每大段的概念亦有輔助。在通常閱讀時，兒童或逕讀原文而不注視分目。如問題繫於分目之下，解答一個分目所有問題，即為完成一個分目之學習，自不得不注視分目文字，因注視而概念亦隨之而生矣。如閱讀普通讀物進至第三段，經二三月之久，在分目下解答問題，漸了然於段落分析與概要標明，教者亦可不提分目，僅以數字記段落，分別所有問題。令於每段之問題解答後，尋求起訖，並以簡要語句表明之，當亦可行也。

　　四、途徑啟示　此所包含者頗為複雜，材料領域等於抽提事項，作業情形等於命題解答。因讀物的性質與進程，以及結構不同，所以啟示其學習者不盡同一。惟啟示之文，只在促其進行某項工作，即提要點，不詳事實，且亦非每篇皆需此項工作者也。茲就應啟示途徑之要項，分列於左：

　　1. 附帶必需的作業。此在純文藝讀物中，利用其人物所處情境，給予以作文機會。例如擬某致某之書函；或某在其情境中應有的談話；或有如何答辭或勸告；以及就書上附圖，或書中最有興趣之品物，綴數句小文等。在常識讀物中，就自然現象或環境事物，當作如何之觀察或證驗，而記錄經過於筆記簿；以及觀察所參考之地圖，或描繪地圖等工作。除觀察一部分外，皆為啟示最後之工作，在指引時必須注意。

　　2. 必需記憶的事實。例如，抽提所未及之生詞成語，或應用公式，以及最美妙之語句等。

　　3. 必需推究的要點。例如，情節或語句含有言外之意；文中前後情節順逆大轉變之關鍵（僅事實變換而不含順逆意味者非大轉變，應注意於轉字意義，亦有非順逆轉變，而將前後劃為兩截，引出不同觀念）；指點本篇旨趣之處；文中相互關係之處；以及必須精讀始能了解的部分等。

4. 整理工作。在命題解答，係分段命題，此則綜全篇而爲之。其工作或專屬某方面，或涉及數段，皆關於事實之綜合。例如，分項歸納事實，或作表解，以及讀後感想。惟使寫感想，須略示要點，不可出以籠統之命令語，蓋兒童思想薄弱，太空泛則不知如何着想也。

表述在默讀中無由表見，自以定期示範與定期復述，爲適宜指導。其對於所習讀物，係用朗誦、概述、表演、報告等之任何一個方式，當在指引之末揭出，俾兒童知所注意。

根據以上論點，尚需適應進程而分別指引。茲不詳論，惟就製指引片分別舉例，實施者引而申之可也。至於 2、3、4 三項，有時亦可混合爲一，細審以下示例自明。如果不深究以上所論，僅襲形式而爲之，將於本方案所以重視學習指引，與如何指引而盡其用，未能澈解，必致影響工作進行，減少其教學效率，此不可不體察者也。

學習指引片式

書　名	號　數	段別 類別	標　示
學　習　指　引			

片式寬約三四寸，長約五六寸，此係正面，背面爲空白，正面不敷用者，書於背面。指引文均橫書，從左向右。段別指普通之各段，類別指純文藝與常識，以甲代純文藝，乙代常識，詳第三篇。

反復故事之結構形式，較爲單純。如《第二期方案》列舉，有平叠、演進、循環、遞加四類，析爲十一式例。其結構之變換，由其詞語反復之次數而可見。詞語反復有兩個定形，其一爲完全同語句；其一爲由同形式語句而變換一二新詞。複雜之反復故事，即爲反復之分量加大，或變換之成分較多。惟此種讀物，無關於常識取得，僅爲文字工具之練習。所謂了解內容，直言之即文字意義之理解是也。故其閱讀工作，以能依逗點讀點句點之節奏讀全文爲主（此時或不能辨明分點）。試再就第二期方案列舉之文，分別說明，如對語例選文，爲完全同語句之例：即"你到那裏去"，"我去看貓伯伯"，"你去不得，他要吃你的"，凡三見。如記敘例與聯屬式之選文，皆爲由同形式語句而變換新詞之例，與"螞蟻要買桃子"語句同形式而變換一個詞者，變換之詞爲魚、穀、香蕉、毛豆、衣服。與"他想桃子有核的"語句同形式而變換兩個詞者，變換之詞爲魚、骨；穀、殼；香蕉、皮；衣服、好穿。如獨語例選文，兩個定形並具；其完全不同語句爲"我沒有角"；其與"小牛向小馬討角"語句同形式而變換之詞，爲小鷄、白貓、黃狗、老牛。茲就一個較簡單之反復故事，列出兩個練習，便於示例也。

書名：《小牛討角》（文見《第二期方案》獨語例）

標示：因文較短，書名足以表示內容，不必另作。

你記出生詞難語並檢出意義以後，再答下面問題：

（一）四個段中都有一個同樣句子，試找出來抄寫。

（二）和"小牛向小馬討角"同形式的，有四個句子，試找出來抄寫。

寫完筆記後，照原文標點，默誦數遍，預備定期誦讀。

此爲並見之例，如其數個變換新詞之句子，分見於一篇以內，則任取一句指引作答可也。

第一段普通讀物，係想像生活之純文藝讀物，內容結構均簡單，但爲完整之具體事情。其閱讀工作，不祇於了解文字之意義，須對於情節分布，及其起訖與經過或變化，在揭出分目之下，由問題解答內容，並於復述時能進而爲各段落之概要表述，以及摘記最喜讀的語句。茲示例如左：

書名：《大雞蛋》（大東《小童話》）
標示：你看看，多麼大的一個雞蛋。

你記出生字難語並檢出意義以後，再答以下問題：
問題　（一）小孩出去要帶食物時候的情節
1. 陸先生給甚麼食物
2. 怎樣去找食物
（二）拿蛋時候的情節
3. 小孩為甚麼拿這樣的大蛋
4. 打算怎樣煮蛋
5. 大雞蛋怎樣到小孩的手裏
（三）小孩出遊以後的情節
6. 小孩為甚麼把蛋放下來
7. 小鳥怎樣來的，來做些甚麼
8. 小孩為甚麼喊爸爸
9. 小鳥怎麼會關在竹籠裏
問題解答以後的工作：
1. 如果用這篇作演戲的材料，你以為誰是主角，在（一）段裏有誰作配角；（二）段裏又添了甚麼配角；（三）段裏有些甚麼配角和東西。
2. 你從（一）段陸先生說的話，和（三）段小孩開始出遊聽到的話找出一個相同的語句，覺得有甚麼意義。
作復述的預備：
學習指引項目甚多，根據此例作其他指引，可分別應用。在問題解答後之工作，不以示例專案為限，但須為第一段閱讀所能進行之工作，有時亦可不用。
第二段普通讀物，純文藝外參加物語體之常識讀物，於上舉之指引示例外，漸進於節要與概述，啟示途徑之工作，亦逐漸加多。

書名：《貪心的鐵匠》（新中國《我的童話》）
標示：貪心怎樣有害，請看這個鐵匠和縫工的事情。

抽提事項：
叉袋：布袋裝着笨重的東西，提起袋口，好像叉形，就叫叉袋。
駝峰：駱駝背上突起，好像山頂，叫駝峰。
你記出生詞難語並檢出音義後，再解答以下問題：
問題　（一）他們到山邊見到的情景
1. 他們為甚麼跑到山邊去？
2. 他們看見了甚麼？
（二）他們二人和小老人發生的事情
3. 他們為甚麼跑進圈子裏去？
4. 小老人捉住了他們，怎樣處理他們？
5. 他們不相信的，最奇怪的，是甚麼事？
（三）他們得着金子以後的事情
6. 誰得的金子最多？
7. 鐵匠得着金子還想怎樣？
8. 縫工為甚麼不和鐵匠同去？
9. 鐵匠脫下了衣服後所說的話是甚麼意義？
10. 鐵匠驚駭的，驚駭極了，最不幸的，是甚麼事？
11. 鐵匠怎樣覺悟？
12. 縫工怎樣安慰他？
解答問題以後的工作：
1. 他們在回到客寓睡覺以前，為甚麼沒有不同心理的表現。
2. 鐵匠經過的事情，有那幾點是貪心的表現，你把要點都摘寫出來。
3. 你覺得這縫工怎樣，試把他的好處都摘要寫出。

4. 這篇有許多句子用了兩個叠字的，你試都摘寫出來。

書名：《白兔脫險》（大東《看圖講故事》）

標示：讀了這册書，一定覺得白兔怎樣留心，怎樣應付，真是機警啊。

抽提事項：

沉思：是低着頭靜默的思想，像物向下沉，沒有一點聲氣。

趨奉：趨是很慎重的跟着長輩走，奉是很恭敬的捧着東西來貢獻。趨奉就是順着對方想做的事情貢獻意思。

念頭就像風車般打旋：風車打旋，是風車極快地轉動，轉了一圈又轉一圈，轉個不停的意思。風車般打旋，是和風車轉個不停的樣子相同。本句是極言念頭的多，像風車般打旋。

書稿中"咳了一聲噉"應改爲"咳噉了一聲"，"咳一聲噉"應改爲"咳噉一聲"，23"開出門來"應改爲"開門出來"。

你記出生詞難語並檢出音義以後，再解答下面的問題：

問題　（一）白兔遇狼及狼和狐的定計（原文《尋食遇狼》）

1. 狼咬死了幾個甚麼東西？
2. 白兔防狼看見，有幾種甚麼計策？
3. 狼和狐商議甚麼事？

（二）狐假獻殷勤

4. 白兔爲甚麼非常驚慌，爲甚麼心頭一喜，又有些疑？
5. 狐爲甚麼攢着眉頭，爲甚麼依舊不開口？
6. 怎樣會引動了白兔的心？
7. 狐怎麼知道要人圈套，爲甚麼依舊愁眉不展？
8. 白兔仔細思量的是甚麼，爲甚麼把眼皮一夾？

（三）到狼家以後（併原文三四兩目爲一目）

9. 狐咳噉過幾次，各含有甚麼意思？

10. 狼爲甚麽在床上呻吟，爲甚麽喘氣，爲甚麽使着眼色？

11. 狼慢慢張開眼睛有幾次，各含着甚麽意思？

12. 白兔怎麽心知有詐，怎麽知道上當？

13. 白兔爲甚麽在床邊流眼淚，爲甚麽説請醫生，爲甚麽不露驚慌來講話？

14. 白兔何以能走出狼的房間，何以出一身冷汗，何以再細細看，看見甚麽於它有利？

15. 狐何以没注意到白兔躲到鐵桶裏面，又没看見白兔逃去？

16. 白兔不見了，他們怎樣？

解答問題以後的工作：

1. 試分析白兔、狐、狼三個的性格，並在書上找三個的假意做作事情，分别摘要列一個表。

物別＼項別	性别	假意做作
白兔		
狐		
狼		

2. 試就册内三張彩色圖，任擇一二張圖所表見的情狀，分作幾句小文。

3. （二）段12頁裏白兔説它昨天……三個字，假使不轉念一想，當説出什麽話。你試看看前後文字，擬出一段話。

4. （一）段9頁裏"只消如此"這句包含些甚麽話。你試想想白兔到了狼的家裏以後事情，擬出一段話。

作概要表述的預備

書名：《蜂和蟻的話》（北新《小朋友中級常識叢書》）

標示：蜜蜂和螞蟻的生活最有規律，看了這册書就明白了。

抽提事項：

昆蟲：節肢動物的一種，分頭胸腹三部，都是六足四翅。

蚜蟲：是體色黃綠或灰褐的小蟲，性喜吸食植物汁液，爲一種害蟲。腹部後端有蜜管，能分泌蜜汁，供蟻的食糧，又叫蟻牛。

觸角：動物身體某一部分和外物接觸，能夠發生感覺作用的（像《蝗虫的須》就是）。

本册每頁下欄，另有標語，是指引你閱讀時的注意。上欄附圖，亦可作內容的對照。

你記出生詞難語並檢出音義後，再解答下面的問題：

問題　（一）蜜蜂的生活

1. 蜜蜂爲甚麼停在花中，甚麼季候去採花？
2. 蜂王和別蟻不同的有幾個特點？
3. 蜂房有些甚麼用？
4. 工蜂有些甚麼工作，是甚麼形狀？
5. 雄蜂和工蜂怎樣不同？
6. 怎樣採花和做蜜？
7. 用甚麼做防禦？
8. 蜜蜂因爲甚麼是有益的昆蟲？

（二）螞蟻的生活

9. 螞蟻和蜜蜂相同的是甚麼？
10. 螞蟻用些甚麼造窩？
11. 螞蟻和蚜蟲有些什麼關係？
12. 螞蟻怎麼不迷路？
13. 有兩處說到觸角作用，試舉出來？

解答問題以後的工作：

1. 試列舉蜜蜂和螞蟻相同之要點。

2. 試照物別（蜜蜂、螞蟻）、項別（種類、生育、住所、食糧、武器），分別尋找材料，摘要記寫，形成表格。

項別＼物別	蜜蜂	螞蟻
種類		
生育		
住所		
食糧		
武器		

3. 試就你見過蜜蜂和螞蟻的情形，或者觀察有蜜蜂和螞蟻的處所，寫點筆記。

第三段以上普通讀物，常識讀物最多，內容亦增多，兼可作文學讀物者亦不少。其閱讀屬於啓示途徑的工作，更爲重要。但第二段示例，仍適用也。

書名：《小機器和老機器》

標示：把人的身體，當作一部活機器，說明小孩和老人不同。閱讀時，須留心上欄的圖、下欄的標語。並將先生預備的生理標本，在記入生詞難語後，或筆答後，取來觀察。

記入生詞難語並檢出音義後，做以下的工作：

（一）活機器的意義 2—3

活機器是指甚麼說的？

人何以分老小？

（二）4（指書的頁數，下同）

這段說的是甚麼，老小的嘴有何不同？

（三）5—6

這兩段說的是甚麼，老小的眼有何不同？

（四）7—8

這兩段說明是甚麼，老小的耳有何不同，半聾和聾子怎麼分別？

（五）9—10

這兩段說的是甚麼，何以說腦是發動機？

（六）11—12

"你們不是——兩碗飯呢"刪去不讀？

這兩段說的是甚麼，何以說腸胃是提煉機？

（七）13—14

這兩段說的是甚麼，肺何以像風箱，老小的肺有何不同？

（八）15

這段說的是甚麼，何以說血管像運送機？

（九）16

這段說的是甚麼，何以說心臟像抽水機？

（十）17—21

這幾段說的是甚麼，何以說骨像機器的架子，石灰質多少，和骨有甚麼關係，小孩的骨何以容易彎曲？

（十一）機器的總結（22—23）

試就以上各段說人體的各樣機件，分別老小，摘要列表。如不能列表，就把各機件的名詞都寫出來。

書名：《辛巴德奇遇》

標示：辛巴德經過許多駭人聽聞的辛苦，得了想不到的幸福。

抽提事項：

阿剌伯·拜各德：是亞洲西南部伸入波斯灣和紅海的一個半島。

拜各德是阿剌伯一個有名城市。

小使：做小事的僕人或者是年幼的僕人。

軒昂：軒是開朗的意義，昂是不卑下的意義，軒昂就是含這兩個意義。

甲板：船艙外平鋪的木板，可以站人。

印度：在中國西南。

船綫：船在海中行的路綫。

波斯灣：印度洋的水浸入到波斯和阿剌伯中間，因爲北臨波斯，就叫波斯灣。

你看了上面的解釋，可從一張世界地圖上，找阿剌伯、印度、波斯灣在何處。

讀過《熱地人生活》一類的讀物者，讀時試稍稍回想；未讀過者，可以選讀。

問題：

（一）原來是一條大魚

1. 脚夫爲甚麽嫉妒？
2. 主人何以請脚夫進來？
3. 主人說聽見脚夫在門口講話，你試細看首段的文，以爲講的是甚麽話？
4. 這主人爲甚麽要去做生意？
5. 遇着甚麽險，又怎樣上了岸？
6. 迎面遇見的人怎樣幫助他？
7. 爲甚麽常到海邊走，又怎樣回到拜各德城？

（二）一隻大鷄蛋及到了鑽石谷（原目二、三）

8. 爲甚麽又辦貨物上船？
9. 這海島怎樣美麗冷靜？
10. 爲甚麽很難過？
11. 極大而白淨的是甚麽東西？

12. 怎樣離開了鳥蛋到山谷裏？

13. 怎樣有了希望，又怎樣站在一個人的旁邊？

14. 怎樣成了富人？

（三）被黑人捉去（原四目）

15. 怎樣遇着黑人，又怎樣跑出去？

16. 用甚麼方法逃走，又到了一個怎樣的海島？

17. 被甚麼東西驚醒了，又怎樣到了海邊？

18. 怎樣得到自己辦的貨物，又有誰作證明？

19. 這是第幾次奇遇？

（四）跑了七天七夜（原目五）

20. 怎樣被刮到一個海島的岸上，遇着甚麼不幸的事？

21. 怎樣又跑了，又怎樣為人們所歡喜？

22. 怎樣到了一個僻靜的海邊，又怎樣遇救回家？

（五）碰到了海上的怪（原目六）

23. 他怎麼知道白色的□蛋頂是□蛋？

24. 被老頭兒怎樣累着，怎樣出去上了船，怎樣留在一個城市，怎樣賺了錢回家？

（六）拜見印度國王（原目七）

25. 怎樣遇險，又怎樣只剩了他一個人？

26. 怎樣到了印度，又怎樣回家？

（七）再回到印度去（原目八）

27. 為甚麼再到印度去？

28. 怎樣被富人買了去，又怎樣恢復了自由？

29. 脚夫得到了甚麼教訓？

解答問題以後的工作：

試就辛巴德遇險逃生發財，甚麼是機會，甚麼是聰明，就事實來寫讀後的感想。

書名：《自然界的春》（北新《兒童幸福叢書》）

標示：用美麗的文，寫美麗的春，讀了這册，可以幫助你會做文章。

這册有十七篇小文，寫春天的景物，每篇都可以獨立。你開始全讀一遍，記出生詞難語檢出音義後，再分段做以下的工作。

（一）春來的時候

1. 這篇說春來是靠甚麼做工作？

2. 各段的句子裏有"冬"字的，你選擇最愛的句子寫出來。

3. 把這篇句子有"的"字的，有在句中，有在句末，試分兩類寫出來（即在句中寫在一起，在句末寫在一起）。

（二）春來了大地

1. 這篇專說甚麼做春的工作？

2. 句子裏有"春"字的，你選擇最愛的句子寫出來。

3. 這篇有許多句子，包含着同形式而換詞的短語在內，你任找一個整句寫出來（讀用"，"句用"。"整句多含數讀而成）。

4. 你任在一小段中把你最愛讀的整句寫下來。

（三）春的笑容

1. 甚麼是春的笑容？

2. 有一個形容春風哥哥的最好整句，你試寫出來。

（四）植物開衣箱了

1. 就植物的衣箱答下面各題：

在那裏找他的衣箱；那是他的箱蓋；他在甚麼時候啓封；他的衣料像甚麼；他的摺痕誰替他燙？

2. 首段有兩個整句，你愛那一句；五段有那一整句是你最愛的，試抄寫下來。

（五）草木的復活

1. 這篇有五段，何段是合寫草木，何段是分寫？

2. 試把首段開首四語，和三段說明芽苗一個整句抄到簿上。

（六）種子的生命

1. 這篇都是問答的話，試把最愛的一個整句抄下來。

2. 試照樣做個試驗，作筆記。

（七）春天的楓樹

1. 試找出楓樹的生長程序一段，抄到簿上。

2. 這篇有許多句子含有疊詞（有一字疊有二字疊），試把最愛的句寫下來。

（八）春天的虫子從那裏來

一切虫子的生死都有一定時候，以及那時候何以能生，他怎樣生，初生是怎樣，和人類有甚麼關係，怎樣變化等，這是作文應有的程序，試本這個意思，分前兩段及三、四、五、六、七各段寫出大意。

（九）睡醒的小昆虫

這篇小文，是從睡醒上描寫。小昆虫睡醒，有兩種情形：一是季候的睡醒，一是平常遊玩休息的睡醒。總之，睡醒必有狀態，本這個意思，試分段寫出大意。

這篇有兩個句子同形式，相連成文，每句兩個短語，又有三個句子相連，形式也相近，亦是每句兩個短語；試找出來寫在簿上。（注意";"即分點）

（十）蝴蝶的由來

試把（八）的末段三個變態下的話，用來作這篇分段大意。

（十一）蛇在春天裏

試就蛇的生長、食料、孵卵、蛻殼等分別摘要寫明。

（十二）蛙在春天裏

試將蛙的生長程序以及和蝦蟆不同特點，摘要寫明。

（十三）春天的畫眉

在首段和後段，都有三個短語（朗讀）相連成句，意義相同，試找出來抄在簿上。

（十四）小小白頭翁

試把白頭翁的蛋、嘴、叫聲，摘要寫明。

（十五）春雨中的紅杏

前兩小段是由杏花到村，可將開首小段的文抄下。以後各段，以問答成文，在問答前有一小段起，後有一小段結。試細審結的小段語句，和開首小段，問答前小段的內容，指出相照應之點。

（十六）夕陽中的風箏

仲春、殷紅、蒼然等詞如不得解，可問。

（十七）滿園的春光

"好太陽"分見幾處，誰說過的，試都寫出來。

讀過本冊後，可找幾個地方遊覽，就所見的春景，作一篇筆記或小文。

書名：《電話發明家》（兒童書局《世界發明家故事叢書》）

標示：倍爾在發明電話的經過中，受過許多困苦和委屈，百折不回，畢竟成功。

你通讀一遍，記出生字難語並檢出音義後，分段做以下的工作，並解答問題：

（一）便利的電話

1. 人們對於從來沒有見過的東西，還不明白它的性質和用法，常抱着甚麼樣的見解？

2. 大家用着新發明的東西極為便利，對發明人應該怎樣？

（二）發明的萌芽

潛藏在心目中志願，從甚麼事情引動，才漸漸長起芽來？

他為甚麼不肯坐着不動？

他為甚麼獨自苦想，想出了甚麼來？

在這段""中，看那是格言，抄到簿上。

（三）異樣的奇臭

他爲甚麼把死的小猪來解剖？

（四）電氣的研究

他爲甚麼問電氣工程師，聽到電氣工程師的話以後又怎樣？

世上的事，越是懂得舊有方法的人，總以爲不同所懂方法的話，都是不合理的。如果要有新創造，應該怎樣？

（五）瓦德生的幫助

他爲甚麼找機器匠作幫助，又爲甚麼辭大學教授？

末段有關的幾句話，抄到簿上。

（六）青年時代的苦心

他們苦幹了兩年，有甚麼成績？

這篇裏第二段有個加圈的句子，和目（五）中聽了電氣工程師的話後一個句子，是同一意義，試找出來都抄在簿上。

他們兩人爲甚麼忽然大聲喊起來，又爲甚麼熱淚從眼眶流下來？

某年某月某日是兩位的紀念日。

（七）講演與實驗

"等倍爾與世間的愚昧"幾個字刪去，"去沾""量它的價值"，"沾"應作"估"。

他們的發明，受到莫大的歡迎，爲甚麼結果正相反；得了最好的獎勵，爲甚麼依然失望，又爲甚麼要把專賣權出賣；講演和實驗何以未致停止？

（八）最後的成功

"做我的妻子"應將"子"字刪去。

麥佩爾何以做了他的妻？

他爲甚麼建立專門研究腎病的研究所？

把最後加圈的幾句，抄到簿上。

以上的工作完了，試就倍爾、瓦德生、蕭伯特三人，寫一點讀後感想。

以上九個示例，皆根據前面論點而製，並且就全部讀物的外形與內容，以及閱讀進程，皆由具體研究，絕非一般學者泛舉例式或坊間教授書印板文章。尤其關於命題旨趣，必須使讀者知所以組織材料或搜尋意義，而不致有機械或瑣碎之陋習。讀者如此作答，全文無不澈解，並且亦自能解答。不過不循序進行，立即發生困難。通常作練習題者，皆爲一種機會命題，實屬不深解教學法所致。作者自信稍盡三折肱之能事，實施者須先究以上理論，再求式例，且與原文對照，當有得也。

第六　準備

此所謂準備者，係從開始閱讀以後之情事而言，茲分數項言之。

一、選用書册之準備

在第四篇論讀物選擇編配，選用書目及其進程，已有範圍可循。惟原列書目較多，選用時不無稍有去取；或者新出版者，尚有備採之書，故教者應於每學期之始，即在假期中，將擔任指導之班，閱讀段所需讀物，查照本方案開單購置，足敷一學期之用，勿使任何一段讀物，或感缺乏，以致影響進程，此應需準備者一。

二、學習指引片之準備

道爾頓制每月作業綱要，必於月前一週準備齊全，此之分段讀物的學習指引亦然。指引方式具如上列，教者應參照示例，妥爲編制。雖添書視閱讀情境而定陳列之數目，然準備必須提前，且宜充分。尤其在學期之始的假期中，至少應預製指引片三分之一，庶臨時勿失措之慮，此應需準備者二。

三、參考品物或材料之準備

此非每種讀物皆有如此準備，然如標本地圖，以及補充材料，爲指引其閱讀所必需時，即應於陳列書册之始，同時列置於教室內，以便兒童取用，此應需準備者三。

四、閱讀規則的製定及應用之準備

在一般的普通情事之下，閱讀應取之手續與其必需態度，兒童有由知而後行之必要，故開始閱讀，即宜揭示規則。製定規則，由第二期方案及本期方案所言，自有依據，茲錄本區實驗小學所用者示例。至於規則之應用，應於揭示之始，逐條讀解並試演之，此應需準備者四。

附錄本區實驗小學所用的《閱書規則》。

閱書規則

1. 取書時，先看指引片的標示，再決定自己閱讀的書。
2. 取書後，須持書向先生報告號數，得許可，然後歸坐。
3. 取書歸坐，即在記載表上，寫明號數和取書週日。
4. 讀時要默讀，並要愛惜書。
5. 初讀時遇有疑難的字，自檢字典。猶有未了解處，始得請先生或同學指導。
6. 凡檢出的字，須記於筆記簿上，加注音符，並略摘字義。
7. 生詞難語了解以後，再依問題次序，從書上求解答。
8. 筆記作完，如指引片令作表述者，要照表述示範方式默讀。
9. 書讀完後，再在記載表上將各項填明。
10. 請求換書，須將現在閱讀的筆記和記載表，請先生查考，經通過後才得換書。
11. 換書時須將讀過的書放置原處。
12. 不是取書閱讀，不要在放書的地方翻看。

第七　直接指導

授課式下之自習，在如何使直接教授控制其自習，並如何減少其直接教授時間。自由閱讀之自習，所需乎指導者，與授課式自習之需直接教授，似有同樣情事，而旨趣則不同。何也，授課式下之自習與直接教授，分爲兩截，自習不過由直接教授所引出。自由閱讀則指導施於自習之中，非以直接指導引出自習，故直接指導不爲控制而僅輔助兒童能力所不達，其控制之用，當於直接指導以外求之。而且授課式期由自習以減少教授時間者，鑒於所教者不盡適如各個兒童所需要，故以此求達兒童不虛耗作業時間之目的。自由閱讀則以指導常爲各別的，必指導經濟，而後教者不重感疲勞，且不因照顧難周，發生畸重畸輕之弊。此種指導經濟之原則，不外兩點：

一、如何在直接指導以外，取得多方之啓示，足以控制其自習。減少其個別需要指導之事。

二、如何使個別指導，常能影響於全體或大部分，盡量減少其需要重複講解之事。

於此先當討論直接指導所需之方式。

一、介紹　此於首次陳列書册及陸續添書時對全體行之。介紹時兒童須停止自習，同時介紹者，當有若干書册，就將列置之書，逐册持示書面，分別用口頭提示數語，給予對於本書之普通概念。此雖與標示同其功用，惟兒童對標示或不經意，先經口頭提示，自較有益。若以兒童各個進程不同，增添之書，並非全體同時取閱，似於閱讀需要，無直接影響。其實普通概念之存在，並不限於當時，道爾頓制之作業概要及導言，用於大段之始，即其例也。而況介紹可與標示相印證，尚足以誘致回憶作用，取閱雖不同時，但大部分不致相距甚久。若原班因進程懸殊而分兩組以上，分組介紹，亦不甚過費時間也。

二、示範　此係應讀物的種類與進程不同，任何一種新的開始而行之。在第一篇應自由閱讀之需要而選文讀，業經論列，不贅。

三、答問　此係對兒童在學習進程中所問者而答，當然屬於個別的，爲教者所感到最煩重之事項。然而一般所謂煩重，不過在形式方面，有所感覺耳。其實僅從形式上圖解決，終無解決希望。蓋其關鍵不繫於答而繫於問。人第知不當問而問爲可厭，而不知當問而不問，始陷指導者於煩重地位。何也，兒童不求甚解與懼教師厭煩，皆足以減少問題。然而由此形成之結果，皆於筆記或復述中，增加教者訂正之擔負。在缺乏素養之教師，大都以爲筆記或復述不圓滿者，由於學者能力低劣；實則當問而不問，尚爲主要原因。使兒童確知其何者當問，與不問決無以澈解，自不致發生不當問而問之事也。解決之方，舍上提出之兩個原則，無他途也。

四、討論　此在設計教學中最爲重要，惟設計教學係以一個大單元進行活動，雖過程中可以分組工作，然爲完成整個大單元之活動。且討論行於過程一定時間以內，得具有會議形式。自由閱讀之作業，每種讀物最多者不過五冊，同時選同一讀物者亦不過五人，且時間又非一致，自不能以一般討論方式相衡量。茲就學習上之需要分別言之。

1. 關於實際作業上之討論。此以同讀一種讀物者爲限，凡同時讀一種讀物者，在記入生詞難語以後，彼此可以輕聲互商疑難，不用如何討論形式。

2. 關於作業規律上之討論。此由教師於作業時間外集合行之，無一定時間。關於一般規律，固已於閱讀規則及示範中明白詔示矣。然進行後或有未盡履行之處，以及特殊情事發生，不得不澈底了解者，此種無關學業本身，而與閱讀却有影響，故以討論行之爲宜。

3. 關於表述預定之討論。此宜教者定期表述前行之，完全爲公開表述之預定。凡讀物有需乎表述者，必須在公開表述中，有一個兒童表述之。而每兒童在一個月中，至少須有一種讀物公開表述。公開表述，每週一次或兩週一次，得由教者估量情形而定。因此在公開表述前，對於人數與讀物之分配，以及單人或聯合之預定。須由各個兒童自認，經相當討論，再由教師決定之。

五、講解　讀物有需乎講解者，大概屬於常識讀物，在抽提事項中，無適當可資參考之片斷材料。或者讀物之特別部分，公同不甚了解；以及公同錯誤之點。凡遇有此種情事，教者應於適當時間內集合行之。

六、訂正　此在兒童請求換書時，對教者爲輕聲復述，或交閱筆記，必需訂正。訂正之方有二：

1. 僅屬於細微之錯誤，如讀音不正；筆畫有誤；語句欠明晰；答案稍略或過繁等，當面予以口頭或塗改之訂正。

2. 讀誤或答誤者，僅指出錯誤之點，仍由兒童逐一改正。屬於音義方面，令其再檢字典，補寫筆記。屬於內容方面，令其細讀原文，再作答案。

直接指導之方式，關於介紹、示範、講解，皆爲共同的直接指導，討論除實際作業一項亦然，皆須特定時間行之。惟答問與訂正，爲個別的直接指導。如何使二者相互爲用，實現其自由之精神，完成學習所企求之目的，當再申論之。

一、從直接指導之表見而言，分爲言語與文字二種功用：

1. 以言語表見功用。自由閱讀之下，非如授課式之自習與直接教授，劃分二截，則需同共同言語之時機無多。故專以言語指導，實際上多感困難。

2. 以文字表見功用。此即於公同指導外，使個別指導之影響，及於全體或大部分，與學習指引異趣。即如上之答問與訂正，純用於個別指導。使教者以此隨時個別指導之要點，揭示於教室小黑牌上；則最先一人所問者，後讀者可不再問；最先一人所誤者，後讀者可以免除。如此不惟重復講説自然減少；即相同錯誤亦不致層叠屢見矣。

二、從直接指導之情況而言，分爲純粹的直接指導與間接的直接指導二種。

1. 純粹的直接指導。此係兒童直接經教師之口示筆示手示而受指導，授課時所用者是也。自由閱讀以指導施於自習之中，不能如授課式之講説，專爲共同的而發，則純粹的直接指導，應付即多不周。

2. 間接的直接指導。此與上之以文字表見功用，具同一精神，而用法則異。蓋彼以工具爲移轉之用，此則以對象爲補救之用，由互助而減輕教師之擔負者也。茲分舉用法如左：

（1）以先讀者指導後讀者。此可於兒童取書時，教者覺其有需人輔助情形，可向先讀者請益，或兒童自由爲之。

（2）以優生指導劣生。此可由兒童隨時覓同學指導之，或將本班學生分爲數組，優劣均分，以全組比較進度，各向本組優者請益。

（3）以同時讀一書相互商榷。此於討論項下已言及之。

準上論列，於指導經濟之第二原則，已具相當辦法；即第一原則所企求之目的，亦當有效。惟第一原則僅此尚不足以盡用也，所謂在直接指導外，取得多方啓示者，即於示範中，使於教學過程之三個步驟，如何而讀，如何而作筆記，如何而預備表述，由閱讀分布之進程而致其用。於讀物之學習指引中，循序工作而顯其效。所以各種示範得體，必知所以自學；學習指引適當而完備，自然致力於自學。誠如是，未有當問而不問者，又何至於不當問而問耶？不此之求，僅用本方案分段讀物，即感興趣，所造亦不深也。尚有一事須鄭重言之者，即開始閱讀與第一段閱讀，有需教者嚴重的指導，亦即教者最感繁難之時。自此以後，兒童自學習慣已立，自能行所無事矣。

第八　考核

由閱讀經過，其了解成分如何，進展情形如何，各個成績比較如何，均須加以考核，以統計表出之，本方案亦然，惟本方案所重者，在請求換書時，衡量其復述與解答，仍在教學過程以內，無需另有月考。爲總核成績起見，每學期得舉行兩次總試驗，就全部已閱讀之讀物，抽取每個學習指引中命題解答之事項，制定若干題目，印成試答小片子。當定期試驗時，每兒童已讀若干讀物，即分發與所讀相同之若干小片子，令其筆答。並得另定時間，指定每兒童表述一種讀物。茲惟將考核必需之記載表式，分列於下。

一、作業室記載表。此表懸於教室內，便於教師注意兒童現讀何書與閱時久暫；兒童亦可查知同時讀一書或已讀其書者爲何人。每列置一次讀物，計有若干號數，即如數記載。

姓名 \ 取還日 \ 號數		1		2		3	
王玉彰	1						
	1						
白廷德				1			
					1		
岳保生	3						

用法：六格即每週之六日，格內填周期。如王玉彰取閱一號書，第一週第一日取，第一週第二日還。白廷德閱二號書，第一週第三日取，第一週第六日還。岳保生閱一號書，第二週第六日取，第三週第一日還。1、2、3等皆週期之書目，餘類推。

二、學生記載表

右表每兒童一張，正讀復讀之時數以該校每節規定時限爲據，課外時數，由兒童約略估計。正讀即取書至請求換書之時數，復讀係未經通過而復讀之時數，課外係所讀之書經教師允許在課外閱讀者。復讀及課外無者，不填。頁數係第三段以上之讀物，不便計字數但計頁數，因爲每頁約有字若干，由此亦可知有若干字之概數也。備考係注明反應情形，如難讀、易讀、稍難讀、有趣、無趣、稍有趣、最有趣，以及其他特殊情形。請求換書時須將此表填注隨同筆記交教師查閱。如無個別儲藏設備，教師應特備一匣儲藏此表，每日上課時取表，課畢還置於匣中，以免遺失損壞。

閱讀事項	號數				
取書週日					
閱讀時數	正讀				
	復讀				
	課外				
還書週日					
字數或頁數					
備註					

三、教師訂正記載表

姓名 \ 評點 \ 號數									

表之製法，照兒童書局革新考勤冊式，號數與評點之紙，用活頁，便於填寫檢查。右表係對兒童復述及筆記的訂正之記載，訂正分三項，用三個格子填符號，第一個格為記入生字難語之評點，第二格記入筆記解答之評點，第三格記入音讀及語調之評點。上作"、"，中作"×"，下作"——"。

四、週讀比較表

字數或頁數＼號數＼姓名	1	2	3	4	5	6	7	8	9	10	11	12	13	14	總計
王玉彰	764			580				965	762			788			3859
白廷德															
岳保生															

此表懸於教室內，用以激引兒童多讀速讀之觀感，兩週或一週比較，由教者酌定。右表 3859 即王玉彰一週內所讀五種讀物之總字數，餘類推。

關於小黑牌揭示之要點，教師應另行記載，於一學期完畢，摘要統計。此雖無關於成績考核，然由此可以發見兒童在如何進程中，對於工具與知識，需有如何之特殊指導，以及繼續工作，知所注意。文字方面可分為音誤、形誤、義誤三項，語詞及事實方面，可分為不解與誤解二項。以此三類分項列表可也。

第九　餘論

讀書式作業之教學，大體具如以上各章所論。關於作文、寫字、實驗以及其他事項，當於下卷論之。茲所欲連帶論及者尚有二點。

一、作業每週總時數的問題

　　部定每週教學時間表，初小一年級一千一百七十分，二年級一千二百六十分，三年級一千三百八十分，四年級一千四百四十分，係因襲傳統授課式所規定之鐘點，不包含課外活動在內。一般小學酌增正課時間，往往以加入溫習爲取巧之地。或者不加正課時間而加課外作業，徒苦學生而無裨實際，流弊尤大。本方案教學，在學習態度方面，全反一般學校授課式之所爲；而作業進行，則絕對不取一般學校的溫習與家庭習課之成例。因此取消一切課外作業之規定，有時學生自由在課外作業，亦必與課內學習者相連屬，由課內處理之。故教師擔任教學，只有課前準備，無課後處理。又其前兩期作業，整個站在遊戲立場以進行活動。進於自由閱讀，亦取通常閱書態度，絕無如一般學校授課式一種緊張情事。本此二因，對於作業每週總時數，主張增加三分之一或四分之一，勻配於每日學習，在教師與學生兩方面，皆不發生嚴重問題，此當爲實施者進一言者也。

二、每一教師在一定時間內能教若干兒童問題

　　此有一先決問題，即教師必須如何指導，學生必須如何學習，始有教育價值而且得到圓滿效率。此問題不先決，則講演式可以行之於二百或三百以上學生，斷無有其他方式能教如此大量之學生者。如以講演式絕非小學所宜，即不當以能教大量學生，爲衡量方式之唯一原則。教部推行短期義務教育，規定招收二班與每班五十人，而不深究二部編制應實施於如何情境之下，以及與何種教學法有相互作用，即深中此弊者也。不過可以斷言者，即教師在舊式通常擔任之班級人數，改用吾法，固不致重感繁難也。並且據實驗所得，自由閱讀進至第二段閱讀以後，果其前此全依方案進行，即增加學生三分一之人數亦能應付裕如，但目前不欲以空言喋喋耳。